KB128873

2판

# 상담과 심리검사

김계현 · 황매향 · 선혜연 · 김영빈 공저

학지사

## 2판 서문

이 책의 제1판은 2004년에 출간되었다. 그동안 많은 독자들이 이 책을 읽어 주었다. 그리고 많은 대학의 강좌에서 교재로 채택되기도 하였다. 이 책으로 공부하신 모든 분들께 감사의 말씀을 드린다.

2판을 계획하면서 필자들은 개정의 폭에 대한 기본적인 방향을 정하는 일이 필요했다. 결국은 '전면 개정'과 '소폭 개정'이라는 연속선상의 어딘가에 위치하게 되겠지만, 그 '어딘가에'라는 지점을 정하는 일이 쉽지만은 않았던 것으로 기억한다. 욕심만을 따르면 책의 구성부터 새로 바꾸고 내용 역시 전면적으로 다시 집필하는 등 완전히 다른 새로운 책을 탄생시키고 싶은 마음이 앞선다. 그러나 현실적으로 생각해 보면 그런 전면 개정을 하기 위해서는 시간도 많이 걸릴 뿐만 아니라 그동안 우리나라 상담학계의 심리검사 부문이 그 정도로 많은 변화가 발생하지는 않았다고 판단하여 개정의 폭을 '부분 개정'으로 절충하기로 정하였다.

이번 2판에서는 다음과 같은 점들이 1판과 달라졌다.

첫째, 초판 이후에 새로 개발되었거나 개정된 검사들을 추가하였다. 가장 대표적인 예를 들면 웩슬러 지능검사나 미네소타 다면적 인성검사 등의 경우 개정된 내용을 반영하였다. 그 외에도 라이터 비언어성 지능검사,

Big5 성격검사를 비롯하여 그간에 새로 개발된 검사들을 추가하였다.

둘째, 시대적 변화 및 사회적 요구를 반영하고자 노력하였다. 컴퓨터를 활용하여 검사를 실시하고 인터넷, 즉 온라인상에서 검사를 실시하는 것은 현대사회에서 매우 보편적인 일이다. 따라서 컴퓨터-기반, 인터넷-기반 검사들을 2판의 요소요소에 포함시켰다. 또한 현대 우리나라 사회의 변화와 요구들을 반영하였다. 다문화 현상은 물론 학교 폭력과 왕따 현상, 인터넷 중독을 비롯한 새로운 중독문제들, 우울과 자살의 증가 등 우리나라 상담학계에서 발빠르게 전문적 대처를 도모해야 하는 영역들을 포괄하고자 노력하였다.

셋째, 검사가 검사로 끝나지 않고 그것이 상담과 연결되도록 하기 위하여 검사 결과와 상담 프로그램의 연계를 다루는 내용을 포함시키고자 노력하였다. 특히, 학교 장면에서 자주 사용되는 학습 관련 검사 및 직장부적응에 대한 검사들은 상담 프로그램과의 연계성이 특별히 더 요청되는 경우들이다. 끝으로 검사의 사용과 관련하여 고려해야 할 윤리적인 규정과 쟁점들에 관한 내용을 보강하였다.

개정 작업을 하도록 오래전부터 필자들에게 자극을 제공하고 개정판을 내기까지 전체 과정을 도와준 학지사 김진환 사장과 직원들께 감사드린다. (2판 머리말을 읽으신 분은 반드시 1판 머리말도 읽어 주시길 부탁드린다.)

2012. 8.

저자 대표  김계현

## 1판 서문

거의 모든 상담자 교육 대학원 프로그램에서는 검사에 관한 내용을 가르친다. 혹은 특정 검사의 내용과 활용법을 집중적으로 가르치기 위한 워크숍도 검사 제작사에 의해 실시되고 있다. 검사에 대한 교육은 상담교육에서 필수 내용으로 자리 잡고 있다. 우리의 상담자 양성 교육에서는 검사에 관하여 얼마나 '잘, 제대로' 가르치고 있는지 자문하여 본다.

어떤 이는 처음부터 특정 검사의 실시법, 내용, 해석 등을 배운다. 심리검사나 교육 측정에 관한 기초 지식을 갖추고 있는지 알아보지 않은 채 특정 검사의 구성, 내용, 실시법, 해석법 등을 '요리책'처럼 가르친다. 검사 활용의 위험성이 제기되는 것은 주로 이런 식의 교육을 우려하기 때문이다.

검사 교육에 관한 또 하나의 양태는 검사에 관한 실제적 지식보다는 이론과 학술적 지식에만 치중하는 교육을 말한다. 어떤 이들은 심리측정이론, 심리검사의 신뢰도와 타당도, 표준화 검사의 논리, 검사 제작 등에 관한 학술적 정보를 주로 배우는 반면, 실제로 어떤 검사들이 있으며, 그것들을 실시하는 방법, 해석하는 방법에 관해서는 별로 배우지 않는다. 시중에 나와 있는 검사들을 실제로 실시해 보지 않은 채 단지 검사에 관한 이론적 지식만을 습득한다.

전자의 형태이든, 후자의 형태이든 어느 극단으로 치닫는 교육은 바람직한 교육이 아니다. 이 주장에 대해서 반대할 사람은 별로 없다. 그런데 무엇이 바람직한 검사 교육인가? 이른바 '학술적 지식을 기초로 한 실무 교육'이 실제로 가능한가? 어떻게 하면 검사 교육에 관한 이 '이상(理想)'에 접근할 것인가? 이 책은 여기 제기된 이 고민을 기반으로 출발하였다.

상담 분야에서 검사의 위험성은 크게 세 가지로 대별된다. 하나는 검사에서 얻어지는 정보를 과잉 신뢰하거나 과잉 포장하여 오용(誤用) 혹은 과용(過用)하는 것이다. 또 하나는 검사를 실시하지만 그 용법에 대하여 잘 모르기 때문에 검사 결과를 피검자에게 제대로 알려 주지 못하는 것이다. 세 번째 위험성은 검사의 효용가치를 불신하여 검사가 유용한 상황에서도 검사를 활용치 않는 경우이다. 우리나라의 상담학계에는 이 세 가지 형태의 위험성이 모두 존재한다.

이런 위험성을 배제하면서 상담에서 검사를 정확하게, 유용하게 사용할 수 있는 상담전문가를 양성하는 방안은 무엇인가? 이 문제의식에 대해서 책 한 권의 집필로 그 해답을 제시할 수 없음은 자명하다. 그러나 그렇다고 해서 그냥 팔짱만 끼고 문제의식만 되풀이해서도 안 된다. 그 문제를 해결하기 위한 방향으로 무엇인가 시도를 해 보아야 한다는 심정에서 이 책을 기획하였다.

필자들은 우선 국내외의 관련 서적들을 폭넓게 검토하였다. 관련 서적들은 대체로 두 가지 유형으로 나뉜다. 하나는 검사 및 측정에 관한 기초지식을 제공하고, 대표적인 검사들을 자세히 소개하는 것이다. 그리고 또 하나는 실존하는 검사들을 총망라하여 소개하는 요람의 형태다. 전자는 후자보다 학술적 정보를 더 많이 포함하고 있으며, 후자는 소개하는 각 검사에 관한 기본 정보를 요약해서 알려 주는 데 치중하고 있다. 그런데 전자든 후자든 검사의 사용 및 해석과 관련된 구체적이며 실제적 정보를 제공하는 데에는 소홀한 것으로 보였다.

국내에는 상담자들이 사용하는, 사용할 가치가 있는 검사들을 고루고루 폭넓게 선발하여 상세히 소개하는 서적이 없다고 판단하였다. 그리고 외국의 서적에서 소개하는 검사들 중에는 국내에서는 개발되지 않아서 외국의 책을 그대로 번역하는 일은 우리 독자들에게 크게 도움 되지 못하리라는 우려가 있었다.

이 책의 특징은 다음과 같이 크게 두 가지를 들 수 있다. 첫째는 기존의 심리측정 교과서에서 다루지 않는 여러 가지 다양한 검사나 측정도구, 구체적 목적을 가진 검사들을 소개하고 있다는 것이다. 상담자들은 아동이나 청소년 기관, 초 · 중등학교 및 대학교, 교회, 군대, 기업체, 복지기관 등 다양한 곳에서 일한다. 그중 학습과 학업 분야는 상담자들이 가장 많이 관여하는 분야 중의 하나다. 표준화 학력검사, 학습부진 진단검사는 물론 읽기장애 진단검사, 공부습관 질문지 등 구체적 목적을 가진 검사들도 쓰인다. 그런데 대부분의 심리측정 교과서들은 이런 구체적 검사들을 다루지 않고 있다.

이 책의 두 번째 특징은 독자들에게 검사의 사용 목적을 정확하게 인식하도록 강조하고 있다는 점이다. 상담에서 검사를 사용하는 필요성은 여러 가지 이유에서 발생한다. 첫째가 내담자에 대한 이해 증진, 둘째가 문제의 유형이나 심각도 진단, 셋째가 상담의 자료 제공, 넷째가 내담자 자신이 상담의 필요성을 느끼게 하도록 하는 등 다양한 이유가 있다. 상담자는 이들 중 한 가지 혹은 두세 가지 이유에서 검사 사용을 결정한다. 이 책에서는 상담자가 전문적 판단에 근거하여 검사를 선택하고 활용하도록 그 근거를 제시하고자 노력하였다. 특히, 상담자가 내담자에 대한 기본적 평가를 하는 첫 회기 상담을 별도의 장으로 독립시켜서 상담 첫 회기가 가지는 '검사적 기능'을 강조하여 논의하였다.

상담전문가들이 검사에 대해서 정확한 지식을 가지게 되기를 바라며 검사를 상담 실제에서 좀 더 전문적으로 활용하기를 바란다. 이 책이 그런 바

람을 어느 정도는 이루어지게 해 주기를 필자들은 기대한다. 끝으로 이 책
이 나오기까지 인내를 가지고 도와주신 학지사 김진환 사장과 직원 여러분
께 감사드린다.

2004. 2.

저자 대표  김계현

9

# 차 례

제1부
## 상담에서 검사의 활용

**제4부**

# 성격 · 적응 · 정신건강 영역

# 제1부

# 상담에서 검사의 활용

**제1장** 서론: 상담과 심리검사

    상담의 역할이 확대됨에 따라 상담자는 개인의 정서적 문제나 인간적 성장, 학업문제, 학교나 직장에서의 적응, 가족과 부부관계, 성정체성, 성폭력, 약물중독, 섭식장애, 우울, 불안 등 다양한 문제를 다루게 되었다. 또한 청소년 상담소나 병원, 기업체, 교육기관 등 상담자들의 활동 영역이 확장됨에 따라 다양한 장소에서 일하게 됨에 따라 다양한 장소에서 다양한 문제를 진단하고 이해하기 위해 심리검사를 사용하는 경우도 더욱 많아졌다.

    심리검사는 상담자와 내담자 모두에게 많은 정보를 제공해 준다. 상담자는 내담자의 문제를 이해하고 적절한 도움을 주기 위해 정보가 필요하며, 내담자는 자신을 더 잘 이해하고 미래를 위한 계획을 세우는 데에 심리검사의 정보를 사용할 수 있다. 특히 내담자는 성격검사, 진로검사, 대인관계 평가 등 검사 결과에 대한 해석을 받는 과정에서 유익한 도움을 얻는다. 어떤 경우에는 내담자가 심리검사를 받는 것만으로 치료적 효과를 얻기도 한다.

# 1. 상담과 심리검사의 관계

## 1) 상담 모델과 검사의 관계

상담학에는 여러 이론과 실제적 모델이 있다. 그중에서 문제해결상담 모델은 검사의 활용 목적을 가장 잘 설명해 줄 수 있을 것이다(Hood & Johnson, 1997). 문제해결의 각 과정에서 심리검사가 사용될 수 있기 때문이다. 상담과 심리검사의 관계를 이해하기 위해 문제해결상담 모델의 각 단계에서 심리검사가 어떻게 활용될 수 있는지를 살펴보도록 하겠다.

### (1) 문제의 인식과 수용

우선 내담자는 자신의 문제가 무엇인지를 인식하고 수용해야 한다. 만약 내담자가 자신의 문제를 부인한다면 적절하게 문제를 다룰 수 없다. 문제에 대한 내담자의 이해를 높이기 위한 목적에는 거의 모든 심리검사가 사용될 수 있다. 경우에 따라서는 자기인지와 자기탐색을 증진시키는 검사를 하는 과정에서, 내담자가 실제 문제가 발생하기 전에 문제 가능성에 대해 깨닫고 미리 대처해 나갈 수도 있다. 예를 들면 스트레스 검사, 부부만족도 검사, 알코올중독검사 등이 그러한 역할을 한다.

상담에서는 내담자와 상담자 모두 문제를 정확하게 인식할 필요가 있다. 문제 상황을 인식해야 문제해결상담 모델의 체계적인 방식으로 문제에 접근할 수 있다. 그리고 문제의 정도가 미약한 경우 검사 결과는 내담자의 문제를 '문제시'하지 않고 '정상적'인 범위로 보도록 하는, 즉 지나친 걱정을 덜어 주는 역할을 하기도 한다. 내담자와 상담자가 상담에서 다룰 문제를 공동으로 인식하고 수용하는 것은 '협조적 상담관계(working alliance)'를 형성하는 데 중요한 요인이다.

## (2) 문제의 정의와 구체화

이 단계에서 상담자와 내담자는 문제를 가능한 한 구체적으로 정의해야 한다. 이때 심리검사는 내담자 문제의 본질을 명확히 하는 데 도움을 준다. 예컨대 증상 체크리스트는 내담자 문제의 유형을 분류하고 그 정도를 평가하는 데 사용된다. 또한 개인 일기나 일지는 문제가 발생하는 상황을 판별하는 데 유용하고, 성격검사는 내담자의 성격역동을 이해하는 데 도움을 준다. 학업성취도, 즉 성적은 학업문제의 성격과 정도를 파악하는 데 필수적인 정보다. 이 정보들은 상담 목표를 구체화하는 데에도 사용된다.

## (3) 해결책의 발견

문제해결상담 모델의 세 번째 단계에서 상담자와 내담자는 문제를 해결하기 위한 해결책들을 찾는다. 이때 심리검사를 이용하여 문제에 대한 대안들을 발견할 수 있다. 예컨대 흥미검사를 통해 진로선택에 있어서의 진로대안을 찾아볼 수 있고, 면접을 통해 내담자가 과거에 비슷한 문제에 직면했을 때 효과가 있었던 방법을 밝혀 보며, 학습기술검사와 같은 체크리스트를 통해 적절한 공부방법의 대안을 찾는다. 또 검사 결과를 통해 내담자는 자신의 문제를 다른 각도에서 볼 수 있게 된다. 예컨대 MBTI와 같은 성격유형검사를 통해 내담자는 자신과 타인의 행동을 다른 방식으로 바라볼 수 있게 된다. 그리고 상담자는 검사 해석 과정에서 내담자가 자신의 강점을 찾게 하여 어려움을 극복해 나갈 수 있도록 도와준다.

## (4) 의사결정

여러 가지 해결책 가운데 하나를 선택하려면 내담자는 다양한 해결책의 결과를 예상해 보아야 한다. 이를 위해 가능한 해결책들이 어느 정도 마음에 드는지 그리고 성공할 가능성은 어느 정도인지 평가하는 것이 중요하다. 상담자는 내담자를 위한 적절한 치료방법을 결정하고 조언을 주기 위해 검사 자료를 이용할 수 있다. 예컨대 다면적 인성검사(MMPI)의 경우 내담자를 위한 치료 프로그램의 유형을 결정하는 데 도움을 줄 수 있고, 학업성취검사점수를 토대로 학생이 수강 과목을 결정하는 데 조언해 줄 수 있다.

### (5) 효과검증

상담자는 상담 효과를 평가할 필요가 있다. 상담자는 내담자의 문제가 해결되거나 감소되었는지를 검증할 필요가 있고, 문제가 해결되었을 때를 내담자가 어떻게 알아차릴 수 있을지에 대해 내담자와 함께 이야기해야 한다. 이 단계에서는 목표를 명확하게 정하고 구체적인 행동적 용어로 기술하되, 현실적으로 성취 가능성이 있는 목표를 세우는 것이 좋다. 이를 평가하는 데에 목표달성 척도 등이 유용하다. 이러한 척도는 상담기관의 업적을 평가하는 데에도 활용될 수 있다.

## 2) 심리검사에 대한 정의

미국에서 널리 적용되고 있는 기준 중 하나인 Standards for Educational and Psychological Tests에 따르면, 평가(assessment)란 '인간, 프로그램, 사물의 특성을 측정하는 데 사용되는 모든 방법'을 의미한다 (American Educational Research Association, American Psychological Association, & National Council on Measurement in Education, 1985, p. 89).

엄격하게 말해서 영어로 'test'라고 할 때에는, 적성검사나 성취도검사와 같이 사람들에게 주어진 시간 동안 최선의 노력을 할 것을 요구하는 일종의 과제를 의미하기 때문에(AERA, APA, & NCME, 1985), 일반적인 질문지나 설문조사와는 달리 최상의 수행을 측정한다(Cronbach, 1990). 반면 성격검사나 흥미검사와 같은 '질문지'나 '설문지'는 의견이나 수행, 일상생활에서의 일반적인 반응양상에 대해 자기보고식으로 응답하게 되어 있다. 그러나 우리말로 '검사'라고 할 때에는 앞에서 구분한 최상의 수행을 보여야 하는 경우와 일반적인 반응을 측정하는 경우 모두를 포함하는 때가 더 많다. 또 '평가'는 절차, 과정, 결과의 뜻이 강한 반면에 '검사'는 평가에 사용된 도구의 의미가 포함되어 있기도 하다. 따라서 이 책에서는 '평가 (assessment)'라는 용어와 '검사(test)'라는 용어를 거의 구별 없이 사용하고 맥락에 따라서는 혼용하게 될 것이다.

우선 '평가'의 정의에서 언급된 '특성을 측정한다'는 의미를 살펴보면, 여기에는 질적인 평가와 양적인 평가가 모두 포함된다. 대부분의 심리검사 결과는 측정하고자 하는 특성을 수량화하여 점수로 제시한다. 반면 문장완성검사는 상황이나 개인의 행동에 대해 언어적 서술로 제시하는 대표적인 질적 평가방법의 예다. 그리고 면접은 면접 내용을 질적인 수준으로 유지하는 경우(예: 접수면접)와 그것을 수량으로 전환하는 경우(예: 대학입학이나 취업면접 등에서 결과를 점수화하는 경우)로 구분해 볼 수 있다.

대부분의 검사는 그 결과를 수량화하여 제시하는 양적인 평가로 이루어지지만, 특성을 서술하는 질적인 평가들도 상담에서는 많이 사용된다. 양적 평가방법이 질적 평가방법에 비해 신뢰도나 타당도 면에서 더 철저하게 연구되어 왔지만, 질적인 평가방법도 많은 이점을 가지고 있다. 질적인 평가의 가장 큰 장점은 내담자에 대해 보다 종합적인 관점을 제시함으로써 내담자가 자기 문제를 해결하는 데 있어서 능동적일 수 있도록 고무하고, 단순한 평가를 넘어서서 평가 자체가 치료의 한 방법으로 활용될 수 있다는 점이다. 또한 질적인 평가는 서로 다른 배경을 가지고 있는 내담자에게 보다 쉽게 적용될 수 있다는 장점이 있다(Goldman, 1990).

그리고 '평가'의 정의에서 놓치지 말아야할 중요한 또 하나의 개념은, 평가나 심리검사의 대상이 인간에 국한되지 않고, 프로그램, 사물, 환경을 모두 대상으로 할 수 있다는 점이다. 그동안 상담자들은 '내담자'에 대한 심리검사에만 주로 관심을 기울여 왔다. 그러나 프로그램이나 환경에 대한 평가도 역시 중요하다. 내담자의 행동은 개인특성과 상황특성 모두에 의존하기 때문이다(Barrios, 1988). 평가가 개인과 환경 모두를 포함할 때 가장 효과적일 수 있다.

## 3) 심리검사 유형

평가 절차와 도구의 표준화 여부에 따라 표준화된 검사와 비표준화된 검사의 두 가지로 구분해 볼 수 있다. 표준화된 평가 절차, 표준화된 검사라는 것은 검사의 구조, 실시방법, 해석의 절차 등이 표준화되어 있다, 즉 특정한 기준에 따라 진행된다는 의미다(Anastasi & Urbina, 1996). 이러한 기준에는 통일된 검사 시행, 객관적인 채점방식, 검사 해석을 위한 규준집단, 검사 채점의 신뢰도 등이 포함되며, 검사가 제작된 목적에 비추어 타당성을 입증할 수 있어야 한다.

하지만 상담에 쓰이는 많은 심리검사들은 이러한 기준을 갖추고 있지 않은 경우가 종종 있다. 비표준화 검사는 표준화된 검사에 비하여 신뢰도와 타당도가 떨어지지만, 기존의 심리검사에 의해 다루어지지 못했던 측면들을 융통성 있게 고려할 수 있다는 장점이 있다. 상담자들은 검사 결과의 신뢰도나 타당도뿐만 아니라 검사가 어떤 정보를 제공해 주는지에도 관심을 기울여야 한다. 신뢰도는 높지만 상담자가 필요로 하는 정보를 거의 제공해 주지 못하는 검사도 있음에 유의해야 한다. 반면 면접이나 투사적 기법, 행동관찰 등의 평가 절차는 신뢰도는 낮지만, 표준화 검사에서 잃기 쉬운 정보를 제공해 준다.

### (1) 표준화 검사

'표준화 검사'란 앞서 설명한 것과 같이, 정해진 절차에 따라 실시되고 채점되는 검사를 말한다. 검사 조건이 모든 내담자에게 동일해야 하고 모든 채점은 객관적이어야 한다. 표준화 검사의 점수는 보통 대(大)표집으로 부터 얻은 규준 자료에 의해 해석된다. 대부분의 표준화 검사는 신뢰도와 타당도의 개념으로 연구된다. 성취검사, 적성검사, 인성검사, 흥미검사, 가치검사, 환경검사 등 이 책에서 논의되는 많은 검사들이 표준화 검사에 속한다.

### (2) 평정척도

평정척도(rating scale)란 평정자의 관찰에 기초하여 다양한 성격 혹은 행동을 평가하는 방법이다. 표준화 검사와는 달리 평정척도는 객관적인 자료보다는 주관적인 자료로부터 얻어진다. 자기 평정, 타인 평정, 환경 평정 등이 있다. 평정척도를 사용하여 면접 자료를 요약할 수도 있다.

평정척도는 주관성 때문에 많은 약점을 지닌다. 평정척도와 관련된 세 가지 오류로는 ① 후광효과(halo effect), ② 중심화 경향의 오류, ③ 관용의 오류가 있다. 후광효과의 경우 평정자는 내담자의 한 가지 측면을 다른 측면으로 일반화하는 경향을 보인다. 예컨대 만약 어떤 사람이 친절하다면 그 사람은 지능, 창의성, 리더십, 동기와 같은 무관한 영역에서도 높게 평정될 가능성이 있다. 중심화 경향은 모든 사람을 '평균' 혹은 평정척도의 중간에 가깝게 평정하려는 경향성을 말한다. 관용의 오류는 사람의 성격을 실제보다 더 호의적으로 평가하는 경향성을 말한다.

이러한 오류를 통제하기 위해서 평정자들에게 각 평정척도에서 사람들의 순위를 매기도록 할 수 있다. 또는 평정자들에게 정상분포곡선 혹은 비슷한 체계에 따라 그들의 평정을 전체 평정척도에 분포시키도록 하기도 한다. 그러나 이러한 기법은 상당히 많은 사람들에게 적용될 때에만 평정이 분산의 중앙에 혹은 분산의 양끝에 몰리지 않도록 할 수 있다. Kenrick과 Funder(1988)는 평정의 타당도를 개선하기 위한 방법으로 다음과 같은 제안을 하였는데, 이 방법들은 타당화를 저해하는 다양한 원인을 줄이는 데 효과적이다.

- 평가받는 사람을 상세히 잘 알고 있는 사람을 평정자로 활용하기
- 여러 가지 행동, 즉 중다행동 관찰을 요구하기
- 한 명 이상의 관찰자로부터 평정을 얻기
- 관찰 가능한 영역을 활용하기
- 문제와 관련된 관찰을 할 수 있도록 관찰할 행동을 제시하기

평정척도의 한 예로 의미분화적 기법이 있다. 의미분화적 기법은 평정자가 양극(예: 경쟁적 대 비경쟁적)의 7단계로 분화된 의미를 평정하도록 하는 것으로, 상담에서 사용되는 대표적인 척도로서 SEQ(상담회기분석 질문지)를 들 수 있다. 또한 Osgood, Suci와 Tannenbaum(1957)이 제시한 양극 척도 목록도 유용하다.

### (3) 투사기법

투사기법에서는 피검자에게 애매모호한 자극을 주고 이에 반응하도록 한다. 자극(잉크반점, 모호한 그림, 불완전한 문장)의 모호성 때문에 사람들은 자극에 단순히 반응하기보다는 자극을 해석하는 과정에서 자기 자신을 드러내게 되는 경향이 있다. 피검자는 자신의 성격을 자극에 '투사'한다. 자극은 종종 주관적으로 채점된다. 보편적인 투사검사로는 로샤 잉크반점검사, 주제통각검사(TAT), 문장완성검사가 있다. 수년 동안 투사검사는 성격검사 영역에 독보적이었으나 지난 수십 년간 객관적 검사(표준화 검사)가 더 많이 사용되게 되었다. 투사적 검사에 대해서는 제10장에서 자세히 다룰 것이다.

### (4) 행동관찰

행동관찰에서 '행동'이란 관찰하고 측정할 수 있는 행동을 말하며, '관찰'은 사전에 미리 계획하여 사건을 기록하는 것을 말한다. 행동은 종종 자연 상태에서 발생하는데, 내담자 자신, 배우자나 부모와 같은 관찰자, 혹은 둘 다에 의해 관찰될 수 있다. 관찰자의 역할은 구체적인 행동의 빈도를 기록하는 것으로, 예컨대 섭식장애의 경우 하루에 몇 칼로리를 먹었는지, 지각하는 학생의 경우 일주일간 몇 번 지각했는지 등을 기록한다. 반응의 기간과 (관찰자에 의해 평정된) 행동의 정도 역시 기록한다.

행동관찰은 내담자의 호소문제(문제행동)와 직접적으로 관련될 수 있다는 장점이 있다. 상담의 목표를 관찰할 수 있는 행동으로 설정하고, 행동관찰을 통해 상담 효과를 평가하기도 한다. 또 행동수정에서처럼 행동관찰 자체가 하나의 개입방법이 되기도 한다.

### (5) 생애사적 자료

생애사적 자료는 내담자에 의해 보고되거나 역사적 기록에 반영되어 있는 개인의 성취나 경험을 말한다. 예컨대 이력서나 대학지원서는 종종 광대한 전기적 정보를 제공한다. 생애사적 자료는 관찰이 사전에 계획되지 않는다는 점에서 행동관찰과는 다르다. 또한 판단에 의한 정보가 아니라 사실적 정보라는 면에서 평정척도와도 다르다. 학교 성적, 학업성취 수준, 진급이나 진학, 취미, 과제수행 경험 등의 축적된 학교 기록 혹은 직장의 인사기록 등에서 얻어지는 정보도 생애사적 자료에 해당된다.

'미래 수행을 가장 잘 예언하는 것은 과거의 수행이다.'라는 말이 있듯이, 생애사적 자료는 평가에 있어서 매우 의미 있는 정보를 제공해 준다. 대체로 대학에서의 학업성적을 가장 잘 예언할 수 있는 단독 변인은 그 사람의 고등학교 학업성적이다. 과거 특정 직업에서 잘 기능한 사람은 아마 미래의 관련 활동에서도 잘 해낼 것이다.

생애사적 자료는 내담자와의 접수면접 중 혹은 상담신청서를 통해 수집
되기도 한다. 이러한 정보는 질적인 방식으로 주로 사용되지만, 수량화하
여 평가 목적으로 사용할 수도 있다(Owens, 1983).

생애사적 자료는 경제적이고 효율적이다. 리더십 경험이나 창의적 성취
처럼 다른 방법으로 측정하기 어려운 영역에 대한 정보를 파악할 수 있다.
반면에 만약 개인의 경험이 특이하다면 해석이 어려울 수도 있고, 개인이
보편적인 경험을 하지 못한 경우라면 그 개인에 대한 자료의 해석을 달리
해야 한다. '학업 또는 경력 포트폴리오'가 생애사적 자료의 대표적인 예
이다.

### (6) 생리학적 측정

생리학적 측정은 체온, 근육수축, 혈압과 같은 본질상 비자발적인 신체
적 기능 혹은 신체적 언어를 측정하는 것으로, 내담자 행동을 모니터링하
고 이해하는 데 매우 중요하다(Sturgis & Gramling, 1988). 최근 바이오피드
백 기구와 같은 측정도구들이 개발됨에 따라 평가 과정에서 생리학적 측정
변인을 포함하는 것이 상대적으로 용이해졌다.

## 2. 상담에서 검사 활용의 실제

### 1) 심리검사에 대한 상담자의 태도

상담자들 중에는 심리검사를 자주 활용하는 사람도 있지만 심리검사에
대해서 부정적 견해를 가진 사람도 있다. 또한 심리검사에 대해서 제대로
교육을 받지 못하여 잘 모르는 상담자들도 있다.

미국의 경우 심리검사는 제2차 세계 대전 중 빈번히 사용되었으나,

1960~1970년대의 사회격변시기 동안은 별 인기를 얻지 못했다(Haney, 1981). 검사의 예언타당도가 기대보다 낮고, 검사점수를 통해 다른 사람을 규정한다는 것이 부당하다는 의견이 대두되었으며, 대부분의 검사가 소수 민족에게 불리할 수 있다는 등의 우려가 나오기 시작했기 때문이다.

심리검사에 대한 대부분의 비난은 수량화에 대한 것이다. 심리검사의 결과가 숫자로 표현되기 때문에 인간을 숫자로 단순화하기도 하고, 숫자를 제외한 다른 검사 결과를 모두 무시하는 폐단이 발생하기도 한다.

심리검사는 문제해결에 있어서 도움이 되는 하나의 정보제공 매체로서 인식되어야 한다. 심리검사 자체가 문제의 해결은 아닌 것이다. 심리검사는 꼼꼼하게 제작되어야 하고 책임감 있게 사용되어야 한다. 심리검사는 그것을 시행·활용하는 상담자들이 심리검사의 사용에 익숙해 있을 때에 비로소 상담에 특별한 도움을 줄 수 있다.

즉, 상담자들은 상담에 사용되는 여러 종류의 검사가 갖는 장점과 한계를 모두 알고 있어야 하며, 측정된 행동에서 발견할 수 있는 심리학적 설명과 검사의 심리측정학적 특성에 대하여 이해해야 한다(Anastasi, 1992). 그리고 상담자들은 서로 다른 배경을 가지고 있는 내담자에게 어떤 검사를 적용하고 어떻게 실시, 해석할 것인지에 대해 배워야 한다. 또한 상담자들은 내담자가 자기이해와 자기결정을 하는 데 도움을 주기 위해서 상담과 검사를 종합할 수 있는 능력을 갖추어야 한다. 그리고 상담자는 새롭게 제작, 출판되는 검사에 관한 정보를 재빨리 입수하여 적용할 줄 알아야 한다. 상담자들이 이러한 노력을 하는 데 도움을 줄 수 있는 원리와 방법들이 앞으로 이 책 전체에 걸쳐 제시될 것이다.

## 2) 검사를 선택할 때의 고려사항

상담 과정에서 내담자에게 적합한 검사를 선택하기 위해서는 육하원칙에 따라 누가, 무엇을, 언제, 어디서, 왜, 어떻게 평가할 것인지에 대해 고려하는 것이 필요하다.

### (1) 누가 검사하는가?

내담자에 대하여 내담자 스스로 평가하는가? 혹은 다른 사람이 평가하는가? Block(1961)은 자기보고에 기초한 'S 데이터'와 타인보고에 기초한 'O 데이터'를 구분하였다. 두 자료가 모두 있어야 내담자에 대한 완전한 평가를 할 수 있다. O 데이터는 자기보고를 타당화하는 데 사용될 수 있다. 그리고 S 데이터는 타인보고에서 얻을 수 없는 자기 지각에 관한 통찰을 제공해 준다.

### (2) 무엇을 검사하는가?

여기서 '무엇'이란 심리검사의 주제를 말한다. 개인이 검사의 주제인가, 또는 환경이 검사의 주제인가? 앞서 언급했듯이 상담자는 주로 개인에 관한 검사에 관심이 있다. 그러나 환경(예: 학급 분위기, 거주 공간)을 평가하는 도구 역시 문제를 이해하고 치료하는 데 중요한 정보를 제공한다.

개인검사라면 검사의 내용은 개인의 정서적(감정), 인지적(사고) 혹은 행동적(행위) 측면 중에 무엇을 다루는가를 고려하여야 한다. 이러한 개인의 세 가지 측면은 다음과 같이 더 세분할 수 있다.

정서적 특성은 기질적 요인과 동기적 요인으로 세분된다(Guilford, 1959). 기질적 요인은 대부분의 성격검사에서 측정되는 성격, 예컨대 자기만족, 안정성, 충동성과 같은 것을 포함한다. 반면에 동기적 요인은 흥미나 가치를 말한다.

인지적 변인을 측정하는 검사는 제한된 교과과정에서 학습된 내용을 평가하는 성취검사와, 성취검사에 비하여 교과과정과 무관하게 전반적인 학습 정도를 평가하는 적성검사(Anastasi, 1988)가 있다. 성취검사의 예로는 각 학교에서 실시하는 중간고사, 기말고사가 있고, 적성검사의 예로는 각종 직업적성검사, 대학수학능력시험, 미국의 SAT 등이 있다.

행동적 측면은 본질적으로 자발적 혹은 비자발적인 반응을 포함한다. 자발적 반응은 자기점검 혹은 타인점검 기법에 의해 평가될 수 있다. 소비된 칼로리 혹은 텔레비전 시청 시간과 같은 측정 가능한 항목이 체계적으로 기록된다. 비자발적 반응(예컨대, 혈압 혹은 심장박동)의 경우 개인의 반응을 평가하기 위해 다양한 생리적 측정방법이 사용된다. 긴장이완기법을 가르치기 위해 종종 사용되는 바이오피드백 기구는 비자발적 반응 측정방법의 좋은 예이다.

### (3) 어디서 검사하는가?

같은 검사를 실험실 장면에서 실시할 때와 일상 장면에서 실시할 때, 또 지필검사로 실시할 때와 컴퓨터를 이용하여 실시할 때 그 검사 결과가 서로 다를 수 있다. 많은 심리검사는 표준화된 조건하에서 시행하기 위해 검사실이나 실험실에서 실시된다. 만약 검사실시 상황이 사람마다 다르고, 검사 조건이 다르다면 검사 결과에 영향을 줄 수 있다. 검사 결과는 자료가 얻어진 장면을 고려하여 해석해야 한다.

### (4) 언제 검사하는가?

이후에 평가를 하기로 계획된 상태에서 실시하는 검사와 과거의 경험을 회상하여 답하는 검사는 차이가 있으며, 해석할 때에도 언제 검사를 하였는지를 고려할 필요가 있다. 학생들에게 자기점검기법을 가르치거나 행동수정을 하는 과정에서 자신이 읽은 책의 분량이나 공부한 시간을 응답하도록 미리 계획하는 경우가 있는가 하면, 생애사와 같은 전기적 측정방법은 사건이 일어난 후에 개인의 회상에 의해 기록된다.

### (5) 왜 검사하는가?

검사 자체의 특성보다 검사를 행하는 이유에 관한 질문이다. 같은 검사가 상담, 선별, 정치(定置), 기술 그리고 평가와 같은 다양한 목적에 사용될 수 있다. 검사가 상담에 사용될 때, 모든 자료는 비밀이 보장되어야 한다. 이러한 사적인 자료는 공적인 자료(원래 선별 혹은 정치와 같은 목적을 위해 얻어진 자료)와는 다르다. 공적 자료의 예로는 학업성적, 교육 수준 혹은 직업적 지위 등이 속한다. 상담에서는 사적인 자료뿐 아니라 공적인 자료를 사용하기도 하는데 이는 공적인 자료가 다양한 상황에서 내담자의 과거 수행에 대한 상당한 정보를 제공할 수 있기 때문이다.

### (6) 어떻게 검사하는가?

여기서 '어떻게'란 검사 자료가 제시되는 방식과 평가 절차에 있어 어떻게 채점되는가에 관한 것이다. 평가된 행동유형이 가장된 것인가 솔직한 것인가? 예를 들어, 투사적 검사는 반응하는 사람이 검사의 진정한 특성 혹은 '좋은' 답안이 무엇인지 모르도록 고안되었다. 검사 의도가 감춰지기 때문에 반응하는 사람이 특정 인상을 주기 위해 반응을 꾸미기가 더욱 어렵다.

그리고 평가 절차는 객관적인가 주관적인가? 채점판으로 채점되는 검사는 객관적이다. 다시 말해서 한 답지를 같은 채점판을 사용하여 여러 사람이 채점해도 만약 그들이 답의 수를 주의 깊게 세기만 한다면 같은 채점 결과가 나올 것이다. 반면에 평정척도는 주관적이다. 각 평정자에 따라 표시되는 점수가 종종 다를 수 있기 때문이다.

## 3) 검사 사용 현황

상담에 심리검사를 사용하는 것에 대하여 여러 가지 비판이 있음에도 불구하고, 여전히 그 중요성이 인정되고 있다. 여기에서는 각 상담기관에서 사용되는 검사들을 조사한 미국의 조사 결과를 중점적으로 살펴보고자 한다. 조사 결과를 보면 선호하는 심리검사의 종류는 여러 해에 걸쳐 변화하였으나, 상담자들은 여러 가지 목적으로 꾸준히 심리검사의 사용을 늘려가고 있다는 것을 알 수 있다. 반면 우리나라에서는 각 상담기관에서 사용하고 있는 심리검사에 대한 포괄적인 조사 연구가 아직 부족하여 청소년 상담기관에서의 심리검사 사용에 대한 조사 연구를 중심으로 살펴보도록 하겠다.

## (1) 정신건강 상담기관

〈표 1-1〉은 미국의 정신건강 관련 상담기관들에서 일반인을 대상으로 사용되는 검사의 사용빈도를 보여 준다(Bubenzer, Zimpfer, & Mahrle, 1990). 대다수의 기관들이 상담 과정에서 검사를 사용하고 있다고 응답하였다. 정신건강 상담기관에서는 특히 다면적 인성검사(MMPI)를 가장 많이 사용하고 있고, 다음으로 스트롱 직업흥미검사(Strong-Campbell Interest Inventory)와 웩슬러 지능검사(WAIS-R)를 많이 사용하고 있다.

〈표 1-1〉 정신건강 상담기관 상담자들의 심리검사 사용

| 순위 | 검사명 | 응답 빈도 |
|---|---|---|
| 1 | Minnesota Multiphasic Personality Inventory(MMPI) | 227 |
| 2 | Strong-Campbell Interest Inventory | 92 |
| 3 | Wechsler Adult Intelligence Scale-Revised(WAIS-R) | 84 |
| 4 | Myers-Briggs Type Indicator(MBTI) | 77 |
| 5 | Wechsler Intelligence Scale for Children-Revised(WISC-R) | 50 |
| 6 | Sixteen Personality Factor Questionnaire | 34 |
| 6 | Thematic Apperception Test(TAT) | 34 |
| 8 | Bender-Gestalt Visual Motor Test | 33 |
| 9 | Wide Range Achievement Test(WRAT) | 27 |

| 10 | Million Clinical Multiaxial Inventory | 25 |
|----|----------------------------------------|----|
| 10 | Rorschach | 25 |
| 12 | Taylor-Johnson Temperament Analysis | 24 |
| 13 | Career Assessment Inventory | 20 |
| 14 | General Aptitude Test Battery | 16 |
| 14 | California Psychological Inventory(CPI) | 16 |
| 16 | Self-Directed Search | 14 |
| 17 | Fundamental Interpersonal Relations Orientation-Behavior | 13 |
| 17 | House-Tree-Person Test(HTP) | 13 |

사용빈도 10위 이내에 드는 검사로는 성격검사, 흥미검사, 지능검사, 투사적 검사, 성취도 검사 등이 있다. 이러한 검사들은 복잡하고 다양하기 때문에 상담자들도 심리검사를 사용할 수 있는 전문적인 훈련을 받아야 한다는 점을 시사해 준다.

## (2) 진로상담

미국의 상담전문가들이 진로상담을 위해 가장 많이 사용하는 검사의 목록은 〈표 1-2〉와 같다(Watkins, Campbell, & Nieberding, 1994). 이 연구의 조사 대상자들은 ① 내담자의 자기이해를 높이기 위해, ② 내담자의 진로결정을 돕기 위해, ③ 내담자의 상담 참여를 촉진하기 위해 심리검사를 사용한다고 응답하였다.

이전의 조사 연구(Zytowski & Warman, 1982)에서와 마찬가지로 스트롱 직업흥미검사(Strong Interest Inventory)가 진로상담에서 가장 많이 사용되는 검사로 나타났다. 이 연구에 참여한 상담자들은 진로상담에 있어서, 흥미검사가 적성검사보다 중요하다고 생각하고 있었다. 이러한 연구 결과는 미국의 여러 상담기관에 걸쳐 일관성 있게 나타났다.

⚬ 〈표 1-2〉 진로상담에서의 진로 관련 심리검사 사용

| 순위 | 검사명 | 응답 빈도 |
|---|---|---|
| 1 | Strong Interest Inventory | 461 |
| 2 | Self-Directed Search | 363 |
| 3 | Kuder Occupational Interest Survey | 279 |
| 4 | Differential Aptitude Test | 191 |
| 5 | General Aptitude Test Battery | 158 |
| 6 | Career Assessment Inventory | 148 |
| 7 | Vocational Preference Inventory | 131 |
| 8 | Work Values Inventory | 121 |
| 9 | Vocational Sort Cards | 117 |
| 10 | Temperament and Values Inventory | 91 |
| 11 | Career Maturity Inventory | 89 |
| 12 | Wide Range Interest-Opinion Test | 70 |
| 13 | Career Decision Scale | 69 |
| 13 | Career Development Inventory | 69 |
| 15 | California Occupational Preference System | 61 |
| 15 | Harrington-O'Shea | 61 |
| 17 | My Vocational Situation | 60 |
| 18 | Jackson Vocational Interest Inventory | 59 |
| 19 | Minnesota Importance Questionnaire | 51 |
| 20 | Occupational Stress Inventory | 47 |
| 21 | Armed Services Vocational Aptitude Battery | 40 |
| 22 | Hall Occupational Orientation Inventory | 30 |
| 23 | Minnesota Satisfaction Questionnaire | 28 |
| 24 | Ohio Vocational Interest Inventory | 27 |
| 25 | SES Interest Inventory | 26 |
| 26 | Adult Career Concerns Inventory | 25 |
| 27 | Cognitive Vocational Maturity Test | 19 |
| 28 | Salience Inventory | 15 |

## (3) 학교상담

〈표 1-3〉은 미국의 심리검사 사용에 관한 학교상담자들의 조사 연구

〈표 1-3〉 학교상담에서의 심리검사 사용

| 순위 | 검사명 | 응답 빈도 |
|---|---|---|
| 1 | Wechsler Intelligence Scale for Children-Revised(WISC-R) | 78 |
| 2 | Preliminary SAT | 77 |
| 3 | California Achievement Test | 67 |
| 4 | Differential Aptitude Tests | 64 |
| 5 | Strong-Campbell Interest Inventory | 62 |
| 6 | Scholastic Assessment Test(SAT) | 60 |
| 7 | American College Testing Program | 55 |
| 8 | Iowa Tests of Basic Skills | 53 |
| 9 | Armed Services Vocational Aptitude Battery | 50 |

결과다(Elmore, Ekstrom, Diamond, & Whittaker, 1993). 정신건강상담자나 진로상담자와는 달리 학교상담자들은 수행특성(성격검사, 흥미검사)보다는 수행능력(지능검사, 적성검사, 성취도검사)을 더 많이 평가하였다.

응답자의 약 66%가 자신이 하는 일 가운데 심리검사가 '중요하다' 또는 '매우 중요하다'고 하였고, 응답자의 대부분이 검사 결과를 학생들에게 자신이 직접 해석해 준다고 하였다.

상담자들은 상담 실제에서 심리검사를 효과적으로 사용할 수 있어야 하고, 다른 상담자로부터 의뢰된 내담자의 검사점수를 해석할 수 있도록, 잘 알려진 몇몇 검사들에 익숙할 필요가 있다.

### (4) 우리나라 상담기관

〈표 1-4〉는 국내 청소년종합상담실(총 16개 기관)에서 1999년 1년간 사용된 심리검사 사용빈도를 보여 준다(김영빈, 김계현, 2000). 조사한 16개 기관 모두에서 심리검사를 사용하고 있었으며, 기관별로 7~30종류의 검사를 보유하고 있었다. 응답기관 중 50% 이상의 기관에서 보유하고 있는 검사는 성격유형검사(MBTI)와 아동용 성격유형검사(MMTIC), 표준화 성

격진단검사, 적성탐색검사와 진로탐색검사, 진로적성검사, 직업흥미검사,
K-WAIS와 KEDI-WISC, 학습흥미검사, 학습습관검사, 다면적 인성검사
(MMPI), 간이정신진단(SCL-90R), 문장완성검사(SCT) 등이었다.

〈표 1-4〉 국내 청소년종합상담실의 심리검사 사용

| 순위 | 검사명 | 출판사 | 1년간 사용빈도 |
|---|---|---|---|
| 1 | 성격유형검사 (MBTI와 MMTIC) | 한국심리검사연구소 | 8829 |
| 2 | 적성탐색검사, 진로탐색검사 | 한국가이던스 | 998 |
| 3 | 직업흥미검사 | 노동부 | 662 |
| 4 | 다면적 인성검사 (MMPI) | 한국가이던스 | 610 |
| 5 | 적성진단검사 | 중앙적성출판사 | 369 |
| 6 | 표준화성격진단검사 | 중앙적성출판사 | 210 |
| 7 | K-WAIS와 KEDI-WISC | 한국가이던스/한국교육개발원 | 165 |
| 8 | 문장완성검사 (SCT) | | 137 |
| 9 | 인성검사 | 코리안테스팅센터 | 92 |
| 10 | 진로적성검사 | 중앙교육진흥연구소 | 78 |
| 11 | 학습기술검사 | 중앙교육진흥연구소 | 65 |
| 12 | 부모-자녀관계진단검사 | 코리안테스팅센터 | 62 |
| 13 | 학습방법진단검사 | 한국가이던스 | 58 |
| 14 | 학습습관검사 | 코리안테스팅센터 | 57 |
| 15 | 일반직업적성검사 | 노동부 | 52 |
| 16 | 종합능력검사 | 한국행동과학연구소 | 33 |
| 17 | K-ABC | 학지사 | 31 |
| 18 | 행동평가척도(K-CBCL) | 중앙적성출판사 | 27 |
| 19 | 종합적응능력검사 | 대교교육과학연구소 | 15 |
| 20 | 자아개념검사 | 코리안테스팅센터 | 13 |
| 20 | 특수인성검사 | 한국가이던스 | 13 |
| 22 | TAT | 고대행동과학연구소 | 12 |
| 23 | 종합학습능력검사 | 대교교육과학연구소 | 11 |
| 23 | 종합적성진로진단검사 | 대교교육과학연구소 | 11 |
| 23 | 진로발달검사 | 한국가이던스 | 11 |
| 26 | 사회성숙도검사 | 중앙적성출판사 | 10 |
| 26 | 흥미검사 | 한국행동과학연구소 | 10 |

검사 종류로는 MBTI와 MMTIC가 가장 많이 사용되고 있고, 다음으로 적성탐색검사와 진로탐색검사가 많이 사용되었다. 검사 영역별로 구분하면 ① 성격검사, ② 진로 및 적성 검사, ③ 임상 및 적응 검사, ④ 지능검사, ⑤ 학습검사의 순으로 많이 사용되었다.

검사를 사용하는 목적에 대해 조사한 결과, 상담자들은 ① 내담자를 이해하고 진단하기 위해, ② 내담자와의 관계형성을 위해, ③ 상담 목표를 결정하기 위해 심리검사를 사용한다고 응답하였다. 그리고 개별 심리검사에 대해 교육을 받는지 여부를 조사한 결과, 상담자들은 MBTI와 MMTIC (88%), MMPI(71%), 지능검사(45%), 그림검사(33%)의 순으로 많이 교육받은 것으로 나타났다.

## 참고문헌

김영빈, 김계현(2000). 청소년 상담에서의 심리검사 활용실태: 시·도 청소년종합상담실을 중심으로. 한국심리학회지: 상담 및 심리치료, 13, 149-162.

American Educational Research Association, American Psychological Association, & National Council on Measurement in Education (1985). *Standard for educational and psychological testing.* Washington, DC: American Psychological Association.

Anastasi, A. (1988). *Psychological testing* (6th ed.). New York: Macmillan.

Anastasi, A. (1992). What counselors should know about the use and interpretation of psychological tests. *Journal of Counseling and Development, 70,* 610-615.

Anastasi, A., & Urbina, S. (1996). *Psychological testing* (7th ed.). Englewood Cliffs, NJ: Prentice-Hall.

Barrios, B. A. (1988). On the changing nature of behavioral assessment. In A. S.

Bellack & M. Hersen (Eds.), *Behavioral assessment: A practical handbook* (pp. 3-41). New York: Pergamon.

Block, J. (1961). *The Q-Sort method in personality assessment and psychiatric research.* Palo Alto, CA: Consulting Psychologists.

Bubenzer, D. L., Zimpfer, D. G., & Mahrle, C. L. (1990). Standardized individual appraisal in agency and private practice: A survey. *Journal of Mental Health Counseling, 12,* 51-66.

Cronbach, L. J. (1990). *Essentials of psychological testing* (5th ed.). New York: HarperCollins.

Elmore, P. B., Ekstrom, R. B., Diamond, E. E., & Whittaker, S. (1993). School counselor's test use patterns and practices. *The School Counselor, 41,* 73-80.

Goldman, L. (1990). Qualitative assessment. *The Counseling Psychologist, 18,* 205-213.

Guilford, J. P. (1959). *Personality.* New York: McGraw-Hill.

Haney, W. (1981). Validity, vaudeville, and values: A short history of social concerns over standardized testing. *American Psychologist, 36,* 1021-1034.

Hood, A. B., & Johnson, R. W. (1997). *Assessment in counseling: A guide to the use of psychological assessment procedures* (2nd ed.). Alexandria, VA: American Counseling Association.

Kenrick, D. T., & Fundar, D. C. (1988). Profiting from controversy: Lessons from the person-situation debate. *American Psychologist, 43,* 23-34.

Osgood, C. E., Suci, G. J., & Tannenbaum, P. H. (1957). *The measurement of meaning.* Urbana, IL: University of Illinois.

Owens, W. A. (1983). Background data. In M. D. Dunnette (Ed.), *Handbook of industrial and organizational psychology* (pp. 609-644). New York: Wiley.

Sturgis, E. T., & Gramling, S. (1988). Psychophysiological assessment. In A. S. Bellack & M. Hersen (Eds.), *Behavioral assessment: A practical handbook* (pp. 213-251). New York: Pergamon.

Watkins, C. E., Jr., Campbell, V. L., & Nieberding, R. (1994). The practice of vocational assessment by counseling psychologists. *The Counseling Psychologist, 22*, 115-128.

Zytowsky, D., & Warman, R. E. (1982). The changing use of tests in counseling. *Measurement and Evaluation in Guidance, 15*, 147-152.

제2장  검사 사용의 절차

    이 장에서는 심리검사를 사용하는 일반적인 절차로서 검사의 선택, 실시, 채점의 과정에 대해 알아보고, 이 과정에서 상담자가 지켜야 할 윤리적 규정에 대해 알아보고자 한다.

    심리검사는 상담의 각 단계마다 유용하게 활용된다. 상담 초기에는 내담자에 대해 이해하고 호소문제를 파악하는 데 심리검사를 포함한 다양한 평가를 실시한다. 상담 중기에는 이 책의 제4장부터 기술되는 다양한 영역의 검사들을 활용하여 내담자의 특성을 보다 깊이 있게 탐색할 수 있다. 내담자의 정신건강상태를 진단하고 점검하는 데 다면적 인성검사(MMPI), 우울검사, 자살위험검사 등 종합적이거나 특정 영역을 재는 검사들을 활용한다. 또 내담자의 호소문제나 상담 목표에 따라 지능, 학업, 진로, 성격, 대인관계 등에 대한 각종 검사를 사용할 수 있다. 상담자의 판단이나 주변 사람들의 관찰 정보와 함께 심리검사를 통해 얻게 되는 정보를 토대로 내담자의 자기이해를 증진하고 심층적인 탐색과 자각을 돕는다. 상담 후기에는 정신건강, 학습태도, 진로성숙 등 상담 초반에 사용하였던 검사를 다시 실시함으로써 내담자의 변화 상태를 점검하거나, 상담 효과를 측정하는 별도의 검사를 상담자와 내담자가 상담 효과를 확인하고 종결 여부를 결정할 수 있다.

이 중에서 특히 상담 초기에 내담자의 특성을 이해하고 호소문제를 파악하기 위해 어떤 심리검사를 어떻게 활용할지에 대해, 이 장의 후반부에서 보다 자세히 설명하도록 하겠다.

## 1. 검사 사용의 일반적 절차

### 1) 검사의 선정

심리검사는 상담과 분리된 활동이 아니라 상담의 한 과정이다. 어떤 내담자들은 검사를 실시할 경우 많이 불안해한다. 능력검사나 성취검사에서는 특히 실패를 두려워하기 때문에 더 불안할 수 있다. 이러한 불안은 상담 과정 전체에 영향을 미칠 수 있다. 흥미검사나 성격검사에서도 개인의 성격적 약점이나 단점이 드러날까 봐 두려워할 수 있는데, 검사가 주는 불안을 낮추기 위해서는 검사의 목적이 상담자가 내담자를 평가하려는 것이 아니라 내담자 스스로 자신을 더 잘 이해할 수 있도록 돕는 데 있다는 것을 분명히 밝혀야 한다. 그리고 어떤 결과가 나오더라도 상담자는 내담자를 수용할 것이라고 느낄 수 있게 해 주어야 한다.

가능하다면 상담 과정에서 어떤 검사를 사용할 것인지에 대해 내담자와 의논한다(Duckworth, 1990; Healy, 1990). 검사의 목적과 특성을 알면 내담자는 검사 결과를 통해 더 많은 도움을 받을 수 있다. 검사의 유용성에 대해 확신을 가진 내담자는 능력검사에서도 최대한 노력하고 흥미검사와 성격검사에서도 더 솔직하게 응답하게 된다. 내담자가 검사 선택 과정에 참여하게 되면 검사 결과와 해석을 받아들이는 과정에서도 방어적 태도를 거의 보이지 않게 되고, 검사 결과를 보다 객관적으로 인식할 수 있다.

학업상담이나 진로상담에서 내담자들은 검사 결과에 많이 의존한다. 상담자 전문가로서 자신에게 맞는 검사를 선택해 주고 그 검사 결과를 바탕으로 무엇을 해야 할지 구체적으로 조언해 줄 것이라고 생각한다. 이때 내담자를 검사 선택 과정에 참여시킴으로써 이러한 지나친 의존성을 방지할 수 있다.

물론 내담자가 특정 검사를 결정하는 것은 아니다. 이것은 검사에 대한 지식을 가진 상담자가 해야 할 일이다. 대신 내담자는 앞으로 진행될 활동과 의사결정에 가장 유용한 정보를 제공해 줄 어떤 종류의 검사를 실시할 것인가를 결정하는 데에는 참여할 수 있다. 내담자들은 검사 자체의 구체적인 특징보다는 검사 결과가 자신에게 어떤 시사점을 주는지에 관심이 있다. 따라서 검사에 대해서는 일반적인 특성만을 소개하는 것이 좋다. 예를 들어 스트롱 직업흥미검사를 내담자에게 소개할 때는 "○○씨가 좋아하는 것(좋아하지 않는 것)과 다양한 직업에 종사하는 사람들이 좋아하는 것(좋아하지 않는 것)을 비교해 볼 수 있게 해 주는 흥미검사입니다."라고 말할 수 있다. 검사 자체의 심리측정학적인 특징들까지 설명하는 데 긴 시간을 할애하면 내담자는 여기에 압도당해 버린다.

때로는 내담자가 검사를 받아 보고 싶다고 말할 때가 있다. 이때 표현하는 그대로 이해하면 곤란하다. 성격검사를 받아 보고 싶다고 말할 경우 내담자의 요구대로 바로 성격검사를 실시할 것이 아니라, 성격검사를 요구하는 의미를 탐색해야 한다. 검사를 실시하기 전에 내담자가 우울이나 불안의 중요한 문제를 가지고 있는지 여부를 확인해야 한다. 상담을 받고 싶지만 직접적으로 어떤 문제를 드러내고 도움을 요청하는 것이 어려워서일 수도 있다. 이 경우, 검사를 신청하는 행동이 핵심 문제로 안내하는 길의 역할을 하는 것이다.

　필요도 없는데 검사를 실시하는 것은 바람직하지 않다. 예컨대, 대학 입학 성적, 고등학교 때의 성적, 현재의 학점 등을 쉽게 구할 수 있는 대학의 상담실에서 내담자의 능력을 파악하기 위해 적성검사를 실시할 필요는 없다. 대학과는 달리 아무런 사전 정보가 없는 상담기관도 있다. 그런 경우에 상담자는 검사를 실시하기 전에 내담자의 이전 경험에 대한 이야기를 들으면서 관련된 정보와 내담자 자신에 대한 진술문을 확보할 수 있다. 이전 경험을 회상하게 함으로써 검사 결과에 대한 보충 자료를 얻을 수 있을 뿐만 아니라 어떤 검사를 실시할 필요가 없어지기도 한다.

　검사실시에 걸리는 시간이 검사실시 여부를 결정하는 경우도 있다. 때로는 정확성이 조금 떨어지더라도 짧은 검사를 사용하는 것이 좋을 수 있고, 보다 중요한 결정을 위해서는 검사 시간이 오래 걸리더라도 신뢰도가 높은 검사를 사용해야 할 수 있다. 검사에 대한 비용도 재원이 제한적인 기관의 경우에는 중요하다. 검사 문항을 답지와 별도로 재사용할 수 있는지, 채점 방식이 어떤지, 컴퓨터 채점에 드는 비용은 얼마인지 등을 고려하여 검사를 선택한다.

## 2) 검사의 실시

　검사란 검사 이외의 상황에서 일어날 수 있다고 추측되거나 예측되는 행동의 표집이다. 표준화된 검사에서는 표준화된 지시와 표준화된 조건에서 정해진 방법으로 행동이 표집될 수 있도록 주의해야 한다. 이를 위해 검사 실시자는 검사실시 지침과 절차에 익숙해야 한다. 검사실시에 대해 알아야 할 사항은 검사에 따라 모두 다르다. 표준화된 학업적성검사는 비교적 조금만 훈련받고도 검사를 실시할 수 있다. 그러나 개인 지능검사를 실시할 수 있는 지식과 기술을 습득하기 위해서는 강의도 듣고 임상 현장에서 실습도 해야 한다.

오히려 경험이 많은 검사실시자 중에는 기계적으로 검사를 실시하기만 하고 검사실시자 역할의 중요성에 대해 충분히 실감하지 못하는 경우가 있다. 학교 장면에서 검사가 실시될 때 흔히 나타나는 문제는 부정확한 시간관리, 답안용지 혼동, 답에 대한 단서 제공, 채점 오류, 기록 오류, 학생의 부정행위 등이다(Gay, 1990). 대부분의 검사실시 요강은 그 검사의 실시에 대해 자세한 지침을 제공하고 있다. 이렇게 검사 절차를 표준화하는 것은 한 개인의 점수를 다른 집단에 있는 사람들의 점수와 비교할 수 있게 하기 위한 것이다.

검사실시자는 내담자가 검사에 관심을 가지고 협조할 수 있도록 해야 한다. 관계형성 시기에 검사실시자는 검사 결과가 유용하게 사용될 것이고 성과가 없는 일에 노력을 기울이는 과오를 미리 방지해 주는 것이 검사라는 것을 내담자에게 확신시켜야 한다. 자원해서 상담실을 찾은 내담자들은 대부분 검사에 협조적이다. 강제로 검사를 하게 된 경우나 검사로 얻을 수 있는 정보가 중요하지 않다고 생각하는 경우, 내담자들은 하고 싶지 않은 검사를 받게 되고 상담자와의 관계형성도 어려워진다.

능력이나 적성을 재는 검사에서는 내담자가 지시를 잘 따라서 자신이 할 수 있는 것을 최대한 발휘하게 해 주어야 한다. 어린 아동에게는 게임 같은 방식으로 검사를 할 수도 있다. 흥미검사와 성격검사에서는 내담자가 솔직하게 응답해야 타당한 결과를 얻을 수 있다.

검사실시자는 검사실시 과정을 숙련해서 내담자가 검사실시자의 능력을 의심하지 않도록 해야 한다. 검사에 대한 자신감을 따뜻하고 친근한 방식으로 드러내는 것이 필요하다.

검사를 하는 장소는 의자, 조명, 통풍, 온도 등에 있어서 검사실시에 적합해야 한다. 소음이 없이 조용해야 하고 방해받지 않는 곳이어야 한다. 시간제한이 있는 경우는 시간을 정확하게 지키고 부정행위를 하지 못하게 해야 한다. 사소한 것이라도 검사 결과에 영향을 미칠 수 있는 요인들을 알아차리고 최소화해야 한다. 검사를 실시할 때 어떤 문제가 발생했다면 숨기지 말고 검사 결과를 해석할 때 이것을 알려 주어야 한다.

### (1) 개인검사 대 집단검사

어떤 검사는 한 번에 한 사람에게만 실시하도록 되어 있지만 여러 사람에게 동시에 실시할 수 있는 검사도 있다. 집단검사는 짧은 시간 동안 비교적 적은 비용으로 많은 사람의 정보를 얻을 수 있다. 반면 개인검사에서 검사실시자는 한 내담자의 고유한 필요에 맞게 검사를 실시할 수 있다. 너무 어린 아동이나 장애인의 경우는 반드시 개인검사를 실시해야 한다. 개인검사는 검사점수와 함께 내담자의 검사 태도에 대한 관찰 자료도 얻을 수 있다는 장점이 있다.

### (2) 속도검사 대 역량검사

어떤 능력검사에서는 반응속도를 매우 중요하게 본다. 이러한 검사들은 피검자들이 빠른 시간 내에 완성해야 하는 많은 문제로 구성되어 있다. 시간제한이 있는 속도검사의 예는 손가락 및 손동작 검사와 계산 속도 및 정확도 검사가 있다.

역량검사(power test)는 난이도가 다양한 문제들로 구성되고 역시 주어진 시간 내에 응답해야 한다. 그 검사를 받는 90% 정도의 사람들이 주어진 시간 동안 검사를 완료할 수 있다면 역량검사라고 할 수 있다. 어떤 학생들에게는 여전히 속도가 점수를 결정하는 요소가 되지만, 대부분의 학생들에게는 속도가 큰 문제가 되지는 않는다. 지능검사, 수학능력검사, 성취도검사 등이 기본적으로 역량검사다.

### (3) 컴퓨터를 이용한 검사실시

컴퓨터가 보편화되면서 컴퓨터를 검사실시에 이용하는 경우가 많아졌다. 컴퓨터용 검사는 전통적인 지필검사에 비해 다음과 같은 여러 장점이 있다(Wise & Plake, 1990).

- 검사실시에 필요한 시간을 절약해 준다.
- 내담자의 수행에 대해 즉각적인 피드백을 제공한다.
- 검사실시 절차의 표준화 정도를 향상시켜 준다.
- 움직임이 있거나 연결되는 새로운 형태의 문항을 사용할 수 있다.
- 내담자의 이전 반응을 기초로 내담자에게 맞는 검사를 사용할 수 있다.

주의력결핍장애를 판별하기 위해 목표 자극이 계속 이동하는 게임 형태로 된 TOVA(Test of Variables of Attention)는 컴퓨터를 이용한 검사의 한 예다. TOVA에서는 반응속도, 생략오류(부주의), 수행오류(충동성) 등 지필검사로는 얻을 수 없었던 여러 점수가 제공된다(Greenberg, 1994). 우리나라에서도 사용되고 있고, TOVA검사 또는 주의력검사라고 부른다.

컴퓨터용 검사를 사용할 때 상담자는 내담자가 컴퓨터 조작에 익숙한지 확인하고, 컴퓨터가 잘 기능하고 있는지 주변기기를 항상 점검해야 한다.

## 3) 검사의 채점

채점은 손으로 할 수도 있고 컴퓨터를 사용할 수도 있다. 손으로 채점할 경우 대부분 답안지의 정답과 오답을 구분해 주는 채점판이 있다. 어떤 경우에는 내담자가 '자가채점'을 할 수 있도록 답안지 뒤편에 채점을 할 수 있는 답안지가 붙어 있다. MBTI는 자가채점을 할 수 있는 대표적 검사다. 여러 가지 검사를 손으로 동시에 채점할 경우 시간도 많이 걸리고 채점 오

류가 발생할 가능성도 크다. 가능하다면 손으로 채점한 것은 다른 사람이
한 번 더 정확하게 채점이 되었는지 확인하는 것이 좋다.

컴퓨터 채점은 훨씬 빠르고 정확하고 상세하다(Wise & Plake, 1990). 스
트롱 흥미검사나 쿠더 흥미검사와 같이 손으로 계산하기에는 복잡한 수식
을 가진 검사의 경우 컴퓨터를 사용하면 아무 문제가 없다. 컴퓨터를 이용
하면 단순한 채점만이 아니라 채점 원리나 알고리즘을 컴퓨터에 입력하여
검사 해석문까지 제공하게 할 수 있다.

MMPI와 같이 컴퓨터 활용 해석(CBTI)이 주어지면 상담자는 내담자에
대한 가설을 세우고 검증하는 데 활용될 또 다른 대안을 제공받게 된다
(Sampson, 1990). 하지만 상담자가 이 해석에만 의존해서는 곤란하다. 컴
퓨터 활용 해석은 이미 널리 사용되고 있지만 그 타당도는 확보되지 않았
기 때문이다(Moreland, 1985). 점수를 가지고 해석을 하는 채점 원리는 '기
업 비밀'에 해당되는 것이어서 그것이 얼마나 타당하게 만들어졌는지 확인
하기 어렵다. 실제로 미국의 Mental Measurements Yearbooks의 출판사
는 컴퓨터 활용 해석에 관한 별도의 장을 쓰려고 하다가 포기했는데, 그 이
유는 각 검사 개발 출판사로부터 컴퓨터 프로그램과 알고리즘에 대한 정보
를 입수하기 어려웠기 때문이다(Kramer & Conoley, 1992).

상담자는 컴퓨터 활용 해석의 내용만이 아니라 내담자로부터 얻은 다른
정보에 근거를 두고 그 내용을 이해해야 한다. 내담자의 컴퓨터 활용 해석
을 변화시킬 수 있는 어떤 개인적 · 상황적 요인도 모두 고려하여 전문가적
인 판단을 내려야 한다. 다른 검사 결과에 대해서와 마찬가지로 항상 확인
될 수도 있고 변경될 수도 있는 가설로 보아야 한다.

## 2. 검사 사용에 관한 규범

　상담 및 심리 관련 전문가 집단들은 심리검사 사용과 개발에 관한 규범을 정하고 있다. 여기에서는 한국상담학회 윤리강령 및 한국상담심리학회 윤리강령 중 심리검사에 대한 내용을 제시하였다.

### 1) 한국상담학회 윤리강령

　한국상담학회는 상담자가 역할 수행을 통해 내담자의 신체적 · 정신적 · 사회적 · 영적 안녕을 유지 · 증진하는 과정에서 지켜야할 윤리규준으로 전문적 태도, 정보의 보호, 내담자의 복지, 상담관계, 사회적 책임, 상담 연구, 심리검사 등에 대한 규범을 제시하고 있다. 이 중 심리검사에 대하여서 일반사항, 검사도구 선정 및 실시, 채점 및 해석, 정신장애 진단에 대한 구체적인 윤리규범 등을 제시하고 있다.

---

### 7. 심리검사

#### 가. 일반 사항

(1) 상담자는 내담자의 환경(사회적 · 문화적 · 상황적 특성 등)과 개별적 특성을 고려한 후, 내담자를 조력하기 위한 목적에 적합한 심리검사를 선택해야 한다.

(2) 심리검사를 실시할 때에는 자격이 있는 사람이 표준화된 절차에 따라 실시해야 하며, 그 과정을 경시해서는 안 된다.

(3) 상담자는 검사 채점과 해석을 수기로 하건, 컴퓨터를 사용하건, 혹은 다른 서비스를 사용하건 상관없이 내담자의 요구에 적합한 검사도구를 적용, 채점, 해석, 활용한다.

(4) 상담자는 검사 전에 검사의 특성과 목적, 잠재적인 결과 수령자의 구체적인 결과의 사용에 대해 설명한다. 이 때 상담자는 내담자의 개인적 · 문화적 상황, 내

담자의 결과 이해 정도, 결과가 내담자에게 미치는 영향을 고려한다.

(5) 상담자는 피검자의 복지, 명확한 이해, 검사 결과를 누가 수령할 것인지에 대한 결정에서 사전 합의를 고려한다.

## 나. 검사도구 선정과 실시 조건

(1) 상담자가 검사도구를 선정할 때 도구의 타당도, 신뢰도, 실용도, 객관도, 심리측정의 한계를 신중하게 고려한다.

(2) 상담자는 제삼자에게 내담자에 대한 검사를 의뢰할 때, 적절한 검사도구가 사용될 수 있도록 내담자에 대한 구체적인 의뢰 문제와 충분한 객관적인 자료를 제공한다.

(3) 상담자는 문화적으로 다양한 집단을 위한 검사도구를 선정할 경우, 그러한 내담자 집단에게 적절한 심리측정 특성이 결여된 검사도구를 사용하지 않도록 합당한 노력을 한다.

(4) 상담자는 검사도구의 표준화 과정에서 설정된 동일한 조건하에서 검사를 실시한다.

(5) 상담자는 기술적 또는 다른 전자적 방법들이 검사실시에 사용될 때, 실시 프로그램이 잘 기능하고 있는지 그리고 정확한 결과를 제공하는지에 대해 점검한다.

## 다. 검사 채점 및 해석

(1) 상담자는 개인 또는 집단검사 결과 발표에 정확하고 적절한 해석을 포함시킨다.

(2) 상담자는 검사 결과를 보고할 때, 검사 상황이나 피검자의 규준 부적합으로 인한 타당도 및 신뢰도와 관련하여 발생하는 제한점을 명확히 한다.

(3) 상담자는 연령, 피부색, 문화, 장애, 민족, 성, 인종, 언어 선호, 종교, 영성, 성적 지향, 사회경제적 지위가 검사실시와 해석에 영향을 미친다는 것을 인식하고, 내담자와 관련된 다른 요인들을 고려하여 적절하게 검사 결과를 해석한다.

(4) 상담자는 기술적인 자료가 불충분한 검사도구의 경우 그 결과를 해석할 때 주의해야 한다. 그러한 도구를 사용하는 특정한 목적을 내담자에게 명확히 알린다.

(5) 상담자는 내담자에게 심리검사 결과의 수치만을 알리거나 제삼자에게 알리는 등 검사 결과가 잘못 통지되지 않도록 해야 한다.

## 라. 정신장애 진단

(1) 상담자는 정신장애에 대해 적절한 진단을 하도록 특별하고 세심한 주의를 기울인다.

(2) 상담자는 치료의 초점, 치료 유형, 추수상담 권유 등의 내담자 보살핌을 결정하기 위해 사용되는 개인 상담을 포함한 검사 기술을 신중하게 선택하고 합당하게 사용한다.

(3) 상담자는 정신장애를 진단할 때는 내담자의 문제를 규정하는 방식에 문화가 영향을 미친다는 것을 인식하고 내담자의 사회경제적·문화적 경험을 고려한다.

(4) 상담자는 어떤 개인이나 집단들에 대해 오진을 내리고 정신병리화 하는 역사적·사회적 편견과 오류에 대해 충분히 이해하고 이러한 편견과 오류가 발생하지 않도록 특별한 주의를 기울인다.

(5) 상담자는 심리검사의 결과가 내담자나 다른 사람들에게 해를 끼칠 수 있다고 판단되면 진단이나 보고를 해서는 안 된다.

[그림 2-1] 한국상담학회 윤리강령(2012) 중 심리검사 관련 내용

## 2) 한국상담심리학회 윤리강령

한국상담심리학회 역시 상담심리사들이 전문적인 상담활동을 통해 내담자의 개인적인 성장과 사회공익에 기여할 수 있도록 윤리강령을 제시하고 있으며, 그 내용에는 전문가로서의 태도, 사회적 책임, 인간권리와 존엄성에 대한 존중, 상담관계, 정보의 보호, 상담 연구, 심리검사에 대한 내용과 윤리문제가 발생했을 때의 해결방법, 회원의 의무 등을 담고 있다. 이 중 심리검사와 관련해서는 기본 사항, 검사를 사용하고 해석하는 능력, 사전동의, 정보 공개, 검사 선택, 시행, 채점 및 해석, 검사의 안전성 등에 대하여 다음과 같은 내용을 제시하였다.

## 7. 심리검사

### 가. 기본 사항

(1) 교육 및 심리 평가의 주된 목적은, 객관적이면서 해석이 용이한 평가도구를 제공하는데 있다.
(2) 상담심리사는 교육 및 심리 평가 방법을 활용하여, 내담자의 복리와 이익을 추구하여야 한다.
(3) 상담심리사는 평가 결과와 해석을 오용해서는 안 되고, 다른 사람들이 평가도구를 개발하고, 출판 또는 사용함에 있어서 정보를 오용하지 않도록 적절한 조치를 한다.
(4) 상담심리사는 검사 결과에 따른 상담심리사들의 해석 및 권유의 근거에 대한, 내담자들의 알 권리를 존중한다.
(5) 상담심리사는 규정된 전문적 관계 안에서만 평가, 진단, 서비스, 혹은 개입을 한다.
(6) 상담심리사의 평가, 추천, 보고, 그리고 심리적 진단이나 평가 진술은 적절한 증거 제공이 가능한 정보와 기술에 바탕을 둔다.

### 나. 검사를 사용하고 해석하는 능력

(1) 상담심리사는 자신의 능력의 한계를 알고, 훈련받은 검사와 평가만을 수행해야 한다. 또한 상담심리사는 지도감독자로부터, 적합한 심리검사도구를 제대로 이용하는지의 여부를 평가받아야 한다.
(2) 컴퓨터를 이용한 검사를 활용하는 상담심리사는, 원 평가도구에 대해 훈련받아야 한다.
(3) 수기로 하든지, 컴퓨터를 사용하든지, 상담심리사는 평가도구의 채점, 해석과 사용, 응용에 대한 책임이 있다.
(4) 상담심리사는 타당도와 신뢰도, 검사에 대한 연구 및 검사지의 개발과 사용에 관한 지침 등 교육·심리적 측정에 대해 철저하게 이해하고 있어야 한다.
(5) 상담심리사는 평가도구나 방법에 대해 언급할 때, 정확한 정보를 제공하고 오해가 없도록 해야 한다. 지능지수나 점수 등이 근거 없는 의미를 내포하지 않도록 특별한 노력을 기울여야 한다.
(6) 상담심리사는 심리평가를 무자격자에게 맡겨서는 안 된다.

## 다. 사전 동의

(1) 평가 전에 내담자의 동의를 미리 얻지 않았다면, 상담심리사는 그 평가의 특성과 목적, 그리고 결과의 구체적인 사용에 대해 내담자가 이해할 수 있는 말로 설명해야 한다. 채점이나 해석이 상담심리사나 보조원에 의해서 되든, 아니면 컴퓨터나 기타 외부 서비스 기관에 의해서 이루어지든지, 상담심리사는 내담자에게 적절한 설명을 하도록 조치를 취해야 한다.
(2) 내담자의 복지, 이해능력, 그리고 사전 동의에 따라 검사 결과의 수령인을 결정짓는다. 상담심리사는 어떤 개인 혹은 집단검사 결과를 제공할 때 정확하고 적절한 해석을 함께 제공하여야 한다.

## 라. 유능한 전문가에게 정보 공개하기

(1) 상담심리사는 검사 결과나 해석을 포함한 평가 결과를 오용해서는 안되며, 다른 사람들의 오용을 막기 위한 적절한 조치를 취한다.
(2) 상담심리사는 특별한 경우를 제외하고는, 내담자나 내담자가 위임한 법적 대리인의 동의가 있을 경우에만 그 내담자의 신분이 드러날 만한 자료(예를 들면, 계약서, 상담이나 인터뷰 기록, 혹은 설문지)를 공개한다. 그와 같은 자료는 그 자료를 해석할 만한 능력이 있다고 상담심리사가 인정하는 전문가에게만 공개되어야 한다.

## 마. 검사의 선택

(1) 상담심리사는 심리검사를 선택할 때 타당도, 신뢰도, 검사의 적절성, 제한점 등을 신중히 고려한다.
(2) 상담심리사는 다문화 집단을 위한 검사를 선택할 때, 사회화된 행동과 인지 양식을 고려하지 않은 부적절한 검사를 피할 수 있도록 주의한다.

## 바. 검사 시행의 조건

(1) 상담심리사는 표준화된 조건과 동일한 조건에서 검사를 시행한다. 검사가 표준화된 조건에서 시행되지 않거나, 검사 시간에 비정상적인 행동이 발생할 경우, 그러한 내용을 기록해야 하고, 그 검사 결과는 무효 처리하거나 타당성을 의심할 수 있다.
(2) 상담심리사는 컴퓨터나 다른 전자식 방법을 사용하였을 때, 시행 프로그램이 내담자에게 정확한 결과를 적절히 제공하도록 보장할 책임이 있다.

(3) 인사, 생활지도, 상담활동에 주로 활용되는 검사 결과가 유의미하기 위해서는 검사 내용에 대한 선수지도나 내용을 언급하면 안 된다. 그러므로 검사지를 안전하게 보호하는 것도 상담심리사의 책임이다.

**사. 검사점수화와 해석, 진단**

(1) 상담심리사는 검사 시행과 해석에 있어서 나이, 인종, 문화, 장애, 민족, 성, 종교, 성적 기호, 그리고 사회경제적 지위의 영향을 고려하고, 다른 관련 요인들과 통합 비교하여 검사 결과를 해석한다.
(2) 상담심리사는 기술적 자료가 불충분한 평가 도구의 경우 그 결과를 해석할 때 신중해야 한다. 그러한 도구를 사용하는 특정한 목적을 내담자에게 명백히 알려 주어야 한다.
(3) 정신장애를 진단하기 위해서 상담심리사는 특별한 관심을 가져야한다. 내담자에 대한 치료 장소, 치료 유형, 또는 후속조치를 결정하기 위한 개인 면담 및 평가 방법을 주의 깊게 선택하고 사용한다.
(4) 상담심리사는 내담자의 문제를 정의할 때, 내담자가 속한 문화의 영향을 받는다는 것을 인지한다. 내담자의 정신장애를 진단할 때 사회경제적 및 문화적 경험을 고려해야 한다.

**아. 검사의 안전성**

(1) 상담심리사는 공인된 검사 또는 일부를 발행자의 허가 없이 사용, 재발행, 수정하지 않는다.
(2) 상담심리사는 시대에 뒤진 자료나 검사 결과를 사용하지 않는다. 다른 사람이 쓸모없는 측정이나 검사 자료를 사용하지 않도록 상담심리사는 도와준다.

[그림 2-2] 한국상담심리학회 윤리강령(2012) 중 심리검사 관련 내용

## 3) 더 생각해 볼 윤리적 주제

이 밖에 심리검사의 사용에 있어서 좀 더 생각해 보아야 할 윤리적 주제들이 있다.

우선 다문화 내담자를 대상으로 한 심리검사의 활용에 대한 주제다. 한

국상담학회 윤리강령에 명시된 바와 같이, 상담자는 문화적으로 다양한 집단을 위해 검사도구를 선정할 때 적절한 심리측정을 할 수 있도록 노력하여야 하고, 내담자의 문화, 민족, 언어선호, 종교 등이 검사실시와 해석에 영향을 미친다는 것을 인식하여 관련 요인들을 고려하여야 한다. 최근 우리나라에 취업이나 결혼 등으로 다양한 문화와 배경을 가진 다문화 인구가 늘어났고, 북한이탈주민의 수도 많아졌다. 이들을 대상으로 상담과 심리검사를 실시해야 하는 경우가 많이 있으나, 다문화 내담자를 대상으로 개발되거나 표준화된 검사를 찾아보기는 매우 어렵다. 그래서 검사의 실시 및 해석에 한계가 있음에도 불구하고 기존에 개발된 검사를 대용으로 쓰고 있는 경우가 많다. 다문화 내담자들을 대상으로 하는 검사를 개발한다는 것이 매우 어려운 일이지만, 이들이 상담과 심리검사를 통해 효과적인 도움을 받을 수 있도록 다문화 내담자를 위한 검사의 개발이 필요하다. 또 기존에 개발된 검사의 경우에는 번역 수준에서 그치는 것이 아니라 이들의 언어와 문화적 배경을 고려하여 검사 문항을 수정 보완하고 규준설정을 위한 자료 수집 과정을 거쳐 적절한 채점 및 해석 방법을 제시하는 것이 필요하다.

두 번째로 컴퓨터, 휴대폰 등 전자식 기기를 이용한 검사 활용에 대한 주제다. 최근 컴퓨터를 활용하여 내담자의 성격, 진로 등을 측정하는 다양한 검사가 개발되었다. 이러한 검사는 실시 및 채점이 용이하고 개별 상담자의 해석 과정이 없이도 규격화된 검사 해석지가 일괄 제공될 수 있다는 편리함이 있다. 하지만 검사를 해석함에 있어서 내담자의 응답에만 의존하지 않고 여러 다양한 정보를 토대로 검사점수를 해석하는 것이 필요하기 때문에, 이러한 일괄적인 컴퓨터용 검사 해석지는 분명 한계를 가진다. 이에 대하여 한국상담심리학회 윤리강령에는 컴퓨터를 이용한 검사이더라도 상담자가 원 평가도구에 대해 훈련을 받아야 하며, 상담자가 컴퓨터나 다른 전자식 방법을 사용하여 검사를 시행할 경우 시행 프로그램이 내담자에게 정확한 결과를 적절히 제공하도록 보장할 책임이 있다고 명시하고 있다. 따

라서 검사 채점 및 해석이 컴퓨터에서 자동적으로 이루어지더라도 상담자
가 검사의 실시와 채점, 해석 과정을 책임감 있게 관리하고 내담자에게 적
절한 정보를 제공할 수 있도록 노력하여야 할 것이다.

세 번째로 컴퓨터, 휴대폰 등의 확산과 함께 내담자나 일반인 스스로 검
사나 체크리스트를 쉽게 접할 수 있게 되었는데, 재미삼아 또는 자기에 대
해 이해하고 싶어서 이런 자가진단용 검사나 체크리스트를 이용하는 현상
에 대한 주제다. 검사 결과나 해석에 대해 전문가의 분석 및 설명 없이 내
담자나 일반인이 그 내용을 이해하는 과정에서, 자신에 대해 오히려 왜곡
된 정보를 얻고 이로 인해 문제가 더 심각해질 가능성이 있다. 또 검사에
너무 많이 노출되어 정작 검사를 통해 내담자의 상태를 정확히 진단하여야
할 때 내담자가 검사 응답을 조작하여 왜곡된 검사 결과가 도출되도록 할
우려도 있다. 따라서 상담 과정에서 내담자들에게 자가진단용 검사가 가질
수 있는 문제점과 한계에 대해 이해하고 주의할 수 있도록 안내하는 것이
필요하다.

## 3. 상담 초기의 내담자 이해

심리검사 및 평가는 상담의 여러 과정에서 유용하게 활용되며, 특히 상
담초기에 내담자와 호소문제의 특성을 파악하는 데에도 매우 유용하다.
우리가 만나는 내담자들은 저마다 상담에 대한 준비도, 상담에 대한 기대,
문제해결 양식 등이 각기 다르다. 상담을 시작하기에 앞서 상담자가 내담
자들의 이러한 차이점들을 파악해 두면 더 효율적으로 상담을 진행할 수
있다.

## 1) 상담에 대한 준비도

상담을 신청하는 내담자들은 나름대로 '상담은 이럴 것이다'라는 생각이나 감정, 태도 등을 가지고 있다. 상담 진행에 도움이 되는 생각과 감정, 태도를 가진 내담자는 상담을 통해 필요한 도움을 더 쉽고 빠르게 받을 수 있다. 이와 같이 상담을 통해 도움을 받을 수 있는 내담자의 준비 정도를 내담자의 '상담준비도(readiness for counseling)'라고 한다(Heilbrun & Sullivan, 1962). Hood와 Johnson(1997)은 내담자가 현재 자신의 문제에 대해 어떤 변화 과정의 단계에 있는지 확인함으로써 그 내담자의 상담준비도를 파악할 수 있다고 하였다.

내담자의 변화 과정은 문제인식 이전(precontemplation), 문제인식(contemplation), 준비(preparation), 실행(action), 유지(maintenance)의 5단계로 나타난다. 첫째, 문제인식 이전 단계의 내담자는 자신의 문제가 무엇인지 알아차리지 못한 상태로 자신의 행동을 바꾸어 보려는 계획이나 생각을 가지고 있지 않은 상태다. 문제인식 이전 단계에서 상담실을 찾는 내담자들은 자발적으로 상담에 찾아오는 경우가 아니라 대부분 그들의 문제를 염려하고 있는 주변 사람들의 요청에 의해 상담을 시작하게 되는 경우다.

문제인식 단계의 내담자들은 자신에게 어려움이나 문제가 있음을 인식하고 있지만 그 문제를 해결하기 위해서 아무것도 하지 않고 있는 상태다. 이들은 향후 6개월 이내에 변해 보겠다는 생각을 갖고는 있지만, 실제로 행동에 옮기는 데에는 더 많은 시간이 필요할 수도 있다.

준비 단계의 내담자는 자신의 문제행동을 조금씩 변화시키기 시작했고 1개월 이내에는 분명히 변화할 것이라는 의지를 가지고 있다. 그리고 짧은 기간 동안이지만 내담자가 실제로 어떤 변화를 보일 때 실행 단계로 넘어간다. 이 변화가 6개월 이상 지속되면 유지 단계에 도달하는 것이고 목표로 삼았던 행동과 태도의 변화가 내담자의 생활에 자리잡았다고 볼 수 있다.

이것은 Prochaska, DiClemente와 Norcross(1992)가 중독행동을 가진 내담자들의 변화 과정을 5단계로 정리한 것에 토대를 둔 것이다. 즉, 이들이 밝힌 변화의 5단계를 중독행동만이 아닌 다른 영역의 문제를 가진 내담자에게 적용한 것이다. 효과적인 치료기법을 적용하기 위해서는 내담자가 현재 변화의 어느 단계에 있는지 평가해야 한다. Porchaska 등(1992)이 지적한 대로 서로 다른 단계에 있는 내담자들에게는 다른 방식의 개입이 필요하다. Porchaska 등은 문제인식 이전이나 문제인식 단계에 있는 내담자에게는 자기인식의 향상과 정서적 안정이 효과적일 수 있지만, 실행이나 유지 단계 내담자에게는 강화 관리나 지지 집단과 같은 추수 개입 기법이 필요하다고 제안하고 있다.

대부분의 내담자들은 자신의 변화를 완전히 자신의 것으로 만드는 최종의 목표에 도달하기까지 이러한 단계들을 여러 번 반복한다. 단계들이 반복되는 것이 정상이기는 하지만, 반복이 진행되면서 자신의 문제를 해결하기 위해 다음 단계로 넘어가는 시도가 보다 빨리 진행되어야 할 것이다.

## 2) 내담자의 귀인과 대처유형

상담에 대한 내담자의 기대는 문제 상황을 어떻게 보는가에 따라 다르다. 문제나 그 문제의 해결에 대한 책임을 느끼는 정도도 내담자에 따라 다르다. 문제에 대한 불평과 해결에 대한 통제는 구별되어야 하기 때문에 이러한 구분은 중요하다. Brickman 등(1982)은 내담자의 관점에 따라 네 가지의 서로 다른 상담의 지향점을 제시하였다. 상담자는 다음에 기술한 네 가지 유형 가운데 하나로 내담자에게 접근하게 된다.

### (1) 자조(自助)적 유형(내귀인-자기대처)

자신의 문제와 그 해결에 대해 책임을 느끼고 있다. 이 유형에 분류되는 내담자들은 상담자들이 책(self-help book)이나 자기성장집단(personal growth group)과 같은 자신에게 필요한 자료가 무엇인지 알려 주기를 바라고, 스스로 이런 것들을 찾아서 노력해 나간다. 보다 열심히 일해야 하는 게으른 사람이라고 스스로를 지각하고 있는 사람들이다. 이러한 내담자들은 자신이 무엇을 해야 하는지 알고 있는 상담자로부터 자극을 받고 싶어 한다.

### (2) 보상적 유형(외귀인-자기대처)

문제에 대해서는 책임이 없지만, 그 해결은 자신이 해야 한다고 생각한다. 이런 관점을 가진 내담자들은 비록 자신이 발생시킨 문제는 아니지만 그 문제를 해결하고 극복해 나가는 과정에서 상담자가 대변인이 되어 도와주기를 바란다. 그들은 무엇인가 박탈당하고 있다고 느끼고, 그래서 스스로를 보다 주장해야 한다고 생각한다. 문제를 일으킨 상황을 교정해 나갈 수 있는 힘을 얻기를 바라는 내담자들이다.

### (3) 의존적 유형(내귀인-타인대처)

문제에 대한 책임은 느끼고 있지만 그 해결에 대해서는 책임감이 없다. 여기에 속하는 내담자들은 상담자를 그들의 구원자로 인식하고 지속적으로 자신을 돌봐 주기를 원한다. 권위 있는 사람에게 복종해야 하는 형편 없는 사람이라고 스스로를 인식하고 있다. 자신에게 부족한 훈육을 상담자가 시켜 줄 것을 바란다.

### (4) 의학적 유형(외귀인-타인대처)

문제나 그 해결 어느 것에 대해서도 책임을 느끼지 않는다. 이런 내담자들은 환자에게 약을 처방하는 것 같은 외적인 방식으로 상담자가 자신의 문제를 치료해 주기를 바란다. 스스로를 전문가로부터 적절한 조언과 치료를 받아야 할 아픈 사람이라고 생각한다.

상담자가 내담자의 유형을 제대로 파악한다면 문제해결이 더욱 효과적으로 진행될 수 있다. 문제나 해결에 대한 책임 여부에 대해 상담자와 내담자가 서로 다른 입장이라면, 두 사람은 서로 다른 목표를 가지고 상담에 임하게 될 것이다. 예를 들어, 자조적 유형이나 보상적 유형에 속하는 적극적인 대처 양식의 내담자에게는 상담자가 통제하기보다 내담자 스스로 자기통제를 하도록 권장하는 편이 도움이 된다(Dance & Naufeld, 1988).

상담자는 일반적으로 면담을 통해 내담자가 어떤 유형인지 파악할 수 있다. 상담자는 내담자에게 누가(또는 무엇이) 문제를 발생시켰는지, 누가 그 문제를 해결할 수 있는지 질문할 수 있다. 앞에서 소개한 내담자 유형으로 구분한다면 내담자에게 던질 질문의 틀을 잡기 쉬울 것이다. 또는 내외통제성을 측정하는 척도도 유용하다(Fisher & Cocoran, 1994). 자신이 바로 자신의 운명을 결정한다(내적 통제 소재)고 생각하는 내담자는 자조적 유형과 보상적 유형에 해당되고, 자신이 운이나 환경의 희생자(외적 통제 소재)라고 생각하는 내담자는 의존적 유형이나 의학적 유형에 해당된다.

여러 면에서 보상적 유형이 상담을 통해 가장 많은 도움을 받을 수 있다(Brickman et al., 1982). 문제를 탓하는 내담자를 포용하면서, 도움에 대해 정당화를 한 다음, 그 문제를 제거하거나 감소시킬 수 있음을 주지시키는 것이 효과적이다. Brickman 등이 분석한 여러 연구 결과에 따르면 내담자가 스스로의 변화에 대해 책임이 있다고 느낄 때 상담을 통해 얻은 변화가 지속될 수 있다. 변화가 상담자의 노력 덕분이라고 귀인된다면 그 변화는 지속되기 어렵다. 상담자는 문제해결의 원인을 내담자가 통제할 수 있는 요소로 재귀인하도록 도와야 한다(Dorn, 1988).

## 3) 문제해결 양식

문제해결의 과정에서 어떤 사람에게는 문제가 무엇인지를 정의하는 것이 중요할 수 있고, 또 어떤 사람에게는 해결이 중요할 수 있다. MBTI 검사를 통해 내담자의 문제해결 양식을 간편하게 알아볼 수 있다. MBTI는 4개의 축으로 구성되어 있고, 각 축은 문제해결 양식의 중요한 측면을 잘 기술해 준다.

첫째, 외향형 대 내향형 축은 문제를 집단의 구성원으로서 해결해 나가는가 또는 개인적으로 해결하는가를 보여 준다. 둘째, 감각형 대 직관형 축은 내담자가 문제를 정의하는 방식을 가리키는데, 감각형은 사실을 주로 고려하는 반면 직관형은 가능성에 중점을 둔다. 셋째, 사고형 대 감정형의 축은 문제를 해결해 나감에 있어 얼마나 논리적인지(사고형) 또는 가치지향적인지(감정형)를 나타낸다. 마지막으로 판단형 대 인식형의 축은 문제의 정의와 문제의 해결 중 어디에 더 중점을 두는가를 보여 준다. 판단형은 문제해결에 중점을 두는 반면 인식형은 문제의 정의에 더 관심을 갖는다.

상담자는 내담자의 문제해결 양식을 파악하기 위해 MBTI 검사 결과를 활용할 수 있을 뿐만 아니라 내담자가 선호하는 양식이 갖는 장점과 단점을 알려 주는 것이 내담자에게 도움이 된다. 또한 상담자는 자신이 선호하지 않는 문제해결 양식이라도 필요한 경우 사용할 수 있도록 내담자를 도와줄 수 있다.

그밖에도 자신의 어려움이나 스트레스 상황을 어떻게 극복해 나가는지를 측정하는 여러 종류의 문제해결 양식 검사들이 있다. 예를 들면, 스트레스에 대처하는 양식을 반성적 유형(reflective), 억압적 유형(suppressive), 반응적 유형(reactive)의 세 가지로 분류한 Problem-Focused Style of Coping (PF-SOC, Heppner, Cook, Wright, & Johnson, 1995)이 미국에서 개발되었고, 현재 한국을 비롯한 아시아 여러 나라에서 타당화되고 있다. 반성적 요인에서 높은 점수를 받은 사람들은 문제를 해결해 나감에 있어 논리적인 과정을 중시한다. 억압적 요인은 문제를 부인하거나 회피하는 것이다. 반응적 요인의 점수가 높은 사람들은 중요한 사건에 직면할 경우 강한 정서적 반응과 충동성을 보이는 경우가 많다. 이런 종류의 스트레스 대처 양식을 측정하는 검사에는 Ways of Coping Questionnaire(Folkman & Lazarus, 1988), Problem-Solving Inventory(Heppner, 1988, 1999), Coping Inventory for Stressful Situations(Endler & Parker, 1994) 등이 있다.

## 4. 상담 초기의 문제 정의

내담자가 호소하는 문제의 특성이 무엇인가? 얼마나 심각한가? 내담자의 생활에 어떤 영향을 미치고 있나? 이러한 질문에 대한 답을 찾는 과정을 통해 상담자는 내담자에 대한 상담 계획을 수립하고 그 결과를 평가할 수 있다. 여기에서는 이러한 질문에 답을 구하는 체계적인 과정을 살펴보려고 한다.

상담자는 상담신청서, 호소문제 체크리스트, 접수면접 등을 통해 짧은 시간에 필요한 정보를 수집하고, 이것을 기초로 상담자를 선정하거나 필요한 다른 서비스로 의뢰하게 된다.

### 1) 상담신청서

상담신청서는 상담 첫 회기에 필요한 내담자의 현상태나 호소문제에 대한 질문으로 구성된다. 일반적으로 이름, 주소, 성별, 나이, 출신 지역, 학교나 직장, 호소문제, 이전 상담 경험, 상담의 다급성 등의 항목이 포함된다. 특히 내담자가 상담에 오게 된 이유가 무엇인지를 기록하게 하는 질문은 특히 유용하다. 이 질문을 통해 상담의 목표 설정이 용이해지고 다음 상담 회기에서의 향상을 판단하는 중요한 준거가 된다. 그러나 상담신청서의 양식은 각 상담기관이 제공하는 조력 체제의 특성에 따라 달라질 수 있다.

상담신청서는 상담에 부담을 주지 않을 정도로 짧은 것이 좋다(보통 3~5분 이내에 작성이 가능한 분량). 필요한 경우 진로, 학습, 대인관계 등 상담 과정에서 평가가 필요한 검사들을 상담신청서에 덧붙이기도 한다.

상담신청서에 기록된 자료들은 내담자 문제의 방향을 알려 주고, 중요한 문제들이 상담에서 다루어지고 있는지를 판단하는 체크리스트의 역할도 하며, 이후 연락을 위한 자료도 된다. 그리고 이 정보를 잘 모아서 정리하면 한 상담기관의 내담자 특성을 파악하는 데에도 유용하게 쓰일 수 있다.

때로는 내담자의 배경에 대한 보다 포괄적인 정보를 얻기 위한 자서전 양식의 질문지를 상담신청서에 포함시키기도 한다. 예를 들면, 미국에서 사용하고 있는 Quickview Social History는 내담자의 성장 과정, 가족관계, 학습사, 결혼사, 경력, 경제적 상황, 법적 이력 등에 관한 130개의 질문과 심리적 · 신체적 건강에 관한 105개의 질문으로 구성되어 있다(Giannetti, 1992). 내담자의 응답 내용은 컴퓨터로 처리되어 4~5쪽 정도의 보고서로 제시되는데, 여기에는 에세이 형식의 결과와 함께 상담자가 더 탐색해야 할 내담자의 문제 영역이 무엇인지에 대한 요약이 포함된다.

## 2) 호소문제 체크리스트

내담자 문제에 대한 빠르고 종합적이고 체계적인 평가를 하기 위해 호소문제 체크리스트 또는 선별척도가 접수면접에서 사용된다. 일반적으로 내담자에게 지난 몇 주 동안 있었던 모든 문제나 증상을 목록에 표시하게 한다. 미국에서는 College Adjustment Scale(Baker & Siryk, 1984), Psychological Distress Inventory(Lustman, Sowa, & O'Hara, 1984), Porteus

Problem Checklist(Porteus, 1985), Personal Problems Checklists-Adults(Shinka, 1984), Personal Problems Checklists-Adults(Shinka, 1985), Psychological Screening Inventory(Lanyon, 1978) 등을 사용하고 있다. 여기에서는 미국 상담기관에서 많이 사용하고 있는 체크리스트 중 하나인 Inventory of Common Problems(ICP)와 우리나라의 한 대학교 상담실에서 사용하고 있는 대학생활적응도검사를 소개한다.

### (1) 일상문제검사

일상문제검사(Inventory of Common Problems; ICP)는 Hoffman과 Weiss(1986)가 대학 상담소에서 선별척도로 사용하기 위해 개발한 것이다. [그림 2-3]에서 보는 바와 같이 대학생들이 흔히 겪게 되는 24개의 문제 목록이다. 각 문항은 6개 하위영역으로 분류되고 각 문항 구성은 다음과 같다.

- 우울 문항 1~4번
- 불안 문항 5~8번
- 학업문제 9~12번
- 대인관계문제 13~16번
- 신체적 건강문제 17~20번
- 약물사용문제 21~24번

내담자들은 지난 몇 주 동안 스물네 가지 문제가 얼마나 자신에게 어렵고, 걱정이 되고, 지장을 주었는지를 표시한다. '1'(전혀 아니다)에서 '5'(매우 그렇다)까지의 숫자에 답을 표시한다. 각 하위영역의 점수 범위는 4~20점, 총 점수 범위는 24~120점이다.

검사 개발자들은 동일한 대학생 집단으로부터 규준 데이터를 수집했는

데, 점수의 성별 차이는 없었다. 학업문제 영역의 평균이 11점으로 하위영역 가운데 가장 높았고, 약물사용문제 영역의 평균이 5점으로 가장 낮았다. 전체 점수의 평균은 45점, 표준편차는 10점으로 나타났다(Hoffman & Weiss, 1986).

ICP는 선별척도로 사용하기에 충분한 신뢰도와 타당도가 확보되어 있지만 진단도구로 사용하기에는 적합하지 않다(Hoffman & Weiss, 1986). 이 검사는 상담자가 일차적인 탐색 영역을 알아보는 정도로 활용되는 것이 바람직하다. 또는 상담이 진행되는 동안 대략적인 상담 과정 질문지로도 사용할 수 있다.

---

다음 문항들은 대학생들이 흔히 겪는 어려움을 나열한 것입니다. 각 문제들로 인해 지난 몇 주 동안 얼마나 힘들고 어려웠는지 그 정도를 표시하기 바랍니다.

| 1. 전혀 힘들지 않았다 | 2. 거의 힘들지 않았다 |
|---|---|
| 3. 그저 그랬다 | 4. 조금 힘들었다 |
| 5. 매우 힘들었다 | |

| | | | | | |
|---|---|---|---|---|---|
| 1. 우울하고 슬프고 힘이 없었다 | 1 | 2 | 3 | 4 | 5 |
| 2. 스스로를 자책하고 탓하고 비난했다 | 1 | 2 | 3 | 4 | 5 |
| 3. 낙담하여 마치 내가 뭔가에 실패한 느낌이었다 | 1 | 2 | 3 | 4 | 5 |
| 4. 자살에 대해 생각해 보았다 | 1 | 2 | 3 | 4 | 5 |
| 5. 예민하고 긴장하고 불안했다 | 1 | 2 | 3 | 4 | 5 |
| 6. 두려움이 느껴졌다 | 1 | 2 | 3 | 4 | 5 |
| 7. 공포 또는 공황 발작이 있었다 | 1 | 2 | 3 | 4 | 5 |
| 8. 내가 산산조각 나 버릴 것 같은 느낌이었다 | 1 | 2 | 3 | 4 | 5 |
| 9. 학업에 어려움이 있다 | 1 | 2 | 3 | 4 | 5 |
| 10. 공부에 집중이 안 된다 | 1 | 2 | 3 | 4 | 5 |
| 11. 전공이나 진로를 결정하지 못하고 있다 | 1 | 2 | 3 | 4 | 5 |
| 12. 학교생활을 잘 하지 못하고 있다고 느낀다 | 1 | 2 | 3 | 4 | 5 |
| 13. 지금 만나고 있는 이성과 어려움이 있다 | 1 | 2 | 3 | 4 | 5 |

| | | | | | |
|---|---|---|---|---|---|
| 14. 가족 문제가 있다 | 1 | 2 | 3 | 4 | 5 |
| 15. 다른 사람들과 잘 지내지 못한다 | 1 | 2 | 3 | 4 | 5 |
| 16. 혼자라는 느낌과 외로움이 크다 | 1 | 2 | 3 | 4 | 5 |
| 17. 신체적인 건강상에 문제가 있다 | 1 | 2 | 3 | 4 | 5 |
| 18. 두통, 현기증, 실신이 있었다 | 1 | 2 | 3 | 4 | 5 |
| 19. 잠을 잘 자지 못한다 | 1 | 2 | 3 | 4 | 5 |
| 20. 잘 먹지 못하거나 체중조절에 문제가 있다 | 1 | 2 | 3 | 4 | 5 |
| 21. 술문제가 있다 | 1 | 2 | 3 | 4 | 5 |
| 22. 약물문제가 있다 | 1 | 2 | 3 | 4 | 5 |
| 23. 여러 종류의 흥분제를 사용하고 있다 | 1 | 2 | 3 | 4 | 5 |
| 24. 처방받은 약을 복용중이다 | 1 | 2 | 3 | 4 | 5 |

복용 중이라면 그 이유 _____

[그림 2-3] 일상문제검사(Hoffman & Weiss, 1986, p. 262)

## 사례

4학년인 민정(가명) 씨는 전공에 대한 불만족으로 대학 상담실을 찾았다. 최근 모든 친구들이 취업을 위해 면접을 보러 다니는 것을 보면서 더 힘들어졌다, 회계학을 전공하고 있는데 재미가 없다, 학생들끼리 과도하게 경쟁해야 하는 학과 분위기가 싫다, ICP와 함께 접수면접에 들어오면서 작성한 상담신청서에 '전공선택'이나 '진로계획' 쪽의 도움을 받고 싶다고 적었다. 우울, 불안, 학업문제 영역에 속하는 문항을 제외하고 나머지 모든 문항에 4와 5로 답했다. 민정은 진로미결정으로 많이 힘들어하고 있다.

접수면접을 했던 상담자는 민정 씨에게 정신병리적 소견은 보이지 않으며 발달 과정상에서 나타나는 문제로 힘들어하고 있다고 판단하였다. 상담자의 판단에 근거하여 단기상담이 계획되었다. 민정 씨는 자신의 성격의 근본적인 변화가 아니라 진로선택의 문제를 해결해야 하는 발달과업 수행에서 도움을 필요로 하고 있다.

민정 씨는 6회에 걸쳐 상담자를 만나면서 의사결정기술과 자기주장기술을 습득했고, 진로선택에 갖는 갈등을 해결해 나가는 데 도움을 받았다. 민정 씨는 현재의 회계학 전공을 계속 유지하고 인사관리를 부전공으로 선택하기로 했다. 이런 결정을 내리는 데는 스트롱 흥미검사를 비롯한 여러 검사 결과를 참고하였고 진로탐색 과정에서 얻었던 여러 정보도 반영하였다.

상담을 종결하기에 앞서 ICP를 다시 실시하였다. 두 번째 ICP에서는 4번이나 5번으로 응답한 문항이 하나도 없었다. ICP 전체점수가 66점에서 34점으로 떨어졌고, 모든 하위영역 점수가 대학생 집단과 비교할 때 정상범위 수준에 있었다. 민정 씨의 경우 ICP는 호소문제의 특성과 정도를 파악하는 데 도움이 되었을 뿐만 아니라 상담의 과정을 평가하는 도구로도 사용이 되었다. 민정 씨는 상담을 통해 급속히 좋아졌고, 이것은 민정 씨의 문제가 발달상의 문제이지 정신병리적인 문제가 아니라는 접수면접을 한 상담자의 생각을 지지해 준다(이상 Hood & Johnson, 1997, pp.65-66에서 인용).

## (2) 대학생활적응도검사

서울대학교 대학생활문화원에서는 상담이 필요한 대학생들을 조기에 발견하고 상담을 권함으로써 대학생활 적응을 돕고자 2001년 대학생활적응도검사를 개발하였고, 2002년에는 온라인용 대학생활적응도검사를 개발하여 사용하고 있다. 대학생들이 자신의 대학생활적응도를 간편하게 평가해 보고 필요하다면 이를 근거로 전문가의 도움을 조기에 받을 수 있도록 권함으로써 남은 대학생활을 보다 만족스럽게 영위할 수 있도록 돕는다. 이 검사는 모두 54문항으로 구성되어 있으며, 학교생활(11문항), 대인관계(10문항), 심리(11문항), 위기(12문항), 건강(10문항) 등의 다섯 가지 하위영역으로 구성되어 있다. 이 중 제1부(29문항)는 '0: 전혀 그렇지 않다, 1: 웬만큼 그렇다, 2: 매우 그렇다'로 평정되며, 제2부(25문항)는 '0: 아니다, 2: 그렇다'로 평정된다. 영역별로 합산해서 하위 점수를 구하고 모두 합쳐서 총점을 구하며, 점수가 높을수록 대학생활적응상에 심각한 문제가 있음을 나타낸다. 대학생활적응도검사의 문항내적 합치도는 .90이며, 하위 척도들의 문항내적 합치도는 .61~.80 사이였다(서수균, 김계현, 2002).

규준은 백분위 규준을 따르며, 재학생 중에서 상위 10% 이상에 위치한 학생들은 빨강, 상위 10~20%에 위치한 학생들은 노랑, 그리고 상위 20%에 해당하지 않는 학생들을 녹색으로 분류하였다. 빨강에 속하는 학생들은 현재 심리적응, 학교생활, 대인관계, 건강 등에서 상당한 어려움을 겪고 있는 것으로 여겨지므로 전문가와의 상담이 필요하다. 이 같은 검사 해석을 하기 위해서 성별(남, 여)과 학년(저학년, 고학년, 대학원 이상)에 따라 여섯 집단으로 구분한 규준표가 각각 지필검사용 및 온라인검사용으로 마련되어 있다(이지영, 김계현, 2002).

## 3) 상담 과정에서의 호소문제 체크리스트 사용지침

1. 내담자가 위기상태인지를 판단할 수 있도록 자살이나 폭행에 관한 위기 관련 문항들을 전체 체크리스트 중 뽑아 낸다. 내담자가 자살에 대해 고려하고 있다는 단서를 발견하면 자살위험평가를 실시한다.
2. 응답의 일반적인 수준을 검토한다. 많은 문항에 대해 자신이 가장 심각한 수준이라고 응답했다면 상담이 시급하거나 정신과로 의뢰해야 할 사례일 수 있다. 핵심적이라고 여겨지는 것부터 각 응답 내용에 대해 내담자와 이야기를 나눈다.
3. 약물남용이나 건강 관련 문항에 대한 응답 내용에 주목한다. 이런 문제는 상담자가 관심을 두지 않으면 접수면접에서 간과하기 쉽다.
4. 상담을 종결하는 시점이나 일정 시간이 지나 상담 과정에 대한 평가를 할 때 접수면접에 사용한 호소문제 체크리스트를 다시 실시한다. 거의 향상된 것이 없는 내담자가 있다면 다른 서비스기관으로 의뢰하는 것이 바람직하다.

5. 수퍼바이저나 동료들에게 개입에 대한 자문을 구할 때 그 내담자의 호소문제 체크리스트 점수를 가지고 간다. 호소문제 체크리스트는 짧은 시간에 내담자 문제의 특성과 심각성에 대해 의사소통하는 데 유용하다.

6. 각 상담기관별로 중요하게 확인해야 하는 문제가 있다면 호소문제 체크리스트에 문항으로 포함시킨다. 예를 들어, 어떤 상담소에서는 "스스로를 해치고 싶다." "스스로를 해치려고 계획하고 있다." "다른 사람을 해치고 싶다." "다른 사람을 해치려고 계획하고 있다." "다른 사람이 날 해칠까 봐 걱정된다." 등 위험 상황에 대한 질문을 ICP에 포함시켜 사용하고 있다.

7. 특정 영역에 대한 선별척도가 더 적합할 경우에는 일반적인 호소문제 체크리스트 대신 알코올중독 선별척도, 진로정체감검사, 섭식태도척도 등을 사용한다. 그리고 내담자에게 현재 어려움을 겪고 있지만 호소문제 체크리스트에는 빠진 것이 있는지 물어본다.

8. 내담자가 자신의 문제를 축소하거나 과장할 가능성을 염두에 두어야 한다. 모든 문제에 대해 심각도가 낮다고 응답을 했다면 이들은 자신의 문제를 축소하고 있을 가능성(faking good)이 있다. 마찬가지로 모든 문항에 심각하다고 응답한 내담자의 경우는 자신의 문제를 과장되게 표현(faking bad)하고 있을 수 있다.

9. 호소문제 체크리스트는 일반적인 심리적 불편감을 알아보는 데 적합하다. 각 문항이나 하위영역에 큰 의미를 두지 않는 것이 좋다. 각 하위영역과 문항은 상담에서 다룰 중요한 주제가 무엇인지 확인하는 하나의 방법을 안내할 뿐이다.

10. 호소문제 체크리스트를 통해 각 상담기관에서 다루는 사례의 특성에 대해 알 수 있다. 어떤 유형의 내담자들이 주로 이용하는지, 자살의도를 가진 내담자는 어느 정도 되는지, 약물남용에 대해 호소하는

내담자가 얼마나 있는지 등을 알 수 있다. 이런 자료를 이용해서 호소문제 체크리스트 점수를 해석할 국지적 규준(local norm, 해당 기관 또는 해당 지역에서 제작되어 사용되는 규준)을 만들 수도 있다.

## 4) 접수면접

접수면접은 내담자 문제의 성격과 심각도를 평가하고 개입방법을 결정하는 것이다. 접수면접은 그 구조화의 정도가 매우 다양할 수 있다. 접수면접이 진행되는 동안 내담자는 응답을 어떻게 해야 하는지 도움을 필요로 하기도 한다. 내담자가 느끼고 의미하는 것을 명료화하기 위한 질문이 사용되기도 한다. "……에 대해 좀 더 얘기해 줄래요." "……가 무슨 뜻인지 잘 모르겠는데……." "……때 어떤 기분이었는지 말해 보세요." 등의 질문은 관련된 정보를 내담자의 관점에서 제공해 주기도 하고 라포형성에도 도움이 된다. 다른 기술이 효과적이지 않을 경우 질문에 대한 재진술을 통해 내담자의 반응을 명료화할 수 있다.

대부분의 접수면접에서 공통적으로 다루어지는 주제는 다음과 같다(김계현, 2002).

- 접수면접에 관한 기본 정보
- 호소문제
- 현재 및 최근의 주요 기능 상태
- 스트레스원
- 사회적 · 심리적 자원
- 호소문제와 관련된 개인사 및 가족관계
- 외모 및 행동
- 진단평가 및 면접자 소견

• 상담자 배정에 필요한 정보

내담자가 왜 이 시점에서 도움을 요청하게 되었는지 확인하는 것이 접수
면접에서 중요하다. 최근 들어 문제가 더 심각해졌는지, 주변 사람들이 내
담자에 대해 걱정을 많이 하게 되었는지, 직장이나 가정에서의 생활에 지
장을 초래하기 시작했는지 등의 질문을 통해 내담자 문제의 특성을 명료화
하고 내담자의 상담에 대한 동기를 확인할 수 있다.

접수면접을 통해 상담자는 내담자가 자신의 행동을 결정하는 삶의 주제
가 무엇인지 알아 가는 과정을 돕는다(Adams, 1993). 이어지는 상담 과정
에서는 내담자의 발달을 저해하고 있는 역기능적인 주제들을 재구성할 수
있도록 도와야 한다. 의미 되찾기, 성취감 느끼기, 자기성장을 위해 노력하
기 등은 건강한 적응을 촉진하는 주제들이다(Taylor, 1989). 같은 방식으로
상담자는 내담자를 힘들게 하는 절대적 사고방식(전부 아니면 무 사고, all or
nothing), 지나친 일반화, 확대(파멸화, catastrophizing), 명명과 잘못된 낙
인, 당위적 진술, 성급한 결론, 정서적 추리 등과 같은 인지적 왜곡을 발견
할 수 있도록 돕는다(Burns, 1989).

접수면접에서 상담자는 문제를 평가하는 것과 더불어 가능한 해결방법
에 대해서도 생각할 수 있다. 이를 위해 다음 다섯 가지 질문을 활용할 수
있다(가족치료연구모임 역, 1995).

## (1) 치료면담 전 변화에 관해 질문하기

"우리 경험에 의하면 처음 상담을 예약했을 때와 상담을 받으러 오는 사
이에 호전되어 있는 사람이 많습니다. 당신은 그런 변화를 알아챈 적이 있
었습니까?"

### (2) 예외를 찾기 위해 질문하기

"술을 마시지 않은 날에 관해 말씀해 주세요. 어떻게 그렇게 했습니까?"

### (3) 기적에 관해 질문하기

"이제 좀 다른 질문을 해 볼까 합니다. 이번에는 상상력을 발휘해야 할 것 같군요. 오늘 상담 후에 집에 가서 잠을 잔다고 상상해 보십시오. 잠자는 동안 기적이 일어나 당신을 여기 오게 한 그 문제가 극적으로 해결됩니다. 당신은 잠을 자고 있었음으로 이런 기적이 일어났는지를 모르겠지요. 그런데 아침에 일어나서 지난 밤 기적이 일어나 모든 문제가 해결되었다는 것을 어떻게 알 수 있을까요? 당신이 처음 무엇을 보면 기적이 일어났다는 것을 알 수 있을까요?"

### (4) 척도로 질문하기

"10은 당신이 상담실에 오게 된 그 문제를 해결했을 때, 당신이 삶에 만족하고 행복해 하는 정도를 의미합니다. 즉, 최상의 생활을 말하지요. 1은 치료받을 예약을 하려고 전화를 들었을 때 얼마나 상태가 나빴던가 하는 정도를 의미합니다. 오늘은 문제가 1에서 10 사이 어디에 있다고 봅니까?"

### (5) 대처방법에 관해 질문하기

"가족의 음주 경력과 당신의 힘들었던 경험을 들여다보니 아무것도 도움이 안 된다고 믿는 당신이 이해가 갑니다. 그래서 말인데, 그런 날들을 어떻게 견디어 내십니까?"

내담자가 사고의 혼란을 보일 때는 내담자의 현실검증력을 평가해야 한다. 내담자에게 어떤 환청이나 환시의 경험이 있는지, 내담자가 망상적이거나 환각상태는 아닌지 확인한다. 이런 내담자에 대해서는 임상평가가 필요하다(Waldinger, 1986).

상담이나 심리치료로 예후가 좋지 않거나, 갑자기 나타난 증상이거나, 내담자가 신체적 증상들을 호소하고 있거나, 감각 이상을 보이는 경우에는 내담자의 심리적 증상들이 신체적 질병에서 기인했을 가능성도 고려해야 한다. 내담자가 치료제를 복용하고 있는 경우에는 이로 인한 부작용이 나타날 수도 있다는 것을 염두에 두어야 한다.

접수면접을 근거로 한 의사결정은 다음의 오류를 범할 수 있다. ① 고착의 오류-접수면접에서 얻은 자료를 지나치게 강조하는 것, ② 활용의 오류-상담자가 선호하는 이론이나 경계선 장애, 역기능적 가족의 어른아이 등 진단에 지나치게 의존하는 것, ③ 축소의 오류-별로 눈에 띄지 않거나 상담자가 관심이 없는 문제를 무시하거나 축소하는 것, ④ 귀인의 오류-내담자의 주변 환경을 충분히 고려하지 않고 모든 문제의 원인을 내담자에게 귀인하는 것. 이 각각의 오류는 자신의 초기 판단을 지지해 주는 요인만을 탐색하고 그 요인들에만 주목하고 그것을 확인하려는 편견의 대표적 예다(Spengler, Strohmer, Dixon, & Shivy, 1995).

상담자는 개방적 자세와 평가에 대한 다중요인 및 다중접근을 통해 확증적 편견을 방지할 수 있다(Carter & Barlow, 1995). 개방적 자세를 유지하기 위해 상담자는 내담자에 대한 자신의 가설을 지지해 주는 자료를 찾는 것과 동시에 이 가설을 기각할 근거가 되는 자료도 찾아야 한다. 성격적 요인에서 환경적 요인까지 다양한 요인에 대한 정보를 제공하는 다중요인 검사를 통해 내담자가 문제에 대한 대안적 설명을 발견할 수도 있다. 또한 상담자와 다른 사람이 참여하는 면접, 검사도구, 관찰 등을 포함하여 서로 다른 관점에서 내담자 문제를 조망할 수 있는 다중접근방식도 고려해 볼 수 있다.

내담자로부터 피드백을 받아 보거나, 통계적인 예측수식을 활용하거나, 평가하고 있는 문제에 대한 학습을 통해 판단의 정확성이 확보된다(Groth-

Marnat, 1990). 내담자가 속한 집단의 특성에 대해 알고 있으면 도움이 될 때도 있다. 예를 들어 대학생의 반 이상이 폭음을 한다는 미국 전역에 걸친 조사 연구의 결과(Wechsler, Davenport, Dowdall, Moeykens, & Castillo, 1994)를 알고 있는 상담자는 접수면접에 온 내담자가 대학생일 경우 술문제가 없는지 확인할 것이다.

## 참고문헌

가족치료연구모임 역(1995). 해결중심적 단기가족치료. 서울: 하나의학사.

김계현(2002). 카운슬링의 실제. 서울: 학지사.

김인규(2002). 상담전 교육 영상자료 개발 및 효과 연구. 서울대학교 박사학위논문.

서수균, 김계현(2002). 대학생활적응도테스트 타당화 연구. 학생연구, 36, 1-12. 서울대학교 대학생활문화원.

이지영, 김계현(2002). 대학생활적응도 온라인 검사의 표준화 연구. 학생연구, 36, 13-23. 서울대학교 대학생활문화원.

한국상담학회(2011). 사단법인 한국상담학회 윤리강령.

한국상담심리학회(2009). 상담전문가 윤리강령.


Adams, D. P. (1993). *Stories we live by: Personal myths and the making of the self.* New York: Morrow.

Baker, R. W., & Siryk, B. (1984). Measuring adjustment to college. *Journal of Counseling Psychology, 31*, 179-189.

Brickman, P., Rainowitz, V. C., Karuza, J., Coates, D., Cohn, E., & Kidder, L. (1982). *Models of helping and coping. American Psychologist, 37*, 368-384.

Burns, D. D. (1989). *The feeling good handbook.* New York: Morrow.

Carter, M. M., & Barlow, D. H. (1995). Assessing the severly anxious patient. In J. N. Butcher (Ed.), *Clinical personality assessment: Practical approaches* (pp. 353-366). New York: Oxford.

Dance, K. A., & Naufeld, R. W. (1988). Aptitude-treatment interaction research in the clinical setting: A review of attempts to dispel the "patient uniformity" myth. *Psychological Bulletin, 104,* 192-113.

Dorn, F. J. (1988). Utilizing social influence in career counseling: A case study. *Career Development Quarterly, 36,* 269-280.

Duckworth, J. (1990). The counseling approach to the use of testing. *The Counseling Psychologist, 13,* 198-204.

Endler, N. S., & Parker, J. D. A. (1994). Assessment of multidimensional coping task, emotion, and aviodance strategies. *Psychological Assessment, 6,* 50-60.

Fischer, J. V., & Corcoran, K. (1994). *Measures for clinical practice: A sourcebook* (2nd ed.). New York: Free Press.

Folkman, S., & Lazarus, R. S. (1988). *Manual for the Ways of Coping Questionnaire: Research edition.* Palo Alto, CA: Consulting Psychologists.

Gay, G. H. (1990). Standardized tests: Irregularities in administration of tests affect test results. *Journal of Instructional Psychology, 17,* 93-103.

Giannett, R. A. (1992). *User's guide for Quickview Social History-Clinical Version.* Minneapolis: National Computer Systems.

Greenberg, L. (1994). *Interpretation manual for Test of Variables of Attention. Circle Pines,* MN: American Guidance Service.

Groth-Marnat, G. (1990). Depression in college students: Beyond the Beck Depression Inventory. *Journal of Consulting and Clinical Psychology, 45,* 126-128.

Healy, C. C. (1990). Reforming career appraisals to meet the needs of clients in the 1900s. *The Counseling Psychologist, 13,* 214-226.

Heilbrun, A. B., & Sullivan, D. J. (1962). The prediction of counseling readiness. *Personal Guide Journal, 41,* 112-117.

Heppner, P. P. (1988). *The Problem Solving Inventory (PSI): Manual.* Palo

Alto, CA: Consulting Psychologists.

Heppner, P. P. (1999). *The Problem Solving Inventory: A Level* (internet). Palo Alto, CA: Consulting Psychologists.

Heppner, P. P., Cook, S. W., Wright, D. M., & Johnson, W. C., Jr. (1995). Progress in resolving problems: A problem-focused style of coping. *Journal of Counseling Psychology, 42,* 279-293.

Hoffman, J. A., & Weiss, B. (1986). A new system for conceptualizing college students' problems: Types of crises and the Inventory of Common Problems. *Journal of American College Health, 34,* 259-266.

Hood, A. B., & Johnson, R. W. (1997). *Assessment in counseling: A guide to the use of psychological assessment procedures* (2nd ed.). Alexandria, VA: American Counseling Association.

Kramer, J. J., & Conoley, J. C. (Eds.). (1992). *Eleventh Mental Measurements Yearbook.* Lincoln, NE: Buros Institute of Mental Measurements.

Lanyon, R. I. (1978). *Manual for Psychological Screening Inventory.* Port Huron, MI: Research Psychologists.

Lustman, P. J., Sowa, C. J., & O' Hara, D. J. (1984). Factors influencing college student health: Development of the Psychological Distress Inventory. *Journal of Counseling Psychology, 31,* 28-35.

Miller, S. D., & Berg, I. K. (1995). *The miracle method: A radically new approach to problem drinking.* New York: Norton.

Moreland, K. L. (1985). Validation of computer-based test interpretations: Problems and prospects. *Journal of Consulting and Clinical Psychology, 53,* 816-825.

Porteus, M. A. (1985). *Porteus Problem Checklist.* Windsor, England: NFER-Nelson.

Prochaska, J. O., DiClemente, C. C., & Norcross, J. C. (1992). In search of how people change: Applications to addictive behaviors. *American Psychologist, 47,* 1102-1114.

Sampson, J. P. (1990). Computer-assisted testing and the goals of counseling psychology. *The Counseling Psychologist, 18*, 227-239.

Schinka, J. A. (1984). *Personal Problem Checklist-Adult*. Odessa, FL: Psychological Assessment Resources.

Schinka, J. A. (1985). *Personal Problem Checklist-Adolescent*. Odessa, FL: Psychological Assessment Resources.

Spengler, P. M., Strohmer, D. C., Dixon, D. N., & Shivy, V. A. (1995). A scientist-practitioner model of psychological assessment: Implicatoins for training, practice, and research. *The Counseling Psychologist, 23*, 506-534.

Taylor, S. E. (1989). *Positive illusions: Creative self-deception and the healthy mind*. New York: Basic.

Waldinger, R. J. (1986). *Fundamentals of psychiatry*. Washington: American Psychiatric Press.

Wechsler, H., Davenport, A., Dowdall, G., Moeykens, B., & Castillo, S. (1994). Health and behavioral consequences of binge drinking in college: A national survey of students at 140 campuses. *Journal of the American Medical Association, 272*, 1672-1677.

Wise, S. L., & Plake, B. S. (1990). Computer-based testing in higher education. *Measurement and Evaluation in Counseling and Development, 23*, 3-10.

**제3장** 검사의 측정학적 개념

    검사를 효과적으로 사용하기 위해서는 기초적인 통계학적 · 측정학적 개념을 이해하는 것이 필요하다. 이 장에서는 검사의 이해와 해석에 필요한 몇 가지 통계학적 개념을 다룬다. 검사 정보를 조직하고 기술하는 데 사용되는 측정개념, 검사의 신뢰도 및 타당도, 검사 개발방법 등이다.

    심리검사에서 비교 정보 없는 원점수 자체는 별 의미를 갖지 못한다. 만약 어떤 학생이 '상담 이론'이라는 수업의 기말고사에서 원점수 58점을 받았다면, 그 학생은 당연히 전체 학생들의 평균점수가 얼마냐고 물을 것이다. 평균점수를 알아야 자신이 받은 점수 58점이 높은 점수인지 낮은 점수인지를 알 수 있기 때문이다.

    이와 같이 점수의 의미를 이해하기 위해서는 해석이나 비교를 위한 정보들을 사전에 제공할 필요가 있다. 어떤 내담자가 60점 만점인 불안검사에서 원점수 37점을 받았다는 것은 그 자체로 별로 유용한 정보를 제공해 주지 못하며, 37점이라는 점수는 그 내담자가 불안검사 항목의 62%에 응답했다는 의미도 아니다. 또 같은 내담자가 60점 만점의 인내성 검사에서 48점을 받았다고 해서, 내담자가 불안보다 인내성이 더 높다고 볼 수도 없다. 검사 결과가 의미를 갖기 위해서는 비교해서 이해할 수 있는 참조체계가 필요하다(Anastasi, 1988).

검사점수는 세 가지 측면에서 해석될 수 있다. ① 다른 사람들이 얻은 점수와의 비교, ② 검사 제작자가 제시한 절대 점수와의 비교, ③ 동일한 개인에게서 얻어진 다른 점수들과의 비교다. ①은 흔히 '규준참조(norm-referenced)'라고 하는데, 표준화된 검사의 점수를 해석할 때 가장 많이 사용된다. 우리가 IQ 120점이라고 말할 때, 이 점수가 규준참조에 의해 얻어진 점수이다. ②는 '준거참조(criterion-referenced)'라고 하는데, 예를 들어 어떤 학교에서 학생들에게 수업 이수 조건으로 수업 내용의 90%를 이해해야 한다고 요구할 경우, 학생들은 다른 학생들의 점수와 비교해서가 아니라 이 90%라는 이수 조건을 기준으로 그 수업의 이수 여부가 결정된다. 준거참조에 해당하는 한 예가 운전면허시험인데, 운전면허(1종) 필기시험의 합격선이 70점이라고 할 때, 운전면허를 취득하기 위해서는 이론 내용을 70% 이상 이해해야 한다는 의미이고, 70점을 넘으면 다른 사람들의 성적과 상관없이 운전면허 필기시험에서 합격하게 된다.

①과 ② 모두 외적인 참조체계를 사용한다. 반면 ③은 내적인 참조체계를 사용하므로 '개인참조(self-referenced)'라고 할 수 있다. 아동용 웩슬러 지능검사는 피검자의 지능을 총점 IQ와 함께 언어성 IQ, 동작성 IQ로 제시할 수 있는데, 이 검사에서 '철수는 언어성 IQ보다 동작성 IQ가 높다'고 한다면 이것이 개인참조를 활용한 경우다.

# 1. 측정학적 개념

## 1) 규준

표준화 검사는 본래 '규준참조' 검사다. 규준(norm)은 원점수의 상대적 위치를 설명하기 위하여 쓰이는 일종의 자(scale)로서, 규준집단으로부터 얻어진다. 개인의 원점수는 규준집단에서 개인의 상대적 위치를 보여 주는 교정점수로 변환되며, 이것은 검사도구가 측정하는 특성에서 보인 개인 수행의 상대적 측정치를 제공해 준다.

아동용 웩슬러 지능검사의 경우, 아동의 수행 수준을 채점한 원점수를 연령별 '규준'에 비추어 표준점수를 산출하게 되는데, 이때 사용하는 연령별 아동들의 원점수 분포를 정리해 놓은 것이 바로 규준이다. 이와 같이 규준은 검사의 목적과 필요에 따라 연령별, 성별, 지역별로 여러 개를 만들 수도 있다.

## 2) 서열

집단 내 개인의 서열(rank)은, 집단 크기와 구성에 기초해서 해석되는 가장 간단한 규준참조 측정치다. 서열이 우리에게 익숙한 개념이기는 하지만 실제 심리검사 결과를 기술하는 데에는 별로 사용되지 않는다. 가장 많이 사용하는 경우는 학교성적을 설명할 때일 것이다. "철수는 반에서 5등이다."라고 말할 때가 바로 서열을 사용하는 예다.

## 3) 백분위

백분위(percentile rank, percentile score)는 비교집단의 크기에 의존하지 않기 때문에 자주 사용된다. 백분위는 어떤 점수가 서열순위 내에 위치할 때 그 밑에 있는 비교집단의 사람 비율로 나타낸다. 예를 들어 백분위가 65라면, 비교집단에서 65%의 사람이 그 점수보다 더 밑에 있다는 의미다. 백분위는 비교집단에서 100명의 사람을 서열화한 것으로 해석될 수 있다

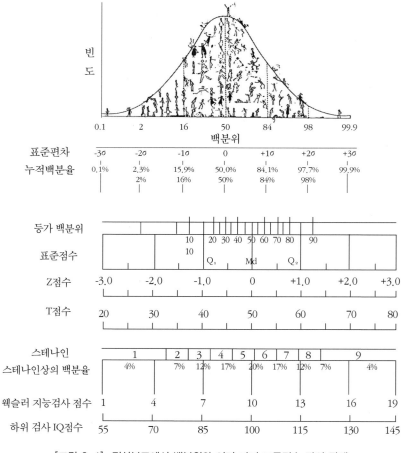

[그림 3-1] 정상분포에서 백분위와 여러 가지 표준점수 간의 관계

([그림 3-1] 참조). 따라서 점수가 높을수록 백분위도 높게 되며, 반대로 백분위가 낮을수록 분포상에서 그 사람의 상대적 위치도 낮은 것이다. 백분위 50은 중앙값과 일치하며, 백분위 25는 제1사분위수(사분위편차 중 하위 25%)이고, 백분위 75는 제3사분위수(사분위편차 중 상위 25%)이다. 백분위를 사용할 때의 장점은 많은 사람들이 쉽게 이해할 수 있다는 점이다.

그러나 추리통계에서는 일반적으로 백분위 개념을 사용하지 않는다. 왜냐하면 대부분의 원점수 분포가 종 모양에 가까운 반면 백분위는 그렇지 않기 때문이다. 사례의 10%가 백분위 40~50 사이에 위치하듯이 또 다른 10%는 백분위 80~90 사이에 위치한다. 원점수가 대부분 중앙집중화되어 있기 때문에, 실제 분포상 중간에 위치한 원점수의 작은 차이가 백분위에서는 큰 차이로 나타난다. 반면 분포상 아주 높은 점수대와 아주 낮은 점수대에서는 원점수의 큰 차이가 백분위로는 아주 작은 차이로 나타난다.

## 4) 학년점수(학령점수)

학년점수(grade equivalent)는 흔히 학업성취도 검사에서 특정 학생이 학년 수준으로 볼 때 어느 위치에 있는지를 해석하는 데에 사용된다. 학년점수는 3월부터 12월까지의 한 학년 10개월을 1로 표현한다. 등급의 범위는 초등학교 1학년(1)부터 고등학교 3학년(12)까지이고, 종종 12 이상의 숫자가 쓰이기도 하지만 큰 의미를 갖지는 않는다. 원점수 평균은 각 학년의 학생들로부터 산출되는데, 한 학년 동안의 여러 시점에 학생들을 검사한 값들과 보간법(interpolation)으로 계산한 한 학년의 여러 점수를 기준으로 산출된다.

학년점수의 가장 큰 장점은 측정학적 개념이 없이도 해석이 용이하다는 점이다. 실제로 학년점수는 거의 해석이 필요 없는 개념이다. 수학 시험에서 5.3학년점수를 얻은 3학년 학생에 대해 부모와 교사는 그의 수학 실력이 동일 시기의 5학년 학생들의 평균 수준이라고 쉽게 이해할 수 있다. 더 정확하게 해석하자면, 수학 시험에서 5학년 점수를 얻은 3학년 학생은, 5학년 학생이 3학년 수학 문제를 풀었을 때 성취한 수준만큼을 보인 것이다. 하지만 이것이 3학년 학생이 5학년 학생들이 푸는 5학년 수준의 (3학년에게는 익숙하지 않은 여러 가지 수학 용어들이 포함된) 문제에서 평균점수를 받는 수준임을 의미하지는 않는다. 이 점수는 분명 3학년 학생으로서 우수한 수행을 보여 준다. 하지만 5학년의 수행 수준과 동일하다는 의미는 아니다(Anastasi, 1988).

## 5) 표준편차

세상에 존재하는 모든 만물 중에 똑같은 것은 하나도 없다. 사람들의 키나 몸무게 등을 측정해 보면, 대부분의 측정 결과가 평균에 몰려 있고 양극단으로 갈수록 소수만이 분포하는 종 모양의 곡선 빈도분포를 그리게 된다. 이와 같이 다양한 사물의 흩어진 정도, 즉 다양성의 정도를 나타내는 것이 표준편차(Standard Deviation; SD)다. ① 표준편차는 표준점수에 기초하고 있고, ② 개인 점수의 신뢰도를 표현하는 방법이며, ③ 연구에서 통계적 검사의 유의도를 나타내는 데에 두루 사용된다.

정상분포에서 흔히 표준편차 값은, 평균을 기준으로 상위 3부분과 하위 3부분, 즉 6개의 부분으로 구분된다. ±3 표준편차 바깥의 사례는 거의 없다. [그림 3-1]에서 보는 바와 같이 정상분포에서는 평균과 상위 1표준편차 사이($0\sim+1\sigma$)에 약 34%의 사례가 존재하고, 마찬가지로 평균과 하위 1표준편차 사이($0\sim-1\sigma$)에 약 34%의 사례가 있다. 따라서 $-1$표준편차부터 $+1$표준편차 사이에는 약 68%의 사례가 있게 된다. 그리고 평균으로부터 2표준편차까지는 양방향으로 각각 14%의 사례가 더 추가되며, 3표준편차까지 양방향 각각 2%의 사례가 추가된다.

따라서 (평균-2표준편차)의 점수를 받은 사람은 백분위점수 2(하위 2%)에 해당되며, (평균-1표준편차)의 점수를 받은 사람은 백분위점수 16에 해당된다. 또 중앙값 또는 평균값의 점수를 받은 사람은 백분위점수 50에 해당하게 된다. 마찬가지로 (평균+1표준편차)에 있는 사람은 백분위점수 84, (평균+2표준편차)에 있는 사람은 백분위점수 98에 해당됨을 알 수 있을 것이다. [그림 3-1]에는 이러한 정상분포상의 백분율과 점수값(point)이 나와 있다. 상담이나 인간 발달 분야에서 사용되는 대부분의 심리검사 결과는 표준점수로 제시된다. 표준점수가 표준편차를 기초로 하고 있기 때문에, 심리검사를 실시하고 활용하려는 사람들은 이러한 정상분포상의 백분율과 점수값에 대해 철저하게 이해하고 암기해야 한다.

## 6) 표준점수

백분위점수가 실제 분포 모습을 그대로 반영하지 못하기 때문에 많은 검사에서 검사 결과를 작성하는 방법으로 흔히 표준점수(standard score)를 사용한다. 표준점수는 표준편차 및 평균에 기초한다. 표준점수는 원점수와 평균 간의 거리(표준편차 단위상에서의 거리)라고 정의할 수 있는데, 가장 기본적인 표준점수가 Z점수다. Z점수는 평균을 0, 표준편차를 1로 정한 표준점수를 말한다. 예를 들어, -1.5라는 Z점수는 원점수가 참조집단의 평균으로부터 하위 1.5표준편차만큼 떨어져 있다는 의미다. 마찬가지로 Z점수 0은 원점수가 정확하게 평균값에 위치한다는 의미이고, (평균+2표준편차)에 위치한 원점수에 대한 Z점수는 +2.0이다.

Z점수가 이와 같이 소수점과 음의 값으로 나타날 수 있기 때문에 계산과 해석이 다소 어려울 수 있어서, Z점수를 변환한 다른 표준점수가 고안되었다. 가장 많이 사용되는 표준점수는 T점수로, 개인검사와 흥미검사에 자주

활용된다. T점수는 평균을 50, 표준편차를 10으로 임의로 정한 것이다. T점수는 거의 모든 점수에 걸쳐 있으며, 대부분의 원점수가 (평균~±3표준편차) 사이에 있기 때문에 T점수는 20~80 사이에 대부분 분포한다. 원판 MMPI의 정상사례 수준을 30(하한)~70(상한)으로 잡았던 이유 역시, T점수를 사용하는 MMPI에서 약 95%의 사람들이 30~70 사이의 점수를 받으므로, 나머지 5%의 극단점수를 받은 사람들(30점 이하와 70점 이상)에 대해 정신병리적 진단을 내리는 것이다.

검사에 따라서는 다른 평균과 표준편차를 가진 다른 척도를 사용할 수 있는데, 이때에도 Z점수나 T점수와 동일한 방법으로 해석하면 된다.

처음 지능검사가 개발되었을 때, 지능지수는 (생활연령/정신연령×100)으로 나타내었다. 이러한 비율 IQ는 청소년기 이후에는 타당성이 떨어지는 등 많은 문제점을 안고 있어서, 비율 IQ를 대신하여 개정된 IQ 표준점수가 개발되었다. 지금까지도 비율 IQ와 마찬가지로 평균 100이 사용되지만 이 것은 표준편차에 기초한 표준점수이며, 현재 사용되는 K-WISC-IV 등의 개인지능검사는 평균 100, 표준편차 15~16을 사용한다. 이러한 표준점수에서의 위치는 [그림 3-1]의 정상분포를 전제로 한다. 따라서 정상분포에서 이러한 값들이 어디에 위치하는지를 이해하고 있는 것이 검사 결과를 해석하는 데에 매우 중요하다.

표준점수의 또 다른 유형으로 '스테나인(stanine)'이 있다. 스테나인은 범위가 1~9 사이이며 평균값이 5다. 분포상 양 극단인 스테나인 1과 9에는 각 4%의 사례가 포함되며, 정상분포상 가장 많은 사례가 위치하는 중앙값인 스테나인 5에는 20%의 사례가 포함된다. 우리나라 대학수학능력시험의 등급이 바로 이 스테나인 표준점수를 사용한다. 따라서 대학수학능력시험 1등급은 상위 4% 이내의 성적임을 의미하며, 2등급은 4~11% 사이, 3등급은 11~23% 사이의 성적임을 의미한다(〈표 3-1〉 참조).

스테나인의 가장 큰 장점은 한 자리의 정수로 표현된다는 점이다. 반면

〈표 3-1〉 스테나인과 대학수학능력시험 등급 체계

| 등급 | 1 | 2 | 3 | 4 | 5 | 6 | 7 | 8 | 9 |
|------|---|---|---|---|---|---|---|---|---|
| 비율 | 4% | 7% | 12% | 17% | 20% | 17% | 12% | 7% | 4% |
| 의미 | 상위 4% 이내 | 상위 4~11% | 상위 11~23% | 상위 23~40% | 상위 40~60% | 상위 60~77% | 상위 77~89% | 상위 89~96% | 상위 96~100% |

한 자리 정수값은 두 개인 간에 실재하는 차이를 나타내지 못하기도 하고, 점수가 경계선에 위치할 때는 두 개인 간에 실재하지 않는 유의미한 차이가 있는 것처럼 제시될 수도 있다는 큰 단점을 갖고 있다. 예를 들어, 400점 만점에 290점을 받은 학생과 265점을 받은 학생은 25점이나 차이가 나지만 등급으로는 동일한 5등급을 받아서 차이가 나타나지 않을 수 있고, 반면 291점을 받은 학생과 292점을 받은 학생은 1점 차이인데도 불구하고 각각 4등급과 5등급으로 스테나인상 큰 차이가 있는 것처럼 제시될 수 있다.

## 7) 상관

상관계수(correlation coefficient)는 두 종류의 측정치 간의 관련 정도를 나타낸다. 예를 들어 학습동기가 높은 학생일수록 학교성적이 높고 반대로 학습동기가 낮은 학생일수록 학교성적이 낮으면, 즉 학습동기 점수와 학교성적에 대한 학생들의 서열이 유사하다면, 이 두 변인 간에 어떤 관련성이 있다는 결론에 도달하게 될 것이다. 이러한 관련성이 상관계수로 표현된다. 상관계수는 2개의 정보를 알려 주는데, 우선 상관부호(+ 또는 −)는 두 변인에서의 서열이 같은 순서인지 또는 역순서인지를 보여 주며, 상관의 크기는 이 관련성의 강도를 보여 준다. 여러 가지 다른 유형의 상관계수 중에서 Pearson 상관계수($r$)가 가장 자주 사용되는데, 그 범위는 +1.0(완전한 정적상관)에서 0.0(무상관)을 거쳐 −1.0(완전한 부적상관, 정반대의 관련성)까지다. 예를 들면, 대학입학 성적과 대학 1학년 평점과의 상관은 상관계수 .4다. 학생들의 집~학교 간의 거리와 학년 등급과는 상관계수 .0으로 전혀 관련성이 없게 나타났고, 학생들이 텔레비전을 보는 시간과 학년 등급 간에는 상관계수 −.2로 낮은 부적상관을 보였다. 하지만 두 변인 간의 상관이 있다고 하여 한 변인이 다른 변인의 원인이 된다는 의미를 내포하는 것은 아니다. 두 변인 모두 제3의 변인으로부터 영향을 받는 것일 수도 있다. 아이들의 키는 그들의 어휘력과 유의미한 상관을 보일 수 있는데, 그렇다고 하여 키가 클수록 어휘력이 좋다는 식의 인과 관계가 있는 것이 아니라 두 변인 모두 아이들의 나이나 성숙도와 관련된 것일 수 있다.

## 2. 신뢰도

### 1) 신뢰도의 정의

검사의 신뢰도와 타당도는, 인간의 마음에 관심이 많은 상담자들에게는 가장 재미없는 주제일 수 있지만, 심리검사를 사용함에 있어서는 매우 중요한 주제다. 상담자는 심리검사를 실시하고 해석하기에 앞서 검사의 신뢰도와 타당도를 확인해야 한다.

심리검사의 신뢰도 개념이 생기게 된 이유는 세상에 완벽한 측정도구는 없다는 인식에서 비롯된다. 교육학자와 심리학자들은 사람들의 신체적인 측면보다 더 복잡한 인간특성을 측정하는 데 관심을 가졌다. 불안, 지능, 우울, 약물오용의 가능성 등은 정확하게 정의내리기도 어렵고 측정하기도 어려운 복잡한 개념들이다.

신뢰도(reliability)는 검사측정치가 얼마나 일관적인지를 의미하며 또한 결과에 있어서 우연이나 다른 외부적 요인들을 제거하는 정도를 의미한다.

어떤 저울로 똑같은 물건의 무게를 재는데 잴 때마다 같은 무게로 표시된다면 이 저울은 신뢰로운 것이고, 잴 때마다 또는 재는 날의 날씨에 따라 무게가 다르게 표시된다면 신뢰롭지 않은 저울일 것이다. 신뢰도와 동일한 개념으로 의존도(dependability), 재생산도(reproducibility), 안정도(stability), 일관도(consistency) 등이 있다. 어떤 사람이 검사에서 받은 점수는 2개의 요소로 구성되는데, 그 사람의 진점수와, 진점수에 가감될 수 있는 오차점수가 그것이다. 완벽한 신뢰도를 가진 검사가 있다면, 모든 사람들의 점수는 여러 번 검사를 실시한다고 해도 항상 같은 상대적 위치로 유지될 것이다. 한 집단의 사람들에게 동일한 특성을 측정하는 두 가지 종류의 검사를 실시할 때, 두 검사점수의 상관계수는 1.0으로 완벽한 관계를 보일 것이다. 반대로 어떤 검사가 완전히 신뢰롭지 못하다면, 둘 간의 관계는 우연의 관계이고 상관계수도 거의 0에 가까울 것이다.

신뢰도는 인간행동의 자연적인 다양성 및 심리측정의 기술적 측면 모두와 관련이 있다. 두 시기에 각각 측정한 경우, 기질이나 변인에 대한 측정치의 안정성은 정상적으로 예상가능한 다양성의 정도만큼 변화할 것이다. 능력에 대한 측정치는 심리특성에 대한 측정치보다 다양성이 적으리라고 예상되지만, 능력측정치 역시 성장이나 발달의 결과로서 변화가 생기곤 한다. 반면 정서변인의 측정치—예를 들어 우울 정도, 불안 정도, 스트레스 정도 등—는 시기와 상황에 따라 상당히 변화될 수 있으리라고 예상할 수 있다.

검사 목적에 부적절한 요인이 있으면 오차변량을 야기한다. 검사 소개나 시간제한, 검사 환경 등을 통제하는 등 동일한 검사 조건을 유지하기 위한 노력은, 오차변량을 줄이고 검사점수를 보다 신뢰롭게 만들 수 있다. 어떤 검사도 완벽하게 신뢰로울 수는 없다. 그리고 심리측정이 종종 불명확하기 때문에 검사도구의 정확성과 일관성을 확인하는 것이 중요하다.

신뢰도 계수는 흔히 .80~.95 사이에 있지만, 어느 정도가 수용할 만한 신뢰도 수준인지는 검사 상황과 신뢰도 유형 둘 다와 관련이 있다. 능력측정검사는 .90 이상의 높은 신뢰도 계수를 기대하지만, MMPI 중 피검자의 기분을 측정하는 지표인 우울증 척도의 경우 사람의 기분이 때에 따라 변하기 때문에 검사-재검사신뢰도가 낮을 수 있다. 따라서 성격측정이나 흥미측정, 태도측정에 있어서 검사-재검사신뢰도 계수는 대개 .90 이하다. 하지만 무엇을 재는 검사이든 어떤 검사의 신뢰도 계수가 .70 이하라면 그 검사점수는 신뢰하기 어렵다고 볼 수 있을 것이다(Cicchetti, 1994).

## 2) 신뢰도의 종류

신뢰도는 여러 가지 다른 방법으로 측정될 수 있으므로 한 검사에 있어서 하나의 신뢰도만 있는 것이 아니며, 검사가 어떻게 실시되느냐에 따라 다른 계수를 가질 수 있다. 검사점수는 시간, 검사형식, 검사항목 등의 일관성에 따라 다양할 수 있는데, 여기에서는 검사의 신뢰도를 측정하는 네 가지 기초적인 방법을 소개하겠다.

### (1) 검사-재검사신뢰도

검사-재검사신뢰도(test-retest reliability)는 시간 경과에 따른 일관성을 보여 준다. 이 경우의 상관계수는 동일한 사람이 검사를 두 번 실시해서 얻은 점수 간의 관련성을 나타낸다. 검사-재검사신뢰도는 흔히 검사실시 간의 시간간격이 길어질수록 작아지는 경향이 있다. 만약 시간간격이 짧다면 연습과 기억의 영향 때문에 실제 신뢰도와 무관하게 신뢰도가 높아지는 경향이 있다. 또 시간간격이 너무 길면 두 검사실시 사이에 발생할 수 있는 경험의 영향으로 실제 신뢰도와 무관하게 신뢰도가 상당히 낮아질 수 있다.

여러 개의 다른 척도로부터 점수 프로파일을 얻는 검사라면, 다양한 신뢰도를 가진 여러 개의 서로 다른 척도로부터 신뢰도 계수의 평균값을 얻는 것보다, 프로파일 신뢰도 개념이 더 적절할 수 있다. 예를 들어 여러 개의 소검사로 구성된 K-WISC-IV의 총점 신뢰도보다는 각 소검사의 신뢰도를 참고하는 것이 유용하다. 프로파일 신뢰도는 동일인에게서 2번의 다른 시기에 측정한 2개의 프로파일에 대하여, 전반적인 유사성을 계산하여 얻어진다. 만약 프로파일 신뢰도가 .75보다 크다면, 상담자가 프로파일을 해석할 때 거의 차이가 없다고 보면 된다(Hoyt, 1960).

## (2) 동형검사신뢰도

동형검사신뢰도(parallel-form reliability)는 하나의 검사에 대한 2개의 도구나 방식(동형검사)을 같은 집단의 사람들에게 2번 실시하여 얻은 점수 간의 일관성을 비교하여 계산한다. 검사 문항이 다르기 때문에 기억효과 및 다른 이월효과가 감소된다. 동일한 내용과 변인을 측정하면서 곤란도 수준이 균등한 두 검사는, 한 날짜에 실시할 수도 있고, 연습 효과가 작용하지 않을 만한 가까운 다른 날짜에 실시할 수도 있다. 반면 2개의 대체적인 검사(동형검사)가 정말 균등한가 하는 점이 여전히 문제로 남는다.

동형검사신뢰도의 문제점은 좋은 검사 하나를 만드는 것도 어려운데, 2개의 좋은 검사를 만들어 내는 것은 더 어렵다는 점이다. 따라서 미국의 MCAT(의과대학 입학시험)이나 ACT(대학입학시험)와 같이, 많은 검사 개발 전문가를 둔 국가규모 검사 프로그램이 아닌 한 동형검사신뢰도를 사용한다는 것은 거의 비현실적이다. 우리나라의 경우 대학수학능력시험이 처음 도입되었던 1993년의 경우 여름과 겨울에 걸쳐 동일한 대상들에게 대학수학능력시험을 2회 실시하였으나, 첫 번째와 두 번째 간의 문항 수준에 차이가 커서 논란이 된 적이 있었다.

### (3) 반분신뢰도

반분신뢰도(split-half reliability)는 한 번의 실시로부터 신뢰도를 얻을 수 있기 때문에 많이 쓰이는 방법인데, 검사를 두 부분으로 나누어 각 개인의 점수 결과를 비교함으로써 계산한다. 동형검사신뢰도의 특수한 형태로, 검사가 한 번에 실시되기 때문에 시간에 따른 변동이 발생하지 않는다.

많은 검사에서 앞의 반과 뒤의 반을 비교하는 것은 적절치 않은데 이는 문항곤란도의 차이, 연습효과, 검사의 시작과 끝 간의 피로도 차이 등 때문이다. 따라서 문항 전체를 반분할 때, 특이한 몇 개의 문항을 제외하고는 짝수 문항과 홀수 문항으로 구분하는 방법을 많이 쓴다. 그리고 통계 프로그램에서는 무선적으로 검사를 반분하여 신뢰도를 산출하기도 한다.

반분신뢰도의 가장 큰 단점은 표본의 문항수가 많을수록 측정치의 안정성이 더 커진다는 일반화 원칙에 있다. 즉, 모든 것이 동일하다면 검사가 길수록 신뢰도가 높아지는데, 반분 과정에서 검사 길이가 반이 되므로 신뢰도 계수가 작아진다. 신뢰도를 정확하게 측정하기 위해서, 검사의 본래 길이에서 얻는 것과 같은 신뢰도를 짧은 길이에서도 정확하게 재도록 Spearman-Brown 예언공식을 사용한다.

### (4) 문항내적 합치도

이름에서 보듯이 문항내적 합치도(internal consistency reliability)는 한 검사의 문항 각각의 반응의 일치도를 나타낸다. 이 신뢰도 계수는 검사의 모든 문항 간의 내적 상관 평균으로부터 얻어진다. 검사도구의 반응유형에 따라, 2개의 반응 질문(예: 진위형, OX형)에는 Kuder-Richardson Formula 20을 쓰고, 2개 이상의 반응 질문에는 Cronbach's alpha 신뢰도 계수를 쓴다. 이러한 신뢰도 계수는 성격을 측정하는 문항표본에서의 일관성을 보여 준다.

문항내적 합치도 계수는 검사의 각 문항들이 그 검사의 전체 점수와의 관련 정도, 그리고 검사의 다른 문항들과의 관련 정도를 의미한다. 각 피검 자들이 응답한 문항에 대해 이와 같은 방법으로 꼼꼼히 검토를 해야 하기 때문에, 표본 전체의 검사 문항들을 모두 컴퓨터로 처리할 때 유용하다. 컴 퓨터로는 이러한 측정치들을 쉽게 분석할 수 있고 시각적으로 쉽게 볼 수 있도록 정리할 수 있다. 문항내적 합치도는 결과를 수작업으로 계산해야 하는 경우에는 적절치 않다.

## 3) 신뢰도에서의 고려사항

어떤 신뢰도 산출방법이 가장 좋으냐는 질문에 대답하기는 쉽지 않다. 어떤 방법이 적절하냐는 것은, 측정되는 특성에 따라 특히 특성의 안정성 에 따라 다르다. 만약 어떤 사람이 문항내적 합치도와 검사 정확성에 관심 이 있다면, 반분신뢰도나 문항내적 합치도를 추천할 만하다. 또 예언 목적 으로 검사를 사용하고자 한다면, 검사−재검사신뢰도나 시간간격을 둔 동 형검사신뢰도가 적절할 것이다.

가장 중요한 고려사항은 측정하려는 특성 자체다. 어떤 지능검사의 신뢰 도 계수가 .75라면 쓸 만한 지능검사라고 생각할 수 없다. 반면 동일하게 .75의 신뢰도 계수를 보인 불안검사가 있다면 이것은 쓸 만하다고 판단할 수 있다. 검사신뢰도는 다른 유사한 검사도구에 있어서도 비교 가능한데, 신뢰도가 낮을수록 검사 결과를 사용하고 해석하는 데 있어 조심해야 한다.

신뢰도 측정치는 또한 그것이 측정된 집단의 특성에도 영향을 받는다. 측 정된 특성이 이질적인 집단에서는, 범위와 다양성이 더 크기 때문에 당연히 신뢰도 계수가 더 높게 나타난다. 예를 들어, 대학 1학년 때는 학생들이 상 대적으로 이질적이지만, 졸업할 즈음이 되어서는 상당히 동질적인 요소들 이 생기기 때문에, 1학년 때의 기말고사가, 4학년 때의 기말고사보다 더 신 뢰도가 높게 나타날 수 있다. 따라서 특정 검사도구의 신뢰도를 검토할 때에는 신뢰도 유형과 함께 신뢰도 계수를 얻은 표본의 유형에 대해서도 꼼꼼히 살펴볼 필요가 있다. 검사요강에 있는 신뢰도 정보는 평균, 표준편차와 함께 신뢰도 계수를 측정한 표본의 인구학적 특성을 기재하게 되어 있다.

신뢰도를 다룰 때 중요한 점은, 길이가 긴 검사일수록 짧은 검사보다 더 신뢰도가 높다는 점이다. 또한 속도측정검사가 높은 상관을 보이는 경향이 있다. 하지만 이때 신뢰도는 피검자들이 얼마나 많은 문항을 풀었는가를 보여 주는 것이지, 그 검사가 측정하리라고 기대하는 바를 제대로 측정하고 있는가를 보여 주지는 못한 셈이다. 암산능력이나 손재주의 기민성을 측정하는 등의 속도측정검사에서, 피검자들은 거의 같은 만큼의 짝수 문항과 홀수 문항을 풀게 되고, 대부분 마지막 문항까지 풀지는 못하기 때문에 검사의 두 부분을 비교할 때 거의 유사한 수행 정도를 보이게 되며, 따라서 실제 신뢰도와 무관하게 높은 반분신뢰도 계수를 얻게 된다.

또 신뢰도의 한 종류로, 동일한 피검자에 대하여 여러 채점자가 동일한 점수로 평가하는지 여부가 채점자 간 신뢰도 또는 객관도인데, 논술형 작문검사의 채점자 간 신뢰도는 항상 낮아서, 국가검사기관이 대학입학 규준으로 논술작문 점수를 사용하려고 할 때의 문제점이 된다. 잘 훈련된 채점자들조차도 동일 학생의 논술작문 답안지에 대하여 천차만별의 점수를 주는 경우가 있다.

## 4) 측정의 표준오차

측정의 표준오차(Standard Error of Measurement; SEM)는 신뢰도 계수와 유사한 정보를 주지만, 특히 개개인의 점수를 해석할 때 유용하다. 이것은 어떤 개인이 완전한 동형검사 여러 개를 여러 번 반복해서 검사한다고 가정할 때 얻어지는 이론적 분포를 나타낸다. 이렇게 해서 얻어진 점수들의 집합은 평균과 표준편차를 가진 곡선을 그리게 되는데, 이러한 표준화된 편차를 측정의 표준오차라고 부른다. 개인의 점수는 반복 측정된 점수의 평균이라고 가정하고, 측정의 표준오차는 정상분포곡선의 빈도로 해석될 수 있다. 따라서 어떤 검사에서 표준화된 학생들의 진점수가 40점이고 측정의 표준오차가 3이라면, 우리가 그 검사를 여러 번 반복 측정할 때 개개인의 측정 점수 중 68%는 37~43점 사이에 위치하며, 95%의 신뢰구간에서 어떤 개인의 진점수가 34~46점 사이에 있다고 말할 수 있다.

측정의 표준오차(SEM)는 다음 공식을 사용하여 쉽게 계산할 수 있다.

$$SEM = SD \times \sqrt{1 - r} \quad (SD = \text{검사의 표준편차}, \ r = \text{신뢰도 계수})$$

예를 들어, K-WISC-IV의 경우, 모든 척도점수의 표준편차가 15이고, 평균이 100이며, 신뢰도 계수가 약 .96이므로, 측정의 표준오차(SEM)는 3이다($SEM = 15 \times \sqrt{1 - 0.96} = 3$). 이때 95% 신뢰구간은 평균±6이므로, 검사 결과 IQ 110이 나왔을 때, 측정의 표준오차를 고려하여 이 사람의 실제 IQ는 104~116 사이에 위치한다고 볼 수 있다. 따라서 K-WISC-IV 결과를 제시할 때, 측정된 IQ점수가 아닌 점수대(측정치±6)를 제시 및 해석하도록 권장하는 것이다.

# 3. 타당도

## 1) 타당도의 정의

신뢰도가 검사점수의 일관성을 보여 주는 것이라면 타당도(validity)는 검사가 측정하고자 하는 바를 제대로 측정하는가를 보여 준다. 산수능력을 측정하려는 검사가 아주 어려운 어휘로 구성되어서, 산수능력을 측정하는 것이 아니라 실제로는 읽기능력을 측정하고 있는 것이라면 타당도가 떨어질 것이다.

항상 "무엇을 위한 타당도인가?"를 질문해야 한다. 예를 들어 스트롱 흥미검사의 점수는 몇 년 뒤에 재검사를 실시해도 검사-재검사신뢰도가 유의미하게 나타난다. 하지만 타당도에 있어서는 문제가 좀 복잡하다. 척도가 많고 척도들의 유형이 다르기 때문에, 타당도를 얻기 위한 규준을 세우기에 앞서 특별한 정의가 개발되어야 한다. 한 개인이 미래에 얻고자 하는 직업을 예언한다는 측면에서는 스트롱 흥미검사가 어느 정도 타당도를 갖고 있다. 반면 직업에서의 성공을 예언한다고 정의하면 타당도가 별로 없다. 스트롱 흥미검사에서 낮은 점수를 받은 직업을 갖게 된 사람들은 그 직업에 오래 머물지 않고, 스트롱 흥미검사에서 높은 점수를 받은 직업을 갖게 된 사람들은 그 직업에 오래 머무는 편이다. 하지만 낮은 점수를 받고도 그 직업에 오래 머문 사람들은 높은 점수를 받은 사람들만큼 성공을 거두었다. 따라서 스트롱 흥미검사 척도의 점수는 사람들이 그 직업에 진입할지 여부 및 얼마나 오래 그 직업에 머무를지에 대해서는 어느 정도 타당도가 있지만, 그 직업에서의 성공 여부에 대해서는 거의 타당도가 없다.

타당도 계수의 범위는 신뢰도 계수보다는 낮다. 신뢰도 계수가 대개 .80~.90 사이인 반면, 타당도 계수는 .60 이상은 거의 없고 대부분 .30~.50 사이에 있다. 타당도 계수가 .10~.20 정도로 낮더라도 타당도의 기준이 미래 행동을 예언하는 것이라면 유용하다고 볼 수도 있다(Rosenthal, 1990; Rosnow & Rosenthal, 1988).


## 2) 타당도의 종류

### (1) 내용타당도

타당도의 여러 유형 중 하나가 내용타당도(content validity)다. 이것은 검사의 각 문항을 주의 깊게 검토하여, 그 문항이 검사에서 측정하고자 하는 것을 재는지 여부를 결정하는 것이다. 예를 들어, 어떤 검사가 고등학교 물리 성취도를 측정하도록 제작되었다면, 고등학교 물리교사와 물리학자들이 검사 문항들을 검토하여, 각 문항들이 실제로 고등학교 물리에서 전형적으로 가르치는 지식들을 측정하는지 여부를 결정한다. 이와 같이 내용타당도는 그 분야의 전문성과 지식을 갖춘 사람들에 의해 판단된다.

내용타당도는 안면타당도와는 다르다. 안면타당도는 실제로 타당도라고 볼 수는 없는데, 그 검사를 치르게 될 피검자들에게 문항이 적절한지 여부를 다루는 것이다.

### (2) 준거타당도

준거타당도(criterion-related validity)는 검사점수와 어떤 준거 점수와의 상관에 의하여 검사의 타당도를 검증하는 방법이다. 준거 점수로는 미래의 행동이나 다른 검사의 점수가 쓰인다.

준거타당도의 첫 번째 유형으로 공인타당도(concurrent validity)가 있다. 이것은 검사도구의 타당도를 준거에 맞추어 재는 경험적 타당도의 일종이다. 흔히 검사점수와 준거변인의 점수 간의 상관계수를 계산한다. 예를 들어 기계작동 적성검사를 개발할 때, 이 검사를 기계 기술자 집단에 주어서 감독이 매긴 서열을 기준으로 이 기계작동 적성검사의 점수가 그들의 현재 근무 수준과 관련이 깊은지 여부를 결정한다. 예언타당도는 미래의 행동유형을 측정하고자 하는 검사에 주로 사용된다.

준거타당도의 두 번째 유형으로 예언타당도(predictive validity)가 있다. 대학수학능력시험(이하 수능)은 학생이 대학에서 수학할 능력이 있는지를 예언하기 위해 만들어진 검사이므로, 고등학생 때 받은 수능점수가 예언타당도를 갖추었는지 여부는 대학에서 이 학생들의 학점을 기준으로 결정할 수 있을 것이다.

공인타당도와 예언타당도 둘 다의 문제점 중 하나는, 검사나 준거변인 중 하나라도 점수 범위가 제한되면, 상관계수 크기도 작아진다는 점이다. 수능점수가 많은 대학에서 학생 선발에 사용되기 때문에, 낮은 점수를 받은 많은 학생들이 떨어져 나가고, 검사의 예언타당도를 측정할 때까지 남아 있는 학생들의 점수 범위는 매우 좁아 있게 된다. 결과적으로 타당도 계수가 낮아진다.

준거의 오염으로 인해 의외의 높은 타당도 계수가 얻어질 수도 있다. 예를 들어, 순위를 매기는 사람이 미리 검사 결과를 아는 경우에는 그것이 영향을 미쳐서 검사 결과와 이후의 서열(평가) 간에 관련성이 더 높은 것처럼 나올 수 있다.

검사의 타당도 개념은 전체 집단에서 측정될 수 있는 특성의 기본비율 (base rate)과 관련된다. 기본비율이란 어떤 특성이나 행동이 전체 집단 중 몇 명(비율)에게서 발견되리라고 예상되는가를 말한다. 기본비율은, 예언을 위한 검사의 유용성 정도에 영향을 미치기 때문에 중요하다. 만약 기본비율이 너무 높거나 낮다면, 검사의 예언은 별로 유용하지 않다. 자살률이 '낮은 기본비율'의 좋은 예인데, 우울척도에서 높은 점수를 받은 사람이 낮은 점수를 받은 사람보다 더 자살하기 쉽다고 하더라도, 우울척도에서 높은 점수를 받은 사람이 모두 자살을 하는 것은 아니다. 자살이 상대적으로 드물기 때문에, 우리가 할 수 있는 최선의 예언이라고는 여전히 어떤 개인이 자살할 확률은 거의 없다는 것이 된다.

물론 검사 목적 자체가 타당도의 중요한 정보가 된다. 검사의 타당도는 예언을 넘어서 기여 정도에 따라 평가될 수 있다. 증가타당도(incremental validity)는 어떤 검사도구가 다른 검사나 그보다 소규모의 평가방법보다 더 정확한 예언을 하는지의 정도를 나타낸다. 추가적인 평가도구를 사용할지 여부를 결정할 때 중요하게 활용되는 정보다.

검사가 이분법적인 의사결정에 사용될 때에는(합격과 불합격, 성공과 실패,

긍정적 진단과 부정적 진단 등) cut-off 점수가 흔히 사용된다. 예를 들어, MMPI의 우울 척도에서 표준점수 80점 이상이면 우울증으로 진단을 한다고 할 때, 이 80점이 cut-off 점수가 된다. 운전면허시험에서 60점 이상이 합격이고 59점 이하가 불합격이라고 할 때에는 cut-off 점수가 60점이 된다.

각 개인을 서로 다른 진단 유목이나 관련 집단으로 분류하는 데 사용되는 검사도구의 타당도는 민감성(sensitivity) 또는 특이성(specificity)이라고 부른다. 검사도구의 민감성이란 주어진 유목에 속하는 사람들을 발견해 내는 검사도구의 정확성을 일컫는다(예를 들어, 임상적 우울증). 반면 특이성은 조건에 해당되지 않는 사람들을 제외시킬 수 있는 검사도구의 정확성을 의미한다. 민감성과 특이성은, 조건에 부합하는 개인들을 선별해 내기 위해 어떤 cut-off 점수를 사용하느냐에 따라 다양해질 수 있다.

자살하거나 자살을 시도하는 많은 내담자들이 MMPI 우울증 척도에서 높은 점수를 보인다. 이런 면에서 MMPI는 자살시도에 관해 민감성을 갖는다고 할 수 있다. 하지만 이 척도에서 높은 점수를 보이는 다른 많은 사람들은 여전히 자살을 하지 않는다. 따라서 MMPI는 자살에 대한 특이성은 결여된 셈이다(Cicchetti, 1994).

상관계수를 준거로 하는 타당도들은 상관의 제곱값을 기준으로 판단을 내린다. 즉, 상관계수 .3은 변량의 9%(=.32)에 대한 예언이 가능하다는 의미다. 하지만 상관계수가 예언에 활용되기 위해서는 상관계수가 우연이나 기본비율 이상을 보여 줄 수 있어야 한다(Rosnow & Rosenthal, 1988). 이렇게 볼 때, 어떤 검사가 중간 정도의 상관값을 갖는다면 그 검사를 상담에서 별로 고려하지 않아도 된다는 유용한 정보를 주는 셈이다.

### (3) 구인타당도

타당도의 세 번째 유형은 구인타당도(construct validity)인데, 다소 복잡한 개념이다. 구인타당도는 조작적으로 정의되지 않은 인간의 심리적 특성이나 성질을 심리적 구인으로 분석하여 조작적 정의를 부여한 후, 검사점수가 이러한 심리적 구인으로 구성되어 있는가를 검증하는 방법이다. 구인(construct)이란 심리적 특성을 설명하기 위하여, 있을 것이라고 가정하는 심리적 요인을 말한다. 예를 들어 창의력을 측정할 때, 창의력이 민감성, 이해성, 도전성, 개방성, 자발성, 자신감으로 구성되어 있다고 한다면, 이와 같은 심리적 요인을 구인이라고 하고, 그 검사도구가 이 구인들을 측정하고 있는지를 밝히는 것이 구인타당도를 검증하는 것이다(성태제, 1996).

구인타당도에는 수렴타당도(convergent validity)와 판별타당도(discriminant validity)가 있다. 검사들은 유사한 특성을 측정하는 다른 검사나 평가 방법과 상관이 있어야 한다. 예를 들어 수학적성검사는 수학 학년점수와 관련이 있어야 하는데 이것이 수렴타당도. 또한 검사들은 다른 특성을 측정하는 다른 검사와는 상관을 보이지 않아야 하는데, 이것이 판별타당도. 예를 들어, 수학능력검사가 수작업속도나 정확성 측정검사와 아주 높은 상관을 보인다면 곤란하다. 사회성 검사는 정신분열성 척도와는 부적 상관을 보이고, 외향성 척도와는 정적 상관을 보여야 할 것이다.

만약 어떤 검사도구가 특정 심리학 이론과 관련되어 있다면, 그 결과 역시 이론에 적합해야 한다. 검사 문항들이 모두 이론에서 제시한 다양한 요인들과 부합되는지를 알아보는 데 요인분석이 사용된다. 예를 들어, 인성발달 수준을 측정하는 어떤 검사가 Erikson의 인성발달 이론에 근거하여 구성된다면, 요인분석 결과 얻어지는 검사의 요인들은 Erikson 이론의 개념인 '기본적 신뢰감, 자율성, 주도성, 자아정체감' 등과 관련되게 나타나야 할 것이다.

구인타당도의 또 다른 요소로 문항내적 합치도(internal consistency)가 있다. 주로 신뢰도에 사용되는 내적일치도는 검사의 문항들이 다른 문항들, 그리고 전체 점수와 관련된 정도를 보여 준다. 따라서 문항내적 합치도가 높을수록 구인타당도도 높다고 볼 수 있다. 검사 척도가 내적으로 일관적이라면, 하나의 구성개념만 측정하는 것이므로 상담자가 검사 결과를 해석하기 더 쉬울 것이다.

### (4) 처치타당도

처치타당도(treatment validity)는 상담자와 임상가들이 고안한 개념으로, 검사 결과가 처치에 어떤 변화를 일으키는가에 대한 타당도다(Barrios, 1988; Holland, 1985). 만약 검사 결과가 유용하고 상담 과정에 변화를 주었다면, 그 검사는 처치타당도가 높다고 할 수 있다. 예를 들어, MMPI 해석을 받은 내담자가 여러 가지 처치타당도 면에서 유의미한 향상을 보였다는 연구 결과가 있다(Finn & Tonsager, 1992). 이와 유사하게 Randahl, Hansen과 Haverkamp(1993)은 스트롱 흥미검사 해석을 받은 내담자가 그들의 진로계획을 세우는 데 유의미한 개선을 보였다는 연구 결과를 발표하였다.

하지만 "이 검사가 어떤 유형의 타당도를 갖추고 있고, 그것이 검사 사용 목적에 부합하는가?"라는 질문과 달리, "이 검사가 타당한가?"라는 질문에 답을 하는 것은 그리 간단하지가 않다. 예를 들어, 어떤 검사가 입학 및 취업 선발을 위한 목적에 사용된다면 준거타당도가 중요하겠지만, 성취도 측정을 위해 사용된다면 내용타당도가 중요하다.

검사 개발 과정에서는 다양한 타당화 과정이 적용되는데, 모든 타당도 유형은 구인타당도를 확보하기 위한 과정이라고 볼 수 있다. 그중 문항내적 합치도는 검사 개발의 초기 단계에 활용되고, 준거타당도는 주로 마무리 단계에 활용된다. 타당성 확보는 검사의 개발뿐 아니라 검사도구가 출판되고 사용되는 이후에도 지속적으로 보완이 필요한 부분이다.

## 4. 심리검사 개발

심리검사는 인간의 심리적 특성을 재기 위해 만든 측정도구다. 무엇을
측정하려면 측정 대상을 관찰할 수 있어야 하는데, 재고자 하는 심리적 특
성은 대부분 직접 관찰하기가 어려운 개념들이다. 그래서 심리적 특성을
대표하는 행동들을 찾아봄으로써 간접적으로 인간의 심리적 특성을 추론
하고자 한다. 이렇다보니 인간의 어떤 특성을 완벽하게 측정할 수 있는 심
리검사란 존재할 수가 없다. 검사 내용을 조작적으로 정의하여 측정하려는
특성이 잘 발견되는 상황이나 행동들을 조사하여 문항을 만들고, 그것이

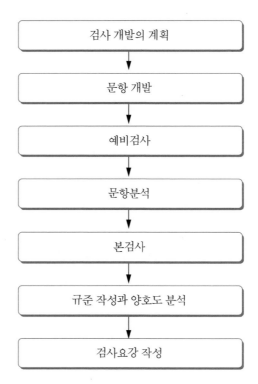

[그림 3-2] 표준화 심리검사의 개발 절차

의도나 예상대로 적합하게 특성을 측정하는지에 대해 조사와 검토 과정을 거치면서 검사를 수정하고 다듬어가게 된다.

검사 개발방법은 검사를 제작하고 표준화하는 전문가뿐만 아니라 상담자나 검사자도 알아둘 필요가 있다. 심리검사가 어떤 과정을 거쳐 개발되는지를 알아야 검사의 실시 목적에 맞게 적절한 검사를 선택하고, 정확하게 실시, 채점, 해석할 수 있기 때문이다. 여기에서는 표준화 심리검사의 일반적인 제작 과정(이종승, 2005)에 대해 알아보도록 하겠다.

## 1) 검사 개발의 계획

검사 개발의 첫 단계는 검사 개발의 목적을 정하는 것이다. 무엇을 재고자 하는가, 누구를 대상으로 할 것이며 검사 결과는 어떻게 사용할 것인가 등이 이 단계에서 고려해야 할 사항이다.

검사 개발의 목적에 따라 이후의 검사 개발 절차와 내용이 결정된다. 예를 들어 개인차를 변별하기 위해 검사를 만드는 것이라면 규준참조검사를 만들어야 할 것이고, 어떤 목표나 내용의 달성 여부나 숙달 정도를 알아보고자 하는 것이라면 준거참조 검사를 만들어야 할 것이다. 또 검사 대상이 고등학생인지, 대학생인지, 성인인지에 따라서 검사에 포함될 내용이나 문항, 제시방법, 자료수집 대상들이 달라진다.

이와 같이 검사의 목적을 정한 후에는 검사 개발의 전반적인 개요를 작성한다. 이때 고려할 것들에는 검사의 목적, 측정하려는 심리적 특성 및 행동특성의 정의, 검사의 하위요인 및 각 요인의 비중, 검사 문항의 형식과 배열방법, 검사의 길이, 검사 대상, 규준집단의 표집방법, 검사점수의 정리방법 및 이후 검사 결과의 활용방법 등이 포함된다.

## 2) 문항 개발

### (1) 검사 내용의 결정

문항이란 검사에서 피검자가 반응해야 하는 개별적인 질문이나 문제를 말한다(이종승, 2005). 상담에서 주로 측정하는 심리적 특성들은 내면적이고 정신적인 것이기 때문에 추상적이고 모호할 때가 많다. 하지만 측정을 하기 위해서는 그 내용을 관찰가능하고 측정가능하도록 조작적으로 정의할 필요가 있다. 즉 검사에서 측정하고자 하는 심리적 특성을 행동적 용어로 표현하고 그러한 행동특성을 나타내는 문항을 만든다.

어떤 경우에는 검사를 구성하는 요인이 여러 개일 때가 있다. 측정하고자하는 심리적 특성의 하위 구성요인을 결정할 때에는 문헌고찰, 내용분석, 행동관찰 등의 방법을 사용할 수 있다. 우선 문헌고찰방법은 측정하려는 심리적 구인과 관련된 이론이나 선행연구를 읽어 보거나, 이미 개발된 유사 검사의 하위요인을 살펴보는 방법이다. 내용분석방법은 전문가나 일반인에게 측정하려는 심리적 구인과 관련된 행동특성에 대해 기술하도록 한 다음 그 내용을 정리하여 하위요인을 구성하는 방법이다. 끝으로 행동관찰방법은 일정기간 동안 사람들의 행동을 관찰해 보면서 해당 심리적 구인과 관련된 행동을 파악하는 방법이다.

### (2) 검사 문항의 형식

검사방법은 검사 개발의 목적, 검사 내용, 검사 대상에 적합하도록 결정한다. 검사방법에는 관찰, 면접, 지필검사 등 다양한 방법이 있겠으나, 여기에서는 표준화 심리검사 개발을 전제로 설명하고 있기 때문에 지필검사에서의 문항 제시방법에 국한하여 설명하도록 하겠다.

우선 검사 결과를 어떻게 수량화할 것인지를 고려하여 적절한 척도화 방법을 선택한다. 척도화 방법에는 Thurstone 척도, Likert 척도, Guttman

☀️ 〈표 3-2〉 황매향, 김영빈, 오상철(2010)의 학습유형검사 문항 일부

| | 문항 | 전혀 아니다 | 아니다 | 그렇다 | 매우 그렇다 |
|---|---|---|---|---|---|
| 41 | 수업이 시작할 때 몇 페이지를 배울 차례인지 알고 있다. | ① | ② | ③ | ④ |
| 42 | 공부할 내용 중에서 가장 중요한 내용이 무엇인지 안다. | ① | ② | ③ | ④ |
| 43 | 수업 시간에 선생님의 설명을 집중해서 듣는다. | ① | ② | ③ | ④ |
| 44 | 책상 위에 수업과 관련 없는 물건을 두지 않는다. | ① | ② | ③ | ④ |

척도, 의미변별척도, 형용사 체크리스트 등 다양한 방법이 있다. 이 중 많은 심리검사에서 사용하고 있는 Likert 척도는 〈표 3-2〉와 같이 문항에 대해 피검자가 해당하는 점수를 1~4점 또는 1~7점 등의 일련 수치 중 선택하게 하고 여러 문항에서의 피검자의 반응수치들을 합산하여 해당 특성의 정도를 설명하는 방식이다.

### (3) 문항 작성

검사 문항의 형식을 결정한 후에는 실제 문항을 작성한다. 문항을 만들 때에는 문항 자체만으로 검사자에게 그 의도가 충분히 전달될 수 있도록 간결하고 명확한 진술문으로 만든다. 이해하기 쉽고, 다르게 해석될 여지가 없도록 만들어야 한다. 가급적 문장의 길이는 짧게 하고 문법상 오류가 없도록 주의한다. 그리고 긍정과 부정의 진술문을 적절하게 배분하는 것이 좋다.

처음 문항을 개발할 때에는 최종적으로 필요한 문항의 1.5~2배 정도 더 많이 만들어서, 예비검사나 검토 과정에서 부적절한 문항을 제외할 수 있도록 여유를 두는 것이 좋다. 문항 작성을 마친 후에는 해당 분야의 전문가에게 문항검토를 의뢰하여, 문항들이 측정하려는 심리적 구인을 잘 반영하고 있는지, 각 문항이 검사 목적에 부합하는지, 문항에 오류는 없는지 등을 확인하는 절차가 필요하다. 이때 가능하면 여러 전문가들의 의견을 종합하고, 실제 검사를 실시한 예비검사 대상자들에게 문항이 이해하기 쉬운지,

개발자의 의도대로 해석되는지 등도 점검하는 것이 좋다.

## 3) 예비검사

예비검사란 앞서 개발한 문항들로 예비 실시용 검사를 편집하여 실제 이 검사를 사용할 대상과 유사한 소규모 집단에게 실시하는 절차를 말한다. 예비검사를 통해 지시사항, 검사소요시간의 적절성 등을 파악하고 문항이 적절한지, 모호하거나 변별력이 낮은 문항은 무엇인지 등을 점검한다. 예비검사의 결과를 토대로 검사를 보다 정교화하고 수정·보완할 수 있다.

예비검사의 대상은 가급적 그 검사를 실제 사용할 모집단의 성격을 잘 대표할 수 있도록 구성하고 검사실시 역시 동일한 조건에서 하도록 한다. 예비검사를 마친 후 가능하다면 피검자들과 대화를 나누면서 이해하기 어려웠던 문항은 없는지, 지시사항이나 검사시간은 적절했는지 등 전반적인 피드백을 받아 검사 수정에 반영하도록 한다.

## 4) 문항분석

검사의 각 문항이 본래 기능을 제대로 수행하는지를 확인하고 검토하는 작업을 문항분석(item analysis)이라고 한다. 검사 개발 과정에서 예비검사 결과를 토대로 문항분석을 하여 적절한 수준의 양호도를 보이는 문항은 그대로 사용하지만, 그렇지 못한 문항은 수정 보완한다(이종승, 2005). 문항의 양도호 분석에는 문항의 타당도, 신뢰도를 포함하여, 문항곤란도, 문항변별도, 오답의 매력도가 가장 많이 사용된다.

문항곤란도란 문항의 어려운 정도를 의미한다. 정답이 있는 검사의 경우, 전체 피검자 중 몇 명이 정답을 하였는지의 비율이 문항곤란도에 해당되며, 흔히 문항난이도라도 하기도 한다. 문항변별도는 개별 문항이 그 검사에서 총점이 높은 사람과 낮은 사람을 구분해 주는 정도를 말한다. 즉, 총점이 높은 사람들이 A문항을 대부분 맞은 반면 총점이 낮은 사람들이 A문항을 대부분 틀렸다면 A문항은 변별력이 높은 문항이다. 반대로 총점이 높은 사람이나 낮은 사람이나 모두 정답 또는 오답을 낸 문항이 있다면 그 문항은 변별력이 낮은 것이다. 끝으로 오답의 매력도란 선택지 중 오답지가 정답처럼 보여서 많은 사람들이 정답으로 선택하였다면 그 오답을 매력도가 높다고 본다.

## 5) 본검사

문항분석을 통해 부적절한 문항을 제외하고 일부 문항은 수정·보완하여 2차 예비검사지를 만든 후 예비검사 대상자들에게 다시 실시한다. 그리고 그 결과를 다시 문항분석하여 수정·보완하는 과정을 여러 번 거쳐서 최종적으로 적절한 문항들로 구성된 본검사를 제작한다. 이 단계에서는 검사 문항 수와 검사시간을 결정하고, 검사 문항의 제시 순서, 검사 지시문, 답안지, 필요하다면 연습문제 등을 만들고, 검사 디자인과 편집 등을 완성한다. 그리고 모집단을 대표할 수 있는 규준집단을 선정하여 표준화된 조건하에서 본검사를 실시한다.

## 6) 규준 작성과 양호도 분석

모든 검사에 규준이 필요한 것은 아니다. 그러나 대부분의 표준화 심리검사가 규준참조검사이기 때문에 이 경우에는 반드시 규준이 필요하다. 규준이란 어느 한 검사에서 얻은 원점수를 의미 있게 비교하고 해석할 수 있도록 통계적으로 처리한 전환척도를 말한다.

본검사를 규준집단에 실시하여 얻은 검사 결과를 기초로 하여 규준을 작성한다. 검사에 따라 연령 규준, 성별 규준, 학년 규준, 지역 규준 등 필요한 규준을 만든다. 규준점수는 검사의 성격에 적합하도록 백분위점수, T점수, 구간점수 등으로 결정할 수 있다. 그리고 심리검사의 규준은 일정 기간마다 재작성하도록 한다. 그리고 본검사 결과를 가지고 검사의 신뢰도와 타당도를 산출하고, 하위 검사 간 상관관계 등의 통계 분석을 하여 검사요강에 제시한다.

## 7) 검사요강 작성

검사요강이란 검사를 사용할 사람들에게 검사의 목적과 사용방법, 유의할 점 등을 설명해 주는 안내 자료다. 검사요강에는 검사의 성격과 목적, 검사 내용과 대상 등에 대해 구체적으로 제시하고, 검사의 이론적 배경, 실시방법, 채점방법 등을 상세히 기술하는 것이 필요하다. 또 검사의 규준과 함께 검사 제작 과정, 규준집단의 특성, 통계 분석 결과, 신뢰도와 타당도 등을 제시하여, 사용자가 검사에 대해 전반적으로 이해하고 제대로 사용할 수 있도록 필요한 정보들을 구체적으로 밝혀야 한다.

## 참고문헌

김영환, 문수백, 홍상황(2005). 심리검사의 이론과 실제. 서울: 학지사.

성태제(1996). 문항제작 및 분석의 이론과 실제. 서울: 학지사.

이종승(2005). 표준화 심리검사(교육, 심리, 사회 연구방법론 총서 시리즈). 서울: 교육과학사.

탁진국(2007). 심리검사 개발과 평가방법의 이해(2판). 서울: 학지사.

Anastasi, A. (1988). *Psychological testing* (6th ed.). New York: Macmillan.

Barrios, B. A. (1988). On the changing nature of behavioral assessment. In A. S.

Bellack, & M. Hersen (Eds.), *Behavioral assessment: A Practical handbook* (pp. 3-41). New York: Pergamon.

Cicchetti, D. V. (1994). Guidelines, criteria, and rules of thumb for evaluating normed and standardized assessment interests in psychology. *Psychological Assessment, 6*, 284-290.

Finn, S. E., & Tonsager, M. E. (1992). Therapeutic effects of providing MMPI-2 test feedback to college students awaiting therapy. *Psychological Assessment, 4*, 278-287.

Holland, J. L. (1985). *Making vocational choices: A theory of vocational personalities and work environments* (2nd ed.). Englewood Cliffs, NJ: Prentice-Hall.

Hoyt, D. P. (1960). Measurement and prediction of the permanence of interests. In W. L. Layton (Ed.), *The Strong Vocational Interest Blank: Research and uses* (pp. 93-103). Minneapolis, MN: University of Minnesota.

Randahl, G. J., Hansen, J. C., & Haverkamp, B. E. (1993). Instrumental behaviors following test administration and interpretation: Exploration validity of the Strong Interest Inventory. *Journal of Counseling & Development, 71*, 435-439.

Rosenthal, R. (1990). How are we doing in soft psychology? *American Psychologist, 45*, 775-776.

Rosnow, R. L., & Rosenthal, R. (1988). Focused tests of significance and effect size estimation in counseling psychology. *Journal of Counseling Psychology, 35*, 203-208.

제2부

# 지능과 학업 영역

**제4장** 지능검사

 지능검사는 다양한 상담 장면에서 두루 활용되는 주요 심리검사 중 하나다. 특히 지능검사는 학교상담이나 진로상담 영역에서 많이 활용되기 때문에 청소년 상담기관이나 대학, 초·중·고등학교 등에서 일하는 상담자들은 지능검사를 지속적으로 사용한다. 반면에 부부상담자나 약물중독자들을 치료하는 상담자들은 거의 사용하지 않는다. 그러나 일반적인 지능검사에 대한 이해가 모든 상담자에게 필요하며 이러한 검사 결과는 내담자가 의사결정을 하는 데에 큰 영향을 줄 수 있다. 따라서 상담자들은 내담자를 돕기 위해 지능 측정에 관한 지식과 검사 결과의 활용능력을 갖추어야 한다. 이 장에서는 상담 장면에서 활용도가 높은 몇몇 지능검사에 대해 개관하고 지능검사 사용법 및 최근 개정판에 관한 내용을 다룰 것이다. 지능검사는 학업상담 관련 검사로서의 활용도가 높은 편이나 그 중요도 때문에 이 장에서는 지능검사에 대해서만 구체적으로 살펴보고, 그 외에 학력 및 학업 관련 검사는 다음 장에서 다룰 것이다.

'지능'은 심리학사에서 매우 상세히 연구된 분야다. 1900년 초 프랑스의 Alfred Binet는 지능을 '잘 판단하는, 이해하는, 추리하는 일반 능력'이라고 정의하였다. 그는 이와 같은 정의로 특별 교육 프로그램의 대상이 될 아동을 판별할 수 있는 일련의 방법을 개발하기 시작했다. 그가 사용한 방법은 아동의 성장에 따라 인지능력이 증가한다는 것을 보여 주었다. 3세 아동은 자신의 눈, 코, 입을 가리킬 수 있고, 두 자리 수를 따라 말할 수 있다. 7세 아동은 왼쪽과 오른쪽을 구별하고, 다양한 색깔의 이름을 알 수 있고, 12세 아동은 다양한 추상단어를 정의하고 복잡한 문장을 이해할 수 있다.

1916년 스탠포드 대학교의 Lewis Terman은 미국에서 사용하기 위해 비네검사를 개정 표준화했다. 이것이 바로 스탠포드-비네 지능검사다. Binet에 의해 발전된 정신연령의 개념을 사용하면서, '지능지수(IQ)'를 고안했다. 이 IQ 점수는 정신연령과 생활연령 간의 비율이다. 아동의 정신연령을 아동의 생활연령으로 나누고 100을 곱한 것이다. 정확히 10세인 아동이 정신연령이 12살이라면 이 아동의 지능지수(IQ)는 120이 된다. 하지만 이러한 유형의 IQ 점수는 많은 문제가 있다. 우선 스탠포드-비네 검사의 모든 문항에 정확히 대답한다면 최대 20세 이하의 정신연령이다. 따라서 20세 이상의 모든 사람은 자동적으로 100 이하의 IQ 점수를 받는다. 그러므로 이러한 비율점수로 IQ를 산출하는 것은 10대에만 해당된다. 덧붙여 개인의 IQ 개념은 특정 시간에 특정 검사에 대한 특정 점수라기보다는 개인의 바뀔 수 없는 고정된 것으로 대중에게 잘못 알려져 있다. 그러므로 이러한 문제를 피하기 위해서 비율 IQ는 편차 IQ 점수로 대치되었다. 편차 IQ는 개인의 지적 수준을 그 연령 집단 평균치에서 이탈된 상대적 위치로 나타내어 비율 IQ의 단점을 보완해 준다.

# 1. 개인 지능검사

## 1) 스탠포드-비네 검사

스탠포드-비네 검사(Standford-Binet Intelligence Test)는 가장 잘 알려진 지능검사로, 다른 지능검사의 타당도를 확인하는 데 표준으로 사용되어 왔다. 1916년 스탠포드-비네 지능검사는 많은 단점이 있어서 1937년에 2개의 동형검사(L형, M형)로 개정되었다. 비율 IQ 점수를 없애고, 각 연령별로 평균 100, 표준편차 16인 표준점수를 계산하였다. 1960년 개정판이 개발되었고, 1972년에 미국 전집을 대표할 수 있는 규준을 만들기 위해 재표준화 과정을 거쳤다.

1986년 판(Thorndike, Hagan, & Sattler, 1986a; 1986b)은 스탠포드-비네 지능검사의 4판이다. 저자들은 인지심리학의 이론적 발달과 새로운 연구의 결과를 적용하면서, 초기판의 장점을 살리고 개인 지능검사로서 이전 판과의 연속성을 유지하려고 했다. 다양한 검사, 특히 비언어적 특성에 대한 문항을 포함시킨 것이 특징이다. 4판은 네 가지 다양한 인지 영역(언어추리, 추상적 · 시각적 추리, 수량추리, 단기기억)을 포함하는 15개의 소검사로 구성되었다. 1986년 개정판은 이전 판의 경우에서처럼 피검자의 능력에 적합한 과제 범위가 제시된다. 그보다 낮은 단계 항목을 정확히 모두 답할 수 있을 것이라 기대되는 수준에서 시작해서 가장 높은 수준까지 검사가 진행된다. 개인의 생활연령에 맞는 어휘검사를 실시한 다음, 그 반응 수준에 근거하여 나머지 검사들의 시작점을 정한다. 검사는 네 항목 중 세 항목을 틀릴 때까지 진행하는 데, 이것은 그 이상의 문항에서 대답할 가능성이 없음을 가정하는 것이다. 각 검사의 원점수는 평균 50, 표준편차 8의 연령별 표준점수로 변환한다. 표준점수는 또한 일반 정신능력을 반영하는 전체 점수와 더불어 네 가지 인지 영역 각각에 대해서도 제공된다. 각각은 평균 100, 표준편차 16이다. 4판의 전체 검사시간은 약 1시간 15분이다. 어떤 사람에게도 15개 모든 검사를 실시하지는 않는다. 전체 검사는 개인의 시작 수준에 따라 8~13개 검사로 구성된다. 4판은 미국 전 지역의 5,000명 이상을 대상으로 하여 성별, 나이, 인종, 지역 크기 등을 대표하는 표집을 기초로 표준화되었다. 문항내적 합치도는 검사 전체(.95)와 인지 영역(.93)에서 매우 높다. 저자들은 ① 인지적 지능 영역에서 최근 연구에 바탕을 둔 구념, ② 문항내적 합치도와 요인분석방법, ③ 다른 지능검사와의 상관을 이용해서 4판에 대한 타당도 자료를 제공하고 있다.

우리나라에서는 고려대학교 행동과학연구소의 전용신이 1970년에 스탠포드-비네 검사(1937년 판)를 모델로 하여 고대-비네 검사를 한국판으로 표준화하였다. 이후 1970년 판의 최대 결점인 표집의 부족을 보완하기 위해 개정된 1971년 판이 지금까지 사용되고 있는데, 이 1971년 판은 이전 판과 검사 내용은 같으나 결과로 얻어진 비율 IQ를 편차 IQ로 변환하였다는 차이점이 있다. 모든 지능검사는 플린 효과(Flynn effect)가 있는데 플린 효과란 지능검사가 표준화된 연도를 기준으로 10년 후에 다시 같은 연령대에게 검사하면 대부분 지능점수가 올라가는 현상을 의미한다(Flynn, 1984). 이런 까닭으로 1970년대에 표준화된 고대-비네 검사는 최근에는 활용도가 낮은 편이다.

## 2) 웩슬러 지능검사

스탠포드-비네 검사는 아동을 대상으로 개발되었고, 성인을 위해 몇 가지 어려운 문항이 추가되어 사용되어 왔다. 뉴욕의 벨레뷰 병원에서 근무하던 David Wechsler는 성인에게 보다 적합한 지능검사가 필요하다고 생각하여 1939년에 웩슬러 벨레뷰 지능검사를 개발하였다. 그리고 스탠포드-

비네 검사가 언어와 언어적 기술에 너무 많은 중요성을 두었다고 생각하여, 비언어적 지능을 측정하기 위해 완전히 새로운 수행검사를 개발하였다.

웩슬러 지능검사(Wechsler Scale)는 크게 세 가지로 성인용(Wechsler Adult Intelligence Scale; WAIS), 아동용(Wechsler Intelligence Scale for Children; WISC), 유아용(Wechsler Preschool and Primary Scale of Intelligence; WPPSI)이 있다. 일반적으로 유아용 지능검사인 WPPSI는 만

〈표 4-1〉 웩슬러 지능검사의 구성

|  | WPPSI-R | WISC-III | WISC-IV | WAIS-III |
|---|---|---|---|---|
| **언어성 검사** | | | | |
| 상식 | ○ | ○ | ○ | ○ |
| 숫자 | ○ | ○ | ○ | |
| 어휘 | ○ | ○ | ○ | ○ |
| 산수 | ○ | ○ | ○ | ○ |
| 이해 | ○ | ○ | ○ | ○ |
| 공통성 | ○ | ○ | ○ | ○ |
| 문장 | ○ | | | |
| 순차연결 | | | ○ | ○ |
| 단어추리 | | | ○ | |
| **동작성 검사** | | | | |
| 빠진곳찾기 | ○ | ○ | ○ | ○ |
| 차례맞추기 | | ○ | | ○ |
| 토막짜기 | ○ | ○ | ○ | ○ |
| 행렬추리 | | | ○ | ○ |
| 모양맞추기 | ○ | ○ | | ○ |
| 기호쓰기 | | ○ | ○ | ○ |
| 미로 | ○ | ○ | | |
| 도형 | ○ | | | |
| 동형찾기 | | ○ | ○ | ○ |
| 동물짝짓기 | ○ | | | |
| 공통그림찾기 | | | ○ | |
| 선택 | | | ○ | |

3세에서 만 7세 5개월까지 검사할 수 있으며, 아동용 지능검사인 WISC는 만 6세 0개월에서 만 16세 11개월까지 평가할 수 있다. 이후 연령에서는 성인용 지능검사인 WAIS를 사용할 수 있다.

일반적으로 웩슬러 지능검사는 원점수와 소검사 척도 점수, 언어성 IQ 와 동작성 IQ 및 전체 IQ를 제공한다. 각 소검사의 평균은 10, 표준편차는 3이고, 동작성 IQ, 언어성 IQ, 전체 IQ 각각의 평균은 100이고 표준편차는 15다(스탠포드-비네 검사의 표준편차가 16점인 것과 비교할 것). 하지만 최근 개정된 WISC 3판이나 4판의 경우에는 하위 영역과 소검사 내용상 다른 지능검사들과의 차이를 보인다. 이러한 웩슬러 검사들 간의 구성상 차이점을 〈표 4-1〉에서 정리하였다.

### (1) 성인용 웩슬러 지능검사

미국의 1955년판 성인용 웩슬러 지능검사(WAIS)는 1981년에 새로이 개정되어 WAIS-R이 되었다(Wechsler, 1981). 이는 1970년 인구조사를 바탕으로 16세에서 74세에 걸친 거주자들 중 인종, 직업 수준, 교육 수준을 기준으로 미국 전집의 비율과 비슷하게 선택된 표본을 바탕으로 표준화한 것이다. 한국에서는 1963년에 미국판 WAIS를 바탕으로 전용신, 서봉연과 이창우(1963)가 최초의 한국판 웩슬러 지능검사(Korean Wechsler Intelligence Scale; KWIS)를 제작하였다. 이후 1992년에는 미국판 WAIS-R을 염태호 등(1992)이 K-WAIS (Korean Wechsler Adult Intelligence Scale)로 표준화하여 오랫동안 사용해 왔는데, 최근 미국판 WAIS-IV를 황순택 등(2012)이 K-WAIS-IV로 표준화하였다.

### (2) 아동용 웩슬러 지능검사

아동용 웩슬러 지능검사(WISC)는 만 6~16세 아동을 위해 성인용 웩슬러 벨레뷰 지능검사를 이보다 낮은 연령으로 확장한 것이다. 더 많은 아동

용 문항을 개발하고, 더 많은 흑인 및 여성의 그림을 검사도구에 포함시켰
다. 미국 전집에서 아동을 더 잘 대표할 수 있는 규준집단을 표집하기 위해
1974년에 WISC-R로 개정되었고, 이후 1991년에 WISC-III로(Wechsler,
1991), 다시 2003년에 WISC-IV로 개정되었다. 한국에서는 K-WISC(이창
우, 서봉연, 1974)가 WISC를 바탕으로 한국판으로 표준화되었으며, 1991년
에 한국교육개발원에서 KEDI-WISC를 개발하였고, 2001년에 WISC-III
를 바탕으로 K-WISC-III(곽금주, 박혜원, 김청택, 2001)가 제작되었다.
2011년 WISC-IV를 바탕으로 K-WISC-IV(곽금주, 오상우, 김청택, 2011)가
개발되어 현재 사용되고 있다.

　　유아용 웩슬러 지능검사(WPPSI-R)는 보통 만 3~7세의 연령에게 실시할
수 있고, 아동용(WISC-IV)은 만 6~16세까지 활용하며, 성인용(WAIS-IV)
은 만 17세 이후부터 주로 사용한다. 다시 말해서, 지능을 측정하기 위해
중학생에게는 보통 K-WISC-IV, 고등학생에게는 K-WAIS-IV가 실시되어
야 한다. 실제 고등학생의 학업상담에서는 학교 성적 등을 활용하는 것이 더
편리하고 유용한 경우가 많으며, 보통 개인 지능검사를 필요로 하는 고등학
생의 경우는 지적 능력이 상대적으로 낮을 가능성이 높기 때문에, 중·고등
학생 학업상담 중에는 K-WISC-IV가 더 많이 활용될 수 있다. 따라서 이 장
에서는 K-WISC-IV에 대해 이후 좀 더 자세히 알아볼 것이다.

### (3) 유아용 웩슬러 지능검사

　　1967년, 4세에서 6세 반 정도의 아동을 위해 WISC를 아래 연령으로 확
장하였는데 이것이 유아용 웩슬러 지능검사(WPPSI)이며, 이것은 1989년
에 개정되어 WPPSI-R이 된다. 11개의 하위 검사를 포함하며 이 중 10개
가 IQ 점수에 포함된다. 하위 검사 중 8개는 WISC로부터 확장된 것이며
3개의 고유 하위 검사가 추가되었다. 하위 검사와 IQ 표준점수는 다른 웩
슬러 지능검사와 같다. 우리나라에서는 1989년에 개정된 WPPSI-R을

1996년에 한국판 K-WPPSI(Korean-Wechsler Preschool and Primary Scale of Intelligence, 박혜원, 곽금주, 박광배, 1996)로 표준화하여 아직까지 사용하고 있다.

## 3) 한국판 아동용 웩슬러 지능검사

### (1) 검사의 구성 및 측정 내용

앞서 서두에서 잠시 살펴보았듯이 최근 표준화된 한국판 아동용 웩슬러 지능검사(K-WISC-IV, 곽금주, 오상우, 김청택, 2011)는 이전 WISC와는 구성상에서 차이를 보인다. 우선 15개의 소검사로 구성된 K-WISC-IV는 기존의 K-WISC-III의 13개 소검사 중에서 3개의 소검사(차례맞추기, 모양맞추기, 미로)를 삭제하고 5개의 새로운 소검사(공통그림찾기, 순차연결, 행렬추리, 선택, 단어추리)를 추가하여 구성하였다. 또한 이전 판까지 유지되었던 언어성 지능과 동작성 지능이라는 용어는 K-WISC-IV판에서는 언어이해지

표(Verbal Comprehension Index; VCI)와 지각추론지표(Perceptual Reasoning Index; PRI)라는 용어로 변경되었다. 또한 단기기억력 및 정보 처리의 효율성을 평가하기 위한 작업기억지표(Working Memory Index; WMI)를 평가하고 또한 협응능력이나 정신 운동 속도 등을 측정하는 처리속도지표

(Processing Speed Index; PSI)를 마련하여 다각적인 지적 능력을 평가하고 있다. 각 하위 영역별 소검사의 종류를 살펴보면 다음과 같다.

① 언어이해 소검사(* 표시한 검사는 보충검사)

- 공통성(Similarities; SI): 아동이 공통적인 사물이나 개념을 나타내는 두 개의 단어를 듣고, 두 단어가 어떻게 유사한지를 말하는 검사로 유추 능력, 논리적 사고를 측정한다.
- 어휘(Vocabulary; VC): 아동이 그림 문항에서는 소책자에 있는 그림들의 이름을 말하고, 말하기 문항에서는 검사자가 크게 읽어 주는 단어의 정의를 말하는 검사로서 성취동기, 가정환경, 부모 관심을 반영한다.
- 이해(Comprehension; CO): 아동이 일반적인 원칙과 사회적 상황에 대한 이해에 기초하여 질문에 대답하는 검사로서 논리적 사고, 가정환경, 부모 관심 등을 반영한다.
- 상식*(Information; IN): 아동이 일반적인 지식에 관한 광범위한 주제를 다루는 질문에 대답하는 검사로서 성취동기, 가정환경, 부모 관심을 반영한다.
- 단어추리*(Word Reasoning; WR): 신설된 검사로서 아동이 일련의 단

서에서 공통된 개념을 찾아내어 단어로 말하는 검사로서 추론 능력,
성취동기, 가정환경 등을 반영한다.

② **지각추론 소검사**(* 표시한 검사는 보충검사)
- 토막짜기(Block Design; BD): 아동이 제한 시간 내에 흰색과 빨간색으로 이루어진 토막을 사용하여 제시된 모형이나 그림과 똑같은 모양을 만드는 검사로서 추상능력, 공간관계, 시각-운동능력 등을 측정한다.
- 공통그림찾기(Picture Concepts; PCn): 신설된 검사로서 아동에게 두 줄 또는 세 줄로 이루어진 그림들을 제시하면 아동은 공통된 특성으로 묶일 수 있는 그림을 각 줄에서 한 가지씩 고르는 검사로서 유동성 추론능력을 측정한다.
- 행렬추리(Matrix Reasoning; MR): 신설된 검사로서 아동이 불완전한 행렬을 보고 다섯 개의 반응 선택지에서 제시된 행렬의 빠진 부분을 찾아내는 검사로서 유동성 추론능력을 측정한다.
- 빠진곳찾기*(Picture Complition; PCm): 아동이 그림을 보고 제한 시간 내에 빠져 있는 중요한 부분을 가리키거나 말하는 검사로서 시각기억력, 주의집중, 시각예민성을 측정한다.

③ **작업기억 소검사**(* 표시한 검사는 보충검사)
- 숫자(Digit Span; DS): 숫자 바로 따라하기에서는 검사자가 큰 소리로 읽어 준 것과 같은 순서로 아동이 따라하고, 숫자 거꾸로 따라하기에서는 검사자가 읽어 준 것과 반대 방향으로 아동이 따라하는 검사로서 즉각적 회상과 집중, 단기기억 등을 측정한다.
- 순차연결(Letter-Number Sequencing; LN): 신설된 검사로서 아동에게 연속되는 숫자와 글자를 읽어 주고, 숫자가 많아지는 순서와 한글의 가나다 순서대로 암기하도록 하는 검사로서 단기기억 유지 능력을 측

정한다.
- 산수*(Arithmetic; AR): 아동이 구두로 주어지는 일련의 산수문제를 제한 시간 내에 암산으로 푸는 검사로서 주의집중, 비교와 사칙연산력을 측정한다.

④ 처리속도 소검사(* 표시한 검사는 보충검사)
- 기호쓰기(Coding; CD): 아동은 간단한 기하학적 모양이나 숫자에 대응하는 기호를 그린다. 아동이 기호표를 이용하여 해당하는 모양이나 빈칸 안에 각각의 기호를 주어진 시간 안에 그리는 검사로서 손 운동 정교성, 집중 범위를 측정한다.
- 동형찾기(Symbol Search; SS): 아동이 반응 부분을 훑어보고 반응 부분의 모양 중 표적 모양과 일치하는 것이 있는지를 제한 시간 내에 표시하는 검사로서 정신 운동 속도를 측정한다.
- 선택*(Cancellation, CA): 신설된 검사로서 아동이 무선으로 배열된 그림과 일렬로 배열된 그림을 훑어본 후 제한 시간 안에 표적 그림들에 표시하는 검사로서 시각예민성, 변별 속도 등을 측정한다.

## (2) 검사 실시의 고려사항

### ① 검사 장소
외부 방해나 간섭을 최소화하기 위해서 조용하고 조명이 적당하며 공기가 좋은 방에서 검사를 실시해야 한다. 원칙적으로 검사 시 검사자와 아동 이외의 어떤 사람이 방 안에 있어서는 안 되지만, 검사자의 판단하에 보호자가 아동이 볼 수 없는 곳에 조용히 참석할 수는 있다.
아동이 편안하게 작업할 수 있고, 쉽게 도구를 다룰 수 있는 높이의, 표면이 매끈한 책상이나 탁자가 있어야 한다. 아동이 기록 용지나 지침서, 검

사도구들을 볼 수 없게 하는 것이 좋다. 또한 초시계를 사용하는 데 있어서
도 주의를 기울일 필요가 있다.


#### ② 검사시간

정해진 10개의 소검사를 실시하는 데는 대략 50~70분 정도가 소요되
고, 3개의 보충 소검사를 실시할 경우에는 추가로 10~15분을 더 필요로
한다. 그러나 아동의 특성(예컨대 반응을 빨리 하는 아동)에 따라 혹은 검사
자의 실시 기법에 따라 검사시간의 길이는 다를 수 있다.

가능한 한 한 번에 모든 검사를 실시하되 아동의 동기 부족, 혹은 신체적
피로 등의 이유로 중단해야 한다면 되도록 일주일 이내에 두 번째 검사를
지속해야 한다.


#### ③ 라포형성 및 검사 과정 이해

모든 검사 상황에서 아동과 검사자 사이의 협력적인 관계는 필수적이다.
아동과의 상호작용에서 수용적이면서도 위협적이지 않은 어조는 라포를
촉진시킬 수 있다.

이러한 라포 형성을 위해 검사자는 K-WISC-IV의 실시 및 채점의 기본
적인 방법을 확실히 이해하고 검사 진행을 순조롭게 하여, 아동과 좋은 상
호작용을 할 수 있어야 한다. 또한 검사 초반부에 아동을 편안하게 해 주기
위해서 아동의 활동이나 취미에 대해 비공식적인 대화를 할 수 있다. 아동
이 편안해 보이면 아동의 나이에 적합한 언어로 간단하게 검사를 소개하
고, 일단 검사가 시작되면, 일정한 속도를 유지하되 항상 아동의 기분, 활
동 수준, 또는 협응에서의 변화에 주의해야 한다.


#### ④ 소검사 실시 순서

K-WISC-IV 전문가 지침서에 기술된 순서로 검사를 실시하되, 특수아동

의 경우 순서를 다소 변경할 수 있다. K-WISC-IV의 경우 아동이 소검사에 대한 특이한 거부나 검사 도중에 방해가 없었을 경우에는 총 10개의 소검사로만 4개 영역 점수 및 전체 점수를 산출할 수 있도록 되어 있다. 아동이 특정 소검사에 반응하기를 거부한다면 다음 소검사로 진행하고 나중에 생략한 소검사로 되돌아갈 수도 있으며 보충검사를 통해 필수검사를 대치할 수 있다. 단, 보충검사를 통해 필수검사를 대치할 수 있지만 2개까지만 가능하고 그 이상의 보충검사를 사용하는 경우 전체 지능을 산출하기 어렵다.

### (3) 검사 결과의 해석

　다른 심리검사와 마찬가지로 K-WISC-IV 검사의 결과를 해석할 때에도 몇 가지 유의할 점이 있다. 웩슬러 지능검사가 비네식 검사와 다른 점은 검사가 영역별 소검사로 묶여 있으면서, 난이도별로 구성되어 있고, 편차지능을 사용한다는 점이다. 이러한 특성은 임상적으로 매우 유용한 정보를 제공해 주는데, 즉 일반 지능 수준에 대한 평가뿐 아니라 지표별 검사 해석 및 산포도나 프로파일 및 패턴 등의 해석을 통해 내담자들의 특징을 파악할 수 있게 해 주어 임상평가에 매우 유용하다.

　또한 성인용 지능검사인 WAIS에 비해 아동용 지능검사인 WISC는 아동이 문항을 틀렸을 때 성인용 검사에 비해 검사를 더 빨리 중지하며, 문제 난이도의 비약이 큰 편이다. 이는 WISC를 사용하는 대상이 연령에 따라 지적 능력이 급속히 변화·발달되는 아동 시기이고, 연령별로 난이도 수준이 다른 문항으로 구성되기 때문이다. 또한 WISC는 연령별 소검사 환산점수의 활용이 성인에 비해 더 중요성을 갖는다. 성인의 경우는 특별한 경우를 제외하고 지적인 능력 변화가 거의 없기 때문에 연령별 소검사 환산점수가 크게 차이나지 않지만 아동의 경우는 연령에 따른 발달이 크게 차이가 나기 때문에 연령별 환산 점수가 중요하다. 예컨대, 상식 문제에서 9번까지의 문항을 맞추었다고 해도 7세 아동의 경우와 15세 아동의 경우 그 해석이 크게 다를 수 있다. 따라서 이러한 아동용 지능검사의 특징과 아동의 발달 수준 및 환경적 요인을 고려하여 검사를 해석할 필요가 있다.

웩슬러 지능검사 해석에는 두 가지 주요한 해석 과정이 있다. 하나는 개인 간의 해석 또는 규준 분석 과정이며, 또 하나는 개인 내적 분석으로서 검사상 개인이 가지고 있다고 보는 총체적 능력 안에서의 장점과 약점에 대한 분석이다. 규준 분석은 생활연령이나 학년이 같은 피검자의 점수와 비교하는 것으로서, 한 피검자의 수행을 표준화 집단의 같은 연령대의 다른 피검자의 수행에 비추어서 비교, 평가하는 것이다. 규준 분석은 단일하고 명확하게 규정된 수량적 의미를 갖고 있어서 통계 분석에 적절하게 사용될 수 있으며, 한 피검자의 수행을 상대적으로 평가하는 데 유용하다.

K-WISC-IV에서는 규준 분석으로서 편차 지능지수(deviation IQ)를 사용하여 총 다섯 가지 합산 점수를 낼 수 있다. 즉, 아동의 전체적인 인지능력을 나타내는 전체 검사 IQ를 제공하고, 보다 분리된 인지적 기능 영역인 언어이해지표, 지각추론지표, 작업기억지표, 처리속도지표의 각 네 가지 합산 점수를 구할 수 있다. K-WISC-IV는 기존 검사들과는 다르게 수기채점이 아닌 자동채점 방식으로 변화되었다.

#### ① 언어이해지표와 지각추론지표의 차이

일반적으로 아동의 전체 검사 IQ는 전반적인 인지기능에 대한 포괄적인 평가를 하거나 지적 영역에서의 영재, 지적장애아동 등을 판별하기 위해 사용되기도 한다. 한편 기존의 언어성 지능지수에 해당되는 언어이해지표와 동작성 지능지수에 해당되는 지각추론지표 간의 차이는 K-WISC-IV에서도 여전히 임상적으로 중요한 시사를 제공한다. 사실상 지각추론지표와 언어이해지표는 서로 다른 능력을 측정하고 있기 때문에 비교 해석하는 부분에 무리가 있다. 그럼에도 웩슬러의 이론에 따르면 일반적으로 두 지표의 점수상 차이는 문화적 차이와 교육적 차이에서 기인되는 것으로 알려져 있다. 특히 K-WISC-IV에서는 지각추론지표에 유동성 지능을 측정하기 위한 검사들이 추가되면서 지각추론지표는 언어이해지표에 비해 감각 운동적 요소, 정서적 요소, 유동성 지능을 잘 반영하여 내담자에 대한 심도있는 해석이 가능하도록 하고 있다.

일반적으로 두 지표 간의 큰 차이는 종종 뇌손상에 대한 진단이나 신경학적 역기능을 시사한다. 물론 이 경우에도 다른 보조 자료나 관찰 없이 이러한 점수 차이만으로 신경학적 기능장애라고 결론지으면 안 된다. 일반적으로 두 지표간의 점수 차이가 나는 이유는 다음과 같이 다양하다.

• 언어성 대 비언어성

뇌기능적으로 볼 때 일반적으로 좌반구는 언어적 자극을 처리하고, 우반구는 시공간적 자극을 처리하므로 결과적으로 상대적으로 높은 언어이해지표는 좌반구가 발달됨을 시사하고, 상대적으로 높은 지각추론지표는 우반구가 기능적으로 발달됨을 시사한다.

• 유동적 대 결정적 지능

Cattell-Horne의 이론에 따르면, 지능은 유동적 능력과 결정적 능력으로 구분되는데, 전자는 익숙지 않은 자극을 직면할 때 즉각적인 적응력과 융통성을 활용하여 문제를 해결하는 능력을 말하며, 후자는 이전의 훈련, 교육, 문화적인 자극을 통해 개발된 지적 능력을 말한다. 일반적으로 언어이해지표는 결정적 능력을 측정하고, 지각추론지표는 유동적 능력을 측정하는 것으로 알려져 있다. 따라서 지적 자극이 많은 환경에서 자랐거나 부모가 학업적 성취도를 강조하는 경우는 지각추론지표에 비해 높은 언어이해지표 점수를 보이고, 학습장애나 읽기장애를 갖고 있거나 문화실조아의 경우, 혹은 적응적이고 융통성 있는 문제해결능력을 가지고 있는 아동의 경우 지각추론지표가 언어이해지표보다 높은 점수를 보일 수 있다. 물론 이러한 해석을 내리기 위해서는 반드시 피검자의 문화적 배경, 특정 학습 경험을 고려해야 한다.

- 심리언어적 결함(psycholinguistic deficiency) 및 운동통합 능력상의 문제(motor coordination problem)

언어의 표현이나 수용 그 자체에 문제를 갖고 있는 아동의 경우나 운동통합 능력상의 문제가 있는 아동의 경우에는 언어이해지표와 지각추론지표 간의 점수 차이에 큰 의미를 부여해서는 안 된다. 지능검사는 청각-음성적, 혹은 시각적-운동적 커뮤니케이션 경로를 통해 측정되고 지각추론지표에는 상당한 운동 통합력을 요구하는 소검사들이 포함되어 있기 때문에 이러한 이유에서 기인된 지표 점수 간의 차이를 확대 해석해서는 안 된다.

- 시간적 압박

시간을 측정하는 데 부담을 느끼는 아동은 제한 시간을 두거나 빠른 시간 내에 반응할수록 보너스 점수를 주는 지각추론 영역의 소검사들에서 낮은 수행을 보일 수 있다. 일반적으로 과도하게 시간을 압박받는 아동은 성격적으로 미숙하거나 불안이 높고 산만하여 지나치게 숙고적이거나 강박적이라고 해석할 수 있는데 이는 검사자가 아동의 태도를 관찰하여 질적으로 분석해 보아야 한다.

② 각 소검사별 해석

소검사점수는 다른 아동에 비해 이 아동의 능력이 어디에 있는지를 판단하고 또한 같은 연령대의 다른 아동에 비해 상대적으로 갖고 있는 강점과 약점을 평가하기 위해 사용될 뿐만 아니라, 이 아동이 주어진 교육 환경에서 어려움을 겪고 있는지 여부 등 교육이나 치료적 단서를 제공하기 위해 사용된다.

개인 내적 분석은 아동의 인지 능력 내에서 강점과 약점이 어느 특정 영역인지를 알아내는 것과 관련하여 이루어진다. 즉, 네 가지 지표 점수들을 비교하고, 소검사점수분산 분석을 조사하여 소검사 간의 차이를 보는 것이다. 이렇게 하여 아동의 상대적인 강점과 약점에 대한 해석이 이루어진다. 이런 종류의 분석은 임상적으로 유용한데, 왜냐하면 특정한 교육방법이나 지도방침을 계획하는 데 중요하기 때문이다. 예컨대 청각적 기억력에 비해 시각적 기억력이 특히 뛰어난 아동의 경우는 학습에 있어 교사에게 설명을 듣기보다는 책자나 시청각 자료를 통한 학습이 아동이 학습 내용을 기억하는 데 있어 보다 도움이 될 수 있음을 시사받을 수 있다.

WISC의 소검사들은 저마다의 고유한 능력을 가지고 있을 뿐만 아니라 몇 개의 소검사들끼리 묶어서 공유하는 능력을 지니고 있다. 예컨대 '어휘' '이해' '공통성' 검사에서 다른 소검사들보다 높은 점수를 얻었다면 이 아동은 이 소검사들의 공유능력인 '언어적 이해능력'이나 '결정적 지능'이 높다고 가정해 볼 수 있을 것이다. 이러한 검사해석을 위해서는 우선 소검사 각각의 측정 내용을 알고 있어야 한다. 즉, 검사자는 각 소검사점수 결과로 나온 수치에 각 소검사가 측정하려고 하는 구성 영역을 근거로 의미를 부여해야 한다.

## 4) 카우프만 검사

카우프만은 아동용 카우프만 평가 배터리(Kaufman Assessment Battery for Children; K-ABC), 카우프만 청소년 · 성인용 지능검사(KAIT)를 포함하여 여러 가지 지능검사를 개발했다. 이 중 아동용 지능검사인 K-ABC (Cohen, Swerdlik, & Smith, 1992; Kaufman & Kaufman, 1983)는 2세 반에서 12세 반까지의 아동을 위해 고안되었으며, 정신 과정과 성취 하위 점수의 세트를 포함한다.

K-ABC가 다른 개인용 지능검사와 구별되는 특징은 다음과 같다. 첫째, K-ABC는 인지처리 과정 이론에 근거하여 지능을 인지처리 과정으로 보고 이를 문제 또는 과제의 해결이 순차처리적이냐 동시처리적이냐에 따라 분리하여 측정한다(〈표 4-2〉 참조). 여기에 언어능력이 배제된 비언어성 척도를 마련하여 언어장애 아동의 지능을 효과적으로 평가할 수 있다. 또한 학교나 가정, 기타 후천적으로 습득한 지식을 지능 척도와 분리하여 평가함으로써 아동의 문제해결력과 그러한 문제해결력을 사용해 얻은 습득된 능력을 비교할 수 있게 해 준다.

둘째, K-ABC는 처리 과정 중심의 결과로 검사 결과에 근거한 교육적 처

⠶ 〈표 4-2〉 K-ABC 다섯 가지 척도 구성

| | |
|---|---|
| 동시처리 척도 | 부분적으로 주어진 과제를 통합하는 능력 |
| 순차처리 척도 | 과제의 순서적 · 계열적 처리 능력 |
| 인지처리 과정 척도 | 문제해결 및 정보처리 과정 |
| 습득도 척도 | 후천적으로 습득한 사실적 지식 수준 |
| 비언어성 척도 | 언어요인이 배제된 상태에서의 지능 수준 |

〈표 4-3〉 K-ABC 하위 검사의 구성

| 인지처리 과정 척도 하위 검사 | | | | | |
|---|---|---|---|---|---|
| 하위 검사명 | 척도 구분 | 대상 연령 | 하위 검사명 | 척도 구분 | 대상 연령 |
| 1. 마법의 창 | 동시처리 | 2/6~4/11 | 6. 삼각형 | 동시처리/비언어성 | 4/0~12/5 |
| 2. 얼굴기억 | 순차처리/비언어성 | 2/6~4/11 | 7. 단어배열 | 순차처리 | 4/0~12/5 |
| 3. 손동작 | 동시처리 | 2/6~12/5 | 8. 시각유추 | 동시처리/비언어성 | 5/0~12/5 |
| 4. 그림통합 | 순차처리 | 2/6~12/5 | 9. 위치기억 | 동시처리/비언어성 | 5/0~12/5 |
| 5. 수회생 | | 2/6~12/5 | 10. 사진순서 | 동시처리/비언어성 | 6/0~12/5 |
| 습득도 척도 하위 검사 | | | | | |
| 하위 검사명 | 척도 구분 | 대상 연령 | 하위 검사명 | 척도 구분 | 대상 연령 |
| 11. 표현어휘 | 습득도 | 2/6~4/11 | 14. 수수께끼 | 습득도 | 3/0~12/5 |
| 12. 인물과 장소 | 습득도 | 2/6~12/5 | 15. 문자해독 | 습득도 | 5/0~12/5 |
| 13. 산수 | 습득도 | 3/0~12/5 | 16. 문장이해 | 습득도 | 7/0~12/5 |

치가 가능하다. 기존 대다수의 내용 중심 검사와 달리 처리 과정 중심의 검사로서 검사의 결과에 근거하여 아동이 왜 그러한 정도의 수행을 했는지에 대해 설명해 줄 수 있기 때문에 지능검사 결과에 근거한 정치(定置) 및 교육적 처치를 마련할 수 있다.

셋째, 인지발달 이론에 근거하여 연령별로 실시하는 하위 검사를 차별화하였다. 16개 하위 검사 중 피험자의 연령 및 인지 발달 수준에 따라 7개에서 13개를 실시하게 되어 있다.

넷째, 좌뇌와 우뇌의 기능을 고루 측정할 수 있는 하위 검사들로 구성되어 있다. 전통적 지능검사들은 주로 좌뇌의 기능을 측정하는 좌뇌지향 검사들로 검사 결과가 우뇌가 발달한 아동이나 우뇌지향적 문화권에서 양육된 아동들에게 불리한 점을 감안하여 좌뇌와 우뇌 기능을 고루 측정할 수 있는 하위 검사로 구성하였다.

청소년 및 성인용 검사인 KAIT(Kaufman & Kaufman, 1993)는 확장된 배터리에서 6개의 핵심 하위 검사와 4개의 부가 하위 검사로 구성되고 11세에서 85세까지 표준화되었다. 결정지능과 유동지능, IQ 점수를 제공하며 각각의 문항내적 합치도는 .90 이상이다. 단기형(short form)인 카우프만 간편 지능검사(Kaufman Brief Intellectual Test; K-BIT)(Kaufman & Kaufman, 1990)는 15~30분간 실시되며 그림을 통한 어휘 부분 및 그림과 추상적인 도안을 이용하는 매트릭스 부분으로 구성되어 있다. 시간적 압박으로 긴 측정형을 사용할 수 없을 때 유용하다(Naugle, Chelume, & Tucker, 1993).

우리나라에서는 문수백과 변창진(1997a, 1997b)이 아동의 지능과 후천적으로 습득한 사실적 지식 수준을 측정하기 위해 Kaufman과 Kaufman (1983)의 K-ABC를 한국판 'Korean Kaufman Assessment Battery for Children(K-ABC)'으로 1997년에 표준화하였다. Kaufman의 K-ABC와 마찬가지로 2세 6개월에서 12세 5개월까지의 아동을 대상으로 검사하며, 대략 45~75분 정도가 소요된다. 한국판 K-ABC의 하위 검사의 구성을 살펴보면 〈표 4-3〉과 같다.

한국판 K-ABC는 취학전 아동을 대상으로 4개 종합 척도의 반분신뢰도를 추정하였을 때, 신뢰도 계수는 .87~.92의 범위에 있고 초등학교 학생을 대상으로 하여 추정하였을 때의 반분신뢰도 계수는 .91~.96의 범위에 있음을 확인하여 비교적 높은 신뢰도를 나타냈다. 한국판 K-ABC의 타당도를 알아보기 위해 인지처리 과정 척도 점수를 요인분석한 결과에서 인지처리 과정 척도는 순차처리와 동시처리로 구성되었다고 판단할 수 있는 요인구조를 발견할 수 있었고, 한국판 WICS-R, 고대-비네 검사의 IQ 점수와 K-ABC 종합 척도의 표준점수 득점과의 상관을 통해 공인타당도를 확보하고 있다.

K-ABC 검사 결과 해석 사례를 하나 살펴보면 다음과 같다.

**사례**

## K-ABC 검사 결과 사례

| 성명: 한철수(가명) | 연령: 4세 8개월 | 성별: 남 |
|---|---|---|
| 유치원 교사의 가장 기본적인 지시조차 따를 수 없기 때문에 검사를 의뢰 |||

| **종합 척도의 표준점수** | | |
|---|---|---|
| 순차처리 | 74 | 순차처리 < 동시처리 (p < .01) |
| 동시처리 | 103 | 순차처리 < 습득도 (p < .05) |
| 인지처리 과정 | 88 | 동시처리 < 습득도 (p < .05) |
| 습득도 | 88 | |

| **습득도 하위 검사의 표준점수** | | |
|---|---|---|
| 표현어휘 | 102-강 | |
| 인물과 장소 | 109-강 | 평균 습득도 표준점수 = 90 |
| 산수 | 74-약 | |
| 수수께끼 | 75-약 | |

| **인지처리 과정 하위 검사의 척도점수** | | |
|---|---|---|
| <u>순차처리 척도</u> | | |
| 손동작 | 9 | |
| 수회생 | 2-약 | |
| 단어배열 | 6 | 평균 척도 점수 = 8 |
| <u>동시처리 척도</u> | | |
| 마법의 창 | 12-강 | |
| 인물과 장소 | 7 | |
| 그림통합 | 15-강 | |

출처: 문수백, 변창진(1997b). K-ABC 해석요강. 서울: 학지사.

## 사례

철수는 순차처리<동시처리 프로파일을 나타내고 있다. 그리고 각 하위 검사별 강약 판정에서 인지처리 과정 하위 검사 중에서 2개의 하위 검사가 강한 것으로 판정되었고, 1개의 하위 검사가 약한 것으로 판정되었으며, 전반적으로 동시처리의 우수함을 반영하고 있다. 그러나 습득도 하위 검사들 간의 강약 현상이 양분되는 것으로 나타났으며, 이러한 양분 현상은 신경심리학적인 모델에 입각해서 설명할 수 없다. 특히 동시처리가 우수한 아동의 경우에는 일반적으로 '수수께끼' 검사의 점수가 낮게 나타나지 않는다. 더욱이 각 척도 내에서 하위 검사의 척도 점수 간에 상당한 차이가 있는 것으로 나타났기 때문에 종합 척도 간에 존재하는 통계적으로 유의한 차이가 그다지 큰 의미를 가질 수 없다. 이러한 K-ABC 프로파일의 양상을 설명하기 위해서 어떤 대안적인 모델을 검토해 볼 필요가 있다. 통계적으로 유의하게 강한 것으로 판정된 4개의 하위 검사는 모두 음성 반응을 필요로 한다. 이러한 결과는 철수가 언어적 표현능력이 잘 발달되어 있을 가능성을 보여 주고 있으며 Wechsler의 관점에서 본다면 언어이해지표>지각추론지표 점수의 프로파일을 가지고 있을 가능성을 시사해 준다. 그러나 '수수께끼' 하위 검사가 약한 검사로 판정된 사실은 이러한 가설의 타당성을 정면으로 부정하고 있다.

'수수께끼'가 약한 하위 검사로 판정되었기 때문에 '언어적(청각) 이해의 부족'이라는 한 가지 가능한 가설을 이끌어 낼 수 있다. '산수'와 '수회생'에서 유의하게 약한 것으로 나타난 것과 '단어배열'에서 평균 이하의 점수를 받은 사실은 철수가 구어체의 말을 이해하는 데 문제가 있음을 시사하고 있다. 그리고 철수는 청각적 이해가 요구되는 네 가지 하위 검사에서 평균적으로 백분위 5%에 속하며 동시처리 척도에서 58%에 속하는 것으로 나타나 불균형을 보이고 있다.

철수는 전국적 규준과 비교해 볼 때 청각적 과제에서도 극단적으로 낮은 점수를 받은 것으로 나타났다. 이러한 결과는 철수의 검사 결과 프로파일을 해석하는 데 심리언어학적인 모델을 적용할 필요가 있음을 시사하고 있다. 결론적으로, 인지처리 이분법과 인지처리 과정 및 습득도를 분리해서 해석하는 모델을 모두 포기하고, 새로운 해석 모델을 찾는 데 주의를 기울여야 한다. 철수가 청각-음성 및 청각-운동 영역 모두에서 확실히 약하다는 사실을 알 수 있다. 실제로 철수의 약점은 조직화의 자동적 수준(숫자 세기)과 표상적 수준(수수께끼) 모두에 걸쳐 광범위하게 존재한다. 그리고 철수는 청각자극과 함께 시각자극이 주어질 때, 청각자극을 받아들이는 데 시각자극이 전혀 도움이 되지 않는 것으로 보인다. 동시처리에서 103점의 표준점수를 받았다는 것은 철수가 시각적 양식에서는 평균 능력 수준에 있음을 증명해 준다. 이러한 수준은 '손동작' '표현어휘' '인물과 장소' 와 같은 K-ABC의 다른 시각적 하위 검사에서의 점수와 전체적으로 일관성을 보이고 있다. 철수가 지니고 있는 시각적 감각 양식 내에서의 기능 간 차이를 파악해 보면, 강한 것으로 판정된 4개의 하위검사는 시각적-음성적 커뮤니케이션 경로에 속하고 백분위가 75에 해당한다. 반면에, 세 가지의 시각-운동 하위검사인 '얼굴기억' '삼각형' '손동작' 의 백분위는 평균 26이다.

　이러한 심리언어학적인 분석 결과는 철수를 위한 예방적 프로그램을 마련하고자 할 때 상당히 유용한 정보가 될 수 있다. 그리고 철수가 유치원에서 교사의 가장 기본적인 지시조차 따르지 않았던 것은 단순히 청각적 이해의 결함 때문이었음을 알 수 있다.

## 5) 한국판 라이터 비언어성 지능검사

　1929년 Russel Graydon Leiter 박사에 의해 개발된 라이터 비언어성 지능검사(Leiter International Performance Scale; K-Leiter-R)는 2세 0개월~20세 11개월까지 연령에 해당되는 일반 아동 및 청소년들의 지능 및 인지 기능을 평가할 수 있을 뿐만 아니라, 일반적인 지능검사로 평가할 수 없는 특수아동들의 지적 능력, 주의력 및 기억력을 평가하기 위해 개발되었다. K-Leiter-R은 신민섭과 조수철(2009)이 미국의 Leiter-R을 기초로 개발한 검사로서 미국판 검사와 마찬가지로 의사소통장애, 청각장애, 뇌손상, ADHD, 학습장애 등을 포함하는 아동의 지적 능력, 기억력, 주의력 등을

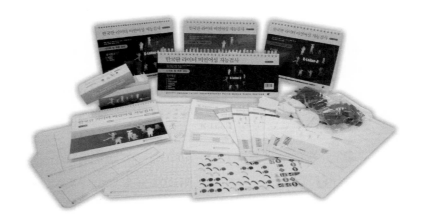

측정할 수 있는 비언어성 지능검사다. 한국판 검사는 2세 0개월~7세 11개월까지 연령에 해당되는 아동들을 대상으로 표준화되었고, 전국 규모의 규준 표본을 통해 지능지수(평균 100, 표준편차 15), 각 소검사 규준치(평균 10, 표준편차 3), 그리고 복합점수 평가치가 산출되었다. 또한 특수아동을 대상으로 기능 수준에서의 미세한 향상(Growth)도 평가할 수 있도록 문항 반응이론에 기반한 척도들도 포함하고 있다.

한국판 라이터 비언어성 지능검사는 개별검사로 실시되어 약 90분 정도 소요된다(시각화 및 추론 검사(VR) 50분, 주의력 및 기억력 검사(AM) 40분). 이 검사는 크게 시각화 및 추론 검사와 주의력 및 기억력 검사 두 가지 소검사로 구성되어 있으며, 검사자는 임상적 필요에 따라 시각화 및 추론 검사와 주의력 및 기억력 검사 중 하나만 선택하여 실시할 수 있다. 시각화 및 추론 검사(VR)는 시각화, 추론 및 공간 능력과 관련된 비언어적인 지적 능력을 알아보는 9개의 소검사로 이루어져 있으며, 주의력 및 기억력 검사(AM)는 비언어적인 주의력 및 기억력을 알아보는 10개의 소검사로 이루어져 있지만 아동 연령에 따라 실시할 수 있는 소검사의 수는 달라진다(〈표 4-4〉 참조). VR과 AM 검사는 특히 기억력이나 주의력에서 인지-과정 결함으로 인해 아동의 전체 지능에 대한 정확한 평가가 어렵다고 여겨질 때, 인지 능

⟨표 4-4⟩ 검사의 구성과 실시 연령

| 시각화와 추론 검사 | | | 주의력과 기억 검사 | | | |
|---|---|---|---|---|---|---|
| 검사 구성 | 2~5세 | 6~7세 | 검사 구성 | 2~3세 | 4~5세 | 6~7세 |
| 전경배경(FG) | 1 | 1 | 쌍대연합(AP) | 1 | 1 | 1 |
| 그림유추(DA) | 적용 안 됨 | 2 | 즉각재인(IR) | 적용 안 됨 | 2 | 2 |
| 형태 완성(FC) | 2 | 3 | 바로 따라 기억하기(FM) | 2 | 3 | 3 |
| 짝짓기(M) | 3 | 4 | 지속적 주의력(AS) | 3 | 4 | 4 |
| 계기적 순서추론(SO) | 4 | 5 | 거꾸로 따라 기억하기(RM) | 적용 안 됨 | 적용 안 됨 | 5 |
| 반복패턴찾기(RP) | 5 | 6 | 대응도형찾기(VC) | 적용 안 됨 | 적용 안 됨 | 6 |
| 그림맥락추론(PC) | 6 | 적용 안 됨 | 공간기억(SM) | 적용 안 됨 | 적용 안 됨 | 7 |
| 범주화(C) | 7 | 적용 안 됨 | 지연쌍대연합(DP) | 적용 안 됨 | 적용 안 됨 | 8 |
| 접힌형태추론(PF) | 적용 안 됨 | 7 | 지연재인(DR) | 적용 안 됨 | 5 | 9 |
| | | | 분할주의력(AD) | 적용 안 됨 | 적용 안 됨 | 10 |

*숫자는 각 연령 집단 범위 안에 소검사 실시 순서를 나타냄.

력 평가를 철저하게 하기 위해 동시에 사용되는데 특히 AM 검사는 주의력 및 기억력의 어려움에 대한 포괄적인 진단 평가, 신경심리학적 평가, 그리고 학습장애(LD), 혹은 주의력결핍 및 과잉행동장애(ADHD)의 인지적 결함에 대한 특수 진단을 위한 평가도구로도 사용된다.

한국판 라이터 비언어성 검사에는 추가적으로 검사자용 평정척도와 부모용 평정척도가 검사에 포함되어 있어 미국판은 교사용 평정척도도 포함되어 있다. 피검아동에 대한 다각적인 행동 관찰 정보를 토대로 검사 결과를 해석할 수 있다. 또한 한국판 라이터 비언어성 검사의 하위 소검사들의 신뢰도 계수는 .51~.88 범위로 양호한 수준이며 검사-재검사신뢰도도 .42~.92로 비교적 양호한 수준을 보여 준다.

## 2. 집단 지능검사

집단 지능검사는 실시와 채점에 요구되는 시간 면에서 볼 때 개인 지능 검사에 비해 매우 효율적이다. 검사지, 선다식 답안지, 연필, 채점판만 준비되면 많은 사례 수에 대한 정보가 수집되므로 정상분포에 관한 많은 정보를 제공해 준다. 이러한 집단 지능검사는 특히 제1차 세계 대전 중 2백만 미군의 배치 분류를 위해 발전되었는데, Army $\alpha$와 문맹자 검사용인 Army $\beta$ 검사가 군대용으로 개발되었다. 그 후에 교육적 · 개인적 사용을 위해 집단 지능검사가 고안되었다.

우리나라에서 최초로 개발된 지능검사 역시 집단 지능검사로서, 1954년 서울대학교 사범대학 교육심리연구실에서 정범모에 의하여 제작된 간편지능검사가 있다. 그 이후로도 다양한 집단 지능검사가 개발되어 주로 학교 장면에서 많이 활용되고 있다. 국내에서 활용되고 있는 집단 지능검사에는 중 · 고생을 대상으로 하는 'L-S식 진단성 지능검사'(이상로, 서봉연), 만 4~7세를 대상으로 하는 '종합인지능력검사(A, B형)'(송인섭, 문정화, 박정옥), 유아로부터 대학생에 이르기까지 각급 학교별로 대상을 달리하여 제작된 '일반지능검사'(정범모, 김호권, 임인재), 각각 중학생과 고등학생을 대상으로 하는 '종합능력진단검사(지능, 적성)'(한국행동과학연구소), 초등학생, 중학생, 고등학생, 대학생을 대상으로 하는 '한국교육개발원 지능검사 시리즈(1, 2, 3, 4)', 최근에 표준화된 현대지능검사(이종승) 등이 있다.

집단 지능검사는 현재 유치원부터 대학교까지 모든 교육적 수준에서 사용되고 있으며, 산업체, 군대, 연구 목적으로도 확장되어 사용되고 있다. 그러나 집단 지능검사는 개인 지능검사에 비해 신뢰도나 타당도가 낮고 개인의 다양하고 구체적인 지적 특성을 파악하는 데 어려움이 있기 때문에, 최근 상담 현장에서는 집단 지능검사보다 개인 지능검사를 주로 사용한다.

## 3. 지능검사 해석 시 고려할 사항

### 1) 지능의 개념 확장

Robert Sternberg는 지능에 관한 근원적인 질문에 다시 관심을 두기 시작했다(Sternberg, 1985; Sternberg, Wagner, Williams, & Horvath, 1995). 그는 지능의 삼위이론을 제안했고, 세 요인 각각은 서로 상호작용하는 다양한 요인으로 구성되어 있다고 보았다. 구성(인지적) 요인은 정보처리를 다루며, 어휘, 독해와 같은 하위 검사로 측정되는 결정화 능력과 추상 유추와 이야기 완성과 같은 하위 검사로 측정되는 유동적 능력으로 구성된다. 경험(창의적) 요인은 새로운 활동과 상황을 다루는 능력과 고차원의 정보처리를 자동화하는 능력을 포함한다. 개념(실용적) 요인은 실용적 지능과 사회적 지능의 요인을 포함한다. 비록 모든 요인을 측정할 수 있는 검사도구는 존재하지 않지만, IQ만으로는 개인의 능력을 설명하는 데 한계가 있다고 믿어서, Sternberg는 지능을 측정하려는 전형적인 과제로부터 다양화된 특정 방법을 구안하려고 시도했다(Sternberg, 1988).

Sternberg와 더불어 최근 지능의 개념을 확장시키는 데 있어 큰 공헌을 한 사람으로 Howard Gardner가 있다. Binet가 처음 지능검사를 만든 이후 약 80여 년이 지난 1983년에 하버드 대학교의 Gardner는 지능에 대한 새로운 접근을 시도하였다. 그는 기존의 문화가 지능을 너무 좁게 해석하고 있다고 전제하고, 일반 지능과 같은 단일한 능력이 아니라 다수의 능력이 인간의 지능을 구성하고 있으며, 이러한 능력들도 상대적 중요성은 동일하다고 가정하였다. Gardner(1983)는 IQ 점수가 함축하고 있는 의미보다 넓은 시각에서 인간의 잠재적 능력을 탐구하였다. Gardner는 지능을 '문화 속에서 가치가 부여된 문제를 해결하거나 결과물을 창출하는 능력'

으로 정의하였다. 전통적인 IQ 개념은 학교 내에서 특별한 가치가 부여된 지식이나 기능에 초점이 맞추어져 있지만, Gardner의 정의는 이보다 훨씬 넓은 범위에 걸쳐 있다. '결과물을 창출'한다는 것은 흰 화판에 사람의 감정을 자아내는 그림을 그리는 것도 될 수 있으며, 또는 어떤 집단이 어떤 문제에 대해 아무런 합의점을 찾아내지 못할 때 그 집단을 잘 이끌어 합의점에 도달하는 것도 된다. '문제를 해결하거나 결과물을 창출한다'는 것은 하나의 실용적인 접근으로써 실생활 상황에서 어떤 능력을 사용한다는 것에 초점이 맞추어져 있다.

Gardner(1983)가 처음으로 제시한 인간의 다양한 능력은 음악적 지능(musical intelligence), 신체-운동적 지능(bodily-kinesthetic intelligence), 논리적-수학적 지능(logical-mathematical intelligence), 언어적 지능(linguistic intelligence), 시각-공간적 지능(spatial intelligence), 대인관계적 지능(Interpersonal intelligence), 자기이해 지능(intrapersonal intelligence)의 총 7개였다. 이후 여덟 번째 지능인 자연탐구 지능(naturalist intelligence)을 새롭게 목록에 첨가하였고, 아홉 번째인 실존적 지능(existential intelligence)을 제기하기도 하였다.

## 2) IQ 점수의 의미

IQ 점수는 특정 시기에 특정 검사에서 얻어진 특정 점수로서 해석되어야 한다. 이미 언급했듯이, 검사-재검사의 신뢰도가 낮고, 시간이 지남에 따라 상당한 변화와 발달이 발생한다는 점에서 볼 때, IQ 점수의 해석은 아동이나 청소년 내담자에게 특히 주의를 요한다. 결과를 해석할 때, 내담자의 IQ가 112점이라고 말하기보다는 내담자가 학업 과제를 학습하는 데 유용한 능력을 측정하는 검사에 있어 또래들에 비해 상위 1/4 수준에 있다고 말해 주는 것이 좋다.

즉, IQ 점수는 단일점수로서보다는 점수대로서 해석해 주는 것이 좋다. 예를 들어 130점 이상인 경우는 '매우 우수', 120~129점은 '우수', 110~119점은 '평균상', 90~109점은 '평균', 80~98점은 '평균하', 70~79점은 '경계선', 69점 이하는 '지적 결손'의 방식으로 전체 지능을 파악하는 것이 IQ 점수를 이해하는 데 더 적절하다.

## 3) 개인 지능검사의 활용

앞에서 살펴본 비네 검사, 웩슬러 검사, K-ABC, 라이터 비언어성 지능검사는 개인을 대상으로 실시되며 채점자는 높은 수준의 훈련을 받아야 한다. 각 검사를 실시하는 데 있어 상당한 훈련과 실습이 되어 있어야 신뢰할 만한 결과를 얻을 수 있다. 숙련된 검사자는 개인의 인성의 측면과 다양한 행동을 관찰하고 판단하는 기회를 갖는다. 그래서 유능한 검사자들에게 이러한 검사들은 표준화된 검사일 뿐 아니라 임상적 면접의 측면도 제공한다.

이러한 개인 지능검사는 몇 가지 소검사점수를 제공하기 때문에 상담자는 이러한 소검사점수들 간의 차이가 큰 내담자에게 특별한 주의를 기울여야 한다. 이러한 경우 차이에 중요한 영향을 미친 요인을 확인하는 시도가 필요하다. 소검사점수에 영향을 미치는 정서적·신경학적·병리학적 문제에 관해 많은 연구가 있었다. 그러나 이러한 프로파일의 패턴으로부터 도출된 진단은 의심의 여지가 있다. 왜냐하면 여러 하위 검사의 신뢰도가 다양하기 때문에 이 하위 검사 간에 얻어진 각각의 점수는 신뢰하기 어렵기 때문이다. 그럼에도 불구하고 스탠포드-비네 검사와 웩슬러 검사를 사용하는 대부분의 사용자들은 차이를 나타내는 패턴을 특정 부적응의 유형으로 간주한다. 예컨대 몇몇 언어이해 소검사에서의 높은 점수와 특정 지각추론 소검사의 낮은 점수는 뇌손상, 약물남용, 노인들에게 있어서 알츠하이머성 치매와 같은 문제들을 암시한다고 본다. 언어이해 소검사점수가 지각추론 소검사점수보다 낮다면 읽기능력 부족 혹은 학업성취에 대한 낮은 동기를 암시한다고 본다.

## 참고문헌

곽금주, 박혜원, 김청택(2001). K-WISC-Ⅲ 실시요강. 서울: 도서출판특수교육.

곽금주, 오상우, 김청택(2011). K-WISC-Ⅳ 전문가 지침서. 서울: 학지사.

문수백, 변창진(1997a). K-ABC 실시 채점요강. 서울: 학지사.

문수백, 변창진(1997b). K-ABC 해석요강. 서울: 학지사.

박혜원, 곽금주, 박광배(1996). K-WPPSI 지침서. 서울: 도서출판특수교육.

신민섭, 조수철(2009). 한국판 라이터 비언어성 지능검사 전문가 지침서. 서울: 학지사.

이창우, 서봉연(1974). K-WISC 실시요강. 서울: 교육과학사.

염태호, 박영숙, 오경자, 김정규, 이영홍(1992). K-WAIS 실시요강. 서울: 한국가이 던스.

전용신, 서봉연, 이창우(1963). KWIS 실시요강. 서울: 중앙교육연구소.

황순택, 김지혜, 박광배, 최진영, 홍상황(2012). 한국 웩슬러 성인용 지능검사 4판(K-WAIS-4). 대구: 한국심리주식회사.


Cohen, R. J., Swerdlik, M. E., & Smith, D. K. (1992). *Psychological testing and assessment*. Mountain View, CA: Mayfield.

Flynn, J. R. (1984). The mean IQ of Americans: massive gains 1932 to 1978. *Psychological Bulletin, 95*, 29-51.

Gardner, H. (1983). *Frames of mind: the theory of multiple intelligence*. New York: Basic Books.

Kaufman, A. S., & Kaufman, N. L. (1983). *KABC: Kaufman Assessment Battery for Children, administration and scoring manual*. Circle Pines, MN: American Guidance Service.

Kaufman, A. S., & Kaufman, N. L. (1990). *Kaufman Brief Intelligence Test manual.* Circle Pines, MN: American Guidance Service.

Kaufman, A. S., & Kaufman, N. L. (1993). *Manual, Kaufman adolescent and Adult Intelligence Test.* Circle Pines, MN: American Guidance Service.

Naugle, R. I., Chelune, G. J., & Tucker, G. D. (1993). *Validity of the Kaufman Brief Intelligence Test.* Psychological Assessment, 5, 182–186.

Sternberg, R. J. (1985). *Beyond IQ.* Cambridge: Cambridge University.

Sternberg, R. J. (1988). *The triarchic mind.* New York: Viking Penguin.

Sternberg, R. J., Wagner, R. K., Williams, W. M., & Horvath, J. A. (1995). Testing common sense. *American Psychologist, 50,* 912–927.

Thorndike, R. L., Hagen, E. P., & Sattler, J. M. (1986a). *The Stanford–Binet Intelligence Scale: Fourth edition, guide for administering and scoring.* Chicago: Riverside.

Thorndike, R. L., Hagen, E. P., & Sattler, J. M. (1986b). *The Stanford–Binet Intelligence Scale: Fourth edition, technical manual.* Chicago: Riverside.

Wechsler, D. (1981). *WAIS-R Manual: Wechsler Adult Intelligence Scale-Revised.* San Antonio, TX: Psychological Corporation.

Wechsler, D. (1991). *Manual for the Wechsler Intelligence Scale for Children.* San Antonio, TX: Psychological Corporation.

제5장  학습검사

상담을 하다 보면 내담자의 학업능력이나 학습동기, 학습방법 등에 대해 파악해야 할 때가 있다. 학습능력 향상을 목적으로 하거나 진로준비를 해야 할 때는 물론이고, 청소년 내담자의 호소문제 중에는 일상생활이나 대인관계의 어려움이 학교생활이나 학습과 관련되어 있는 경우도 많기 때문에, 특히 청소년을 대상으로 상담할 때에는 학습과 관련된 주제가 자주 등장한다.

학습과 관련된 상담을 할 때 상담자들은 학교 수업을 잘 따라가지 못한다든지, 지능이나 잠재능력에 비해 성적이 좋지 않은 학생들을 종종 만나게 된다. 학습부진, 학습결손 등 학습과 관련된 상담은 주로 학생의 인지적·정의적 특성(지능, 학습동기 등)을 파악하고, 학습전략을 가르쳐 주는 데 초점이 맞추어져 있었다. 그리고 몇몇 연구에서는 심각한 학습결손을 보이는 학생들과 경도의 학습문제를 보이는 학생들은 서로 구별되는 심리적 특성을 가지고 있다는 결과도 나오고 있다(Gerber, 1986). 따라서 성공적인 학습문제상담을 위해서는 학생의 문제 수준에 따라 인지적·정의적·심리적 측면을 다각적으로 평가할 필요가 있다. 최근에는 학교 현장에서도 학습문제에 접근할 때 학생의 학습부진문제를 단순히 선행지식의 부족이나 비효율적인 공부방법에만 귀인하지 않는다. 학생의 지능과 기초학습능력을 진단하고, 학습동기 저해 요인, 학습스타일, 학습방법을 파악하고, 필요한 경우에는 전반적인 심리적·환경적 요인을 파악하는 등 학생의 인지, 정서, 행동, 환경에 대한 다각적인 접근을 하려는 시도들이 시작되었다. 따라서 상담자가 심리검사를 활용하여 보다 전문적으로 내담자의 여러 가지 학습 관련 변인을 파악하여 상담에 활용하거나 교사와 학부모, 학생 본인에게 조언하는 등의 전문성을 갖추는 것이 필요하다.

이런 사회적 요구에 발맞추어 최근 학습과 관련된 다양한 검사가 개발 보급되었다. 이 장에서는 학습능력을 측정하는 검사와 평가방법, 학습동기 및 흥미, 학습전략과 방법, 다양한 인지적·정서적·행동적 요인을 측정하고 있는 학습자 유형 검사들에 대해 알아보도록 하겠다.

## 1. 학습능력

상담에서 학습능력을 측정해야 하는 경우는 크게 두 가지로 볼 수 있을 것이다. 첫째는 내담자가 현저한 학습부진문제를 갖고 있을 때 그 원인이 지능이나 기초학습기능이 낮은, 즉 인지적 문제에서 비롯된 것인지를 진단하기 위한 경우다. 이때에는 앞서 소개한 지능검사나 기초학습기능검사를 사용하는 것이 유용하다. 지능검사와 기초학습기능검사는 개인검사이기 때문에 검사실시 과정에서 내담자의 집중력이나 학습을 방해하는 심리적·행동적 원인을 함께 평가해 볼 수 있다는 점에서 장점이 있다. 학습능력을 측정하는 두 번째 경우는 대학 진학 등의 진로상담에서 내담자의 능력수준을 파악하여 의사결정에 사용하기 위한 목적이다. 이때에는 대표적으로 대학수학능력시험이나 중·고등학교의 내신성적이 기록된 학교생활기록부를 활용하게 되는데, 이것은 상담자나 검사자가 실시하는 심리검사는 아니지만, 해당 평가 결과를 이해하는 능력이 청소년을 상담할 때 상담자에게 필요하므로 이 장에서 함께 소개하고자 한다.

## 1) 기초학습기능검사

기초학습기능검사(KEDI-Individual Basic Learning Skills Test)는 박경숙, 윤점룡과 박효정(1989)이 제작한 검사로서 유치원부터 초등학교 6학년까지의 아동을 대상으로 하고 연령규준과 학년규준을 갖춘 개인용 학력 검사다. 이 검사는 아동의 학습 수준을 측정하여 동일 연령 또는 동일 학년의 다른 학생들과 비교할 때 어느 정도 차이가 있는지를 알아보거나, 아동을 학습능력에 따라 분류 또는 반 배정을 할 때, 각 아동에 맞는 개별화 교수안을 계획하거나 그 효과성을 확인할 때, 특정 아동의 학습진전도를 평가할 때 유용하다. 검사는 정보처리, 셈하기, 읽기 I(문자변별, 발음 등), 읽기 II(독해력), 쓰기의 5개 소검사로 구성되어 있다.

이 검사는 시간제한이 없는 능력검사이므로 검사를 할 때 지나치게 서두르지 말고 피검자가 충분히 생각해서 대답할 수 있도록 지도하는 것이 좋다. 응답 시간은 셈하기 검사의 경우 약 30초, 그 밖의 소검사들은 15초 정도가 적당하다. 총 검사에 소요되는 시간은 40~60분 정도이며 채점 및 해석에는 20분 정도가 소요된다.

기초학습기능검사와 표준화 학력진단검사의 상관계수로 본 공인타당도는 소검사별로 대략 .50~.80 사이에 분포하여 비교적 양호하다고 할 수 있고, 반분신뢰도와 문항내적 합치도 모두 소검사별로 .80~.99 사이에 분포하므로 신뢰도가 높다고 할 수 있다. 검사 표준화를 위한 규준집단은 학년, 성별, 지역에 따라 고르게 표집되었으나 1989년 이후 재표준화 작업이 이루어지지는 않았다.

이 검사는 검사시간 동안 피검자를 관찰할 수 있다는 점에서 상담에 유용하다. 그리고 각 소검사에 대하여 연령별·학년별 규준이 있기 때문에, 전체 검사점수의 종합 척도뿐 아니라 하위 영역에서 피검자의 강점과 약점을 파악할 수 있다는 것이 장점이다. 반면 검사실시시간이 유치원생이나 초등학교 저학년 학생에게는 다소 길기 때문에 집중력이 떨어지고 지겨워할 수 있다는 점을 주의해야 한다.

## 2) 기초학습기능 수행평가체제

김동일(2000)은 기존의 표준화된 규준지향검사가 실제 교육 현장에서 교사가 학생 개개인에 대한 의사결정을 하거나 교수 방법을 결정하는 데 부적절하다는 문제의식을 가지고 이에 대한 대안으로 실제 학생들이 배우는 기초학습기능에 근거하여 학생의 수행을 평가하는 기초학습기능 수행평가체제(Basic Academic Skills Assessment; BASA)를 개발하였다. 아동이 실제 학습하는 자료 자체를 평가도구로 사용함으로써 학생의 수행을 보다 정확하게 측정할 수 있고, 교육과 평가가 동시에 이루어진다는 점이 이 검사의 특징이라 할 수 있다.

BASA 중 제일 처음 개발된 검사는 읽기검사다. 이 검사는 초등학교 1~3학년 아동을 대상으로 하며 아동의 읽기수행 수준에 대해 교사 또는 학부모와 효과적인 의사소통이 필요할 때, 일정 기간 동안 아동의 읽기능력 진전 상황을 평가할 때, 특수교육대상자나 학습부진아를 위한 교육방법을 계획하고 그 효과성을 확인할 때 유용하다. BASA의 기본 체제는 기초평가와 형성평가로 구분되는데, 기초평가용으로 제작된 읽기검사를 3회

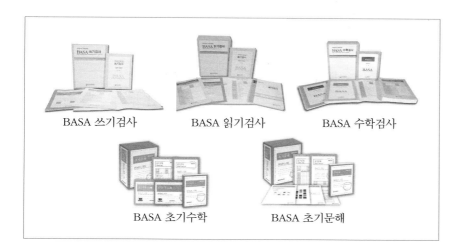

BASA 쓰기검사     BASA 읽기검사     BASA 수학검사

BASA 초기수학     BASA 초기문해

실시하여 아동의 기초선(baseline)을 확인하고, 이후의 형성평가를 통해 아동의 지속적인 향상을 점검할 수 있다. 검사는 정해진 시간 동안 주어진 읽기자료에서 아동이 정확하게 읽은 음절 수를 측정하는 방식으로 실시되며, 그 결과를 규준과 비교함으로써 아동의 상대적 학년 위치를 파악함과 더불어, 아동 자신의 이전 점수와의 비교를 통해 진전도를 파악할 수 있다.

검사의 신뢰도인 평정자 간 합치도(객관도)가 99% 이상이고 동형검사신뢰도가 .96으로 신뢰롭다고 할 수 있다. 기초학습기능검사와의 상관계수를 통해 파악한 공인타당도는 .76~.80 사이로 비교적 타당하다고 볼 수 있다. 규준은 1997~1998년 사이에 초등학교 1~3학년의 서울 지역 남·여 학생들로부터 수집하여 제작되었다.

BASA 읽기검사에 이어, 현재는 쓰기검사, 수학검사도 각각 개발되어 있다. 세 검사 모두 초등학교 1~3학년의 규준까지 제시되어 있어 일반 학생들을 대상으로 할 경우에는 이들이 검사 대상이다. 단, 초등학교 3학년 이후에는 정신적인 발달 정도가 미약하다는 이유에서 지적장애아동이나 특수아동의 경우에는 초등학교 3학년 규준을 활용하여 성인까지 검사가 가능한 것으로 제시되어 있다.

그리고 읽기검사나 수학검사 수준보다 더 기초가 되는 학습기능을 측정할 필요가 있을 때에는 BASA-초기문해검사와, BASA-초기수학검사를 사용할 수 있다. 이 검사들은 학습장애나 학습장애 위험군 아동을 조기에 판별하여 초기학습준비기술을 습득하도록 조기 진단 및 예방 목적으로 활용할 수 있는 검사로, 만 4세 이상의 아동을 대상으로 하는 개별검사다. 사용방식은 모두 반복 평가와 진전도 측정을 할 수 있는 수행평가 체제로 되어 있다.

## 3) 대학수학능력시험

우리나라에서는 매년 11월경에 대학수학능력시험(이하 수능)을 실시한다. 대부분의 대학들이 입학전형에서 수능 성적을 활용하기 때문에 대학에 진학하려는 사람들은 대부분 이 시험에 응시하며 매년 60만 명 정도의 사람들이 이 시험을 보고 있다.

수능은 이전의 대학입학시험이었던 학력고사를 대체하여 1993년부터 실시되었다. 수능은 대학 교육에 필요한 수학 능력으로서의 사고력을 측정하는 발전된 학력고사의 성격을 지니며, 고등학교 교육과정의 수준과 내용에 맞추어 출제한다는 기본 방침을 갖고 있다(한국교육과정평가원, 2012).

수능의 영역은 언어, 수리, 외국어(영어), 사회탐구, 과학탐구, 직업탐구, 제2외국어/한문의 7개 영역으로 구성되며, 전 영역 또는 일부 영역을 선택하여 응시하도록 되어 있다. 특히 사회/과학/직업탐구 영역은 한 지원자가 이 중 한 영역에만 응시가 가능하며, 탐구 영역별 여러 개의 과목 중 몇 개 과목을 선택하도록 되어 있다. 대학마다 지원자에게 요구하는 수능 응시 영역이나 응시 영역의 수가 다르기 때문에, 수능 원서를 접수하기 이전에 자신이 가려는 대학의 요구 조건을 파악하여 이에 맞추어 수능 응시 영역을 결정하도록 상담자가 점검하는 것이 필요하겠다. 2013학년도 수능의

〈표 5-1〉 2013학년도 대학수학능력시험 영역/과목별 출제 범위(한국교육과정평가원, 2012)

| 영역 \ 구분 | | 출제 범위 |
|---|---|---|
| 언어 | | 범교과적인 소재를 활용하여 출제 |
| 수리 (택1) | '가' 형 | 수학I + 수학II + 적분과 통계 + 기하와 벡터 |
| | '나' 형 | 수학I + 미적분과 통계 기본 |
| 외국어(영어) | | 범교과적인 소재를 활용하여 출제 |
| 사회/ 과학/ 직업 탐구 (택1) | 사회 탐구 | 윤리(윤리와 사상+전통윤리), 국사, 한국지리, 세계지리, 경제지리, 한국 근·현대사, 세계사, 법과 사회, 정치, 경제, 사회·문화 등 11과목 중 최대 택3 |
| | 과학 탐구 | 물리I, 화학I, 생물I, 지구과학I, 물리II, 화학II, 생물II, 지구과학II 등 8과목 중 최대 택3 |
| | 직업 탐구 | 농업정보관리, 정보기술기초, 컴퓨터 일반, 수산·해운 정보처리 등 컴퓨터 관련 4과목 중 최대 택1 |
| | | 농업이해, 농업기초기술, 공업입문, 기초제도, 상업 경제, 회계 원리, 수산 일반, 해사 일반, 해양 일반, 인간 발달, 식품과 영양, 디자인 일반, 프로그래밍 등 전공 관련 13과목 중 최대 택2 |
| 제2외국어/한문 | | 독일어I, 프랑스어I, 스페인어I, 중국어I, 일본어I, 러시아어I, 아랍어I, 한문 등 8과목 중 택1 |

출제 범위는 〈표 5-1〉과 같다. 문항유형은 5지선다형이며 수리 영역에 단답형 문항이 일부 포함된다.

단, 수능 시험방식이나 출제 범위, 각 대학들에서 수능을 어떻게 활용할지 등은 당해 3월경에 기본 방침이 정해지므로, 상담자가 대학 입학과 관련된 상담을 할 때에는 기존에 갖고 있던 정보에 의존하지 말고 해마다 새로운 정보를 재확인하는 노력이 반드시 필요하다. 여기에서는 2013학년도 수능을 기준으로 제시하고 있으나, 그 이후에는 내용이 변경될 수 있으므로, 한국교육과정평가원 홈페이지를 통해 당해의 수능 정보를 확인하기 바란다.

2013학년도 수능 성적통지표는 〈표 5-2〉와 같이 영역별 표준점수, 백분위점수, 등급이 제시된다. 언어, 수리, 외국어(영어)영역은 전체 응시 학

〈표 5-2〉 2013학년도 대학수학능력시험 성적통지표(예시)(한국교육과정평가원, 2012)

| 수험번호 | 성 명 | | 주민등록번호 | 출신 고교 (반 또는 졸업연도) | | | |
|---|---|---|---|---|---|---|---|
| 12345678 | 홍길동 | | 940905-1234567 | 한국고 (0009) | | | |
| 구분 | 언어 영역 | 수리 영역 | 외국어 (영어) 영역 | 과학탐구 영역 | | | 제2외국어/ 한문 영역 |
| | | '가' 형 | | 물리 I | 화학 I | 생물 I | 일본어 I |
| 표준점수 | 131 | 137 | 141 | 53 | 64 | 61 | 69 |
| 백분위 | 93 | 95 | 97 | 75 | 93 | 87 | 95 |
| 등급 | 1.2 | 2.2 | 3.1 | 4.4 | 5.2 | 6.3 | 7.2 |

생들의 점수를 평균 100, 표준편차 20으로 한 표준점수를 사회/과학/직업 탐구 영역과 제2외국어/한문 영역은 평균 50, 표준편차 10인 표준점수를 산출하여 제시한다. 그리고 등급은 앞서 소개한 스테나인 9등급제를 사용 한다. 즉, 영역이나 과목별 상위 4%까지의 학생들이 1등급, 그다음 7%를 2 등급 등으로 등급을 부여한다. 한 대학에서도 학과에 따라, 전형의 종류에 따라, 수시모집과 정시모집에 따라 수능에서 등급을 사용하는 경우도 있고 표준점수 또는 백분위점수를 사용하는 경우도 있다. 특히 수능 점수를 지 원 자격이나 최저 학력 기준으로 사용하느냐 주요 전형 요소로 사용하느냐 에 따라 활용 자료가 다른 경우가 많다.

대학수학능력시험 외에도 대학별로 다양한 전형 요소를 입학전형에 활 용하고 있다. 그중 가장 많이 활용되는 것이 고등학교 학교생활기록부다. 학교생활기록부에는 학생의 인적사항과 출결 상황, 봉사활동 상황, 교내외 활동, 수상 경력 등이 제시되어 있고, 고등학교 재학 기간 동안의 교과목 성적(내신성적)이 기록되어 있다. 교과목 성적은 각 학기별로 이수한 교과 목과 단위 수(1주일의 과목별 수업 시간 수), 석차, 평어가 표기된다. 기존에 는 대학들이 고등학교 학교생활기록부의 교과목 성적(내신성적)을 가장 많 이 전형요소로 사용하였는데, 최근에는 창의적체험활동을 강조하고 고등 학교에서의 봉사, 진로, 특별활동 등의 비중이 확대됨에 따라 입학전형에서도 학교생활기록부의 비교과 영역 자료를 두루 활용하는 추세다.

## 2. 학습동기와 학습흥미

### 1) 학업동기검사

학업동기는 학습자가 스스로 활동을 선택하고 노력하며, 어려움이 있어
도 인내를 갖고 해낼 수 있게 하는 원동력이 된다. 김아영(2003)이 제작한
학업동기검사(Academic Motivation Test; AMT)는 다양한 동기변인 중 학습
자가 자신의 수행능력에 대해 보이는 기대나 신념인 '학업적 자기효능감'
과 자신의 실패경험에 대하여 건설적으로 반응하는지 여부를 나타내는 '학
업적 실패내성'을 측정한다. 이 검사의 특징은 다른 검사에서 흔히 찾아보
기 어려운 '실패 상황에서의 내성'을 재고 있다는 점이다. 학업적 자기효능
감과 학업적 실패내성이 상호 연관이 있기는 하지만 각각 다른 요소를 재
고 있기 때문에, 학위논문 등의 연구에서는 이 검사의 일부만을 활용하는
경우도 많이 발견된다.

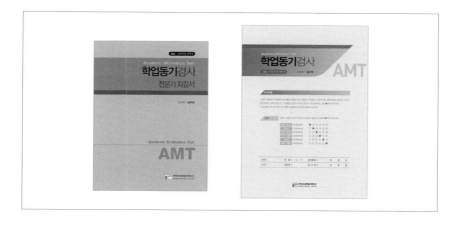

하위 검사의 구성요소는 〈표 5-3〉과 같다. 학업적 자기효능감은 자신
감, 자기조절 효능감, 과제수준 선호의 3개 하위 척도로 구성되며, 학업적
실패내성은 감정, 행동, 과제난이도 선호의 3개 하위 척도로 되어 있다. 총
44문항이며, 문항 반응 형태는 Likert식 6점 척도다.

학업동기검사는 초등학생부터 대학생까지 사용 가능하며 개별검사와 집
단검사 두 가지 형태로 실시할 수가 있다. 소요시간은 10~20분 정도로 비
교적 적은 수의 문항으로 빠른 시간 내에 학생들의 학습동기 측면에 대한
간편한 평가가 가능하다.

〈표 5-3〉 학업동기검사의 하위 척도 구성

| 척도 | 하위 척도 | 약호 | 측정 내용 | 문항 수 | 기타 |
|------|-----------|------|-----------|---------|------|
| 학업적 자기 효능감 ASET | 자신감 (self-confidence scale) | SFC | 자신의 전반적인 학문적 수행능력 및 학습능력에 대해 보이는 신념 정도 평가 | 8 | 리커트 6점 척도 |
| | 자기조절 효능감 (self-regulatory scale) | SER | 개인이 자기관찰, 자기판단, 자기반응과 같은 자기조절적 기제를 수행할 수 있는지에 대한 효능 기대 평가 | 10 | |
| | 과제수준 선호 (task-difficulty preference scale) | SET | 도전적이고 구체적인 목표를 선택하려 하는지, 자신의 기술 수준을 뛰어넘는 상황은 피하려고 하는지 등 학습자의 행동 상황 선택 평가 | 8 | |
| 학업적 실패 내성 AFTT | 감정(feeling scale) | FTF | 실패경험 후 보이는 감정 반응의 긍정 부정 정도 평가 | 6 | |
| | 행동(behavior sclae) | FTB | 실패경험 후 이를 만회하기 위한 계획 수립, 방안 강구 정도와 실패경험 후 구체적 현실적 방법으로 이를 극복하기 위한 행동을 보이는 정도를 평가 | 6 | |
| | 과제난이도 선호 (preferred task difficulty scale) | FTT | 개인이 학습과제난이도에 대해 보이는 인지적 · 정서적 · 행동적 측면을 평가 | 6 | |

## 2) 학습흥미검사

흥미는 일반적으로 어떤 현상이나 사물에 대해서 좋아하거나 싫어하는 것, 또 몰두하거나 관심을 갖고 호기심을 갖는 경향을 의미한다. 학습흥미 역시 학습에 대한 동기로 작용하여 학습능률을 좌우하기 때문에 학습 상황 에서 매우 중요한 요인 중 하나다.

조붕환과 임경희(2003)가 제작한 학습흥미검사는 초등학교 4~6학년을 대상으로 하며, 초등학교 교육과정에 포함된 학습활동에 대한 흥미와 학교 생활 장면에서 아동들이 가지고 있는 학습에 대한 흥미를 구체적으로 반영 할 수 있는 문항들로 구성되어 있다. 학습흥미는 학습유형별 흥미(창의형, 사고형, 탐구형, 활동형)과 교과별 흥미(국어, 수학, 사회, 과학, 체육, 음악, 미 술, 실과, 영어)로 나누어 분석되며 이밖에 바람직성과 검사수행신뢰도를 측정하는 타당도 척도가 함께 포함되어 있다.

이 검사를 통하여 학생 각자의 흥미를 발견할 수 있고, 전체 초등학교 4~6학년생 집단 내의 흥미의 상대적 위치뿐만 아니라 개인 내 흥미의 차 이에 대한 정보를 얻을 수 있다. 그리고 학생의 학습흥미를 학습유형별, 교 과별로 나누어 분석함으로써 교사와 부모들이 아동을 이해하는 데에도 자 료로 활용할 수 있다.

최근 학교에서 집단검사 목적으로 실시하는 여러 학습 관련 검사가 그러 하듯, 조붕환과 임경희의 학습흥미검사도 한국가이던스를 통해 지필검사 와 인터넷용 검사로 실시가 가능하다. 검사자가 직접 채점하는 방식이 아 니라 컴퓨터상에서 검사를 실시하고 그 결과를 출력하여 활용하거나 또는 지필검사실시 결과를 출판사에 보내어 컴퓨터로 채점된 검사 결과표를 받 는 방식이다. 이렇게 자동채점 및 해석방식을 취하면 검사실시와 채점이 용이하다는 장점이 있으나, 반면에 학교 현장에서 검사를 실시하기는 하지 만 결과지를 꼼꼼히 보거나 이를 토대로 학습방법, 지도방법에 참고하는 경우가 드물다는 의외의 현상을 발견하게 되곤 한다. 상담자와 교사는 특히 검사 실시 이후 제공되는 검사 결과지를 잘 활용하고 혹시나 자동 채점 방식이기 때문에 잘못된 결과 해석이 있는 경우에는 학생이나 학부모에게 전달할 때 이러한 한계에 대해 알려 줌으로써 검사 결과가 유용한 후속 행동변화로 이어질 수 있도록 노력이 필요하다.

## 3. 학습방법

### 1) 청소년 학습전략검사

김동일(2004)이 개발한 청소년 학습전략검사(Assessment of Learning Strategies for Adolescent; ALSA)는 학습전략과 함께 자아효능감과 학습동기를 함께 측정하여 학업성취의 정서적 측면과 교수적 측면에의 정보를 제공한다. 학습동기 척도에서는 학습에 대한 선택, 잠재성, 강도, 지속성을 측정하고, 자아효능감 척도에서는 학업적 과제 수행에 필요한 행위를 얼마나 잘 조직할 수 있는지를 측정한다. 인지-초인지전략 척도에서는 학습과

관련된 인지적 전략, 정교화전략, 조직화전략의 사용여부에 대해 측정하
며, 자원관리전략으로 시간, 환경, 노력, 타인의 조력을 관리하는 능력에
대해 측정한다. 초등학교 고학년과 중·고등학생을 대상으로 하며 개별검
사나 집단검사방식으로 모두 사용이 가능하다. 검사소요시간은 대략 10~
15분 정도이며, 검사 문항은 총 47문항이다.

　이 검사는 초등학교 5학년부터 고등학교 2학년까지 총 1,721명(남자

〈표 5-4〉 청소년 학습전략검사 결과에 따른 연계 프로그램 활용 절차

| 평가(검사활용) | | 개입(프로그램 적용) |
|---|---|---|
| ALSA(청소년 학습전략검사) 실시 | | |
| ⇩ | | |
| 총점, 4개 요인별 점수 확인 | | |
| ⇩ | | |
| 1) 총점: '낮음' 이하입니다. | ⇨ 예 | 전체 프로그램의 순차적 적용<br>• '매우 낮음' 이하이면 전체 회기 반복 적용 |
| ⇩아니오 | | |
| 총점, 4개 요인별 점수 확인 | | |
| 1. 학습동기: '낮음' 이하입니다. | ⇨ 예 | 학습동기(2회기) 향상 프로그램 강조 적용<br>• '매우 낮음' 이하이면 2회기 반복 적용 |
| 2. 자아효능감: '낮음' 이하입니다. | ⇨ 예 | 학습동기(2회기) 향상 프로그램 강조 적용<br>• '매우 낮음' 이하이면 2회기 반복 적용 |
| 3. 인지·초인지 전략: '낮음' 이하입니다. | ⇨ 예 | 인지·초인지 전략 3회기(기억), 4회기(읽기)<br>5회기(노트필기) 향상 프로그램 강조 적용<br>• '매우 낮음' 이하이면 해당회기 반복 적용 |
| 4. 자원관리 전략: '낮음' 이하입니다. | ⇨ 예 | 자원관리 전략 6회기(시간 및 장소 관리),<br>7회기(시험기술) 향상 프로그램 무선 적용<br>• '매우 낮음' 이하이면 해당회기 반복 적용 |
| ⇩아니오 | | |
| 위 조건을 만족하지 않는 사람은 모두(보통 이상의 학습전략 능력 수준)에 해당합니다. | ⇨ 예 | 전체 프로그램의 순차적 적용 |

848명, 여자 873명)을 대상으로 규준을 설정하였고, 문항내적 합치도 계수 Cronbach $\alpha$ =.91 수준이며 세부 영역별 신뢰도 계수는 .58~.85 사이로 대체로 양호하였다. 이밖에 구인타당도, 준거타당도, 처치타당도 결과가 실시요강에 제시되어 있다(김동일, 2004).

이 검사는 특히 검사 결과를 토대로 학습전략 프로그램과 연계하여 청소년의 학습동기를 높이고 학습전략을 지도하도록 되어 있다. 검사요강에 제시된 검사와 프로그램의 활용 절차는 〈표 5-4〉와 같다. 검사 결과를 토대로 후속지도와 상담을 병행한다는 점에서 좋은 예라고 할 수 있다.

## 2) 학습기술진단검사

학습방법에 보다 초점을 맞춘 검사로, 변영계와 김석우가 개발한 학습기술진단검사(Learning Skills Test; LST)가 있다. 이 검사는 학교급에 따라 초등학교 5~6학년용, 중학생용, 고등학생용으로 구분되며 대략 30분 정도가 소요된다. 학생 스스로 학습목표를 정하고 학업성취를 이루어가는 과정을 계획하고 실천하는 데 필요한 학습기술을 재는 검사로서 최근 이슈화되는 자기주도학습능력을 잴 수 있는 검사라고 볼 수 있다. 하위요인은 〈표

〈표 5-5〉 학습기술진단검사의 하위 검사 구성

| 척도 | 측정 내용 | 초등 | | 중등 | | 고등 | |
|---|---|---|---|---|---|---|---|
| | | 문항 수 | 배점 | 문항 수 | 배점 | 문항 수 | 배점 |
| 자기 관리 | 학습자료 준비와 공간의 조직 및 시간과 계획의 관리, 동기관리를 포함한 신체/심리적 상태 관리, 적절한 도움 요청 | 13 | 65 | 10 | 50 | 14 | 70 |
| 수업 참여 | 수업에 대한 준비와 능동적 참여, 교사와 급우에 대한 태도, 수업에 관련된 동기와 주의집중, 노트필기기술 | 12 | 60 | 10 | 50 | 12 | 60 |
| 과제 해결 | 읽기 · 쓰기 과제해결기술, 가정학습과제해결 기술, 지시사항 파악기술, 가정학습과제의 파악 및 조직화, 가정학습 중 주의산만에 대한 대처 | 12 | 60 | 10 | 50 | 11 | 55 |
| 읽기 | 내용을 읽으며 조직하고, 요점을 찾고, 개관 및 예상하기 | – | – | 10 | 50 | 8 | 40 |
| 쓰기 | 주제 정하고 개요짜기, 자료 수집과 정리 및 표현하고 글을 다듬는 것 | – | – | 10 | 50 | 7 | 35 |
| 시험 치기 | 시험준비, 심리적 대처, 시험계획 및 시간의 관리, 시험 공부 요령 파악 | 11 | 55 | 10 | 50 | 15 | 75 |
| 정보 처리 | 정보의 조직, 관련짓기 및 자기점검 | 12 | 60 | 10 | 50 | 13 | 65 |
| 계 | | 60 | 300 | 70 | 350 | 80 | 400 |

5-5〉와 같이 자기관리, 수업참여, 과제해결, 읽기, 쓰기, 시험치기, 정보 처리로 구성된다. 이 검사 역시 검사 결과와 연계하여 학습기술개선 프로 그램을 제공하는 데 앞의 7개 학습기술에 대해 각각 다루고 있다.

## 3) 자기주도학습증진방법검사

자기주도학습이란 학습자가 자신의 학습활동의 주인이 되어 학습목표와 학습동기를 진단하고, 학습에 필요한 인적 · 물적 자원을 관리하며, 학습의 모든 과정에서 의사결정과 행위의 주체가 되는 자기학습을 가리킨다. 즉,

자기주도학습은 학습환경과 학습자원을 관리하고 주어진 정보를 능동적으로 처리하는 데 필요한 '학습방법의 학습(learning how to learn)'을 의미하며, 학습에 대한 학생의 주도권과 책임성을 부여함으로써 능동적인 학습태도를 습득하도록 하는 것을 강조한다. 이러한 자기주도학습(self-directed learning)은 최근 교수·학습 이론에서 말하는 자기조절학습(self-regulated learning)과 매우 유사하다.

요즘 초·중·고등학교에서 학생 스스로 자기주도학습을 할 수 있게 지도하자는 의견이 교사와 학부모들 사이에서 자주 오가고, 또 고등학교나 대학의 입학전형에서 이러한 학생의 자기주도력을 높게 평가한다는 이야기가 들리기도 한다. 특목고나 자율고의 입학전형 중에도 '자기주도학습전형'이라는 것이 등장하여 이제는 '자기주도학습'이라는 용어가 학교에서 매우 익숙한 용어가 되었다. 이에 따라 자기주도학습능력을 진단해 달라는 학생과 학부모의 요구가 있기도 하고, 새로운 교수방법이나 프로그램의 효과검증 등 연구의 목적으로 검사를 활용하는 경우도 있다.

송인섭(2010)이 개발한 자기주도학습증진방법검사(Self-Regulated Learning Test; S-RLT)는 자기주도학습이 초등학교 저학년에서 발달하여 고학년에서 현저하게 나타난다는 여러 연구 결과에 기초하여 초등학생

5~6학년, 중학생, 고등학생용으로 학교급별로 표준화하여 개발되었다.

이 검사의 척도는 크게 동기주도 요인, 인지주도 요인, 행동주도 요인의 3개 척도로 구성된다. 동기주도 요인은 학습자가 학습에 참여하는 이유와 목적에 대한 것이고, 인지주도 요인은 학습자가 자료를 기억하고 이해하는 데 사용하는 실제적인 전략에 대한 것이다. 행동주도 요인이란 학습자가 자신의 학습을 성공적으로 이끌기 위해 가장 적합한 학습환경을 선택하고, 구조화하며, 창조하는 것을 가리킨다. 학교급별로 각 척도에 포함되는 하위 척도가 약간씩 다르며 〈표 5-6〉과 같다.

〈표 5-6〉 자기주도학습증진방법검사의 학교급별 하위 척도

| 척도 | 하위척도 | | |
|------|----------|---|---|
| | 초등학생용 | 중학생용 | 고등학생용 |
| 동기주도 | 자기효능감<br>내재적 가치<br>목표지향성 | 자기효능감<br>내재적 가치<br>시험불안<br>목표지향성 | 자기효능감<br>내재적 가치<br>시험불안<br>내현적 목표지향성<br>외현적 목표지향성 |
| 인지주도 | 정교화<br>시연<br>점검 | 정교화<br>시연<br>점검 | 정교화<br>시연<br>점검<br>계획 |
| 행동주도 | 시간과 공부주도<br>노력주도 | 시간과 공부주도<br>노력주도<br>학습행동주도 | 시간과 공부주도<br>노력주도<br>조력추구적 행동 |

검사는 자기보고방식의 질문지 형태이며 검사시간은 30~40분 정도 소요된다. 자기주도학습증진방법검사의 신뢰도는 Cronbach's $\alpha$=.95정도로 양호하다.

## 4) 학습집중력검사

초등학교에서 학습부진문제를 겪는 학생들 중 그 원인이 주의산만이나 집중력 부족 때문인 경우가 많다. 학교 교사의 입장에서는 학부모들에게 학생의 문제를 이해시키고 별도의 학습지도나 상담을 권하기 위해 검사를 통한 객관적 근거자료가 필요하다고 호소하는 경우가 종종 있는데, 이런 경우에 학습집중력검사(김성현, 2009)를 활용할 수 있다.

학습집중력검사는 주의집중, 학습흥미, 자기관리, 학습태도의 4개 하위 영역을 진단하며 검사에서 발견된 학생의 특성을 고려하여 집중력을 높이기 위한 지도방법이나 프로그램 개발을 할 수 있을 것으로 생각된다. 주의집중 영역에는 경청자세, 선택적 주의력, 지속성 등이 포함되며, 학습흥미 영역에는 흥미성, 학습준비, 학습동기가, 자기관리 영역에는 책임감, 목표지향성이, 학습태도 영역에는 학습환경, 수행양식이 하위 척도로 포함된다. 집중력에 초점을 맞추고 있기는 하나 다소 종합검사의 성격을 갖고 있기도 하다. 최근 학습과 관련된 많은 검사가 그러하듯이 이 검사도 출판사를 통해 온라인 검사를 구입하여 사용하는 시스템으로 되어 있다. 이런 경우에는 대개 검사지는 구입하여 재사용하되 학생별로 OMR카드를 구입하여 검사를 실시하고 검사 결과를 출판사로 보내 검사 결과지를 우송받는 방식으로 검사가 진행된다.

# 4. 학습종합검사

최근 초·중·고등학교에서 학습 관련 검사를 사용하는 경우가 많아져서인지 학습과 관련하여 동기, 흥미, 전략 등을 각기 측정하는 검사보다 이들을 하위 검사로 하는 학습종합검사들이 각 출판사별로 많이 개발되었다. 그리고 여러 학습 관련 변인을 분석하여 학습자의 유형을 분류하기도 한다. 출판사에 따라서는 학습종합검사 결과를 토대로 개별 학생들에게 제공하는 심리검사 결과지뿐만 아니라 학급이나 학교 단위의 경향성을 정리한 결과지를 제공하기도 하고, 검사자나 상담자가 직접 학교에 방문하여 검사 결과에 대한 설명을 해 주기도 한다. 이러한 절차를 통해 비전문가인 교사와 학생들이 검사 결과로부터 더 많은 정보를 얻을 수 있다는 점에서 바람직한 방법이라고 여겨진다. 검사 결과에 근거하여 해당 학교나 학급의 학생특성 및 학습태도에서의 경향성을 파악하여 교육방침이나 교육방법을 결정하는 데 유용하게 쓰일 수도 있다.

## 1) MLST 학습전략검사

박동혁이 개발한 MLST 학습전략검사는 이름은 학습전략검사이지만 학습과 관련된 다양한 차원의 요인을 포함하고 있다는 면에서 학습종합검사에 분류하는 것이 적합할 것으로 보인다. 성격적 차원으로 효능감, 자신감, 실천력, 정서적 차원으로 우울, 짜증, 불안, 동기적 차원으로 학습동기, 경쟁동기, 회피동기, 행동적 차원으로 시간관리, 공부환경, 수업태도, 노트필기, 집중전략, 책읽기, 기억전략, 시험준비 등을 포함하고 있다. 다른 차원들보다 특히 학습전략의 차원이 세분화되어 있지만, 개발자가 이 검사의 특징으로 소개한 바와 같이 학습전략뿐만 아니라 학업성취도에 영향을 미

# \* MLST 학습전략검사

Multi-dimensional Learning Strategy Test  박동혁 박사 저

MLST학습전략검사는 학습에 있어서의 심리적 특성, 학습동기, 학습습관 및 기술 등을 알아봄으로써 각각의 영역에 대한 해석 및 지도지침을 제공합니다.

| 기관명 | 학년 | 반 | 번호 | 성별 | 성명 | 검사일 |
|---|---|---|---|---|---|---|
| 견본초등학교 | 5 | 0 | 0 | 남자 | 홍길동 | 2011.06.16 |

## :: 요인별 점수

| | 요인 | 수준/T점수 | 설명 |
|---|---|---|---|
| 결과<br>신뢰성지표 | 반응일관성 | 높음 | 문항내용이 유사하거나 문항 간 상관이 높은 문항에서 같은 방향으로 응답을 하고 있는 정도를 나타낸 것입니다. |
| | 연속동일반응 | 아니오 | 원문항의 배열순서를 기준으로 연속해서 11개 이상의 문항에 동일한반응을 한 경우를 나타냅니다. |
| | 사회적바람직성 | 58 | 타인에게 의도적으로 잘 보이려고 하는 정도를 나타내며 '＊'가 찍힌 경우에는 검사결과에 대한신뢰도가낮음을 의미합니다. |
| | 무응답수 | 0 | 무응답이 15개 이상일 경우 검사 전체 결과의 신뢰도에 문제가 생깁니다. 해석시유의하시기 바랍니다. |
| 참고지표 | 성적 | 중 | 본인이 응답한성적정보를 나타냅니다. |
| | 학습시간 | 66 | 하루에 스스로계획을 세워서 공부하는 시간을 T점수로 변환하여 나타낸 것입니다. |
| | 학교성적 만족도 | 56 | 본인의 학업성적에 만족하는 정도를 T점수로 변환하여 나타낸 것입니다. |
| | 심리적 불편감 | | 정서적 특성의 T점수가 65점 이상이고 '＊' 표시가 2개 이상일 경우 주변의 도움을 구하거나 상담을 고려해 보시기 바랍니다. |

＊T점수는 평균이 50, 표준편차가 10인 분포를 이룹니다. 즉 T점수가 50점을 중심으로 1표준편차 떨어진 40~60점 사이에 전체 학생의 약 60%가 해당되며 2표준편차 떨어진 30~70점 사이에 속하는 학생이 약 95%, 그리고 3표준편차 떨어진 20~80점 사이에 약 99%의 학생이 해당하는 분포를 이룹니다. 일반적으로 T점수가 70점을 넘으면 전국기준 2.5%이내에 해당하는 상당히 높은 점수라고 할 수 있습니다.

## :: 종합 프로파일

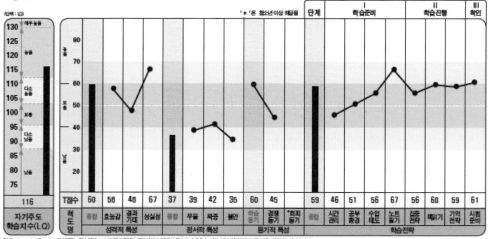

[그림 5-1] MLST 학습전략검사 결과지 일부 예시

치는 심리적 특성과 동기 수준에 대한 정보를 포함하고 있어서, 하나의 검사로 학생의 학습부진 원인을 탐색하고 이후 공부방법이나 지도방법을 수정하고 보완하는 데 방향으로 삼을 수 있다. 학습습관 형성 과정 및 임상적 문제의 가능성에 대한 선별기능도 갖고 있다고 하나, 이는 부수적인 개념으로 보는 것이 좋을 것 같다. 검사는 초등학생용, 중·고등학생용으로 구별되어 있으며, 검사시간은 학교급에 따라 40~45분 정도이며, 문항 수도 학교급에 따라 106~183문항으로 차이가 있다. 신뢰도 계수는 전반적으로 Chronbach's $\alpha$=.71~95 수준으로 양호하다. MLST 학습전략검사도 지필검사 결과지와 인터넷용 검사 결과지가 제공되는데, [그림 5-2]와 같이 학생의 학습 관련 여러 특성을 한눈에 볼 수 있는 그래프와 각 영역별 설명이 제공된다.

같은 출판사의 학습종합능력검사도 있는데, 이것은 MLST 학습전략검사와 함께 다중지능검사를 함께 하도록 되어 있다. 다중지능검사는 Gardner, Sternberg, Thurstone 등의 여러 지능 이론에 근거하여 어휘적용력, 이해력, 수리력, 추리력, 공간지각력, 도식화능력의 6개 능력을 측정하여 제공한다.


## 2) 학습동기 및 학습전략검사

김효창(2010a; 2010b)이 개발한 학업동기 및 학습전략검사(L-MOST)는 초등학교 3학년부터 고등학생까지를 대상으로 하며, 학업문제와 관련된 학업동기, 학습전략, 학업스트레스의 3개 요인을 측정한다. 학업동기 척도에는 학습동기, 학습효능감이 하위요인으로 포함되며, 학습전략 척도에는 수업참여기술, 노트정리기술, 읽기기술, 쓰기기술, 시험치기기술, 자원관리기술, 과제해결기술, 정보처리기술이 포함된다. 그리고 정서 척도로 시험불안과 주의집중 어려움을 측정한다. 하위요인들이 학교 현장에서 학습부진의

원인으로 파악하는 여러 내용을 포함하고 있고, 개별 학생의 부진 원인이 어떤 요인에서 비롯되었는지를 파악하고자 할 때 유용할 수 있다.

초등학생용은 150문항, 중·고등학생용은 170문항으로 구성되며 검사소요시간은 약 40~45분 정도다. 대개의 검사들이 학교에서의 수업 시간을 고려하여 40분 전후에 150문항 정도에 응답하도록 되어 있는데, 사실 학습부진 학생의 경우에는 시간내 응답을 하기가 곤란할 수 있으므로, 집단으로 검사를 실시할 때에는 모든 학생에게 검사 응시가 유용한 정보로 활용될 수 있도록 점검하는 것이 좋겠다.

초등학생용 검사의 경우, 초등학교 3~6학년 총 1,097명을 규준집단으로 하였고, 규준은 3~4학년용과 5~6학년용으로 구분되어 있다. 전체 신뢰도 계수 Cronbach $\alpha$=.96으로 상당히 높으며, 학년별 하위 척도별 신뢰도는 .83~.87 사이다. 중·고등학생용 검사는 중학생 488명, 고등학생 551명을 대상으로 하여, 중학생 규준과 고등학생 규준이 각각 제시되어 있다. 전체 신뢰도 계수 Cronbach $\alpha$는 중학생 .97, 고등학생 .95로 높다.

## 3) 학습효율성검사

박병관(2000)이 개발한 학습효율성검사는 학생들의 학습방법에 있을 수 있는 비효율적인 면을 진단하고, 상담과 지도에 활용하도록 하는 것을 목적으로 한다. 이를 위해 학업성취에 영향을 미치는 요소를 정의적·전략적·인지적·환경적 요인으로 나누어 평가한다. 정의적 요인으로는 학습동기, 대인유능감, 학업유능감을 측정하고, 인지적 요인으로는 집중력, 수용력, 어휘력을 측정한다. 환경적 요인은 가정과 학교로 나누었다. 또 학생의 학습전략 특성을 측정하는 전략 요인은 검사 결과를 토대로 학습법 개선, 기억전략, 자기관리, 보충전략, 정서조절에 대한 검사 결과와 피드백을 제공한다. 이밖에 타당도 척도로 바람직성과 검사수행신뢰도를 잰다. 검사 대상은 초등학생, 중학생, 고등학생이며, 학교급에 따라 문항수가 146~171문항, 검사소요시간은 45~50분 정도다.

## 4) 학습유형검사

최근 학습부진에 대한 체계적 진단과 지도가 강조됨에 따라 교과부 차원에서 신뢰할 만한 검사를 개발하여 학교 현장에 무료로 제공하는 경우가 있다. 황매향, 김영빈과 오상철(2010)이 개발한 학습유형검사도 이러한 한 종류다. 기존의 검사들이 일반 학생들을 대상으로 개발 및 규준 설정이 되어 정작 학습부진 학생들의 경우에는 하위 척도의 점수가 모두 낮아서 학생들의 특성을 파악하거나 이후 지도에 초점을 맞추는 데 별 도움이 안되는 경우가 종종 있었다. 실제 학습 관련 검사를 통해 도움을 받아야 하는 학생들 중에는 학업능력이 우수한 학생들보다 학업능력과 기술이 부족한 학생들이 더 많은데, 이들에게 유용한 정보를 제공하는 검사가 상대적으로 부족하였다. 이에 황매향 등이 개발하여 한국교육과정평가원에서 제공 중인 학습유형검사는 초등학교 4~6학년과 중학교의 학습부진 학생들을 대상으로 개발 및 규준 설정이 된 특화된 검사라 할 수 있다. 지필검사와 온라인검사로 사용이 가능하고, 한국교육과정평가원 기초학력향상지원사이트(www.basics.re.kr)에 교사 인증 과정을 거쳐 온라인 검사를 실시하고 결과지를 제공받을 수 있다. 특히 이 검사는 교사용 검사 결과지와 학생용 검사 결과지가 각각 제공되는데, 교사용 검사 결과지에는 추후상담 및 교육처치를 하는 데 필요한 처방적 정보를 담고 있고, 학생용 검사 결과지는 학생이 자신의 학습동기와 전략을 점검하여 이후 학습행동을 개선하는 데 참고할 수 있는 내용을 담고 있다. 총 60문항이고 검사소요시간은 10분 정도이며, 학습부진 학생들이 집중과 흥미를 유지하며 검사할 수 있도록 인터 넷 검사의 경우 게임 형식으로 제공된다.

하위 영역으로 학습동기 영역은 목표 유무, 내재적·외재적 동기, 동기 관련 요인 및 저해요인을 재고 있고, 자기통제성 영역은 학습부진을 예언 하는 만족지연, 즉각만족추구 경향성을 측정한다. 또 학습행동 영역에서는 주의집중, 공부방법, 시험준비, 자원관리 등 주요 학습전략을 측정한다. 검 사 결과는 이 3개 대영역 및 하위 영역별 학생 점수의 프로파일을 제공하 고, 이 중 학습동기와 자기통제성 영역 점수를 토대로 학습부진 학생을 4개 유형으로 분류하여, 각 유형별 학생들의 특성에 부합하는 집단지도 프로그 램을 연계하여 활용할 수 있도록 구성되어 있다. 집단지도 프로그램은 교 사나 상담자가 해당 프로그램 매뉴얼을 활용하여 10명 내외의 학생들에게 집단상담 형식으로 진행하도록 되어 있다. 검사 결과를 제공하는 데서 그 치지 않고 검사 결과에 따라 보다 적극적이고 체계화된 후속지도를 할 수 있는 지도안이나 매뉴얼을 제공하려는 시도는 상담과 심리검사를 연계하 여 활용한다는 측면에서 바람직한 시도라고 할 수 있다.

[그림 5-2] 인터넷용 학습유형검사 화면 예시

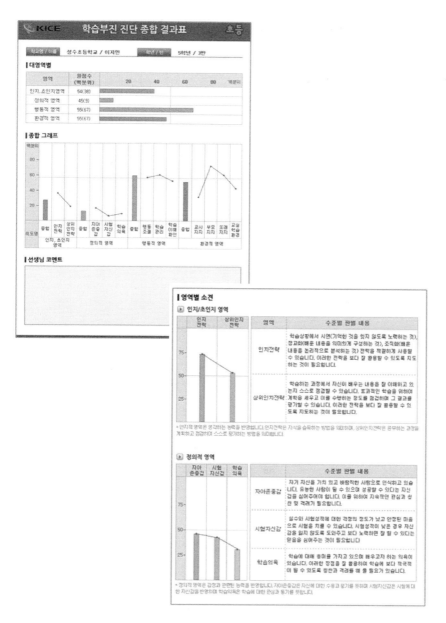

[그림 5-3] 학습유형검사 결과지 예시

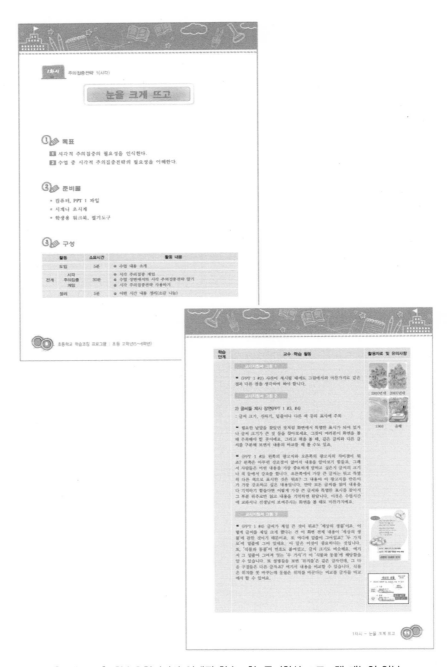

[그림 5-4] 학습유형검사와 연계된 학습코칭, 동기향상 프로그램 매뉴얼 일부

## ◌ 참고문헌

김동일(2000). 기초학습기능 수행평가체제 검사요강. 서울: 학지사.

김동일(2004). ALSA 청소년 학습전략검사 실시요강. 서울: 학지사.

김성현(2009). 학습집중력검사. 서울: 중앙적성출판사.

김아영(2003). 학업동기검사. 서울: 학지사.

김효창(2010a). 학업동기 및 학습전략검사(중·고등학생용) 전문가 지침서. 서울: 학지사.

김효창(2010b). 학업동기 및 학습전략검사(초등학생용) 전문가 지침서. 서울: 학지사.

박경숙, 윤점룡, 박호정(1989). 기초학습기능검사. 서울: 도서출판특수교육.

박병관(2000). 학습효율성검사 검사실시와 활용 안내. 서울: 어세스타.

송인섭(2010). 자기주도 학습증진방법검사 전문가 지침서. 서울: 학지사.

조붕환, 임경희(2003). 학습흥미검사. 서울: 한국가이던스.

한국교육과정평가원(2012). 2013학년도 대학수학능력시험 시행기본계획.

황매향, 김영빈, 오상철(2010). 학습부진유형 진단도구 개발보고서. 서울: 한국교육과
　　　정평가원.


http://www.basics.re.kr

http://www.guidancepro.co.kr

제3부

# 진로 및 직업 영역

제6장 진로발달과 결정 검사

진로발달 이론에 따르면 사람들은 일생 동안 몇 단계의 발달 과정을 거친다. 각 단계마다 서로 다른 발달과업이 있고 발달과업을 잘 완수해야 다음 단계로 넘어간다. 진로를 결정하는 것은 중요한 발달과업 중 하나다.

이 장에서는 진로발달 및 결정에 초점을 둔 측정방법에 대해 알아볼 것이다. 진로발달 및 결정의 측정은 진로계획에 대한 준비도를 평가하는 데 있어 중요하다. 일에 대한 가치, 흥미, 능력 등 진로선택의 구체적 내용과 관련된 요인들은 다음 장에서 자세히 살펴볼 것이다.

## 1. 진로계획에 대한 태도

여기에서는 진로계획에 대한 진로신념이나 진로관심사를 평가하는 검사들을 알아볼 것이다. 진로신념(career beliefs)이란 진로선택 및 진로발달에 관한 내담자의 가정을 의미하는데, 예를 들면 '각 개인에게는 오직 한 가지의 자신에게 맞는 직업이 존재하고 있다.'라든가 '일생을 통해 진로는 변경하지 않는 것'이라고 생각하는 것이다. 진로관심사(career concerns)는 의사결정에서의 어려움, 전공 선택, 직업세계에의 적응 등 발달과업에서 겪는 어려움을 말한다.

## 1) 진로신념의 측정

### (1) 진로신념검사

진로신념검사(Career Beliefs Inventory; CBI)는 진로 목표를 결정해 나가는 데 있어 장애가 되는 생각이 무엇인지를 밝혀 주는 검사다(Krumboltz, 1991). '매우 동의한다'에서 '전혀 동의하지 않는다'까지로 응답하는 5점 Likert 척도로 된 96문항으로 이루어져 있고, 개방성, 통제, 실패의 위험 감수 등 25개의 하위 척도[1] 점수로 결과가 제시된다. 신념은 그 자체로 '좋거나' '나쁜' 것은 아니다. 단지 사람들이 자기 자신이나 자신의 진로에 대해 가지고 있는 어떤 가정이 자신의 진로계획을 가로막는 경우가 있다. 어떤 척도에서의 낮은 점수는 현재 내담자가 그 신념 때문에 어려움을 겪고 있음을 나타낸다.

Krumboltz(1994)는 내담자의 진로계획과 관련된 내담자 자신의 기본가정을 파악하기 위해 진로신념검사를 상담 초반에 사용할 것을 권하고 있다. 상담자는 어떤 특정한 상황에서 내담자가 가지고 있는 생각이 현실적

---

[1] 25개 척도명: 취업상태, 진로계획, 진로미결정 수용, 개방성, 성취, 대학교육, 내적 만족, 동료 경쟁, 구조화된 업무환경, 통제, 책임, 타인의 인정, 타인과의 비교, 직업과 대학의 다양성 이해, 진로유연성, 진로전환, 직업대안, 직장의 위치, 자기향상, 불분명한 진로에서 노력 지속, 실패의 위험감수, 직업기술 배우기, 협의/탐색, 장애극복, 노력

인지 여부를 확인하는 과정을 통해 내담자에게 많은 도움을 준다. 경험적 연구를 통해 진로미결정 내담자의 경우, '진로신념에 초점을 둔 개입'이 '의사결정기술을 가르쳐 주는 개입'보다 진로탐색을 촉진하고 불안을 감소시키는 면에서 더 효과적임이 밝혀졌다(Mitchell & Krumboltz, 1987).

진로신념검사는 각 하위 척도별 문항수가 2~10개로 적어서 문항내적 합치도와 검사-재검사신뢰도가 중간 수준이다. 진로신념검사의 수렴타당도와 변별타당도가 실증적 연구를 통해 확인되었다. 심리측정학적 기준에서 볼 때 하위 척도의 신뢰도나 타당도가 충분히 확보되지 않았지만 내담자와 대화를 시작할 때 도움을 줄 수 있다는 점에서는 유용하다. 진로신념검사의 점수는 진로만족감 척도와 유의미한 상관을 보였고, 흥미 척도나

## 사례

대학생인 태수(가명) 씨는 전공인 의예과를 좋아하지 않지만 다른 선택의 여지가 없다고 생각하고 있다. 태수 씨는 타인의 인정(Approval of Others)인 12번 척도에서 가장 낮은 점수를 보였고 이것은 자신의 진로계획이 다른 사람으로부터 인정받는 것이 매우 중요하다는 것을 나타낸다. 이것에 대해 상담자가 물어 보았을 때 의사가 되기를 바라는 아버지를 기쁘게 해 드리고 싶다고 하였다. 상담자는 이 문제에 대해 아버지와 의논해 볼 것을 권했고, 태수 씨는 아무 소용이 없을 것이라는 두려움을 무릅쓰고 그렇게 했다. 그 과정에서 태수 씨는 아버지가 '태수 씨가 원하는 것이면 무엇이든 해도 좋다'고 생각한다는 것을 알게 되었고, 여기에 힘을 얻은 태수 씨는 미술로 전공을 바꾸었다. 미대에 가고 싶은 태수 씨의 마음을 막고 있던 것은 태수 씨가 의대에 가지 못하면 아버지가 몹시 실망할 것이라는 믿음 때문이었고, 그것이 바로 어려움의 근원이었다. 진로신념검사를 사용함으로써 태수 씨의 문제가 무엇인지 드러났고, 태수 씨가 자신의 생각을 다시 한 번 점검해 보는 상담이 진행될 수 있었다.

출처: Krumboltz, J. D. (1991). *Manual for Career Beliefs Inventory.*

적성 척도와는 상관이 매우 낮았다(Krumboltz, 1991; Naylor & Krumboltz, 1994).

## (2) 한국형 진로신념척도

우리나라에서는 Krumboltz의 진로신념검사를 이경희(2001)가 처음으로 번안하고 문항분석을 거쳐 타당화하였다. 이경희의 연구에서는 총 96문항 중 9개 문항의 변별력이 특히 낮게 나타났고, 문화적 차이 및 사회적 차이를 고려할 때 한국판 진로신념검사를 다시 개발해야 함을 제안하였다. 이에 이어 송보라와 이기학(2010)은 한국형 진로신념척도(Korean Career Belief Inventory; K-CBI)를 한국 고등학생의 진로신념을 측정할 수 있는 측정도구로 개발하고 타당화하였다. Krumboltz의 진로신념검사에 대한 새로운 번안과 문화적 요인 탐색을 거쳐 예비문항을 개발하고, 탐색적 요인분석과 신뢰도 및 타당도 검증을 거쳐 최종 52문항의 척도를 완성하였다. 외적 가치, 통제감, 내적 가치, 명확성, 유연성의 5개 하위요인이 확인되었고, 각 요인의 특성과 문항 수는 〈표 6-1〉과 같다.

〈표 6-1〉 한국형 진로신념척도의 하위 요인

| 요인명 | 설명 | 문항 수 |
|---|---|---|
| 외적 가치 | 개인이 진로 결정을 할 때에 학벌, 성적, 지위, 보수 등 겉치레적인 형식주의나 물질만능주의에 얼마만큼 영향을 받는지를 측정한다. | 11 |
| 통제감 | 개인이 진로행동에 있어서 얼마나 주체적인지, 아니면 환경이나 다른 사람의 영향력에 의존하는지를 측정한다. | 13 |
| 내적 가치 | 진로행동 및 진로결정의 동기가 얼마나 자신의 내적 가치의 충족에 있는지를 측정한다. | 12 |
| 명확성 | 자신의 능력과 적성에 대한 이해 및 진로결정에 대한 확신의 수준을 측정한다. | 8 |
| 유연성 | 진로 전환이나 직업의 대안 등에 얼마나 긍정적이고 융통성이 있는지를 측정한다. | 8 |

이형국(2009)은 Krumboltz의 진로신념검사에 Ellis의 비합리적 신념의 개념을 추가하여 한국 대학생용 진로신념척도를 개발했다. 진로정체감 신념(20문항), 진로의사결정 신념(5문항), 진로준비행동 신념(7문항) 등 3개 요인의 32문항으로 구성된 척도다.

### (3) 진로사고검사

진로사고검사(Career Thoughts Inventory; CTI)는 진로문제해결 과정과 의사결정 과정에서 나타나는 역기능적인 사고를 측정한다(Sampson, Peterson, Lenz, & Reardon, 1992; Sampson et al., 1999). CTI는 48문항으로 구성되었고, 자기이해, 직업이해, 의사소통 등 진로선택 및 진로발달과 관련된 8개 내용 영역에서의 역기능적인 사고를 측정한다. 48문항에 대한 요인분석 결과 의사결정 혼란, 수행 불안, 외적 갈등의 3개 하위 척도로 나타났다. 우리나라에서는 이재창, 최인화와 박미진(2003)이 고등학생, 대학생, 성인에 실시할 수 있도록 한국판으로 표준화하였다.

상담자는 각 문항 수준에서, 8개 내용 영역 수준에서, 3개 하위 척도 수준에서 나타난 각각의 높은 점수를 모두 다룰 수 있다. 상담자는 내담자가 진로와 관련된 부정적인 생각들을 긍정적인 생각으로 재구성할 수 있도록

〈표 6-2〉 진로사고검사의 하위 척도

| 하위 척도 | 내용 |
| --- | --- |
| 의사결정 혼란 | 진로의사결정 과정을 시작하거나 유지하는 데 개인이 가지는 곤란 수준을 측정함 |
| 수행 불안 | 여러 가지 대안 중 한 가지 대안을 선택하거나 대안에 대한 우선순위를 매기는 등의 선택을 하고자 할 때 결단을 내리기 어려운 곤란 수준을 나타냄 |
| 외적 갈등 | 결정에 대한 책임감을 회피하게 하는 갈등에 관한 것으로 중요 타인에게서 얻는 정보의 중요성과 자신이 지각한 정보의 중요성 간에 균형 조절에 있어서의 무능력을 반영함 |

도와야 한다. 예를 들어, 내담자가 "어떤 전공이나 직업도 나에겐 흥미가 없다."라는 문항에 '그렇다' 또는 '매우 그렇다'라고 응답했다면, 내담자의 흥미 영역을 밝히기 위해 과외활동이나 여가활동에 대해 탐색해야 한다. 또는 자신의 흥미를 명료화하고 발달시키기 위해 경험세계를 확대해 보라고 권할 수도 있다.

## 2) 진로결정의 측정

진로발달 이론에서는 청소년들의 진로문제와 성인의 진로문제가 다르다고 보고 있다. 여기에서는 고등학생과 대학생의 의사결정 과정에 초점을 둔 진로문제 검사도구에 대해 알아볼 것이다.

소개할 세 가지 검사도구는 모두 내담자가 진로를 선택하는 데 있어서 어느 정도 어려움을 겪고 있는지를 평가하는 척도들로 구성되어 있다. 미결정에서 높은 점수를 보인 내담자라면 진로대안의 계획전 단계 또는 계획 단계에 있고(Prochaska et al., 1992), 따라서 진로선택에 대한 준비가 충분하지 않은 상태에 있음을 의미한다. 이들은 의사결정에 대한 자신감, 독립심, 예측능력 등이 부족할 수도 있다(Savickas, 1990). 이런 내담자에 대해 상담자는 흥미검사나 능력검사를 사용하여 진로의사결정을 촉진하기보다는 진로미결정의 요인이 무엇인지를 먼저 탐색해야 한다.

### (1) 진로미결정검사

진로미결정검사(Career Decision Scale; CDS)는 진로미결정의 선행 조건을 확인하는 것을 목적으로 1987년 개발되었고(Osipow, 1987), 우리나라에서는 고향자(1992)가 번안하고 타당화하였다. 진로미결정검사는 2문항으로 구성된 확신 척도와 내담자와의 면접 자료에 근거한 16문항으로 구성된 미결정 척도의 두 가지 하위 척도로 구성된다. 각 문항들은 문항의 진술

내용이 자신의 상태를 얼마나 잘 기술하고 있는지 4점 척도로 응답하도록
되어 있다.

진로미결정검사는 진로선택 과정에 있는 고등학생과 대학생을 주요 대
상으로 한다. 검사가 짧아서 10분 이내에 실시할 수 있고 2분 이내에 채점
이 가능하다. 미국의 진로미결정검사의 검사요강에는 고등학생, 대학생,
성인학습자에 대한 규준이 각각 제시되어 있다. 우리나라에서는 문항 번안
및 타당화는 이루어졌지만 아직 표준화 과정을 거치지 않아 규준이 마련되
어 있지 않다.

상담자들은 진로미결정검사의 미결정 척도 문항들을 활용하여 내담자의
진로미결정의 원인이 무엇인지 탐색할 수 있다. 각 문항 하나하나를 통해
상담 과정에서 탐색해 볼 가설들을 도출할 수 있다. 일반적으로 진로미결
정검사의 요인분석 결과에서는 ① 진로미결정감, ② 내적 및 외적 장벽,
③ 접근-접근 갈등, ④ 의존성의 네 가지를 측정하는 것으로 밝혀졌다
(Savickas, 1990; Shimizu, Vondracek, Schulenberg, & Hostetler, 1988).

상담, 평가, 연구에 있어 진로미결정검사가 '가장 좋은 검사일 것'
(Harmon, 1994, p.261)이라는 주장도 있다. 점수를 의미화하는 면에서 단
점이 있기는 하지만, 용이성, 상담 과정과 연구에의 적용 가능성, 선행 연
구의 지지 등의 장점이 크다(Harmon, 1994; Vondracek, 1991).


### (2) 진로정체감검사

진로정체감은 자신의 목표, 흥미, 성격, 재능 등에 관하여 개인이 가지
고 있는 심상(picture)을 의미하는 것으로 진로상황검사(My Vocational
Situation; MVS)의 하위 척도인 진로정체감 척도로 측정이 가능하다. 우리
나라에서는 이 진로정체감 척도를 구성하는 18개 문항에 대해 번안과 타당
화 과정을 거쳐(김봉환, 1997), 진로정체감검사라고 명명하고 있다.

진로정체감검사를 체크리스트로 사용할 때에는 다른 체크리스트의 사용

과 마찬가지 방식으로 접수면접 전 대기실에서 기다리는 동안 실시한다. 18개 문항에 '아니오'라고 응답한 개수만 헤아려 보면 진로정체감의 문제를 가진 내담자를 쉽게 파악할 수 있다.

## 진로정체감검사점수에 따른 해석

### 0~5점

이 범위의 점수에 있는 내담자는 앞으로 어떤 진로를 선택하는 것이 자신에게 최선인지에 대해 잘 모르고 있는 상태다. 자신의 가치, 능력, 흥미에 대해 탐색하고, 이것을 앞으로 추구할 진로 대안을 결정하는 데 연결하는 것이 필요하다. 내담자는 다음의 활동을 통해 자신의 진로에 대해 보다 명확한 상을 가질 수 있다.
- 진로탐색 프로그램에 참여
- 진로탐색 강의의 수강
- 진로상담 전문가와의 상담
- 지도교수로부터 전공에 대해 안내 받기
- 직업카드분류검사 받아 보기

### 6~14점

이 범위의 점수에 있는 내담자는 자신이 선택할 진로와 전공에 대해 어느 정도 알고 있고 자신의 흥미와 능력도 인식하고 있다. 지금 당장 어떤 결정을 해야 할 상황은 아니지만, 앞으로의 미래 설계를 위해 여러 가지 정보를 필요로 하고 있다. 내담자가 고려하고 있는 진로에 대한 다양한 정보를 제공하거나, 그 분야를 경험해 볼 수 있는 경험을 제공하거나, 자신에 대한 보다 심도 있는 이해를 할 수 있도록 조력할 수 있다. 내담자는 다음의 활동들을 통해 자신의 목표를 보다 명료화하게 될 것이다.
- 적성탐색검사(Holland's SDS) 받아 보기
- 선택한 전공의 석사과정 또는 박사과정 선배 만나 보기
- 관심이 있는 진로에 대한 여러 자료 읽어 보기

• 고려하고 있는 영역의 강의 수강하기

**15~18점**

이 범위의 점수에 있는 내담자는 생의 방향성을 확립하고 자신이 선택한 진로에 대해 확신을 가지고 나아가고 있다. 자신의 진로선택을 더욱 확고히 해 줄 자료를 필요로 하거나, 자신이 선택한 진로를 잘 준비하고 그 분야에서 성공하기 위해 필요한 요건이 무엇인지 알고 싶어 할 것이다. 내담자는 다음의 활동을 통해 자신이 선택한 진로를 잘 준비할 수 있을 것이다.

• 자신이 선택한 영역의 교수 또는 전문가 만나 보기

• 파트타임 일에 지원하기

• 관심이 있는 진로에 대한 여러 자료 읽어 보기

• 교수와의 연구팀에 참여하기

출처: Gysbers, Heppner, & Johnston(1998), p. 206.

또한 우리나라 중·고등학교 장면에서는 진로상담교사나 담임교사의 면담자료로 활용할 수 있을 것이다. 즉, 전체 학생들에게 진로정체감검사를 실시함으로써 진로상담의 필요성이 시급한 학생들을 선별할 수도 있고, 각 문항에 대한 학생들의 반응에 대해 질문함으로써 학생들과 자연스럽게 진로상담을 개시할 수도 있다.

진로정체감검사의 모체인 진로상황검사는 진로미결정에 기여하는 문제의 성격을 확인하는 것을 목적으로 하는 검사다(Holland, Daiger, & Power, 1980). Holland 등은 의사결정에서 어려움을 겪게 되는 주된 요인은 ① 진로정체감의 문제, ② 진로 및 직업세계에 대한 정보 부족, ③ 환경적·개인적 진로장벽의 세 가지라고 보았다. 진로정체감검사는 이 세 가지 부분에서의 내담자의 생각이 어떤지를 재는 척도다. 또한 진로계획의 문제와 관련된 진단적 정보를 제공해 주기 때문에 내담자에게 가장 적합한 개입전략이 무엇인지 선택할 수 있게 해 준다.

진로정체감검사의 첫 번째 척도는 진로정체감 척도(VI)로 "나는 직업 선택을 올바르게 했는가에 대해서 다시 검토해 볼 필요가 있다."와 같은 문장에 대해 '예' 또는 '아니오'로 응답하는 18개 문항으로 구성된다. '예'라고 응답한 것이 진로정체감에서 문제가 있음을 나타낸다. 미국의 규준을 보면 고등학생들은 평균 7개 문항에서 '예'라고 응답하고, 대학생들은 평균 2~3개 문항에서 '예'라고 응답한다. '예'라는 응답을 많이 한 내담자들은 진로워크숍 프로그램, 개인상담, 직장체험 등을 통해 도움을 받을 수 있다.

직업정보(OI) 및 진로장벽(B)의 두 척도는 각각 네 분야의 한 가지 질문씩으로 구성되어 있다. 직업정보 척도에서는 '선택한 진로에서 훈련기관이나 직장을 찾는 방법'과 같이 어떤 직업정보를 원하고 있는지에 관한 자료를 제공해 주고, 진로장벽 척도에서는 '필요한 능력이나 가족의 지지 부족'과 같이 진로발달을 저해하는 것이 무엇인지 가려낸다. 이 두 척도는 상담자가 다음 단계에서 어떻게 내담자의 진로계획 과정을 조력할 것인지를 알려 주는 체크리스트의 역할도 한다.

### (3) 의사결정유형검사

의사결정유형검사는 의사결정 과정에서 합리적 · 직관적 · 의존적 유형을 어느 정도 사용하는지 측정한다. 의사결정유형은 사람들마다 다르다(Harren, 1979; Heppner & Krauskopf, 1987). 합리적 유형은 어떤 결정에 도달하기 위해 관련된 자료를 체계적으로 수집하고 비교하는 논리적 과정을 중요시한다. 직관적 유형은 여러 대안 가운데 어떤 하나를 선택할 때 무엇보다 자신의 느낌을 중요하게 생각하고, 이렇게 이미 선택한 것에 대한 확신을 얻기 위해 관련된 자료를 수집한다. 의존적 유형은 의사결정 과정에서 타인의 생각에 주로 의존한다. 따라서 합리적 접근과 직관적 접근이 자료를 수집하고 문제를 해결해 나가는 방법으로 적합하다.

현재 우리나라에서 사용하고 있는 의사결정유형검사는 미국의 진로의사결정의 평가(Assessment of Career Decision Making; ACDM)를 구성하는 한 가지 영역인 의사결정유형을 재는 3개 하위 척도를 번역하고 타당화한 것이다. ACDM은 Vincent Harren의 진로의사결정 모델에 기초하고 있다 (Harren, 1979). 현재 미국에서 사용되고 있는 Form K는 9점 척도의 94개 문항으로 구성되어 있다(Buck & Daniels, 1985). 의사결정유형을 재는 3개 하위 척도, 발달과제를 해결해 나가는 과정을 재는 6개 하위 척도로 구성된다. 이 중 의사결정유형을 재는 3개 하위 척도는 앞서 설명한 바와 같고, 의사결정 과제척도(Decision-Making Tasks Scales)는 청소년들이 가장 흔히 경험하는 학교에 대한 적응, 전공선택, 진로선택의 세 가지 발달과제를 평가한다. 학교에 대한 적응 척도는 학교만족도, 또래관계, 교사(교수)와의 관계의 3개 하위 척도로 구성되고, 세 하위 척도 점수를 합산하여 학교에 대한 적응 점수를 산출한다. 전공선택(1개 척도)과 직업선택(3개 척도)은 탐색 단계에서 실행 단계까지의 연속적 발달 과정을 측정한다.

### 의사결정유형검사의 활용

　내담자의 의사결정유형과 개입전략의 관계를 여러 연구자들이 연구해 왔다. Krumboltz 등(1986)은 합리적 개입이 가장 효과를 발휘하는 내담자는 의존적 의사결정유형 내담자임을 밝혔다. 반면 Rubinton(1980)의 연구에서는 합리적 개입전략은 **합리적 의사결정유형 내담자에게 가장 효과적이고, 직관적 개입전략은 직관적 의사결정유형 내담자에게 가장 효과적이었다.** Mau와 Jepsen (1992)은 의사결정 전략에 상관없이, 합리적 의사결정유형의 내담자들이 의사결정 전략을 최대한 활용한다는 결론을 내렸다.

　따라서 상담자들은 내담자의 의사결정유형에 따라 서로 다른 개입전략을 선택하는 것이 바람직하다. 예를 들면, 직관적 의사결정유형의 내담자라면 상담자는 직관적 의사결정에 활용될 정보를 확보하는 과정을 조력하고, 그리고 그 결정의 이점과 결정에 따르는 책임을 분석하는 단계로 나아가야 한다. **의존적 의사**

결정유형의 내담자에 대해서는 내담자가 누구의 의견에 의존하고 있는지 알아
차릴 수 있도록 조력하고, 의사결정과 의존에 관련된 역동으로 나아가야 할 것
이다(Whinston, 2000).

## 3) 진로결정효능감의 측정

진로결정효능감은 개인이 특정 진로 영역에 관한 결정행동을 수행할 때
그 결정에 영향을 미치는 개인적인 신념으로 정의된다. Bandura의 자기효
능감 개념을 진로 및 직업 분야에 적용하여, 진로의사결정, 직업에서의 성
공, 교육에서의 성취를 결정하는 변인으로 진로자기효능감의 개념이 제안
되었다(Hackett & Betz, 1981). 이러한 진로자기효능감을 측정하는 척도로
가장 널리 사용되고 있는 척도는 진로결정 자기효능감 척도(Career
Decision-Making Self-Efficacy Scale; CDMSE)(Taylor & Betz, 1983)다. 진
로결정 자기효능감 척도는 진로의 특정 영역에 대한 효능감을 측정하는 것
은 아니고, 진로결정과 관련된 행동에 대한 전반적인 개인의 자기효능감을
측정한다. 전체 50문항으로 구성되어 있고, 자기평가, 직업정보수집, 목표
설정, 미래에 대한 계획, 문제해결 등 5개 하위 영역을 각각 10문항으로 측
정한다. 각 문항은 '관심이 있는 직업에 대한 정보를 도서관에서 찾는다'
와 같이 다섯 가지 영역에서 수행해야 하는 개별 진로 관련 행동 또는 과제
로 기술되어 있다. 피검자는 이를 얼마나 성공적으로 수행할 수 있는지를
0점(전혀 그렇지 않다)에서 9점(항상 그렇다)으로 응답한다. 각 영역의 10개
문항에 응답한 합산 점수가 높을수록 자기효능감이 높다.

그러나 10점 Likert 척도의 50문항으로 구성된 진로결정 자기효능감 척
도는 문항 수가 많고 10점이라는 구간에 걸쳐 응답을 해야하기 때문에 시
간이 많이 걸린다는 단점이 있다. 피검자들의 응답 시간을 단축하기 위해,

각 하위 영역의 문항을 5개로 줄이고 응답방식도 5점 Likert 척도로 바꾼 단축형 진로결정 자기효능감 척도(Career Decision-Making Self-Efficacy Scale-Short Form; CDMSE-SF)(Betz, Klein, & Taylor, 1996)가 다시 개발되었다. 우리나라의 경우 대부분의 진로연구에서 단축형 진로결정 자기효능감 척도를 사용하고 있다(이상희, 남숙경, 이상민, 2008). 단축형 진로결정 자기효능감 척도의 경우, 5요인 구조를 그대로 유지할 것인가, 문화집단 간 보편성이 있는가 등의 논의들이 있었고, 이러한 논의에 연속선상에서 우리나라에서도 구인에 대한 재점검이 있었다. 이상민 등(2007)은 총 13개 문항으로 진로결정(6문항), 문제해결(3문항), 진로탐색(4문항) 등 3개 하위 영역을 측정하는 단축형 진로결정 자기효능감 척도를 제안하였다.

## 2. 진로발달의 측정

진로는 전생애에 걸쳐 발달해 나가는데, 각 연령별 또는 발달 단계별 성취해야 할 발달과업들이 있다. 여기에서는 이러한 발달과업을 얼마나 성취했는가를 측정하는 심리검사들을 소개하고자 한다. 청소년기 진로발달은 진로성숙도로 지표화하는 경우가 많은데, 대부분의 진로성숙도검사는 진로계획 태도와 진로계획 능력 두 가지의 지표를 포함하고 있다. 일반적으로 진로성숙도의 구인은 문화적으로 차이를 보이지 않지만, 진로발달의 속도는 문화적 배경에 따라 달라질 수 있다(Fouad & Arbona, 1994). 진로성숙도 검사를 비롯한 진로발달을 측정하는 검사들이 미국의 진로발달 이론(예: Crites, 1978; Super, 1974)에 기초를 두고 있으므로 미국에서 소개된 진로발달 관련 검사들을 먼저 살펴보고, 우리나라에서 사용되고 있는 진로발달 관련 검사들을 살펴볼 것이다.

## 1) 미국 진로발달검사

Donald Super와 그 동료들은 20여 년 전에 진로발달검사(Career Development Inventory; CDI)의 개발을 시작했다(Myers et al., 1972). CDI는 '적합한 교육 및 직업 선택에 대한 학생들의 준비도를 측정하기 위해' 제작되었다(Thompson et al., 1981, p. 7). 미국에서 현재 사용되고 있는 CDI는 1979년에 출간된 중학교 2학년부터 고등학교 3학년 학생들을 위한 학교용(School Form)과 1981년에 출간된 대학생을 위한 대학교용(College & University Form) 두 가지가 있다. 우리나라에서는 번역되어 사용되고 있지 않다.

80문항으로 구성된 CDI 제1부는 진로발달태도(CDA)와 진로발달지식 및 기술(CDK)의 두 척도로 이루어져 있다. 진로발달에 대한 태도는 진로계획(CP)과 진로탐색(CE)으로, 진로발달에 대한 지식 및 기술은 의사결정(DM)과 일의 세계에 대한 정보(WW)로 각각 나타낼 수 있다. 이 네 하위 척도의 점수를 합산하여 총체적인 진로성향(COT) 점수를 얻을 수 있는데, 이는 CDI에서 얻어지는 가장 대표적인 진로성숙의 예측치다.

CDI의 제2부는 자신이 가장 마음에 들어 하는 직업세계에 대한 내담자의 지식을 평가해 준다. 선호 직업군에 대한 지식(PO) 척도는 선다형의 40개 문항으로 이루어져 있다. 각 문항에 대한 정답(예: 고용기회 또는 요구되는 교육수준에 대한 정답)은 직업군에 따라 다르다. 제2부는 일반적인 직업에 대한 정보가 아닌 특정 직업세계와 관련된 지식을 강조하고 있어서 제1부와 다르다. 제2부는 고등학교 2학년 이하 학생들에게는 적합하지 않다.

답안지를 출판사에 보내면 컴퓨터로 채점된다. 두 유형의 검사 모두 평균 100, 표준편차 20인 표준점수로 결과가 보고된다. 성별, 학년별 각각에 대한 백분위점수가 검사요강에 제시되어 있다(Thompson et al., 1981; 1982).

CDA, CDK, COT 모두 신뢰도가 적절한데, 몇몇 하위 척도의 신뢰도는 다소 낮은 편이다(Locke, 1988). 고등학생들을 대상으로 2~3주 간격을 두고 검사-재검사 신뢰도 검증을 해 본 결과, PO, WW, DM 척도에서 특히 낮았다. 이들 하위 척도에 대한 측정의 표준오차는 14점에서 16점 사이였다(대략 3/4 표준편차 정도).

CDI는 전문가들이 Super의 진로발달 모델의 서로 다른 측면을 대표한다고 판단하여 문항을 개발하고 내용타당도를 확보하였다. 또한 각 척도의 점수가 연령이 증가하면서 증가됨이 확인되었고, 이것은 Super 이론에 적합한 방향으로의 증가이므로 구인타당도 역시 확보되었다(Thompson et al., 1981).

CDI는 개인상담, 생활지도 프로그램, 프로그램 평가, 기초연구 등에 유용하게 사용될 수 있다. Locke(1988, p.179)는 CDI가 "고등학생과 대학생들이 자신의 교육계획과 관련된 진단적 정보나 조사 정보를 필요로 할 때 유용하다."라고 결론을 내리고 있다.

**사례**

CDI 검사요강에 고등학교 1학년 여학생인 메리(가명)의 사례가 CDI 프로파일 해석과 함께 소개되어 있다([그림 6-1] 참조). 검사요강에 나와 있는 메리에 대한 결과 해석은 다음과 같다(Thompson et al., 1981). CP 점수는 PO 점수와 일관되게 높지만, CE, DM, WW 점수는 서로 다르다. 메리는 진로계획활동을 적절하게 하고 있고, 직업에 대해서도 알고 있다고 말했다. 실제로 메리는 자신의 선호하는 직업군에 대한 정확한 정보를 알고 있었다.

그러나 메리의 점수분포를 보면 일의 세계나 직업에 대한 일반적인 지식이 부족하고, 진로탐색은 평균적인 수준에 머물고, 직업선택에 대해 어떤 점들을 고려해야 하는지에 대해서는 거의 모르고 있음이 분명하다. 메리의 프로파일은 언뜻 보기에는 적응을 잘하고 있는 것으로 보이지만, 자세히 검토해 보면

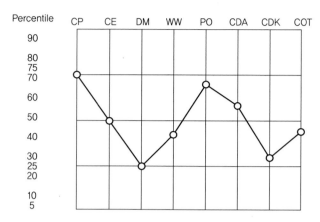

[그림 6-1] 고등학교 1학년 여학생 메리의 CDI 프로파일

중요한 질문을 갖게 되는데, 특히 COT 점수가 평균 이하라는 점으로 더욱 확신을 갖게 된다. 높은 PO 점수는 사려 깊은 직업선택의 결과라기보다는 미성숙한 상태의 직업선택의 결과일 수 있다. 메리의 선택을 학교성적이나 검사점수 등의 다른 정보에 비추어 보면 메리의 직업선호가 미성숙하거나 근거가 희박하다고 할 수 없지만, 여전히 비현실적이고 부적절한 면이 있다.

다음 단계로 의사결정기술, 일의 세계에 대한 정보, 진로탐색 등 취약점을 보이고 있는 영역에 초점을 둔 개입계획이 소개되어 있다. 가능한 개입 전략으로는 개인상담, 구조화된 집단상담, 탐색체험 프로그램 등이 있다

출처: Hood & Johnson, 1997, pp. 132-133에서 재인용.

## 2) 미국 진로성숙도검사

진로성숙도검사(Career Maturity Inventory; CMI)는 Crites(1978)의 진로발달 모델에 기초하고 있다. Crites의 진로발달 모델에 따르면 진로성숙도는 요인의 위계 체제를 가지고 있다. 지능검사의 일반요인인 g요인과 유사한 진로성숙도의 일반적 요인이 있고, 몇몇의 영역(group) 요인이 있고, 수많은 특수(specific) 요인이 있다고 한다. 영역 요인은 진로계획 과정(태도

및 능력)과 진로계획 내용(일관성 및 진로선택의 범위)의 두 가지다.

　CMI는 CDI와 마찬가지로 진로계획의 과정변인에 초점을 두고 있다. CDI와 마찬가지로 진로계획 태도와 진로계획능력의 두 척도로 구성되어 있고, 각 척도를 구성하는 하위 척도들만이 CDI의 하위 척도들과 다르다.

　CMI의 세부 하위 척도는 다음과 같다.


　진로의사결정에 대한 태도(75문항)－결정성, 참여도, 독립성, 성향, 타협성

　진로의사결정에 대한 능력(100문항)－자기평가, 직업정보, 목표선정, 계획, 문제해결


　CMI는 CDI와는 달리 태도 총점이라는 하나의 총점 점수만을 갖는다. 태도척도 가운데 50개 문항은 선별척도로 별도로 사용되기도 한다.

　CMI는 초등학교 6학년부터 고등학교 3학년 학생들을 대상으로 표준화 연구가 실시되었다. 성별로도 서로 다른 규준을 제시하고 있다. 대부분 검사에 소요되는 시간은 2시간 이하이고, 손으로 채점할 수도 있고 컴퓨터로 채점할 수도 있다. 우리나라에서는 장석민, 임두순과 송병국(1991)이 CMI에 바탕을 두고 한국의 실정에 맞게 '진로성숙도검사'로 개발하였다.

　Crites(1978)는 이론적 기준, 연령 및 학년에 따른 분화의 측면에서 CMI 문항을 만들었다. 타당화 연구에서 학년이 높아질수록 학생들의 CMI 점수가 높아지는 것을 확인하였다. 태도 총점은 학교 및 직장에서의 수행 및 만족과 유의미한 상관관계를 보이지만, 능력 척도는 준거 관련 타당도가 충분하지 않다(Healy, 1994). Healy에 따르면 태도 척도는 진로발달 연구, 진로성숙도 선별, 진로교육의 평가 등에서 활용할 수 있지만, 능력 척도는 실험용 측정도구로만 사용해야 한다고 한다. 실제 우리나라 진로 관련 연구에서도 태도 척도를 주로 사용하고 있다.

## 3) 진로성숙도검사(한국형)

한국직업능력개발원에서 개발한 진로성숙도검사는 다음의 세 가지 목적
으로 새롭게 문항을 구성하고 표준화 작업을 실시하였다. 첫째, 진로성숙
과 관련된 다양한 요인을 총괄적으로 포함함으로써 다양한 진로지도의 목
적에 적합하게 활용할 수 있게 하는 것, 둘째, 언어능력과 일반적 인지능력
과의 상관의 정도가 상대적으로 낮은 것, 셋째, 검사의 과정 자체가 진로발
달을 촉진시키는 교육적 경험을 제공하는 것, 넷째, 진로성숙만이 아니라
진로미결정의 이유에 대한 진단을 통하여 상담을 위한 구체적인 자료를 제
공하는 것이다(임언, 정윤경, 상경아, 2001).

총 135문항으로 구성된 진로성숙도검사(한국형)는 진로성숙을 태도와
능력 및 행동의 세 측면으로 구분하고, 각각 〈표 6-3〉과 같은 하위요소를
갖는다. 모집단의 학교급별/지역별/계열별/성별 비율을 고려하여 유층표
집을 한 결과 전국의 79개 중 · 고등학교로부터 2,161명의 중학생, 1,956명
의 일반계 고등학생, 1,219명의 실업계 고등학생이 참여하여 모두 5,336명
이 규준집단에 포함되었다. 검사의 규준은 각 하위 영역별로 중2, 중3, 고
1, 고2의 전체 집단 및 성별 규준을 제작하였다.

하위 영역별 문항들의 문항내적 합치도 지수인 Cronbach $\alpha$값의 범위는

〈표 6-3〉 진로성숙도검사의 하위 영역 및 정의

| 영역 | 하위 검사(문항 수) | 정의 |
|---|---|---|
| 태도 | 독립성<br>(13문항) | 진로결정의 책임을 수용하고 자기 스스로 진로를 탐색하고 선택하려는 태도 |
| | 일에 대한 태도<br>(13문항) | 직업의 의미에 대한 올바른 인식과 직업에 중요성을 부여하는 정도 |
| | 계획성<br>(13문항) | 자신의 진로의 방향을 설정해 보고 그것을 위한 계획을 수립해 보는 태도 |
| 능력 | 자기이해(15문항) | 능력, 흥미, 가치, 신체적 조건, 환경적 제약 등 개인이 진로선택에서 고려해야 할 개인적 특성들에 대한 이해 정도 |
| | 정보활용 및<br>진로결정능력(16문항) | 진로와 관련된 정보를 활용하여 자신에게 적합한 진로를 합리적으로 선택할 수 있다고 생각하는 정도 |
| | 직업에 대한 지식<br>(60문항) | 일반적 직업에 대하여 알고 있는 정도 |
| | | 자신이 관심을 갖는 직업에 대해 구체적으로 알고 있는 정도 |
| 행동 | 진로탐색 및<br>준비행동(15문항) | 자신의 진로를 적극적으로 탐색하고 준비하는 정도 |

.68~.96으로 만족할 만한 수준이고, 2주 간격으로 실시하여 구한 검사-재검사신뢰도도 각 하위 영역별로 진로준비행동을 제외한 모든 영역에서 신뢰도 계수가 .61~.73이다.

진로성숙도검사의 대상은 중학교 2학년부터 고등학교 3학년이고 초등학교 5학년의 언어이해력을 전제로 구성되었다. 검사의 결과는 하위 영역별로 원점수, 백분위, T점수 등이 제시된다. 각 하위 영역별 문항 수의 차이 및 중요도의 차이로 인해 합산점수로서 진로성숙도 점수를 제시하지는 않는다. 결과표에는 각 하위 영역에 대한 설명과 함께 각 하위 영역에서의 백분위에 따른 조언표가 제시된다. 백분위 75 이상인 경우 진로성숙도가 높은 것으로, 25보다 낮을 경우 진로성숙도가 낮은 것으로 구분하여 각 하위 영역별로 설명이 따르게 된다.

## 진로준비행동에 관한 연구

진로지도 및 진로상담의 이론과 실제, 그리고 연구에서는 진로결정수준, 진로성숙도, 개인의 흥미와 적성, 의사결정 태도 등 대부분 개인의 인지(cognition)나 태도(attitude)에 관련되는 사항들을 주로 문제로 다루어 왔다. 반면, 합리적이고 올바른 진로결정을 위해서 개인이 수행해야 하는 행동, 혹은 진로결정이 이루어진 이후에 그 결정사항을 실행하기 위한 행동 등에 대해서는 별다른 관심을 보이지 않아 왔다. 그러나 인지와 행동의 조화로운 발달을 촉진하는 진로지도 및 진로상담 그리고 그와 관련된 연구 분야에서는 인지나 태도 측면뿐만 아니라 행동적인 측면에 대해서도 관심을 가져야 마땅한 일이다(김봉환, 1997).

진로준비행동은 실제적이고 구체적인 행위의 차원으로 개인이 올바른 진로결정을 위해서 얼마나 노력을 하고 있는지, 그리고 결정된 진로목표를 달성하기 위해서 구체적으로 얼마나 충실하게 행위적인 노력을 하고 있는지에 관한 것이다. 이러한 진로준비행동은 몇가지 측면으로 나누어 볼 수 있는데, 첫째는 정보수집 활동이다. 자기 자신에 관한 정보는 물론이고 자신이 관심을 가지고 있는 직업세계에 관한 정보도 포함된다. 둘째, 필요한 도구를 갖추는 활동이다. 자기가 목표한 직업에 입직하기 위한 준비 과정에서 필요한 장비나 기자재 혹은 교재 등을 구입하는 것이다. 셋째, 설정된 목표를 달성하기 위해 노력(시간과 에너지의 투자)을 기울이는 행동이다. 필요한 도구를 구입해 놓고도 시간과 노력을 전혀 투자하지 않는다면 진정한 진로준비를 하고 있는 것으로 보기 어려울 것이다.

김봉환(1997)의 연구 결과는 진로지도 및 진로상담에서 내담자의 진로결정수준과 진로준비행동을 각각 확인할 필요가 있음을 시사한다. 즉, 진로결정을 하고 진로준비행동을 하고 있는 학생들, 또는 진로결정도 하지 않고 진로준비행동도 하지 않고 있는 학생들도 있지만, 진로결정은 했지만 아무런 진로준비행동을 하고 있지 않다거나 진로결정은 하지 않았지만 진로준비행동을 열심히 하고 있는 학생들도 있다. 따라서 진로결정수준과 진로준비행동을 근거로 한 차별적 진단과 이에 따른 차별적 처치가 필요하다고 할 수 있다. 김봉환의 연구 이후 진로준비행동에 대한 관심이 높아져, 이후 많은 후속 연구가 활발히 진행되고 있으며, 직업능력개발원(2001)의 진로성숙도검사에는 그 하위 영역으로 행동 영역을 포함하고 있다.

## 4) 홀랜드 진로발달검사

홀랜드 진로발달검사는 한국가이던스에서 제공하는 검사로, 초등학교 상급학년 및 중학교 1학년들의 진로의식, 진로발달 및 진로성숙의 정도를 측정함과 동시에 이들 시기에서의 진로의 방향성을 설정하기 위하여 홀랜드의 직업적 성격유형을 측정한다. 총 178문항으로 1부 진로성숙도검사와 2부 진로발달유형검사로 구성되어 있다. 온라인과 오프라인으로 모두 실시할 수 있고, 개인검사와 집단검사도 모두 가능하다. 이 중 1부에 해당하는 내용이 진로발달과 관련된 진로성숙도검사다.

이 검사에서는 진로성숙도를 '자아의 이해, 일과 직업세계의 이해를 바탕으로 자신의 진로를 자율적, 능동적으로 계획하고 합리적으로서 선택하는 과정에서 나타나는 의식이나 행동으로 동일한 연령층의 학생들과 비교하여 나타나는 상대적인 진로의식 내지는 준비 정도'라고 정의하고 있고, 진로지향성, 직업의 이해, 진로선택의 합리성, 직업적 성편견, 자기이해, 자긍심, 자율성의 하위 영역으로 구성되어 있다. 검사 결과는 각 하위 영역 및 진로성숙도 전체의 T점수와 백분위가 제시된다. 또한 T점수에 따라 '매우 낮다' '낮다' '보통' '높다' '매우 높다'로 구분하여 각 하위 영역의 점수가 의미하는 바에 대해 따로 설명해 주고 있다.

## 5) 청소년 진로발달검사

청소년 진로발달검사(김봉환 외, 2007)는 워크넷을 통해 온라인으로 제공되는 검사로, 1부 진로에 대한 태도와 성향, 진로와 관련된 지식의 정도, 진로행동의 정도를 측정하는 진로성숙도검사, 2부 성격 요인, 정보 요인, 갈등 요인을 측정하는 진로미결정검사로 구성되어 있다. 이 가운데 1부 진로성숙도검사가 진로발달 관련 검사에 속한다. 중학교 2학년부터 고등학교 3학년까지의 규준이 마련되어 있고, 1부 진로성숙도검사는 총 57문항이다. 진로에 대한 태도와 성향, 진로와 관련된 지식, 진로행동의 3개 하위척도로 구성되어 있고, 세부 요인 진로에 대한 태도와 성향에는 계획성, 독립성, 태도가, 진로와 관련된 지식에는 자신에 대한 지식, 직업에 대한 지식, 학과에 대한 지식이, 진로행동에는 진로행동이 각각 세부요인으로 포함되어 있다.

검사 결과는 각 세부요인별 T점수, 백분위점수, 수준으로 제시된다. 수준은 T점수를 기준으로 70점 이상 높음, 30점 이하 낮음, 그 사이를 보통으로 구분하고, 각 수준별 해석문이 결과지에 함께 제시된다.

## 3. 상담에서의 진로발달검사 활용지침

1. 진로계획의 준비도를 파악하기 위해 여러 가지 진로발달 측정도구를 사용하라. 내담자의 발달단계를 태도와 능력 두 가지 측면에서 파악해야 한다. 그리고 내담자의 발달수준을 향상시킬 수 있는 상담활동을 계획하라.

2. 진로성숙의 다양한 측면에 대해 내담자를 가르치는 데 진로발달검사를 구성하는 각 문항들을 활용하라. '검사 자체에 대한 교육(Teaching the test)'은 진로발달의 의미를 명료화하고 과제의 주제를 제안한다.

3. 진로 관련 주제들에 대한 내담자의 사고과정을 촉진하기 위해 진로발달검사를 하게 하라. 검사를 통해 내담자는 진로계획과 관련된 문제

에 자신의 관심을 집중시키게 된다.

4. 내담자의 의사결정유형을 평가하라. 자신의 의사결정능력을 향상시키기를 원하는 내담자에게 문제해결 모델을 가르쳐라. 내담자가 자신의 진로발달을 방해하고 있는 진로미신과 왜곡된 신념을 발견하고 알아차리도록 도와라(Ellis, 1988; Mitchell & Krumboltz, 1987).

5. 진로를 결정하지 못하는 것이 단순한 정보의 부족인지 심층적인 심리적인 문제인지를 확인하라. 미결정적 성격을 가진 내담자는 진로계획에 대한 조력과 더불어 성격상담이 필요하다. 진로미결정검사의 개별 문항을 활용하여 진로미결정의 요인을 확인하라. 이 요인들을 상담 과정에서 탐색하라.

6. 진로발달검사를 수업시간 등을 활용하여 집단적으로 실시하여 교육적 · 상담적 개입에 대한 서로 다른 요구를 파악하라. 예를 들면, 진로발달검사를 통해 얻어진 정보를 진로탐색 강의나 진로탐색 집단상담의 구체적인 활동을 구성하는 데 활용할 수 있다.

7. 발달과제를 수행해 나가는 과정에서의 변화를 평가하기 위해 진로발달검사를 상담 및 수업의 일부로 다시 내담자나 학생들에게 실시하라. 진로상담 프로그램의 효과성을 평가하는 준거로 진로발달검사를 활용하라.

### 참고문헌

고향자(1992). 한국대학생의 의사결정유형과 진로미결정의 분석 및 진로결정상담의 효과. 숙명여자대학교 박사학위논문.

김봉환(1997). 대학생의 의사결정수준과 진로준비행동의 발달 및 이차원적 유형화. 서울대학교 박사학위논문.

김봉환, 김아영, 차정은, 이은경(2007). 청소년용 진로발달검사 개발과 타당화 연구.

상담학연구, 8(2), 583-602.

송보라, 이기학(2010). 한국형 진로신념척도(K-CBI) 개발과 타당화 연구. 진로교육
    연구, 23(2), 1-22.

이경희(2001). 진로 신념 검사(Career Beliefs Inventory)의 번안과 문항분석. 서울
    대학교 석사학위논문.

이상민, 남숙경, 박희락, 김동현(2007). 단축형 진로결정 자기효능감 척도의 구인타
    당도 재점검. 상담학연구, 8(3), 1047-1062.

이상희, 남숙경, 이상민(2008). 한국판 진로결정 자기효능감 척도에 대한 신뢰도 일
    반화 검증연구. 상담학연구, 9(2), 565-582.

이재창, 최인화, 박미진(2003). 진로사고검사의 한국 표준화 연구. 한국심리학회: 상
    담 및 심리치료, 15(3), 529-550.

이형국(2009). 한국 대학생용 진로신념 척도 개발. 상담학연구, 10(2), 989-1011.

임언, 정윤경, 상경아(2001). 진로성숙도 검사 개발 보고서. 서울: 한국직업능력개발원.

장석민, 임두순, 송병국(1991). 중·고등학생용 진로성숙도 검사 표준화 연구. 서울: 한
    국교육개발원.


Betz, N. E., Klein, K., & Taylor, K. (1996). Evaluation of a short form of the
    Career Decision-Making Self-Efficacy Scale. *Journal of Career
    Assessment, 4*, 47-57.

Buck, J. N., & Daniels, M. H. (1985). *Assessment of career decision making
    manual.* Los Angeles: Western Psychological Services.

CEEB. (1978). *Implementing the career skills assessment program: A handbook
    for effective program use.* New York: College Entrance Examination
    Board.

Crites, J. O. (1978). *Career Maturity Inventory: Theory and research handbook*
    (2nd ed.). Monterey, CA: CTB/McGraw-Hill.

Crites, J. O. (1993). *Career mastery inventory sourcebook.* Boulder, CO: Crites
    Career Consultants.

Ellis, A. (1988). *How to stubbornly refuse to make yourself miserable about anything yes, anything!* Secaucus, NJ: Stuart.

Fouad, N. A., & Arbona, C. (1994). Careers in a cultural context. *Career Development Quarterly, 43*, 96-104.

Gysbers, N. C., Heppner, M. J., & Johnston, J. (1998). *Career counseling: Process, issues, and techniques.* Boston: Allyn and Bacon.

Harmon, L. W. (1994). Review of the Career Decision Scale. In J. T. Kapes, M. M. Mastie, & E. A. Whitfield (Eds.), *A counselor's guide to career assessment instruments* (pp. 258-262). Alexandria, VA: National Career Development Association.

Harren, V. A. (1979). A model of career decision making for college students. *Journal of Vocational Behavior, 14*, 119-133.

Healy, C. C. (1994). Review of career Maturity Inventory. In J. T. Kapes, M. M. Mastie, & E. A. Whitfield (Eds.), *A counselor's guide to career assessment instruments* (pp. 268-272). Alexandria, VA: National Career Development Association.

Hackett, G., & Betz, N. (1981). A self-efficacy approach to the career development of women. *Journal of Vocational Behavior, 18*, 326-339.

Heppner, P. P., & Krauskopf, C. J. (1987). An information-processing approach to personal problem solving. *The Counseling Psychologist, 15*, 371-447.

Holland, J. L., Daiger, D. C., & Power, P. G. (1980). *My vocational situation.* Palo Alto, CA: Consulting Psychologists.

Hood, A. B., & Johnson, R. W. (1997). *Assessment in counseling: A guide to the use of psychological assessment procedures* (2nd ed.). Alexandria, VA: American Counseling Association.

Johnson, R. W. (1987). Review of assessment of career decision making. *Journal of Counseling and Development, 65*, 567-569.

Krumboltz, J. D. (1991). *Manual for the career beliefs inventory.* Palo Alto, CA: Consulting Psychologists.

Krumboltz, J. D. (1994). The career beliefs inventory. *Journal of Counseling and Development, 72*, 424–428.

Krumboltz, J. D., Kinnier, R. T., Rude, S., Scherba, D. S., & Hamel, D. A. (1986). Teaching a rational approach to career decision making: Who benefits most? *Journal of Vocational Behavior, 29*, 1–6.

Locke, D. C. (1988). Review of the Career Development Inventory. In J. T. Kapes, & M. M. Mastie (Eds.), *A counselor's guide to career assessment instruments* (2nd ed.) (pp. 175–179). Alexandria, VA: National Career Development Association.

Mau, W. C., & Jepsen, D. A. (1992). Effects of computer–assisted instruction in using formal decision–making strategy to choose a college major. *Journal of Counseling Psychology, 39*, 185–192.

Mitchell, L. K., & Krumboltz, J. D. (1987). The effects of cognitive restructuring and decision–making training on career indecision. *Journal of Counseling and Development, 66*, 171–174.

Myers, R. A., Thompson, A. S., Lindeman, R. H., Super, D. E., Patrick, T. A., & Friel, T. W. (1972). *The Educational and Career Exploration System: A two-year field trial.* New York: Teachers College, Columbia University.

Naylor, F. D., & Krumboltz, J. D., (1994). The independence of aptitudes, interests, and beliefs. *Career Development Quarterly, 43*, 152–160.

Osipow, S. H. (1987). *Manual for the career decision scale.* Odessa, FL: Psycho-logical Assessment Resources.

Prediger, D. J. (1988). Review of assessment of career decision making. In J. T. Kapes & M. M. Mastie (Eds.), *A counselor's guide to career assessment instruments* (2nd ed.) (pp. 165–169). Alexandria, VA: National Career Development Association.

Prochaska, J. O., DiClemente, C. C., & Norcross, J. C. (1992). In search of how people change: Application to addictive behaviors. *American Psycho-logists, 47*, 1102–1114.

Rubinton, N. (1980). Instruction in career decision making and decision–

making styles. *Journal of Counseling Psychology, 27*, 581-588.

Sampson, J. P., Jr., Peterson, G. W., Lenz, J. G., & Reardon, R. C. (1992). A cognitive approach to career services: Translating concepts into practice. *Career Development Quarterly, 41*, 67-74.

Sampson, J. P., Jr., Peterson, G. W., Lenz, J. G., Reardon, R. C., & Saunders, D. E. (1999). *The use and development of the career thought inventory.* Lutz, FL: Psychological Assessment Resources.

Savickas, M. L. (1990). The use of career choice process scales in counseling practice. In C. E. Watkins, Jr., V. L. Campbell (Eds.), *Testing in counseling practice* (pp. 373-418). Hillsdale, NJ: Erlbaum.

Shimizu, K., Vondracek, F. W., Schulenberg, J. E., & Hostetler, M. (1988). The factor structure of the Career Decision Scale: Similarities across selected studies. *Journal of Vocational Behavior, 32*, 213-225.

Super, D. E. (1957). *The psychology of careers: An introduction to vocational development.* New York: Harper.

Super, D. E. (1974). *Measuring vocational maturity for counseling and evaluation.* Washington, DC: National Vocational Guidance Association.

Super, D. E. (1984). Career and life development. In D. Brown, L. Brooks, & Associates (Eds.), *Career choice and development* (pp. 192-234). San Francisco: Jossey-Bass.

Taylor, K. M., & Betz, N. E. (1983). Applications of self-efficacy theory to the understanding and treatment of career indecision. *Journal of Vocational Behavior, 22*, 63-81.

Thompson, A. S., Lindeman, R. H., Super, D. E., Jordaan, J. P., & Myers, R. A. (1981). *Career development inventory* (Vol. 1). Palo Alto, CA: Consulting Psychologists.

Thompson, A. S., Lindeman, R. H., Super, D. E., Jordaan, J. P., & Myers, R. A. (1982). Career development inventory: College and university form. *Supplement to user's manual.* Palo Alto, CA: Consulting Psychologists.

Whinston, S. C. (2000). Individual career counseling. In D. A. Luzzo (Ed.), *Career counseling of college students* (pp. 137–156). Washington, DC: American Psychological Association.

제7장 **진로탐색과 선택 검사**

　　상담자는 일이나 다른 삶의 여러 영역에 대한 내담자의 동기 수준을 내담자 스스로 평가할 수 있도록 도와주어야 한다. 이를 위해 직업흥미, 직업가치, 적성 등의 평가가 도움이 된다. 흥미는 한 개인이 '무엇을 좋아하는가'로 정의되고, 가치란 한 개인이 '무엇을 중요하게 생각하는가'로 정의되며, 적성은 '무엇을 잘하는가'로 정의된다. Nevil과 Super(1986, p. 3)에 따르면, "가치란 행동의 목표가 되는 것이고, 흥미란 그 속에서 가치를 발견할 수 있는 활동이다." 가치는 흥미보다 직무만족도와 더 높은 상관을 보인다(Rounds, 1990). 반면 흥미는 전공 및 진로 선택과 더 깊은 관련을 갖는다(Pryor & Taylor, 1986). 이 장에서는 진로선택과 관련된 개인의 특성을 측정하는 다양한 방법에 대해 알아볼 것이다.

## 1. 직업흥미검사

Frank Parsons의 『직업의 선택(Choosing A Vocation)』이 출판된 1909년 이래 상담자들은 내담자의 진로 관련 흥미를 측정할 수 있는 방법을 찾기 위해 노력해 왔다. 다양한 활동을 각각 어느 정도 좋아하는지, 어느 정도 싫어하는지를 물어보는 직업흥미검사가 진로선택에 특히 유용하다는 것이 입증되었다.

직업흥미검사는 대상 연령, 직업의 수준, 문항의 형태 등에 따라 다양하게 분류해 볼 수 있다. 여러 측면에서 볼 때 척도의 형태에 따른 분류가 가장 유용하고, 크게 세 가지 형태의 직업흥미 측정방법이 있다. 한 가지 형태는 예술, 기계, 스포츠 등 다양한 활동 영역에 대한 개인의 흥미 정도를 측정하는 것이다. 이러한 검사들은 흔히 보편적 흥미검사 또는 기초흥미검사라고 명명된다. 이러한 검사들은 한 가지 형태의 활동만을 지칭하고 있어서 본질적으로 동질적이다. 따라서 상대적으로 해석이 쉽다.

이 유형의 직업흥미 검사는 사람들의 성격과 직업생활의 유형을 분석하여 6개의 유형(RIASEC)으로 분류한 Holland의 직업적 성격유형론에 기초한 직업선호도검사(Vocational Preference Indicator; VPI) 및 진로탐색검사(Self-Directed Search; SDS)가 대표적이다. 우리나라에서 사용되는 흥미검사 중 Holland 진로탐색검사(중·고생용), Holland 적성탐색검사(대학생 및 성인용), 스트롱 진로탐색검사(중·고생용)의 흥미유형 하위 척도, 스트롱 직업흥미검사(대학생 및 성인용)의 흥미유형 및 기본흥미 척도, 노동부 직업선호도검사의 직업적 흥미 하위 척도가 여기에 속한다.

반면 다른 유형의 직업흥미검사는 어떤 특정한 직업에 종사하는 사람들의 흥미 패턴과의 유사성을 측정한다. 직업검사라고 불리고, 문항 내용면에 있어 서로 이질적이다. 한 직업에 종사하는 사람들의 흥미와 일반인들의 흥미를 구분해 주는 여러 문항으로 구성되어 있다. 여러 흥미가 한 문항의 내용에 포함되어 있으므로 상대적으로 해석이 어렵다. 이론적 근거나 논리적 추론이 아닌 집단 간 차이에 대한 관찰에 근거한 실증적 연구 과정을 통해 문항이 선정된다. 서로 다른 직업에 종사하는 사람들의 흥미를 변별하는 각 문항의 효과성을 확인하기 위해 판별 분석과 같은 타당화 과정이 주로 사용된다. 이 방식은 초기 스트롱 직업흥미검사(Strong Vocational Interest Blank; SVIB)의 주류를 이루었고, 현재 사용되고 있는 스트롱 흥미검사(Strong Interest Inventory; SII)의 하위 척도인 직업척도(Occupational Scale)가 대표적 예다. 그러나 우리나라 스트롱 직업흥미검사(대학생 및 성인용)에는 직업 척도가 포함되어 있지 않아, 아직 이런 형태의 흥미검사를 우리나라에서 찾아보기는 어려운 실정이다.

마지막으로 세 번째 형태의 직업흥미검사는 자기보고식 문항이 아닌 투사적 방법의 검사다. 직업카드분류가 대표적인데, Tyler(1961)가 최초로 개발한 직업카드는 카드에 직업명이 적혀 있고, 이 카드들을 '선택할 것이다(would choose)' '선택하지 않을 것이다(would not choose)' '모르겠다(no opinion)'의 세 영역으로 분류하게 한다. 좋아하는 직업('선택할 것이다'로 분류된 직업)의 공통된 흥미특성을 통해 개인의 흥미를 발견할 수 있다. 자신의 특성에 대해 잘 인지하지 못하는 아동이나 자기보고를 어려워하거나 자기이해 수준이 낮은 내담자에게 유용한 검사라고 할 수 있다. Missouri Card Sort, Missouri Occupational Preference Inventory, Nonsexist Vocational Card Sort, Occ-U-Sort, Slaney Vocational Card Sort 등이 미국에서 사용되고 있고, 우리나라에서도 고등학생용 직업카드분류(최명운, 2002), 초등학생용 직업카드분류(조유미, 2002), 여성용 직업카드분류(박선영, 2003) 등이 개발되었다. 이를 바탕으로 효과적인 진로지도를 위한 직업카드 활용 프로그램 중·고·대학생용(김봉환, 최명운, 2003)과 초등학생용(김봉환, 조유미, 2003)이 출판되었다.

　지금까지 살펴본 모든 형태의 검사는 모두 진로 또는 생애계획 과정에 유용하다. 기초흥미검사는 해석이 용이하므로 상담의 기회가 제한된 여러 상황에 널리 활용될 수 있다. 그러나 기초흥미검사에 분포하는 많은 정보를 하나의 점수로 나타내는 척도들이므로 이 척도만 사용할 경우 한계가 있을 수 있다. 따라서 대부분의 경우 고등학생이나 더 어린 학생들에 대해서는 흥미에 대한 광범위한 측정도구를 사용해야 한다. 이 검사들은 해석이 쉬울 뿐만 아니라 청소년들이 여러 직업을 충분히 탐색해 볼 기회를 갖지 못한 채 특정 직업에 너무 빨리 초점을 맞추게 되는 것을 방지해 주는 역할을 한다.

　이 장에서는 진로 및 생애 계획에서 가장 많이 사용되고 있는 몇 가지 흥미검사를 소개하고자 한다. 우리나라에서 많이 사용되고 있는 홀랜드 검사, 스트롱 검사, 노동부 직업선호도검사, 직업카드분류를 중심으로 그 내용을 살펴볼 것이다.

## 1) 홀랜드 검사

　진로심리학자인 John Holland는 1953년 직업선호도검사(Vocational Preference Inventory; VPI)를 최초로 개발하였고, 이후 직업선호도검사(VPI)는 8번의 개정 과정을 거쳐 현재 사용되고 있는 진로탐색검사(Self-Directed Search; SDS)(Holland, Powel, & Fitzshe, 1994)로 발전하였다. 우리나라에서는 안창규(1996)가 Holland 이론을 적용하여 문항을 개발하고 표준화 과정을 거쳐 홀랜드 진로탐색검사(중ㆍ고생용) 및 홀랜드 적성탐색검사(대학생 및 성인용)를 개발하여 현재 여러 상담기관에서 사용되고 있다.

　홀랜드 진로탐색검사(SDS)는 Holland의 직업적 성격유형론에 입각하여 개발된 검사로 성격에 관한 Holland의 연구는 유형론에 초점을 두고 있다. Holland는 각 개인은 여섯 가지 기본 성격유형 중의 하나와 유사하다고 주장한다. 또한 여섯 가지 성격유형이 있듯이 여섯 가지 환경유형이 있는데, 이것도 성격과 같이 확실한 속성과 특성에 따라 설명될 수 있다. 환경은 환경에 속해 있는 사람들에 의해 특징이 나타난다. 예컨대 학교에서 근무하고 있는 사람의 성격유형은 일반 사무실에서 일하고 있는 사람들의 성격유형과 다르다. 이러한 Holland의 이론은 다음과 같은 기본 가정을 근간으로 하고 있다(Holland, 1997).

첫째, 대부분의 사람들은 여섯 가지 직업적 성격유형, 즉 실재형(Realistic), 탐구형(Investigative), 예술형(Artistic), 사회형(Social), 기업형(Enterprising), 관습형(Conventional) 중 한 가지 유형으로 분류될 수 있다(〈표 7-1〉 참조). 사람들은 성장하면서 부모, 사회계층, 문화, 물리적 환경 등에 영향을 받아 각자의 독특한 성격이 형성되고 이후 다양한 경험을 통해 좋아하는 활동이 생겨나며, 그 결과 특정한 적성이나 유능감이 형성된다.

둘째, 사람들의 직업이나 생활환경도 여섯 가지 유형, 실재형(Realistic), 탐구형(Investigative), 예술형(Artistic), 사회형(Social), 기업형(Enterprising), 관습형(Conventional)으로 구분된다(〈표 7-1〉 참조).

직업이나 생활환경은 그 직업에서 요구하는 성격유형을 가진 사람들에 의해 지배되는 경향이 있다. 예를 들면, 사회적 환경(S)은 주로 사람들을 돕고 가르치는 활동을 하도록 요구하므로 그러한 성격 특성을 가진 사회형(S)의 사람들이 그 환경에 가장 많다.

셋째, 사람들은 자신의 능력과 기술을 발휘하고 태도와 가치를 표현하고 자신에게 맞는 역할을 수행할 수 있는 환경을 찾는 경향이 있다. 실재형(R)의 사람들은 실재적(R) 환경을 사회형(S)의 사람들은 사회적(S) 환경을 추구한다. 따라서 개인의 성격유형은 곧 특정한 문화 속에서 살아온 결과라고 할 수 있고, 이것은 사람들이 어떻게 자신의 목표, 진로선택, 전직을 해왔는가를 설명해 준다.

넷째, 개인의 행동은 성격특성과 환경특성 사이의 상호작용에 의해서 결

⟨표 7-1⟩ Holland의 여섯 가지 직업적 성격의 특성

| 직업적 성격유형 | 성격특징 | 선호하는/싫어하는 직업적 활동 | 대표적인 직업 |
|---|---|---|---|
| 실재적 유형 (Realistic type) | 남성적이고, 솔직하고, 성실하며, 검소하고, 지구력이 있고, 신체적으로 건강하며, 소박하고, 말이 적으며, 고집이 있고, 직선적이며, 단순하다. | 분명하고, 질서정연하게, 그리고 체계적으로 대상이나 연장, 기계, 동물들을 조작하는 활동 내지는 신체적 기술들을 좋아하는 반면, 교육적인 활동이나 치료적인 활동은 좋아하지 않는다. | 기술자, 자동차 및 항공기 조종사, 정비사, 농부, 엔지니어, 전기 · 기계기사, 운동선수 등 |
| 탐구적 유형 (Investigative type) | 탐구심이 많고, 논리적 · 분석적 · 합리적이며, 정확하고, 지적 호기심이 많으며, 비판적 · 내성적이고, 수줍음을 잘타며, 신중하다. | 관찰적 · 상징적 · 체계적으로 물리적 · 생물학적 · 문화적 현상을 탐구하는 활동에는 흥미를 보이지만, 사회적이고 반복적인 활동들에는 관심이 부족한 면이 있다. | 과학자, 생물학자, 화학자, 물리학자, 인류학자, 지질학자, 의료기술자, 의사 등 |
| 예술적 유형 (Artistic type) | 상상력이 풍부하고, 감수성이 강하며, 자유분방하며, 개방적이다. 또한 감정이 풍부하고, 독창적이며, 개성이 강한 반면, 협동적이지는 않다. | 예술적 창조와 표현, 변화와 다양성을 좋아하고, 틀에 박힌 것을 싫어한다. 모호하고, 자유롭고, 상징적인 활동을 좋아하지만, 명쾌하고, 체계적이고, 구조화된 활동에는 흥미가 없다. | 예술가, 작곡가, 음악가, 무대감독, 작가, 배우, 소설가, 미술가, 무용가, 디자이너 등 |
| 사회적 유형 (Social type) | 사람들과 어울리기 좋아하며, 친절하고, 이해심이 많으며, 남을 잘 도와주고, 봉사적이며, 감정적이고, 이상주의적이다. | 타인의 문제를 듣고, 이해하고, 도와주고, 치료해 주고, 봉사하는 활동에는 흥미를 보이지만, 기계 · 도구 · 물질과 함께 명쾌하고, 질서정연하고, 체계적인 활동에는 흥미가 없다. | 사회복지가, 교육자, 간호사, 유치원 교사, 종교지도자, 상담가, 임상치료가, 언어치료사 등 |
| 기업적 유형 (Enterprising type) | 지배적이고, 통솔력 · 지도력이 있으며, 말을 잘하고, 설득적이며, 경쟁적이고, 야심적이며, 외향적이고, 낙관적이고, 열성적이다. | 조직의 목적과 경제적 이익을 얻기 위해, 그리고 경제적 이익을 얻기 위해 타인을 선도 · 계획 · 통제 · 관리하는 일과 그 결과로 얻어지는 위신 · 인정 · 권위를 얻는 활동을 좋아하지만 관찰적 · 상징적 · 체계적 활동에는 흥미가 없다. | 기업경영인, 정치가, 판사, 영업사원, 상품구매인, 보험회사원, 판매원, 관리자, 연출가 등 |

| 관습적 유형 (Conventional type) | 정확하고, 빈틈이 없고, 조심성이 있으며, 세밀하고, 계획성이 있으며, 변화를 좋아하지 않으며, 완고하고, 책임감이 강하다. | 정해진 원칙과 계획에 따라 자료들을 기록, 정리, 조직하는 일을 좋아하고, 체계적인 작업 환경에서 사무적 · 계산적 능력을 발휘하는 활동을 좋아한다. 그러나 창의적, 자율적이며 모험적 · 비체계적인 활동에는 매우 혼란을 느낀다. | 공인회계사, 경제분석가, 은행원, 세무사, 경리사원, 컴퓨터 프로그래머, 감사원, 안전관리사, 사서, 법무사 등 |

정된다. 이러한 상호작용의 결과는 진로선택, 전직, 직업적 성취, 유능감, 교육적 · 사회적 행동으로 나타난다.

### (1) 검사의 개발 과정

안창규(1996)는 미국의 진로탐색검사(Self-Directed Search; SDS)를 그대로 번역하기보다는 한국의 중 · 고등학생 및 대학생들의 낮은 진로성숙 수준, 진로교육 기회의 결여 및 문화적 차이 등을 고려하여, 미국의 SDS 개발 과정과 거의 동일한 방법으로 새롭게 재구성하였다.

1차 개발 과정에서는 각종 직업인의 성격, 적성, 능력 및 특징을 소개한 국내외 서적을 참고하여 165개 문항으로 구성된 유능성 척도, 269개의 문항으로 구성된 성격 적성 척도, 345개의 직업으로 구성된 직업흥미 척도, 120개 문항으로 구성된 직업적 활동 척도, 124개 문항으로 구성된 직업가치 척도를 만들었다. 인문계 고등학교 1학년 및 2학년 947명을 대상으로 문항 타당화 과정을 거쳐 진로탐색검사 A형을 완성하였다.

2차 개발 과정에서는 1차 개발 과정에서 완성한 진로탐색검사 A형을 중학교 2학년 640명 및 고등학교 1학년 446명, 대학교 3학년 21개학과 981명에게 실시하여 문항내적 합치도, 문항-합계 점수 간 상관, 영역별 척도 간 상관, 문항-각 척도 간 상관, 요인분석 등의 타당화 과정을 거쳤다. 이 과정에서 문항내적 합치도가 비교적 낮은 실재적 유형(R)에 포함된 5개 문항을 수정·보완하여 진로탐색검사 B형을 완성하였다.

3차 개발 과정에서는 진로탐색검사 B형을 인문계 고등학교 1학년 1,085명에게 실시하여 타당화 과정을 완료하고 최종적인 진로탐색검사를 개발하였다. 마지막으로 최종판 진로탐색검사를 표준집단(중학생 남 210명, 여 201명, 고등학생 남 284명, 여 278명, 대학생 남 488명, 여 678명 등 총 2,134명)에 실시하여 표준화 작업까지 완료하였으며, '홀랜드 진로 및 적성 탐색검사의 해석과 활용'에 그 규준이 제시되어 있다(안창규, 1995).

이렇게 개발된 한국판 홀랜드 검사는 중·고등학교 학생용으로 만들어진 홀랜드 진로탐색검사와 대학생 및 성인용으로 만들어진 Holland 적성탐색검사의 두 가지 유형이 있다. 그리고 각각은 자가채점용과 컴퓨터채점용이 있다.

### (2) 검사의 구성

홀랜드 진로탐색검사(중·고생용)는 직업적 성격유형 찾기, 활동, 성격, 유능감, 직업, 능력 평정의 여섯 가지 영역으로 구성되어 있고, 홀랜드 적성탐색검사(대학생 및 성인용)는 여기에 가치 영역이 하나 더 포함되어 일곱 가지 영역으로 구성되어 있다. 각 영역의 문항에는 긍정이면 'O', 부정이면 'X'로 응답하게 되어 있으며 자가채점용 검사지에는 그대로 표시하고 컴퓨터용 검사지의 경우에는 OMR카드에 컴퓨터 사인펜으로 칠하도록 되어 있다.

첫 번째의 직업적 성격유형 찾기는 검사의 바탕을 이루고 있는 RIASEC의 직업적 성격유형에 관한 일반적이고도 포괄적인 이해를 내담자에게 갖게 해 주며 또한 평소 자기 자신에 관한 이해가 실제 검사를 통하여 측정된 것과 어느 정도 일치하는가를 알게 하여 자신의 정확한 코드를 찾게 하는 동기유발과 함께 자신에 대한 이해를 촉진시키고자 하는 데 목적이 있다.

그리고 나머지는 성격은 성격 영역에, 활동과 직업은 직업적 흥미 영역에, 유능감과 능력평정은 능력 영역에 포함되어 세 영역으로 분류된다. 이와 같은 영역 구성은 홀랜드 검사가 기존의 직업적 흥미검사가 흥미 영역에만 관심을 두고 있었다는 점과 다른 특징을 보여 준다. 즉, 홀랜드 검사는 직업적 성격 유형을 찾아내는 데 있어서 보다 포괄적 영역에 걸쳐 이루어지고 있다.

### (3) 검사의 실시

홀랜드 검사는 중학생 이상, 즉 만 13세 이상이고 한글을 해독할 수 있으면 누구에게나 실시할 수 있다. 일반적으로 대부분의 성인들은 적성탐색검사의 각 문항과 검사의 결과와 관련시킬 수 있는 직업적·개인적 정보를 알고 있기 때문에 적성탐색검사를 흥미롭게 여길 것이다. 그러나 진로성숙도가 낮은 중학생 또는 특수한 학생들을 대상으로 진로탐색검사를 실시하고자 할 때 직업이나 학과에 대한 보다 상세한 보충 설명을 해 주는 것이 바람직하다.

홀랜드 진로탐색검사 및 적성탐색검사는 개별적으로 또는 집단적으로 실시할 수 있다. 시간제한이 있는 검사가 아니므로 엄격하게 시간을 통제할 필요는 없지만, 검사를 실시하는 데 소요되는 시간은 대략 40~50분 정도다. 그러나 내담자의 진로성숙도의 정도에 따라 문항의 내용을 잘 이해하지 못하여 상담자가 설명을 해 주는 경우에는 더 많은 시간이 소요될 것이다.

홀랜드 검사는 개별적으로 실시하고 그 결과를 해석해 주는 데는 역시 개별상담의 형태로 전달해 주는 것이 가장 효과적인 방법이다. 그러나 집단검사에서도 역시 다음과 같은 적절한 조치를 취해 준다면 효과적으로 활용할 수 있다.

첫째, 검사 전에 본 검사의 지시문을 정독하여 익힌 후 내담자들에게 지시문의 내용을 충분히 알게 하고 이해시켜 검사 중에 질문이 없도록 하는 것이 중요하다. 둘째, 50명 이상의 내담자들을 대상으로 검사를 실시하고자 할 때는 검사실시자 외에 조수가 한 명 있는 것이 바람직하다. 셋째, 검사를 수행해 가는 속도는 내담자들에 따라 매우 차이가 날 수 있다. 따라서 지시문이나 응답 요령을 말해 주면서 응답 속도를 일률적으로 통제하면서 실시하기가 곤란하다. 따라서 내담자들의 주의를 잘 집중시킨 후 미리 설명해 주는 것이 필요하다. 내담자들이 각 문항에 제대로 응답하고 있는지 확인해야 하고, 제대로 응답하지 못하는 내담자가 있다면 다른 사람에게 방해가 되지 않도록 조용히 도와준다. 넷째, 집단검사를 통해 홀랜드 검사를 실시할 때는 결과 해석을 위한 정보제공 시 개인면담 시간이나 집단면담 시간을 마련해 주는 것이 바람직하다. 진로결정을 위한 집단프로그램, 진로성숙을 위한 집단프로그램, 교사가 학습 단위로 진로지도를 하기 위해 진로탐색검사를 실시하는 경우에는 서로 결과를 논의할 수 있는 집단면담 시간을 충분히 주면 개인적으로 진로탐색검사를 실시하는 것보다 더 많은 도움을 줄 수도 있다.

### (4) 검사 결과의 해석

홀랜드 검사는 RIASEC 영역의 각각에 대한 요약 점수를 제공한다. 홀랜드 진로탐색검사는 성격, 유능감, 활동, 직업, 자기평정의 5개 하위 검사의 RIASEC 점수와 전체 RIASEC 요약 점수를 결과로 제시한다. 홀랜드 적성탐색검사는 가치, 성격, 유능감, 활동, 직업, 자기평정의 6개 하위 검사의 RIASEC 점수와 전체 RIASEC 요약 점수를 결과로 제시한다.

결과 해석 과정은 홀랜드 진로탐색검사와 홀랜드 적성탐색검사에서 거의 동일하다. 결과 해석 과정에서는 일관도(consistency), 변별도(differen-tiation), 긍정응답률, 진로정체감(career identity), 검사 전후의 진로코드 및 최종적 진로코드 등을 분석하고 검토한다. 이러한 내용은 내담자의 진로발달 및 성숙도를 알아볼 수 있고, 검사 결과 얻어진 진로코드의 안정성을 가늠할 수 있게 하며 역시 후속되는 진로상담의 방향을 결정하는 데 도움이 된다.

① 일관도

일관도는 검사에서 얻어진 진로코드가 RIASEC의 육각형 모형에서 자리 잡고 있는 위치에 의해 결정된다. 즉, RIASEC 모형이 지닌 성질인 인접한 유형 간에는 밀접한 관계가 있고, 대각선으로 마주 보고 있는 유형 간에는 반대의 관계가 있다는 점을 고려하여 일관성 지수를 계산한다. 두 자리 유형코드가 인접한 유형일 때 3점, 두 자리 유형코드가 인접하지 않거나 마주 보고 있지 않을 때 2점, 두 자리 유형코드가 서로 마주 볼 때 1점이다. 일관도는 보다 안정된 직업 경력과 관련이 있고, 이러한 일관도는 직업적 성취와 자신의 목표를 장기적으로 추구해 온 사람들에게서 높게 나타나는 경향이 있다.

② 변별도

변별도는 검사에서 얻어진 내담자의 RIASEC 프로파일이 어느 정도 분화되어 있는가를 말한다. 변별도 지수는 전범위 점수(최고점수−최고점수, DR)와 Iachan 지수(DI)로 제시된다. 또 다른 간편한 변별도 지수를 알아보는 방법으로는 첫 번째 코드와 두 번째 코드 또는 세 번째 코드 등 여러 코드 간의 점수 차이가 10점 이상이 되면서 프로파일상 높고 낮은 구분이 뚜렷하면 변별도가 높고, 평평한 분포를 이루면 변별도가 낮다고 말한다.

비교적 평평한 모양의 프로파일, 즉 각 유형별 총점이 모두 낮거나 또는 모두 높아서 변별도가 낮은 경우, 이것이 의미하는 바는 다음 중 하나에 해당한다.

• 내담자가 진로발달에 경험이 부족하거나 미성숙한 경우

- 여러 가지 재능과 흥미를 가진 잘 통합된 내담자일 가능성도 있으나, 일관도가 낮으면서 평평한 모양의 프로파일은 혼란스러운 상태인 경우
- 높게 평평한 프로파일은 활기가 넘치고 다양하고 광범위한 흥미와 재능을 가진 경우
- 낮게 평평한 프로파일은 문화적 경험의 부족 · 자기거부 · 정체감의 혼란인 경우

### ③ 긍정응답률

긍정응답률은 검사 전체 문항에 대한 내담자의 긍정 반응의 백분율을 말한다. 만일 어떤 내담자가 검사를 하면서 극히 소수의 문항에만 긍정으로 응답했다면 전체적으로 각 척도의 프로파일은 낮게 나타날 것이고, 그 반대로 거의 모든 문항에 대해 긍정으로 응답했다면 프로파일의 모든 척도는 높게 나타날 것이다.

긍정응답률이 낮은 경우(24% 이하)는 내담자가 진로나 직업 선택에 있어서 진로를 일생 동안 이루어 가는 과정이라고 생각하지 않을 수 있다. 특정 직업을 선정하여 다른 가능성을 배제하고 있거나, 자아개념이 너무 부정적이어서 우울하거나, 매사에 무력감을 나타내고 흥미를 보이지 않거나, 성격적으로 너무 편협한 사람일 가능성이 있다.

긍정응답률이 높은 경우(65% 이상)는 내담자가 너무 다양한 흥미나 성격 내지는 능력을 보이고 있어서 무엇이라고 자신의 성격, 흥미, 능력을 특징지을 수 없거나, 특정한 분야에서 흥미나 진로를 선택적으로 받아들이지 못할 수 있다. 또한 진로성숙도가 너무 비현실적 또는 환상적 수준에 있어서 모든 것에 대해 긍정적으로 응답한 경우일 수 있다.

### ④ 진로정체감

진로정체감은 내담자가 지금까지 살아오면서 어떤 진로유형을 선택하고

개발시켜 왔는지에 관한 안정성의 정도라고 할 수 있다. 홀랜드 검사의 결과로 제시되는 일관도, 변별도, 긍정응답률 등을 종합하여 진로정체감을 가늠해 볼 수 있다. 즉, 진로정체감이 잘 발달된 내담자라면 일관도와 변별도가 높고 긍정응답률이 적정 수준에 있을 것이다.

⑤ 최종 진로코드

홀랜드 검사의 결과 해석지에는 성격, 활동, 직업, 가치, 유능감, 자기평정 등의 순으로 각 척도 채점 문항 수에 대한 긍정응답 수의 백분율인 P점수가 RIASEC 각 척도별로 제시된다. 더불어 RIASEC 각 척도에 대한 전체 요약 점수가 긍정응답 백분율인 P점수로 제시되고 그 분포도도 제시된다.

전체 요약 점수 분포에서 가장 높은 것의 척도코드와 두 번째 높은 것의 척도코드를 순서대로 기록한 것이 최종 진로코드다. 예를 들어 R이 가장 높고 그다음이 I라면 RI가 진로코드가 된다. 만일 R의 점수와 I의 점수 간의 차이가 10점 이하이면 RI 그리고 IR도 함께 최종 진로코드가 된다. 만일 I와 R은 10점 이상 차이가 나면서 세 번째 높은 척도가 C이고 I와의 점수 차이가 10점 이하이면 RC도 역시 최종 진로코드가 된다. 따라서 RI와 RC 2개가 최종 진로코드가 된다.

⑥ 프로파일의 해석

프로파일의 분포를 잘 분석한 후 두 자리의 전체 요약 진로코드를 결정하고 나면 그것을 근거로 해서 성격, 흥미 및 능력의 측면에서 내담자의 특성을 기술한다. 진로상담을 위해서 진로탐색검사 결과는 '이 내담자는 어떤 사람인가?' '이 내담자는 어떤 재능, 어떤 기술을 가지고 있는가?' '내담자에게 가장 적합한 진로는 무엇인가?'에서 해석되고 추론의 초점이 맞추어져야 한다.

컴퓨터로 제시되는 결과 해석지에는 각 두 자리 진로코드의 전형적인 특징들만이 기술되어 있다. 그러나 이러한 결과는 충분히 내담자를 기술해 주지 못하는 제한점을 갖는다. 따라서 진로상담 전문가는 보다 면밀한 진로상담 형태의 해석 상담을 제공해야 한다.

### ⑦ 진로선택

진로유형코드가 확정적으로 결정되고 나면 진로코드에 따라 진로선택을 할 수 있다. 결과 해석지에는 각 진로코드에 적합한 학과와 직업이 제시된다. 이를 근거로 다음과 같은 영역의 진로선택에 참고할 수 있다.

- 중학교 3학년 학생이 어떤 유형의 고등학교를 택할 것인가?
- 고교 3학년 또는 재수생들이 대학의 어느 학과를 선택할 것인가?
- 고교 졸업생들이 어떤 직업을 선택하는 것이 적합할 것인가?
- 대학생 중 자신의 전공학과의 적합성을 알아보거나 부전공 또는 복수전공을 선택할 것인가?
- 대학원 진학, 취업 중 어느 것을 택할 것이며 취업 시 어느 직종을 선택하는 것이 적합한가?
- 회사에 취업 시 어떤 직무를 맡게 되면 가장 능률적이고 인생에 만족하는 직장생활을 할 수 있을까?
- 이직, 전직의 참고 자료
- 여가, 오락, 취미활동의 참고 자료

### ⑧ 검사 결과 해석상 유의사항

첫째, 내담자에게 어떤 분야에 흥미가 있는지 있다면 그것이 얼마나 두드러지고 강한 흥미인지를 살펴보아야 한다. 이때 두드러진 흥미가 있다면 검사 전반에 걸쳐서 그 영향이 중요하게 작용하고 있다는 점을 고려해 보아야 한다.

둘째, 전체 요약코드의 육각형 모형에서의 변별도와 일관도도 살펴볼 뿐만 아니라 선택된 진로코드와 다른 나머지 코드들의 분포와의 관계를 살펴보아야 한다. 예를 들어 SE 유형이면 반대편 RI 점수가 가장 낮게 나타나는지 그리고 A와 C가 상대적으로 더 높은지 등을 검토해서 전체적으로 잘 구조화되어 있는 분포인지 확인해 본다. 이러한 구조화가 잘 되어 있으면 있을수록 검사 결과와 해석이 타당하다.

셋째, 진로코드 간의 점수 차이가 10점 이하이면 가능한 코드 조합 모두를 고려해야 한다. 이러한 다양한 코드에도 불구하고 잘 구조화되어 있으면 검사 결과와 해석은 타당할 수 있지만 그렇지 못하면 개인상담을 통해 진로미성숙이나 성격적 결함 등의 문제를 함께 탐색해 보아야 한다.

넷째, 전체 긍정응답률이 너무 높거나 낮은 경우, 일관도가 낮은 경우, 변별도가 낮은 경우, 특이한 프로파일 등은 개인상담을 통해 그 원인을 들어보고 종합적으로 해석해야 한다.

## 2) 스트롱 검사

스트롱 검사는 다양한 직업세계의 특징과 개인 흥미 간의 유의한 자료를 제공해 주는 도구로서 현재 세계 각국에서 활용되고 있는 흥미검사다. 오랜 기간 이론과 경험자료의 연구 분석을 통해 체계적으로 구성된 흥미 목록의 형태(Inventory Form)로 광범위하고 친숙한 문항을 사용하여 반응자의 흥미 정도(혹은 흥미유무)를 묻는다. 그 결과 개인이 어떤 활동에 가치를 두는지, 어떤 직업이 적합한지, 어떤 환경이 적합한지, 어떤 사람들과 일하는 것을 좋아하는지 등에 관계되는 척도별 점수를 제공하여 개인의 전체적인 흥미의 경향성을 알아보고, 이들 경향성이 직업세계와 어떻게 관련되어 있는지, 이러한 발견점을 개인의 진로 및 직업을 탐색하는 데 어떻게 적용할 것인지를 알아볼 수 있도록 구성되어 있다.

1927년 Strong이 최초로 스트롱 직업흥미검사(Strong Vocational Interest Blank; SVIB)를 제작한 이래 계속 개정되어 오고 있다. SVIB의 남성용과 여성용을 통합하여 1974년 David Campbell이 제작하고, 1981년과 1985년에 Jolda Hansen의 도움으로 개정 과정을 거쳤던 스트롱-캠벨 흥미검사(Strong-Campbell Interest Inventory, SCII)를 현재는 스트롱 흥미검사(Strong Interest Inventory, SII)가 대신하고 있다. SII는 1994년 스트롱 흥미검사(Harmon et al., 1994)를 거친 2004년 스트롱 흥미검사(SII, Donnay, Morris, Schaubhut, & Thompson, 2004)가 현재로서는 가장 최신판인데 1994년 SII와 2004년 SII가 함께 사용되고 있다.

미국에서 사용되고 있는 스트롱 흥미검사(SII)는 일반직업분류(General Occupational Theme scales; GOT), 기본흥미 척도(Basic Interest Scales; BIS), 직업 척도(Occupational Scales; OS), 개인특성 척도(Personal Style Scales; PSS)의 네 가지 하위 척도의 점수를 결과로 제시한다. 1994년 SII는 317문항, 2004년 SII는 291문항으로 대부분 25~35분에 마칠 수 있다. 검사지를 Consulting Psychologists Press(CPP)로 보내면 그곳의 컴퓨터나 채점담당자가 채점한다. 또한 CPP가 제공하는 온라인검사 사이트를 통해 온라인 검사도 받을 수 있다.

〈표 7-2〉 스트롱 검사의 구성 비교

| 미국(Consulting Psychologists Press, CPP) | 한국(어세스타, 김정택, 김명준, 심혜숙 공저) | |
|---|---|---|
| Strong Interest Inventory (SII) | 스트롱 진로탐색검사 | 스트롱 직업흥미검사 |
| GOT(일반직업분류) BIS(기본흥미 척도) PSS(개인특성 척도) OS(직업 척도) | 중·고등학생 대상 미국 원검사의 GOT 척도 채택 진로성숙도 척도(한국 자체 개발) | 대학생이상 일반인 대상 GOT, BIS, PSS의 세 가지 세부 척도를 적용 |

　우리나라에서는 1994년 스트롱 흥미검사를 근간으로 중·고등학생용인 스트롱 진로탐색검사와 대학생 이상 일반인용인 스트롱 직업흥미검사가 2001년 출판되었다. 미국의 스트롱 흥미검사와 우리나라에서 사용되고 있는 스트롱 진로탐색검사 및 스트롱 직업흥미검사의 구성은 〈표 7-2〉와 같다.

### (1) 스트롱 진로탐색검사

　광범위한 영역의 흥미 탐색을 통한 포괄적 흥미 영역 규명 및 계열 선택, 진학계획 수립을 위한 기초자료를 제공하기 위한 목적으로 미국의 스트롱 흥미검사의 네 가지 척도 가운데 일반직업분류(GOT) 척도를 채택하고 한국의 중·고등학생들의 진로성숙의 수준을 측정하기 위한 새로운 척도를 개발하여 진로성숙도검사와 직업흥미검사의 두 부분으로 구성하였다.

　1부 진로성숙도검사에서는 진로정체감, 가족일치도, 진로준비도, 진로합리성, 정보습득률 등을 측정하고, 2부 직업흥미검사에서는 직업, 활동, 교과목, 여가활동, 능력, 성격특성 등에 대한 문항을 통해 학생들의 흥미유형을 포괄적으로 파악할 수 있도록 한다. 진로성숙도 점수가 특히 낮을 경우 흥미유형도 명확히 나타나지 않는다. 따라서 결과 해석지에는 진로성숙도 부족 요인에 '*' 표시가 되고, 표시된 부족 요인이 있는지 확인한 후 이에 대해 전문적인 해석과 상담이 필요하다.

　학생들에 대한 스트롱 진로탐색검사 결과 자료들은 각 개인에게 적합한 직업 관련 경험과 행동을 하도록 조언해 줌으로써 그들의 장래 진로를 위한 상담 자료로 활용될 수 있다. 학생들에게 진학과 진로, 직업 적응에 필요한 행동을 습득할 수 있도록 하는 것은 그들에게 장래 자신의 직업에 대한 명확한 정체성을 갖도록 해 주는 과정이 될 수 있다. 최근 정보화 사회로 접어들면서 새로운 업종이 늘어 가고, 보다 전문화된 능력과 기술을 필요로 하는 직업세계의 변화에 따라 가중되고 있는 청소년 진로선택에 대한 고민을 제대로 풀어 가는 데 스트롱 진로탐색검사가 특히 도움이 될 수 있다.

개인이 자신의 검사 결과 및 해석 과정에 대한 수용 여부, 인상, 평가 등을 정리해 보고, 수립된 진로탐색 결과를 좀 더 구체적으로 실행할 계획을 갖도록 하며, 마지막으로 진로탐색의 과정이 전생애를 통한 끊임없는 과정으로 계속적인 노력을 기울여야 함을 강조한다.

## (2) 스트롱 직업흥미검사

스트롱 직업흥미검사는 미국의 스트롱 흥미검사(SII)의 한국판으로 고등학교 이상 성인에게 적용 가능하다. 스트롱 직업흥미검사는 세분화된 직업흥미탐색을 통한 개인의 흥미 영역 세분화에 초점을 두고 보다 구체적인 진로탐색 및 진학계획, 경력개발 등에 효과적으로 사용될 수 있게 만들어졌다. 미국 SII를 구성하는 4개 하위 척도 중 직업 척도(OS)를 제외한 세 가지 척도의 317문항을 채택하여 8,865명을 대상으로 한국 규준을 마련하였다. 3개 하위 척도의 내용은 다음과 같다.

### ① 일반직업분류(GOT) 점수

직업심리학자 Holland의 진로선택 이론이 반영된 6개의 분류(RIASEC)로 GOT 점수들은 내담자의 흥미에 관한 포괄적인 전망을 제공한다. '그 유형의 사람들이 좋아하는 활동은 무엇인지' '그들에게 적합한 직업의 종류는 무엇인지' '어떠한 환경(직업, 여가 혹은 생활 환경)이 그들에게 편안한지' '어떤 종류의 사람들이 그들의 마음을 끄는지' 등이다.

### ② 기본흥미 척도(BIS) 점수

GOT의 하위 척도이며, 실제로 상관이 높은 문항을 집단화시켜 완성한 특정 활동과 주제에 대한 25개의 세부 척도(〈표 7-3〉)로 GOT를 특정한 흥미들로 세분화한다. 따라서 모든 BIS는 그것과 관련된 GOT하에 있는

⋮ 〈표 7-3〉 기본흥미 척도(BIS)의 25개 세부 척도

| 농업 | 야외 환경에서의 힘든 신체적 노동을 반영한다. |
|---|---|
| 자연 | 자연의 아름다움을 감상하고 야영, 사냥, 낚시 등과 같이 야외에서의 재창조적인 활동에 대한 흥미다. |
| 군사활동 | 구조화된 환경, 질서 있고 명령의 체계가 분명한 것에 대한 흥미다. |
| 운동경기 | 경기 관람을 포함, 스포츠에 대한 강한 흥미를 말하며, 개인 스포츠보다는 단체 경기나 경쟁적인 스포츠에 대한 흥미다. |
| 기계 관련 활동 | 기계 장비뿐 아니라 정밀한 의료기기 등을 다루는 일에서 요구되는 작업에 대한 흥미를 반영, 화학자, 치과의사, 물리학자, 엔지니어 등이 해당된다. |
| 과학 | 자연과학에 대한 흥미를 말하며, 특히 과학 이론과 진리에 대한 탐구, 과학적 연구와 실험 등에 대한 관심을 말한다. |
| 수학 | 수를 다루고 통계적 분석에 대한 흥미를 말하며, 현실-탐구적인 영역에 대한 흥미를 포함한다. |
| 의학 | 과학척도는 물리학에 대한 흥미를 나타내는 데 비해 이 항목은 의학, 생물학 등에 대한 흥미를 말한다. |
| 음악/드라마 | 공연 활동에 참여하거나 공연 관람에 대한 흥미를 말한다. |
| 미술 | 순수미술가, 디자이너, 건축가 등 작품을 창조하고 관람 또는 수집하는 것에 대한 흥미를 반영한다. |
| 응용미술 | 시각적인 창의성과 공간을 시각화하는 포괄적인 면에 강조를 하는 항목으로, 기계제도 등과 같은 현실적인 예술 부문에 대한 강한 흥미를 말한다. |
| 글쓰기 | 문학, 독서, 비평적인 글에 대한 흥미를 말하며, 언어와 관련된 직업, 국어교사, 변호사, 홍보책임자, 기자, 작가 등이 해당된다. |
| 가정/가사 | 다른 사람을 접대하는 일에 대한 흥미다. |
| 교육 | 초·중·고등학교 교직에 대한 흥미를 말한다. |
| 사회봉사 | 사회사업, 사회봉사, 자선활동 등 사람과 함께 일하거나 사람을 돕는 데 대한 인간적인 흥미를 말한다. |
| 의료봉사 | 앞서 설명한 의학 척도와 달리 진료 상황에서 환자를 직접적으로 돕는 데 대한 관심을 의미한다. |
| 종교활동 | 종교교육 지도자, 사제, 목사, 사회단체(YMCA 등) 지도자 등과 같이 영적 혹은 종교적 문제에 대한 흥미를 말한다. |
| 대중연설 | 각광 받기를 좋아하고 다른 사람들의 생각과 관점에 영향을 주고자하며 언어적 활동을 통하여 다른 사람을 설득하는 것에 대한 흥미를 말한다. |
| 법/정치 | 논쟁과 토론을 통해서 개념을 전달하는 것에 대한 흥미로 정치학자, 공무행정가, 판매업자 등의 흥미를 말한다. |

| 판매촉진 | 서비스보다는 물건을 파는 도·소매 활동에 대한 흥미를 말하며, 주로 백화점 관리자, 유통업자 등과 같이 구조화된 상점과 같은 환경에서 판매하는 것을 선호한다. |
|---|---|
| 판매 | 방문 판매 등과 같은 예상치 않은 상황에 대해 적극적인 대처를 통한 활약이 가능한 흥미를 반영하는 항목이다. |
| 조직관리 | 다른 사람들을 지휘하고 감독하는 권위와 힘에 대한 흥미를 말한다. |
| 자료관리 | 자료 및 정보를 다루고 처리하는 것에 대한 흥미다. 아래의 사무 척도와는 달리 독립성과 의사결정권이 포함되는 위치에 있어서의 흥미를 포함한다. |
| 컴퓨터 | 컴퓨터, 프로그래밍, 문서 작성, 그리고 사무기기를 다루는 작업에 대한 흥미를 말한다. |
| 사무 | 워드프로세싱, 오탈자 교정 등과 같은 단순한 사무활동에 대한 흥미를 말한다. |

프로파일에 집단으로 배열되어 각각의 BIS는 내용의 특정한 분야를 다루게 된다. 따라서 GOT는 내용 및 범위에서 일반적으로 더 넓고 다양한 반면, BIS는 특정한 흥미 분야에 더 집중되어 있다. BIS는 가능성 있는 직업 분야를 확인하는 데 유용하고 또한 생활의 균형 문제를 다루는 데에도 쓰일 수 있다.

### ③ 개인특성 척도(PSS) 점수

일상생활과 일의 세계에 관련된 광범위한 특성에 대해 개인이 선호하고 편안하게 느끼는 것을 측정하는 PSS(개인특성 척도)는 18,951명의 남녀 표본에 의해 개발된 4개 척도다(〈표 7-4〉 참조).

PSS는 개인이 그들이 일반적으로 어떻게 학습하고, 일하고, 놀고, 생활하는지에 대해 탐색하게 함으로써, 어떤 특정 환경(교육 혹은 작업 환경 등)과 자신과의 관계에 대해 평가할 수 있는 틀을 제공한다. 결과적으로 PSS 점수는 GOT, BIS의 결과로 측정된 개인의 직업흥미에 대해 상당 부분 보완, 설명하는 기능을 갖는다.

〈표 7-4〉 개인특성 척도(PSS)의 세부 척도

| PSS 척도 / 특징 | 프로파일상에서<br>왼쪽으로 갈수록 ⇐ | 프로파일상에서<br>오른쪽으로 갈수록 ⇒ |
|---|---|---|
| **업무 유형(Work Style)**<br>사람과 함께 일하는 것을 좋아하는<br>지, 자료/사물/아이디어 등을 다루는<br>것을 좋아하는지를 알아보는 항목 | 혼자 일하기를 선호한다.<br>자료, 사물, 아이디어 다루기를<br>선호한다.<br>자신의 독립적인 생각과 판단으<br>로 과업을 완성한다. | 조직이나 팀의 일원으로 사람들<br>과 함께 일하는 것을 선호한다.<br>다른 사람을 지원하는 일에 관심<br>이 많다. |
| **학습 유형(Learning Environment)**<br>학문적인 분야에 관심을 두는지, 실<br>용적인 분야에 관심을 두는지를 알<br>아보는 항목 | 실제로 행하는 것을 통한 학습을<br>선호한다.<br>단기간 학습을 선호한다<br>구체적인 목표와 기술습득을 선<br>호한다. | 책을 읽거나 강의 등을 통한 학습<br>을 선호한다.<br>장기간의 학교교육을 선호한다.<br>본질적인 원리, 이론에 관심이 많다. |
| **리더십 유형(Leadership Style)**<br>타인과의 업무접촉이나, 지시, 설득,<br>그리고 지도력을 측정하는 항목<br>조직화된 상황에서 조직의 부분, 혹<br>은 전체를 책임지기를 좋아하는지,<br>다른 사람을 지도, 통솔하는 것을 좋<br>아하는지 등을 알려 준다. | 다른 사람들 앞에 나서서 책임지<br>는 일이 편하지 않다.<br>다른 사람을 지휘, 통솔하기 보<br>다는 주어진 과업을 행하는 것을<br>선호한다.<br>과업 중심적이고 과묵한 편이다. | 다른 사람을 지휘, 통솔하는 일이<br>어렵지 않다.<br>일과 행동을 시작하는 것이 즐겁다.<br>자신의 견해를 자유롭게 표현할<br>수 있다. |
| **모험심 유형 (Risk Taking)**<br>신체적인 위험 상황을 감수하거나<br>위기상황을 극복하는 정도를 측정하<br>는 항목 | 위험 부담이 없는 상황을 선호한다.<br>조용한 활동을 선호한다.<br>상황에 대한 안전 요소를 고려하<br>는 편이다. | 모험적인 활동을 좋아한다.<br>위험부담이 있더라도 시도해 보<br>는 것을 선호한다.<br>기회를 활용하는 편이다. |

## 3) 노동부 직업선호도검사

노동부 직업선호도검사는 성인을 위한 직업
심리검사로 다양한 분야에 대한 선호도를 측정
하는 흥미검사, 일상생활 속에서 나타나는 개인
의 성향을 측정하는 성격검사, 과거와 현재의
개인 생활특성을 측정하는 생활사검사로 구성

되어 있다. 흥미검사만을 포함한 S형(Short form)과 세 검사를 모두 포함하는 L형(Long form) 두 가지가 사용되고 있다. S형은 25분, L형은 60분 정도가 소요되고, 지필검사와 컴퓨터용 검사가 모두 가능하다. 채점은 모두 자동으로 채점된다. 컴퓨터용 직업선호도검사는 현재 노동부에서 운영하는 워크넷 웹사이트(http://www. work.go.kr)를 통해 무료로 제공되고 있다.

### (1) 흥미검사

흥미검사는 Holland의 직업적 성격유형 이론에 기초하여 개발된 하위 검사다. 앞에서 살펴본 홀랜드 검사의 내용과 거의 동일하다. 1998년 개발이 완료된 노동부 직업선호도검사의 하위 검사인 흥미검사는 6개 RIASEC 요인을 5개 하위 척도로 측정하는 204개 문항으로 구성되어 있다.

### (2) 성격검사

성격검사는 성격의 5요인 구조 이론에 기초하여 개발된 하위 검사다. Big5 이론의 구인인 외향성(Extraversion; E), 호감성(Agreeableness; A/ Likability; L), 성실성(Conscientiousness; C), 정서적 불안정성(Negative Affectivity; NA/ Neuroticism; N/ Adjustment; A), 경험에 대한 개방성(Openness to Experience; O)의 5개 요인을 측정한다. 5개 기본 성격요인에 속하는 28개 소검사로 구성된 145개 성격 문항, 사회적 바람직성 척도 13문항, 부주의 척도 3문항 등으로 구성되어 있다.

### (3) 생활사검사

생활사 자료는 인간의 수행능력을 예측하는 영역에서 새로운 접근 방법이다. 인간의 과거 행동을 살펴보면 미래 행동을 예측할 수 있다는 평범한 진리가 생활사 자료를 직무상의 성패를 예측하는 도구로 사용할 수 있는 근거가 된다. 생활사검사에는 대인관계지향, 독립심, 야망, 학업성취, 가족친화, 예술성, 운동선호, 종교성 등 8개의 구성요인이 포함되고 문항 수는 40개다.

## 4) 청소년용 직업흥미검사

청소년용 직업흥미검사는 1980년대부터 사용되어 온 직업흥미검사(VRT)를 전면 개정하여 청소년들의 직업지도를 위해 2000년 새롭게 개발된 검사로 현재 노동부 고용안정센터 및 공단 지방사무소의 전문 상담원을 통해 일선 중·고등학교와 직업지도 시범학교, 각종 직업지도 프로그램 등에서 활용되고 있다. 청소년용 직업흥미검사는 Holland의 여섯 가지 흥미유형(RIASEC)을 찾아 주고, 열세 가지 기초흥미 분야에 대한 선호를 밝혀 준다. 13개 기초흥미 분야는 농림, 기계·기술, 사회안전, 과학연구, 음악, 미술, 문학, 교육, 사회서비스, 관리·경영, 언론, 판매, 사무회계로 구성되고, 농림, 기계·기술, 사회안전은 실재적 유형(R)에, 과학연구는 탐구적 유형(I)에, 음악, 미술, 문학은 예술적 유형(A)에, 교육, 사회서비스는 사회적 유형(S)에, 관리·경영, 언론, 판매는 기업적 유형(E)에, 사무·회계는 관습적 유형(C)에 속한다. 최근에 출판된 청소년용 직업흥미검사 사용자 가이드에서는 다음과 같은 검사 결과의 단계별 해석을 제안하고 있다. ① 내담자와의 관계형성 및 검사 해석 과정에 대한 안내, ② 전체 응답률 및 각 하위 척도별 긍정반응률의 확인과 해석, ③ Holland의 여섯 가지 흥미유형에 대한 해석, ④ 기초흥미 척도의 해석, ⑤ 직업 및 학과 선택(한국산업인력공단, 2002).

## 5) 직업카드분류

일반적으로 카드분류 방법은 비표준화된 접근법이다. 대부분의 표준화된 도구들과는 달리, 직업카드분류는 점수를 매기지도 않고, 규준을 가지고 있지도 않다. 직업카드분류는 내담자로 하여금 모든 종류의 주제, 아이디어, 이슈, 가치, 느낌 등에 따라 직업 제목을 분류하게 하는 활동이 포함되어 있다.

직업카드분류법으로 가장 널리 알려진 미주리 직업카드분류(Missouri Occupational Card Sort; MOCS)는 다음과 같은 절차로 실시된다.

> 직업 제목들이 적힌 작은 카드를 내담자에게 주고, 3개의 파일에 분류하게 한다.
> ① 좋아하는 것, ② 무관심한 것, ③ 싫어하는 것.

↓

> 내담자들로 하여금 위의 3개 파일 중 '싫어하는 것'을 선택하여 어떤 공통 주제에 근거하여 더 작은 파일로 나누어 분류해 보고, 그 공통 주제가 무엇인지 적는다.

↓

> 내담자들로 하여금 위의 3개 파일 중 '좋아하는 것'을 선택하여 어떤 공통 주제에 근거하여 더 작은 파일로 나누어 분류해 보고, 그 공통 주제가 무엇인지 적는다.

↓

> '좋아하는 것'에 분류된 카드들을 모두 앞에 놓고 가장 선호하는 직업 1위부터 10위까지 순위를 매긴다. 이때는 지금까지 탐색했던 모든 공통 주제들을 고려한다.

↓

> 1위부터 10위까지 순위를 정한 직업명을 목록에 적고, 그 직업을 선호하는 이유를 직업가치란에 각각 기술한다.

↓

> 1위부터 10위까지 순위를 정한 직업의 Holland 코드를 찾아 적는다.

회계사원

관습형(CRS)                                          216.482-010
매일의 회계기록과 업무상 상거래를 기록함
정기적 회계보고를 준비함
_____
단체나 선정된 대학에서의 훈련
_____
장부정리, 수리적 계산, 자료처리, 사무실 실습
_____
병원, 은행, 정부 직원, 소매상 혹은 도매상, 보험회사 직원
_____
직무분석

[그림 7-1] 미주리 직업카드 예시

우리나라에도 직업카드가 몇 가지 있다(김봉환, 조유미, 2003; 김봉환, 최명운, 2003; 박선영, 2003). 이것을 그대로 사용할 수도 있고, 상담자가 자신의 내담자들의 특성에 맞게 직접 만들어 사용할 수도 있다. [그림 7-1]과 같이 각각의 카드에 직업 제목을 쓰고, 제목에 대한 간략한 설명을 적어 놓는다.

[그림 7-2]는 김봉환과 최명운(2003)에 의해 개발된 직업카드인데, 직업 개요, 관련 세부정보, Holland 유형, 직업분류 및 그 직업의 수행을 위한 업무수행 능력, 지식, 성격 등이 기재되어 있다.

최명운(2002)은 자신들이 연구용으로 제작한 직업카드로 고등학생들에게 직업카드분류법을 실시하는 과정을 다음과 같이 제안하고 있다.

(1) 도입 단계

도입 단계에서는 학생들에게 카드분류활동의 목표와 진행 과정을 설명해 주고 직업카드의 구성 내용, 빈 카드 사용법 등을 설명해 준 뒤, 학생들에게 카드를 살펴볼 시간을 잠시 주고 궁금한 점이 있으면 질문을 받는다.

[그림 7-2] 직업카드(중 · 고 · 대학생용)

(2) 분류 단계

분류 단계는 직업카드를 좋아하는 직업과 싫어하는 직업 그리고 미결정 직업의 세 가지 범주로 나누어 보는 단계다. 이 단계에 각 카드군의 개수를 활동지에 기입하는 과정을 추가하는데, 이는 학생들이 어떤 군의 직업이 많은지 또는 적은지에 대해 그 이유를 생각해 보도록 유도하기 위해서다.

### (3) 주제찾기 단계

주제찾기 단계는 미주리 직업카드분류(Missouri Occupational Card Sort; MOCS)의 분류 단계를 기본적으로 참조하고 미주리 직업선호도검사 (Missouri Occupational Preference Inventory; MOPI)의 분류 단계 중 진로 선택의 이유를 분류하고 그 각각의 빈도를 헤아려 보는 방법을 도입하여 설정하였다. MOCS의 분류 단계를 주로 참조한 이유는 MOPI의 경우 모든 직업카드에 대해서 그 이유를 탐색하는 과정에 시간이 너무 많이 소요된다 고 판단하였기 때문이다. 그러나 MOPI 주제찾기 단계 중 이유를 헤아리는 방법은 각 주제의 경중을 따져 보는 의미가 있고 또한 MOCS에도 적용할 수 있다고 판단되어 이를 도입하고 있다.

따라서 이 단계에서는 싫어하는 직업카드군의 카드를 그 이유별로 재분 류하여 소그룹을 짓게 한 다음 각 소그룹의 카드 개수를 헤아려 해당되는 카드의 개수가 많은 순으로 그 이유를 활동지에 정리하게 한다. 좋아하는 직업카드군에 대해서도 같은 방식으로 진행한다.

이 단계는 카드분류 과정에서 가장 중요한 단계로 학생들이 특정 직업에 대해 막연히 좋다, 또는 싫다고 생각하던 것에서 그 이유를 보다 구체적으 로 명료화시킴으로써 자신의 직업흥미를 심층적으로 탐색해 보게 하는 핵 심적인 과정이다. 따라서 상담자는 학생들이 충분히 자신의 직업선호의 이 유에 대해서 탐색할 수 있도록 도와주어야 한다.

### (4) 순위결정 단계

순위결정 단계는 좋아하는 직업 중 5개만 순위를 정하고 직업명과 그 이 유를 활동지에 기입하는 단계다. MOCS와 MOPI의 경우 Holland 코드의 계산을 위해 선호하는 직업을 일정 수 이상 추출해야 될 필요가 있지만 이 카드분류 과정에는 Holland 코드를 계산하는 과정이 포함되어 있지 않기 때문에 많은 수의 직업에 대해 순위를 정할 필요가 적다고 판단되어 5개의 선호직업만을 고르도록 한다.

### (5) 직업확장 단계

최명운(2002)이 개발한 직업카드는 6개 Holland 코드 유형의 직업이 일정하게 구성되어 있지 않고 또한 Holland 코드도 한 자리만 기입되어 있기 때문에 Holland 코드 계산의 타당성이 부족하다고 판단되어 Holland 코드를 계산하는 과정은 생략하였다. 대신 선호하는 직업카드를 Holland 코드 유형별로 묶은 뒤 전체 카드와의 비율을 따져 보게 함으로써(예를 들면 전체 직업카드의 탐구형 직업 6개 중 4개 등) 상대적인 비율을 알아보도록 한다. 또한 선호 직업을 직업분류별로 묶어 그 상대적인 비율을 알아보는 과정도 추가하여 선호하는 직업을 Holland 코드 유형과 직업분류별로 나누어 살펴볼 수 있음을 인식할 수 있도록 한다.

직업확장 단계는 이와 같은 직업 비율을 참고로 하여 자신의 직업흥미의 경향을 파악하고, 직업 목록을 이용하여 직업카드에 제시되어 있지 않은 다른 직업들에 대해서 살펴보는 단계다. 직업 목록은 한국직업전망서의 직업명을 직업분류별과 유형별로 재정리한 보조자료로, 관심이 가는 직업들을 체크해 두었다가, 이들 직업에 관한 자세한 정보를 인터넷이나 직업전망서 등을 이용해 찾아볼 때 사용한다. 직업확장 단계에서 상담자는 학생들이 자신에게 필요한 직업의 정보들을 찾아볼 수 있도록 한국직업전망서나 인터넷 접속이 가능한 컴퓨터를 준비해 둘 필요가 있다.

### (6) 진로정보요약 및 정보제공 단계

이 단계는 MOPI의 진로정보요약 단계를 응용한 단계로 학생들이 카드분류활동을 통해서 발견한 여러 가지 진로정보를 정리하도록 돕는 단계다. 진행 과정은 다음에 제시된 미완성문장의 질문에 대해 구두로 답하거나 문장으로 써 보게 함으로써 자신의 진로정보를 요약하도록 한다.

- 내가 흥미 있어 하는 직업의 특징은 _____
- 내가 흥미 없어 하는 직업의 특징은 _____
- 내가 지금 가장 흥미 있어 하는 직업은 _____
- 이번 활동을 통해 새롭게 관심이 가는 직업은 _____
- 내가 흥미 있어 하는 직업분류는 _____
- 내가 흥미 있어 하는 직업유형은 _____
- 이번 진로탐색활동을 통해 나는 _____

　이렇게 직업카드를 분류하는 과정을 통해 내담자의 언어, 아이디어, 개념에 대한 능력, 과제에 대한 접근, 복잡한 과제를 생각하는 스타일과 편안함, 의사결정 스타일, 그 밖에 이후의 내담자가 처하게 될 사회적 지위를 이해하고 평가하는 데 도움이 될 정보를 얻을 수 있다.

## 6) 직업흥미검사의 활용

　대부분의 상담자들은 내담자의 학업계획이나 진로계획 수립을 조력하기 위해 직업흥미검사를 사용한다. 직업흥미검사의 점수를 통해 내담자들은 새로운 학업 및 진로의 가능성을 발견하게 되기도 하고, 여러 대안들 가운데 한 가지를 결정하게 되기도 하고, 이미 내린 결정에 대한 확신을 얻게 되기도 한다. 또는 직업흥미검사점수를 통해 어떤 일이 보다 높은 직무만족을 주기 위해 어떤 변화가 필요한지 알 수 있고, 여가시간을 계획하는 데에도 흥미검사의 점수를 사용할 수 있다. 또한 흥미검사의 점수는 내담자와 상담자 또는 내담자와 그의 의미 있는 타자 사이의 대화를 촉진시켜 주는 역할을 한다(Harmon, Hansen, Borgan & Hammer, 1994).
　다음은 상담자들이 직업흥미검사를 선택할 때 알아 두어야 할 일반적인 지침이다.

첫째, 상담자들은 흥미검사는 좋아하거나 싫어하는 것을 측정하는 것이지 능력을 측정하는 것이 아니라는 사실을 잊지 말아야 한다. 많은 선행 연구들이 흥미 점수와 능력 점수는 관련이 적다는 것을 밝히고 있다 (Campbell, 1972). 흥미검사는 내담자가 만족할 수 있는 진로나 일의 상황이 무엇인지 알려 주지만, 내담자가 그곳에서 어느 정도 성공할 수 있을지에 대한 정보를 제공하는 것은 아니다.

둘째, 내담자는 검사를 할 때 긍정적으로 동기화되어 있는 상태여야 한다. 내담자가 자신의 흥미에 대해 표현할 수 있을 때 흥미검사가 더 도움이 된다(Zytowsky, 1977). 그리고 검사의 목적을 잘 이해하고 충분히 인정하고 있어야 자신의 흥미나 의도에 대해 솔직하게 응답할 수 있을 것이다 (Gellerman, 1963). 검사에 대한 태도가 달라지면 흥미검사의 점수도 크게 달라진다. 내담자들은 부모나 다른 사람들이 어떻게 응답해 주기를 바랄 것인지에 맞추어 응답하기도 하고, 자신의 흥미와 상관없이 자신의 능력이나 기회를 생각하고 각 문항에 답하기도 한다. 특히 수업시간의 일부로 검사를 실시할 경우 너무 빨리 해 버리거나 불성실하게 답하는 경우가 있다. 이런 상황에서는 검사 점수의 타당도나 신뢰도가 낮을 수밖에 없다.

셋째, 보편적 흥미검사는 도시공학과 전기공학 사이에서 어떤 것을 선택해야 하는 경우처럼 보다 세밀한 구분을 필요로 하는 내담자에게는 별로 유용하지 않다. 이런 경우 미국에서는 공학도들을 위한 Purdue Interest Questionnaire(LeBold & Shell, 1986)나 의학도들을 위한 Medical Specialty Preference Inventory(Savickas, Brizzi, Brisbin, & Pethtel, 1988; Zimny & Senturia, 1976) 등을 사용하고 있다. 어떠한 경우든 흥미검사의 결과는 내담자의 능력, 가치, 이전 일의 경험, 고용가능성 등 내담자의 상황에 대한 다른 정보들을 고려하여 의사결정에 활용되어야 한다.

넷째, 정서적 문제를 가지고 있는 내담자에게 흥미검사를 사용하는 것은 부적절하다(Brandt & Hood, 1968). 정서적으로 불안정한 상태에서는 정상적인 상태에서보다 부정적이고 수동적인 태도로 응답하기 쉽다(Drasgow & Carkhuff, 1964). 그리고 현재 가진 문제로 인해 의사결정 과정이 방해받게 된다. 따라서 상담자들은 진로계획에 들어가기 전에 내담자가 현재 정서적인 문제를 가지고 있지 않은지 확인해야 한다.

다섯째, 청소년들의 흥미검사점수나 오랜 기간이 지난 후의 흥미검사점수는 변화한다(Johansson & Campbell, 1971). 따라서 상담자는 내담자의 이전 흥미검사 결과가 6개월 이전의 것이라면 다시 실시하는 것이 가장 좋다. 20세 이하이면서 새로운 일이나 공부를 시작한 사람들의 흥미는 가장 변화하기 쉽다(Hood & Johnson, 1997). 흥미의 안정성에 대한 실증적 연구를 종합한 Swanson(1999)도 흥미의 변화 가능성에 대해 주목하고 있다. Swanson은 흥미는 상당히 안정적인 심리적인 구인이면서, 각 개인에 따라 그 변화의 폭이 다양한데, 각 연령에 따른 흥미의 변화 양상은 충분히 밝혀지지 않았다고 결론내리고 있다.

마지막으로 내담자가 '왜' 그런 선택을 하는지에 대해 탐색할 경우, 기초흥미검사보다는 직업카드분류가 더 유용한 정보를 제공해 준다(Slaney, Moran, & Wade, 1994). 직업카드분류는 구조적 면접의 기능을 하므로 새로운 정보를 제공해 준다는 점을 기억해 두어야 한다. 자신의 선호에 따라 카드를 분류한 다음 각 영역마다 좋아하거나 싫어하는 이유로 세부 분류를 다시 한다. 이 과정을 통해 상담자는 내담자가 어떤 것에 근거하여 직업을 선택하는지 이해할 수 있다. 진로탐색 과정을 이끌어 갈 내담자의 선호에 나타나는 주제가 무엇인지 상담자와 내담자가 함께 찾아가게 된다.

## 2. 직업가치검사

모든 사람들은 똑같이 건강, 돈, 인기, 여가 등을 원하는 것처럼 보인다.

그러나 실제 사람들이 바라는 것은 더 다양하고 또한 바라는 것의 내용도 서로 다르다. 자신의 삶에서 스스로 애써서 얻으려 하는 것, 위험을 감수할 만한 것, 수년 심지어는 평생을 바칠 만한 것을 생애가치라고 한다. 이 중에서도 직업을 통해 이루고자 하는 것을 직업가치라고 하는데, 직업가치는 '개인이 직업으로부터 기대하는 보상이나 특질'이라고 정의되고, 진로선택이나 직업포부, 나아가 직무만족도에 영향을 미치는 특수한 가치라고 할 수 있다. 이러한 생애가치와 직업가치를 찾지 못하고 방황하는 사람들은 인생에서 자신이 정말 하고 싶은 것이 무엇인지에 대해 명확하지 않은 사람들이다. 그러나 직업만족도를 가장 크게 예언하는 것은 바로 그 직업을 통해 자신의 직업가치와 생애가치를 얼마나 실현하고 있는가다 (Rounds, 1990).

이러한 생애가치관과 직업가치관을 알아보는 데 가장 많이 쓰이는 방법으로는 표준화 검사법과 가치명료화 프로그램이 있다. 그중 개인의 직업가치를 알아볼 수 있는 표준화 검사법을 중심으로 살펴보고자 한다. 직업가치관 검사는 다양한 직업가치들 중에서 어떤 직업가치를 더 중요하게 생각하는지를 알아보는 검사들이다. 직업가치는 성취, 보수, 안정성, 봉사, 자율성 등 다양하고 학자들에 따라서는 200여 가지의 직업가치를 구분하기도 하지만, 대부분의 직업가치관 검사는 10개 내외의 대표적 직업가치를 중심으로 구성된다.

직업가치를 알아볼 수 있는 표준화 검사법으로 미네소타 직업가치검사가 가장 널리 알려져 있고, 우리나라에서는 임인재(1990)가 개발한 직업가치관검사가 거의 최초라고 할 수 있다. 우리나라에서 사용되는 직업가치관 검사들이 다루고 있는 직업가치의 내용은 〈표 7-5〉에 정리한 것과 같다. 국내에서 가장 많이 활용되고 있는 직업가치관검사는 온라인으로 무료로 제공되는 커리어넷의 직업가치관검사이고, 다음은 워크넷에서 역시 온라인으로 무료로 제공하고 있는 직업가치관검사다.

〈표 7-5〉 우리나라 직업가치관검사

| 검사명 | 대상 | 내용 | 발행처 |
|---|---|---|---|
| 직업가치관 검사 | 중2 이상 | 능력 발휘, 다양성, 보수, 안정성, 사회적 인정, 지도력 발휘, 더불어 일함, 사회 봉사, 발전성, 창의성, 자율성(11개 직업가치) | 커리어넷 |
| 직업가치관 검사 | 15~50세 | 성취, 봉사, 개별 활동, 직업안정, 변화지향, 몸과 마음의 여유, 영향력 발휘, 지식추구, 애국, 자율성, 금전적 보상, 인정, 실내활동(13개 직업가치) | 워크넷 |
| 직업가치관 검사 | 중1~고3 | 탐구성, 실용성, 자율성, 주도성, 질서정연성, 사회적 인정, 심미성, 사회봉사(8개 직업가치) | 마인드프레스 |
| 직업가치카드 | | 인맥, 일과 생활의 균형, 위치 등 45개의 직업가치로 구성 | 어세스타 |

## 1) 미네소타 직업가치검사

미네소타 직업가치검사(Minnesota Importance Questionnaire; MIQ)는 20가지의 일에 대한 요구와 가치에 대해 직업을 선택할 때 얼마나 중요하게 생각하는가에 대해 질문한다(Rounds et al., 1981). 스무 가지 요구는 직업적응 이론(Dawis & Lofquist, 1984)에 기초한 직무만족(job satisfaction) 연구로부터 도출된 것이다. 직업적응 이론에서는 근로자의 능력이 일을 성공하는 데 충분하다면, 근로자의 만족감은 근로자의 요구와 직업적 보상의 일치도에 의해 결정된다고 본다. 스무 가지 요구는 요인분석 결과 6개 가치 영역으로 분류되었다. 〈표 7-6〉은 스무 가지 요구와 그에 대한 설명과 6개 가치 영역으로 분류된 내용을 보여 주고 있다. 우리나라에서는 이상금(1996), 이요행(2002) 등이 번역하고 수정한 검사도구가 있다.

MIQ는 비교형과 순위형의 두 가지 유형의 검사가 있다. 비교형은 두 가

〈표 7-6〉 MIQ의 척도 구성

| Value | Need Scale | Need Statement |
|---|---|---|
| Achievement | Ability Utilization | I could do something that makes use of my abilities. |
| | Achievement | The job could give me a feeling of accomplishment. |
| Comfort | Activity | I could be busy all the time. |
| | Independence | I could work alone on the job. |
| | Variety | I could do something different every day. |
| | Compensation | My pay would compare well with that of other workers. |
| | Security | The Job would provide steady employment. |
| | Working Conditions | The job would have good working conditions. |
| Status | Advancement | The job would provide an opportunity for advancement. |
| | Recognition | I could get recognition for the work I do. |
| | Authority | I could tell people what to do. |
| | Social Status | I could be "somebody" in the community. |
| Altruism | Coworkers | My coworkers would be easy to make friends with. |
| | Social Service | I could do things for other people. |
| | Moral Values | I could do the work without feeling that it is morally wrong. |
| Safety | Company Policies and Practices | The company would administer its policies fairly. |
| | Supervision–Human Relations | My boss would back up the workers (with top management). |
| | Supervision–Technical | My boss would train the workers well. |
| Autonomy | Creativity | I could try out some of my own ideas. |
| | Responsibility | I could make decisions on my own. |

지 서로 상반되는 요구의 쌍 가운데 하나를 선택하도록 만들어진 190문항으로 구성되어 있다. 간편형인 순위형은 5개 가치를 가지고 그 중요도의 순위를 매기는 21개 문항으로 구성되어 있다. 대부분 간편형을 더 선호하고 검사에 소요되는 시간은 약 20분이다. 채점은 컴퓨터로 자동 채점된다.

MIQ는 개인 내 타당도, 즉 한 개인 안에서의 가치의 범위를 측정한다. 원점수는 평균 0, 표준편차 1의 표준점수(Z 점수)로 변환된다. 표준점수에서 음수는 그 가치가 중요하지 않다는 것을 나타내고 양수는 그 가치가 중요하다는 것을 나타낸다.

응답의 일관성 검증을 위해 Logically Consistent Triad(LCT)를 사용한다. LCT 점수는 논리적으로 일관되게 응답한 문항의 비율을 퍼센트로 나타낸다. 논리적으로 일관되기 위해서는 A가 B보다 낫다고 하고 B가 C보다 낫다고 응답했다면 A와 C의 비교에서 A가 C보다 낫다고 응답해야 한다. LCT 점수가 비교형의 경우 33%, 순위형의 경우 50% 이하이면 상담자는 내담자가 지시 내용을 잘 이해하고 잘 따라 했는지 확인해야 한다. LCT 점수는 각 척도에 대한 오류 범위를 설정하여 그 점수가 재검사에 의해 얼마나 달라질 수 있는지를 나타낸다.

MIQ는 초등학교 5학년 정도의 읽기능력을 요구하지만 16세 이하 청소년에게 사용하기에는 적합하지 않다. 16세 이전까지는 발달적으로 일에 대한 요구나 가치가 잘 정립되어 있지 않기 때문이다.

MIQ로 측정된 일 요구는 Occupational Reinforcer Patterns(ORPs)로 서로 다른 직업이 제공해 주는 보상 체제와 비교해 볼 수 있다. ORPs는 특정 직업에서 얻을 수 있는 서로 다른 보상의 종류와 정도를 말해 준다(Stewart et al., 1986). ORPs는 각 직업에 종사하고 있는 관리자들이 미네소타 직무검사(Minnesota Job Description Questionnaire; MJDQ)에 응답한 결과로 제작되었다. MJDQ에는 MIQ의 스무 가지 일 요구에 상응하는 일에서 얻어지는 스무 가지 보상이 목록으로 구성되어 있다. 예를 들면 직업재활상담사의 근무환경은 다음과 같은 순위로 강화 체제가 형성되어 있다(Stewart et al., 1986).

- 일을 통해 다른 사람들을 위해 무엇인가를 할 수 있다.
- 개인적인 능력을 활용한다.
- 스스로 의사결정을 한다.
- 다른 사람의 감독 없이 자신의 일을 계획한다.
- 성취감을 얻는다.
- 자신의 아이디어를 시도해 볼 수 있다.
- 매일 다른 일을 한다.
- 항상 바쁘다.

ORPs는 185개 직업 목록에 대해 작성되어 있다(Stewart et al., 1986).

검사 개발자들은 ORPs를 직업가치 점수를 기준으로 6개 직업군으로 나누었는데, 예를 들면 A군에는 성취와 자율성의 가치가 높고 이타성은 중간 정도인 직업들이 포함되어 있고 건축가, 치과의사, 교사 등의 직업이 여기에 속한다.

내담자의 MIQ와 각 직업의 ORPs와의 상호 상관계수는 내담자의 요구와 각 직업에서 주어지는 보상의 일치 정도를 말해 준다. 상관계수(일치도 또는 C 점수라고도 불림)가 .50 이상이면 개인과 일의 특성이 유사함을 나타낸다. C 점수가 .10에서 .50이면 어느 정도 유사함을 나타내고 .10 이하이면 유사성이 없다고 말할 수 있다. Rounds 등(1981)에 따르면 한 개인의 MIQ 점수와 ORP 사이의 상관이 .50 이상이면 그 직업에서 만족감을 얻을 확률이 70%라고 한다.

MIQ는 한 피검자의 점수들 사이의 상대적 순위를 중요시하기 때문에 점수신뢰도(scale reliability)보다 프로파일신뢰도(profile reliability)를 더 중요하게 고려해야 한다. 대부분 사람들의 프로파일 모양은 몇 주 후의 재검사에서도 거의 같은 모양을 보일 것이다(Hendel & Weiss, 1970).

지금까지의 연구 결과는 MIQ로 측정된 자신의 요구와 일치하는 보상을 받는 일에 종사하는 사람들은 더 행복할 것임을 시사한다. 예를 들면 Elizur와 Tziner(1977)는 사회봉사, 책임감, 변화성에 대한 요구는 높고 수입, 권위, 사회적 지위에 대한 요구는 낮은 사회복지사들은 그들의 직업이 제공해 주는 보상체제와 일치하는 요구를 가지고 있어서 미네소타 직무만족도 질문지(Minnesota Satisfaction Questionnaire)에서 높은 직무만족을 나타냈다고 밝히고 있다. Benson(1988)의 타당화 연구에서도 동일한 결과를 얻었다. 일반적으로 MIQ는 좋은 평가를 받고 있다(Lachar, 1992; Layton, 1992).

## 사례

마케팅을 전공했던 29세인 경진 씨(가명)는 새로운 진로를 모색하고 있다. 그는 졸업하기 7년 전부터 영업직에 종사하고 있었다. 경진 씨는 자신이 졸업한 대학 인근의 평생교육지원센터에서 운영하고 있는 상담실을 찾았다. 상담 과정에서 MIQ를 실시하게 되었다.

MIQ에서 높은 점수를 얻은 가치들은 다음과 같다. 능력 발휘 = 0.5, 성취감 = 2.7, 책임감 = 2.7, 자율성 = 2.5. 그가 현재 하고 있는 영업직은 이와 같은 가치들을 실현하기에는 적합하지 않다. 자신의 능력을 좀 더 발휘하고 성취감을 맛볼 수 있는 새로운 일을 찾고 싶어하고 있다.

6개 하위 척도 중에서는 성취감(3.1)과 자율성(2.4)이 가장 높았다. 이러한 가치는 A군(성취감-자율성-이타성)에 속하는 직업들이 제공하는 보상체제와 잘 맞는다. A군에 속하는 직업들 가운데 사회봉사직, 건강과학, 레크리에이션 등의 직업에 관심을 보였다. 치과의사에 대해서는 .79, 변호사에 대해서 .71의 C점수를 보여 두 직업에 대해 더 자세히 알아보기로 하였다. 경진 씨는 MIQ에서 얻은 결과로 자신의 가치에 맞는 직업들이 어떤 것들이 있는지 알게 되었다.

## 2) 커리어넷 직업가치관검사

커리어넷의 직업가치관검사는 청소년들의 직업가치를 측정하기 위해 한국직업능력개발원에서 개발한 검사다. 이 검사의 개발은 직업과 관련된 다양한 욕구 및 가치에 대해 각 개인이 상대적으로 무엇을 얼마나 더 중요하게 여기는가가 매우 중요함에도 불구하고, 흥미나 적성만큼 중요하게 다루어지지 않은 이유가 검사의 부족이라는 문제의식에서 출발하였다. 따라서 한국직업능력개발원에서는 직업가치관검사를 개발함으로써 적성검사, 흥미검사, 진로성숙도검사와 함께 우리나라 중·고등학생들의 종합적 자기이해가 가능하도록 하였다.

중·고등학생과 대학생에게 실시할 수 있고, 커리어넷을 통해 온라인 검사를 받을 수 있다. 직업과 관련된 열한 가지 가치 중 가장 중요하게 고려하는 2개 가치를 가려내어, 여기에 맞는 직업을 소개해 준다. 직업가치관별 관련 직업 분류의 목적은 직업가치관검사 결과 개인별로 특정한 가치관이 높다고 나왔을 경우, 그러한 가치관이 충족되는 직업에 대한 정보를 알려 주기 위하여 필요하다. 직업가치관별로 관련된 직업에 대한 정보를 얻는 방법을 살펴보면, 먼저 한국직업전망서에서 150여 개의 직업을 선정하고, 각 직업에 따라서 미국의 직업정보망인 O*NET상의 자료를 활용하여 직업가치관별 관련 직업 분류 초안을 작성하였다. 이를 15명의 국내 직업관련 전문가들의 자문을 받아 최종적으로 직업가치관별 관련 직업 분류를 확정하였다(임언, 정윤경, 상경아, 2001).

커리어넷 직업가치관검사는 온라인을 통해 누구나 검사를 받아볼 수 있는데, 검사 결과를 보관하기 위해 회원가입은 필수다. 대상은 중학교 2학년 이상이고, 초등학교 5학년의 언어이해력을 전제로 구성되었다. 이 검사는 55문항에 응답해야 하고, 검사에 소요되는 시간은 약 20분 정도다. 한 화면에 4개 문항씩 제시되고, 각 문항별로 짝을 지어 제시되는 두 가지 항목 중에서 자신에게 더 중요한 것에 응답하면 된다. 55번 문항까지 한 문항도 빠짐없이 응답을 하면 바로 자동으로 채점되어 결과표가 제시된다. 결과표는 컴퓨터에 연결된 프린터를 통해 인쇄할 수도 있고, 원하는 곳으로 메일을 보낼 수도 있다.

커리어넷 직업가치관검사는 중 · 고등학생에 초점을 두고 개발되었다. 따라서 기존의 직업가치관검사에 포함된 직업가치들 중에서 성인 재직자에게 해당되는 가치를 제외한 나머지 가치들 중 공통적으로 강조되고 있는 가치를 추출하고자 하였다. 그 결과 능력 발휘, 다양성, 보수, 안정성, 사회적 인정, 지도력 발휘, 더불어 일함, 사회봉사, 발전성, 창의성, 자율성의 총 11개를 최종적으로 선택되었고, 각각의 내용은 〈표 7-7〉과 같다.

커리어넷 직업가치관검사는 두 가지 직업가치의 쌍을 제시하고 더 중요한 한 가지를 선택하는 방식의 문항으로 구성되어 있다. 가치관 검사의 문항을 구성하는 방식은 크게 두 가지 방식이 있다. 하나는 개인 내부에서 다양한 가치들 간의 순위를 매기도록 하는 자기내적 비교(ipsative)와 다른 사람들과의 비교(normative)를 하는 것이다. 자기내적 비교방식은 가치가 그

〈표 7-7〉 커리어넷 직업가치관검사의 직업가치 목록

| 직업가치 | 정의 |
| --- | --- |
| 능력 발휘 | 자신의 능력을 발휘하고 성취감을 갖는 것 |
| 다양성 | 단조롭게 반복되지 않고 변화 있게 일하는 것 |
| 보수 | 많은 돈을 버는 것 |
| 안정성 | 쉽게 해직되지 않고, 오랫동안 그 직장에서 일할 수 있는 것 |
| 사회적 인정 | 다른 사람으로부터 인정받는 것 |
| 지도력 발휘 | 다른 사람들을 이끌면서 일하는 것 |
| 더불어 일함 | 다른 사람들과 함께 일하는 것 |
| 사회봉사 | 다른 사람들에게 구체적으로 도움이 되는 일을 하는 것 |
| 발전성 | 더 발전하고 배울 수 있는 기회가 있는 것 |
| 창의성 | 자신의 아이디어를 내서 새로운 시도를 할 수 있는 기회가 많은 것 |
| 자율성 | 윗사람의 명령이나 통제 없이 독자적으로 일하고 책임지는 것 |

속성상 위계적이라고 보는 방식이다. 이러한 접근에서는 개인이 다양한 가치 중에서 어느 것을 더 우선시 하느냐가 중요하며, 검사 문항은 다양한 가치들의 순위 매기기를 요구하는 것으로 구성된다. 이 방법은 흔히 점수 프로파일 형태로 나타나며, 피검자에게 있어서 측정되는 특성의 상대적인 중요성을 분석할 수 있도록 해 준다.

반면 다른 사람들과의 비교를 통한 점수 해석을 하고자 할 경우에는 검사 총점 및 문항별 분산의 폭이 더 많은 Likert 방식을 적용한다. 이러한 검사의 결과는 규준과의 비교에 의하여 이루어지며 피검자의 한 척도에서의 점수는 비교집단이 그 척도에서 얻은 점수들에 대해 비교된다. 따라서 피검자의 특성이 비교집단과 비교하여 상대적으로 얼마나 더 강한지 혹은 약한지에 대한 정보를 제공한다. 이 방식은 다른 집단들 간의 점수 비교나 각종 통계적 분석을 하는 데 용이하지만, 개개인이 사회적 바람직성에 영향받아 각 가치에 높은 점수를 매기는 경향을 통제할 수 없다는 단점이 있다.

중·고등학생의 경우, 상대적으로 가치관이 명료하지 않은 상태에서 Likert 방식으로 평정할 경우, 대부분의 가치들을 높게 평정하려는 경향이 예상되므로 가치들 간의 순위를 매기고 개인의 프로파일에 기초하여 검사 결과를 해석하는 내적 비교방식을 택하였다. 단, 11개의 직업가치들 간의 순위를 매기는 것이 어려울 것이므로, 모든 가능한 쌍인 55개의 직업가치 쌍을 제시하고 상대적으로 더 중요한 것을 반드시 선택하게 하는(forced choice) 방식을 택하였다. 커리어넷 직업가치관검사를 구성하는 문항의 예는 [그림 7-3]과 같다. 여기에서 1번 문항을 보면, '사회적 인정'과 '더불어 일함'이 짝지어 제시되고 있다.

커리어넷 직업가치관검사 결과는 11개 가치관 별로 선택된 문항의 수를 세어서 제시한다. 각 가치관별로 최고 점수는 10점이며 최하 점수는 0점이다. 기본적으로 커리어넷 직업가치관검사는 타인과의 비교가 아닌, 자기 내부의 비교이므로, 규준에 의한 해석은 하지 않는다. 다만 자기 내부에서

다음 두 가지 중에서 자신에게 더 중요한 것에 표시하시오.　　전체 55문항 / 4번째 문항

| 번호 | 선택 | 문항 |
|---|---|---|
| 1 | ☐ | 다른 사람으로부터 인정받는 것 |
|  | ☐ | 다른 사람들과 함께 일하는 것 |
| 2 | ☐ | 더 발전하고 배울 수 있는 기회가 있는 것 |
|  | ☐ | 자신의 아이디어를 내서 새로운 시도를 할 수 있는 기회가 많은 것 |
| 3 | ☐ | 다름 사람들에게 구체적으로 도움이 되는 일을 하는 것 |
|  | ☐ | 윗 사람의 명령이나 통제없이 독자적으로 일하고 책임지는 것 |
| 4 | ☐ | 다른 사람들을 이끌면서 일하는 것 |
|  | ☐ | 다른 사람들에게 구체적으로 도움이 되는 일을 하는 것 |

[그림 7-3] 커리어넷 직업가치관검사 문항 예시

11개의 가치관들 중에서 점수가 높은 2개의 가치관을 선택한 후, 두 가지 가치관을 가장 만족시켜 주는 추천 직업명을 제시하여 준다. 온라인 검사 후 제시되는 검사 결과표에는 11개 가치관에 나타난 개별 점수, 가장 높은 점수를 보이는 직업가치 두 가지, 그 두 가지에 맞는 추천 직업 목록 등이 제시된다.

## 3) 워크넷 직업가치관검사

커리어넷의 직업가치관검사와 함께 우리나라에서 많이 활용되는 검사는 워크넷의 직업가치관검사다. 워크넷 직업가치관검사는 2005년 한국고용정보원에서 개발하여 온라인으로 제공되는 검사다. 만 15세 이상의 청소년 및 성인이 받아볼 수 있는 검사로 자신이 중요하게 생각하는 직업가치관이 무엇인지 알아볼 수 있고, 자신의 직업가치를 실현하기 위해 적합한 직업이 무엇인지도 안내받는다. 직업가치관검사는 〈표 7-8〉에 정리한 것과 같이 13개의 하위요인으로 구성되어 있고, 전체 검사를 실시하는 데는 약 15~20분 정도 소요된다.

〈표 7-8〉 워크넷 직업가치관검사의 직업가치 목록

| 직업가치 | 정의 |
|---|---|
| 성취 | 스스로 달성하기 어려운 목표를 세우고 이를 달성하여 성취감을 맛보는 것을 중시하는 가치 |
| 봉사 | 자신의 이익보다는 사회의 이익을 고려하며, 남을 위해 봉사하는 것을 중시하는 가치 |
| 개별활동 | 자신만의 시간과 공간을 가지고 혼자 일하는 것을 중시하는 가치 |
| 직업안정 | 걱정 없이 오랫동안 안정적으로 일하며 안정적인 수입을 중시하는 가치 |
| 변화지향 | 일이 반복적이지 않고 다양하고 새로운 것을 경험할 수 있는지를 중시하는 가치 |
| 몸과 마음의 여유 | 건강을 유지할 수 있으며 스트레스를 적게 받고 마음과 몸의 여유를 가질 수 있는 업무나 직업을 중시하는 가치 |
| 영향력 | 발휘 타인에게 영향력을 행사하고 일을 자신의 뜻대로 진행할 수 있는지를 중시하는 가치 |
| 지식추구 | 일에서 새로운 지식과 기술을 얻을 수 있는지를 중시하는 가치 |
| 애국 | 국가의 장래나 발전을 위하여 기여하는 것을 중시하는 가치 |
| 자율 | 다른 사람들에게 지시나 통제를 받지 않고 자율적으로 업무를 해 나가는 것을 중시하는 가치 |
| 금전적 보상 | 생활하는 데 경제적인 어려움이 없고 돈을 많이 벌 수 있는지를 중시하는 가치 |
| 인정 | 자신의 일이 다른 사람들로부터 인정받고 존경받을 수 있는지를 중시하는 가치 |
| 실내활동 | 주로 사무실에서 일할 수 있으며 신체활동을 적게 요구하는 업무나 직업을 중시하는 가치 |

'목표했던 것을 성취한다'와 같이 개별 가치를 나타내는 78개 문항에 '전혀 중요하지 않음' ~ '매우 중요함'의 5점 Likert 척도로 응답하게 되어 있다는 점이 커리어넷의 직업가치관검사와 다르다. 또한 검사 결과의 제시에서도 13개 직업가치 중 3개의 가장 높은 점수의 직업가치를 중심으로 추천 직업을 제시해 주며, 자신이 희망하는 직업의 직업가치 프로파일과 자신의 직업가치 프로파일을 비교해 주는 자료도 검사 결과로 제시해 준다는

특징이 있다.

　온라인상에서 검사를 마치면 검사 점수의 해석, 13개 직업가치, 당신에 적합한 직업은?, 당신의 가치점수와 추천 직업의 가치점수 비교, 당신의 가치점수와 희망 직업의 가치점수 비교, 상담 자료 등 6개 항목에 대한 정보를 담은 검사 결과가 제공된다. 먼저 '검사점수의 해석'은 13개 직업가치 각각의 점수를 '매우 높음~매우 낮음'의 구간에서 어디에 위치하는지 그래프로 보여준다. 그래프는 개인이 가장 선호하는 직업가치 세 가지의 순위를 그래프에도 표시해 주고, 가장 생각하는 가치 세 가지와 상대적으로 중요하게 생각하지 않는 가치 세 가지를 해석문으로 제시한다.

　다음으로 제시되는 '13개 직업가치'는 열세 가지 직업가치 각각에 대한 설명과 관련 직업의 목록을 담은 표다. '당신에 적합한 직업은?' 항목은 먼저 우선 추천 직업을 제시해 주는데, 가치점수 적합도와 가치프로파일 적합도를 고려하여 내담자가 만족할 가능성이 높은 직업들을 직업분류표 순서에 따라 제시한다. 가치점수 적합도란 각 직업의 13개 가치와 내담자의 가치점수 차이가 적은 정도를 나타내고, 가치프로파일 적합도는 각 직업의 13개 가치점수의 모양과 내담자의 가치점수 모양이 유사한 정도를 나타낸다. 우선 추천 직업은 직업명의 목록으로도 제시되고, 가치점수 적합도와 가치프로파일 적합도를 축으로 하는 그래프로 나타내어 자신의 직업가치와 어느 정도 유사한지 쉽게 확인할 수 있다. 그래프에 나타난 숫자가 직업의 번호이고 우선 추천 직업 목록에서 직업명과 함께 제시되므로 쉽게 이해할 수 있다. 여기에 검사 당시 내담자가 희망한 직업이 자신이 추구하는 직업가치와 얼마나 유사한지 그래프에 별표로 표시하는데, 차이가 많이 날 경우 표시되지 않는다.

　여기에서 제시한 우선 추천 직업과 희망 직업에 대한 정보는 다음으로 이어지는 '당신의 가치점수와 추천 직업의 가치점수 비교'와 '당신의 가치점수와 희망 직업의 가치점수 비교'의 항목을 통해 보다 자세히 제공된다.

개별 직업의 가치점수와 내담자의 검사 결과를 비교하는 다음과 같은 그래프가 우선 추천 직업 중 가장 추천되는 직업 두 가지와 희망직업 두 가지 등 4개 직업에 대해 각각 제공된다.

　결과표의 마지막에는 '상담 자료' 항목이 제시되는데, 내담자가 중요하게 여기는 직업가치관의 내용과 추천 직업을 담은 검사 결과 요약과 검사를 받은 내담자의 인적사항이 나타나 있다. 상담자는 다른 자료를 따로 찾아볼 필요 없이 이 검사 결과지만으로도 내담자와의 진로상담을 진행할 수 있다는 장점이 있다.

### 4) 상담에서의 가치측정도구 활용

가치측정도구들을 사용하는 상담자들은 다음 사항을 참고하기 바란다.

1. 내담자가 자신의 일이나 인생의 목적과 목표를 명료화하기를 원할 때 가치측정도구를 사용하라. 일이나 다른 활동에서의 내담자의 동기를 이해하기 위해서는 가치검사 결과와 흥미검사 결과를 통합하여 활용하라.
2. 내담자가 자신의 가치에 대해 생각해 볼 수 있는 구조를 제공하기 위해 가치측정도구의 하위 척도나 요인을 활용하라. 이러한 구조를 통해 내담자는 다양한 활동에서 표현된 가치의 특성을 기술할 수 있다.
3. 내담자에게 자신의 프로파일을 예측하게 하라. 내담자에게 자신에게 가장 중요한 욕구가 무엇인지 그리고 가장 덜 중요한 욕구가 무엇인지를 구분하게 하라. 이를 통해 내담자는 가치 구조를 어떻게 자신의 상황에 적용해야 하는지 배우게 된다.
4. 내담자의 프로파일을 예측해 보라. 이런 훈련을 통해 상담자는 가치검사와 내담자에 대해 보다 익숙해질 수 있다. 상담자들은 내담자의 가

치에 대한 자신의 생각을 체계적으로 구조화하기 위해 노력해야 한다.

5. 가치검사의 프로파일과 내담자의 예측 내용을 비교하라. 서로 일치하지 않는다면 그 차이의 원인을 밝혀 보라. 예측한 가치와 가치검사 결과의 의미를 명료화하라.

6. 가치점수가 내담자의 경험과 어느 정도 일치하는가? 자신의 욕구(필요)나 가치와 일치하는 보상을 제공해 준 활동에 대해 만족스러웠다는 보고를 해야 한다.

7. 내담자에게 각 문항을 자신의 상황에 비추어 설명해 보라고 하라. 특히 가장 많이 고려하고 있는 문항들에 대해서 그 문항이 내담자에게 어떤 의미가 있는지 탐색해 보아야 한다.

8. 가치와 각 직업이나 활동이 제공하는 보상의 관계를 보라. Occupational Reinforcer Patterns Notebook을 이용하여 내담자의 가치에 맞는 보상을 제공하는 직업의 목록을 작성할 수 있다. 만약 어떤 직업이 이 책에 나와 있지 않다면, 그 직업이 제공할 수 있는 보상에 대해 내담자에게 예측해 보도록 한다. 내담자는 책이나 정보제공면담을 통해 그 직업이나 다른 활동들에 대한 정보를 추가로 얻을 수 있다.

9. 전체 가치관의 맥락에서 일에 관한 가치를 고려하라. 내담자가 다양한 역할과 상황에서 거론될 수 있는 넓은 가치의 영역에 대해 생각해 볼 수 있도록 도와라.

10. 가치검사를 통해 자기탐색을 촉진시켜라. 가치검사 결과 한 가지로 의사결정을 내려서는 안 되고, 흥미, 능력, 이전 경험, 기회 등에 대한 다른 자료와 함께 사용해야 한다.

11. 가치는 변화할 수 있다는 점을 명심하라. 어떤 가치나 요구가 충족되면, 충족되지 못한 요구가 상대적으로 더 중요해질 수 있다. 상황이 달라지면서 내담자가 스스로 자신의 요구를 검토하도록 도와야 한다.

## 3. 진로가계도

진로가계도(Career Genogram)는 진로상담의 '정보수집' 단계에서 사용될 수 있는 일종의 질적 평가 과정으로 지금까지 살펴본 진로 관련 개인특성을 확인하는 방법들과 다소 다른 과정이다. 진로가계도는 3세대에 걸친 내담자 가족 그림을 그려 보는 것이다. 진로가계도는 복잡한 가족 형태에 대한 전체 틀을 제공하는 방식으로 가족 정보를 시각적으로 보여 준다(McGoldrick & Gerson, 1985).

진로가계도는 진로상담이라는 맥락 속에서 내담자들에게 자기 자신의 이야기를 말할 수 있도록 기회를 제공해 주므로 안면타당도가 높다고 할 수 있다. 내담자들은 자신이 잘 알고 있는 관점에서부터 자기 자신과 어린 시절에 대해 이야기할 기회를 가지게 된다. 이처럼 진로가계도는 신뢰와 호기심을 북돋우며, 상담협력관계에 필요한 유대를 생성하는 데 도움을 주기도 한다.

### 1) 1단계: 진로가계도의 목적 명료화

진로가계도 실행의 첫 단계는 내담자와 진로가계도의 목적을 공유하는 것이다. 내담자에게 가계도를 그리는 것이 조부모를 포함한 원가족의 역동에 관한 통찰을 제공할 것이라는 점을 설명한다. 또한 지금까지 경험한 진로, 일, 성, 문화적 사회화, 환경적 장벽 등의 주제와 내담자가 가진 다양한 삶의 역할을 어떻게 통합하고 다루어 왔는지 등에 관한 통찰을 얻을 수 있을 것이라고 설명한다. 진로가계도 그리기와 분석 과정을 통해 내담자의 현재 세계관이 어떻게 가족과 공동체 내에서의 사회화 과정을 통해서 형성되었는지 드러나게 된다.

## 2) 2단계: 진로가계도 그리기

두 번째 단계는 내담자들에게 자기 자신의 진로가계도를 그리는 방법을 설명하는 것이다. 다음의 지침들은 내담자의 상황에 맞추어 사용할 수 있다.

----------------------------------------------------------------

진로가계도는 당신과 조부모를 포함한 당신의 원가족을 이해하는 데 도움이 될 수 있습니다. 자, 당신의 부모님부터 시작하여 원가족을 그려 보세요. 테이블에 있는 흰 종이에 그려 보세요(칠판 등 다른 가능한 도구도 이용할 수 있다.). 종이 하단에서 2/3 되는 지점에 다음의 기호들로 부모님을 적어 보세요(McGoldrick & Gerson, 1985, [그림 7-4] 참조).

[그림 7-4] 부모 적기

다음으로 이 기호 바로 위에 부모님의 출생일을 적으세요. 만약 부모님 중 어느 한 분이 돌아가셨다면, 기호 안에 표를 그려 넣고, 출생일 다음에 사망일을 적어 넣으세요. 다음으로 당신 자신과 형제자매를 그려 넣으세요. 해당 기호 아래에 형제자매의 명칭을 적어 넣도록 하세요. 당신이 형 한 명과 누나 한 명이 있다고 가정합시다. 가계도는 [그림 7-5]와 같이 될 것입니다.

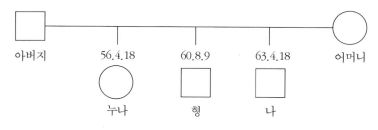

[그림 7-5] 부모와 형제자매

그다음 작업은 조부모님과 이모, 고모, 삼촌들을 적어 넣는 것입니다. 만약 알고 있다면 이들의 출생일과 사망일을 적어 넣으세요. 또한 원가족과 확대가족의 현재 또는 이전의 직업을 적어 넣으세요. 그러면 진로가계도는 [그림 7-6]과 같이 될 것입니다.

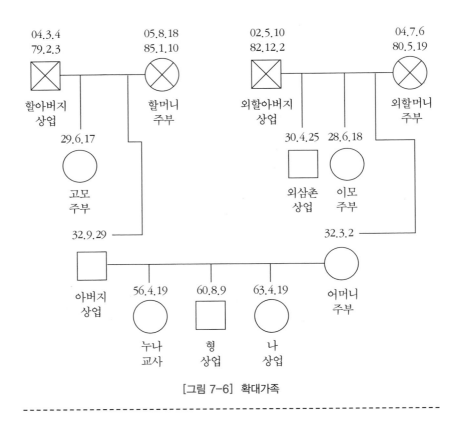

[그림 7-6] 확대가족

그런데 이 시점에서 기억해야 할 중요한 사항은 현대 가족은 한부모가족, 혼합가족, 양부모 가족 등 매우 다양한 형태를 가지고 있다는 점이다. 이혼, 사망, 질병, 재혼, 미혼 등은 이러한 다양한 가족 형태를 낳았다. 이러한 다양한 가족 형태를 진로가계도에 표현하기 위해서는 몇 가지 부가적인 기호를 사용한다.

## 3) 3단계: 분석

일단 내담자의 진로가계도가 그려지고 가족 구성원에 관한 정보가 기록되었다면, 다음 단계는 내담자와 함께 성장 과정에 대하여 탐색하기 위해 이 구조를 활용하는 것이다. 탐색 단계에 사용되는 질문들은 부분적으로는 내담자가 내놓는 문제와 내담자의 내적인 사고와 감정에 달려 있다.

진로가계도는 정형화된 절차가 아니기 때문에 탐색과 토의에 도움이 된다면 질문을 융통성 있게 활용할 수 있다. 다음은 일반적인 질문의 예다.

- 당신이 자란 가정을 한번 묘사해 보시겠어요?
- 아버지 직업은 무엇인가요? 어머니의 직업은 무엇인가요? (내담자 부모, 다른 직업 경험, 교육 및 훈련, 진로만족, 달성하지 못한 꿈 등도 질문한다.)
- 아버지와 어머니는 어떤 분인가요? 이 분들을 형용사로 묘사해 본다면 어떨까요? 부모님의 관계는 어땠어요?
- 형제자매의 직업은 무엇인가요? 동생들은 무엇이 되고 싶어 하나요? 형제자매는 어디서 살고 있죠? 각각의 살아가는 방식을 이야기해 보세요. (가족이 가까이서 사는지를 질문하고, 할아버지 할머니의 인정을 받기 위한 경쟁 등과 같은 사촌과의 관계도 탐색한다.)
- 할머니의 직업은 무엇이었나요? 할아버지의 직업은 무엇이었나요?
- 이모/고모/삼촌의 직업은 무엇인가요?
- 가족 내에서 당신의 역할은 무엇이었고, 현재는 어떠한가요?(지금, 그리고 자라면서)
- 부모님은 당신이 무엇이 되기를 바라셨으며, 현재 바라고 있나요?
- 가족 중 누구를 가장 좋아하나요? (누가 누구를 돌보며, 밀착관계는 어떠한가?)
- 배우자와 당신 가족의 관계는 어떤가요?

## 참고문헌

김봉환, 조유미(2003). 효과적인 진로지도를 위한 직업카드 활용프로그램(초등학생용). 서울: 학지사.

김봉환, 최명운(2003). 효과적인 진로지도를 위한 직업카드 활용프로그램(중·고·대학생용). 서울: 학지사.

박선영(2003). 여성용 직업카드 분류의 개발에 관한 연구. 한국기술교육대학교 석사학위논문.

안창규(1995). 진로 및 적성 탐색검사의 해석과 활용. 서울: 한국가이던스.

안창규(1996). 진로 탐색검사의 표준화를 위한 연구. 한국심리학회지: 상담 및 심리치료, 8(1), 169-200.

이상금(1998). 간호사가 지각한 자율성, 그룹 결속력과 직무 만족도, 조직 몰입, 직무 동기, 재직 의도와의 관계. 서울대학교 석사학위논문.

이요행(2002). 개인과 환경의 상응이 직무만족, 수행 및 이직가능성에 미치는 영향. 중앙대학교 박사학위논문.

임언, 정윤경, 상경아(2001). 직업가치관 검사 개발보고서. 서울: 한국직업능력개발원.

임인재(1990). 진로의식발달검사 실시요강. 서울: 중앙교육진흥연구소.

조유미(2002). 직업카드를 활용한 초등학생 진로지도 프로그램 개발과 효과. 한국교원대학교 석사학위논문.

최명운(2002). 직업카드를 이용한 고등학생의 직업흥미 탐색. 한국교원대학교 석사학위논문.

한국산업인력공단(2002). 청소년용 직업흥미검사 사용자가이드. 서울: 한국산업인력공단.

Brandt, J. E., & Hood, A. B. (1968). Effect of personality adjustment on the predictive validity of the Strong Vocational Interest Blank. *Journal of Counseling Psychology, 15*, 547-551.

Campbell, D. P. (1972). *Handbook for the Strong Vocational Interest Blank.* Stanford, CA: Stanford University.

Consulting Psychologists Press. (1996). *CPP 1996 catalog.* Palo Alto, CA: Author.

Donnay, D. A. C., Morris, M. L., Schaubhut, N. A., & Thompson, R. C. (2004). Strong Interest Inventory manual: Research, development, and strategies for interpretation. Mountain View, CA: Consulting Psychologists Press.

Drasgow, J., & Carkhuff, R. R. (1964). Kuder neuropsychiatric keys before and after psychotherapy. *Journal of Counseling Psychology, 11,* 67–69.

Gellerman, S. W. (1963). Personnel testing: What the critics overlook. *Personnel, 40,* 18–26.

Harmon, L. W., Hansen, J. C., Borgen, F. H., & Hammer, A. L. (1994). *Strong Interest Inventory applications and technical guide.* Stanford, CA: Stanford University.

Holland, J. L. (1997). *Making vocational choices: A theory of vocational personalities and work environments* (3rd ed.). Odessa, FL: Psychological Assessment Resources.

Holland, J. L., Powel, A. B., & Fitzshe, B. A. (1994). *Self-Directed Search: Professional users guides.* Odessa, FL: Psychological Assessment Resources.

Hood, A. B., & Johnson, R. W. (1997). *Assessment in counseling: A guide to the use of psychological assessment procedures* (2nd ed.). Alexandria, VA: American Counseling Association.

Johansson, C. B., & Campbell, D. P. (1971). Stability of the Strong Vacational Interest Blank for Men. *Journal of Applied Psychology, 55,* 34–36.

LeBold, W. K., & Shell, K. D. (1986). *Purdue Interest Questionnaire: A brief interpretive guide for the revision.* West Lafayette, IN: Purdue University, Department of Freshman Engineering.

Nevill, D. D., & Super, D. E. (1986). *Manual for the Values Scale.* Palo Alto, CA: Consulting Psychologists.

Pryor, R. G. L., & Taylor, N. B. (1986). On combining scores from interest and value measures for counseling. *Vocational Guidance Quarterly, 34,* 178–187.

Rounds, J. B. (1990). The comparative and combined utility of work value and interest data in career counseling with adults. *Journal of Vocational Behavior, 37,* 32–45.

Rounds, J. B., Jr., Henly, G. A., Dawis, R. V., Lofquist, L. H., & Weiss, D. J. (1981). *Manual for the Minnesota Importance Questionnaire: A measure of vocational needs and values.* Minneapolis: University of Minnesota, Department of Psychology.

Savickas, M. L., Brizzi, J. S., Brisbin, L. A., & Pethtel, L. L. (1988). Predictive validity of two medical specialty preference inventories. *Measurement and Evaluation in Counseling and Development, 21,* 106–112.

Slaney, R. B., Moran, W. J., & Wade, J. C. (1994). Vocational card sorts. In J. T. Kapes, M. M. Mastie, & E. A. Whitfield (Eds.), *A counselor's guide to career assessment instruments* (pp. 347–360). Alexandria, VA: National Career Development Association.

Swanson, J. L. (1999). Stability and change in vocational interests. In M. L. Savickas & A. R. Spokane (Eds.), *Vocational interests: Meaning, measurement, and counseling use* (pp. 135–158). Palo Alto, CA: Davis–Black.

Tyler, L. E. (1961). Research explorations in the realm of choice. *Journal of Counseling Psychology, 8,* 195–210.

Zimny, G. H., & Senturia, A. G. (1976). *Medical Specialty Preference Inventory.* St. Louis, MO: St. Louis University Medical Center, Department of Psychiatry.

Zytowski, D. G. (1977). The effects of being interest-inventoried. *Journal of Vocational Behavior, 11,* 153–157.

제4부

# 성격 · 적응 · 정신건강 영역

# 제8장 성격검사

　우리는 '성격'이라는 말을 다양한 의미로 사용한다. 그러나 심리검사에서 말하는 '성격검사'는 개인의 적성, 성취, 흥미를 측정하는 검사와 구별하여 개인의 정서적이고 사회적인 특성과 행동을 평가하는 검사를 국한하여 일컫는다. 이 장에서는 일반적으로 성격검사를 구성하는 데 사용되는 다양한 접근방법에 대해 설명하고, 상담자가 상담 현장에서 유용하게 사용할 수 있는 성격검사에 대해 알아보고자 한다. 특히 이 장에서는 피검자 스스로 각 문항이 자신을 적절히 표현하고 있다고 보는 정도 혹은 가부를 표시하도록 하여 성격을 측정하는 자기보고식 성격검사를 중심으로 설명하고자 한다. 비구조화된 과제를 통해 피검자의 성격을 알아보는 투사적 성격검사의 경우 주로 정신건강을 다루는 상담 영역에서 활용되기 때문에 이러한 투사적 성격검사는 이후 정신건강 관련 심리검사를 다루는 장에서 구체적으로 살펴볼 것이다.

# 1. 성격검사 개발

성격검사를 제작하는 데는 다음과 같은 네 가지 방법이 있다(Anastasi, 1988).

## 1) 논리적-내용적 방법

검사 개발에 있어서 연역적인 방법으로 '이론'이나 '모델'을 바탕으로 '문항'을 구성하는 방법이다. 즉, 평가하려는 심리 특성을 그와 관련된 이론의 내용에서 논리적으로 추론하여 표현한다. 대표적인 검사로는 스트롱 흥미검사 중 일반직업분류(GOT) 척도가 이에 속한다.

이 검사 개발 방법의 제한점은 '개인은 자신의 성격 특성을 스스로 평가할 수 있고, 피검자가 응답한 내용은 액면 그대로 사실로서 받아들인다.'라고 가정한다는 점이다. 만약 한 내담자가 '부모와 사이가 좋지 않다.'와 관련된 문항에 체크한다면, 실제 부모와의 관계가 어떻든 그가 부모와 어려움을 겪고 있다고 가정하는 것이다.

## 2) 이론적 방법

특정 성격 이론이 제시하는 심리적 구인을 측정하기 위해 문항을 개발하는 방법이다. 이론적 방법을 통해 개발된 검사의 타당도는 문항들을 관련된 소검사로 분류한 후 검사 결과가 이론과 일치하는지를 알아보기 위한 구인타당도를 산출한다. 이러한 방법을 통해 개발된 검사로는 Murray의 욕구 이론에 바탕을 둔 Jackson의 성격조사검사(PRF)와 Jung의 성격유형 이론에 바탕을 둔 MBTI가 있다.

## 3) 준거집단 방법

실제 임상자료를 바탕으로 성격검사를 개발하는 경험적 방법이다. 예컨대, 준거집단 방법은 우선 정신분열증으로 진단된 집단의 사람들에게서 특징적으로 나타나는 성격특성을 표집한 후 이를 준거로 하여 예비문항을 구성한다. 그리고 나서 정신분열증 집단과 정상집단(통제집단)의 사람들에게 실시하여 두 집단을 지속적으로 구별할 수 있는 문항을 선정하여 검사를 제작한다. 이 방법은 또한 특정 성격특성을 측정하기 위한 검사 제작에도 사용될 수 있는데, 예컨대 남학생 집단과 여학생 집단에서 각각 가장 사교적인 5명과 가장 비사교적인 5명을 선발한 후, 이 두 집단을 구분짓는 문항을 제작했다면 이 문항들을 바탕으로 사회성 척도를 제작할 수 있다. 이러한 준거집단 방법을 통해 개발된 검사로는 다면적 인성검사(MMPI)와 KPI 인성검사가 있다.

## 4) 요인분석 방법

준거집단 방법처럼 경험적인 방법으로 검사를 개발하는 또 다른 방법으로는 요인분석을 이용한 검사개발이 있다. 요인분석은 문항들 사이의 상관관계를 기초로 하여 문항의 개수보다 적은 수의 요인(Factor)으로 묶기 위해 실시하는 통계 기법으로서 이를 활용하여 개발된 검사로는 Cattell의 16 성격요인검사(16PF)가 있다. 이 검사는 우선 인간의 성격특성을 기술하는 수천 개의 형용사 목록으로부터 문항을 개발하고, 이렇게 개발된 171개 문항을 요인분석하여 검사를 구성했다.

NEO-PI도 요인분석을 통해 개발된 검사인데, 이 검사는 우선 다른 다양한 성격검사들을 요인분석하여 'Big5'라고 명명된 5개의 주요 성격 영역을 발견한 후, 개인에게 있어 이 5요인을 평가하기 위해 개발된 검사다.

이 5개 요인은 ① 심리적 민감성(neuroticism)-불안 대 자신감, ② 외향성 (extroversion)-외향적 대 수줍음, ③ 지적 개방성(openness)-창의적 대 구체적, ④ 호의성(agreeableness)-공감적 대 적의적, ⑤ 성실성(conscientiousness)-조직적 대 충동적이다(민병모, 이경임, 정재창, 1997; Costa & McCrae, 1992).

## 2. 성격유형검사

### 1) 역사

MBTI(Myers-Briggs Type Indicator)에 대한 연구는 1920년에 Katherine Briggs에 의해 시작되었는데 그녀는 문헌과 관찰한 것을 개념화하면서 심리유형체계를 개발했다(Myers & McCaulley, 1985). 비슷한 시기에 작업했던 Carl Jung과의 유사점을 발견한 Briggs는 Jung의 이론을 차용하면서, 딸 Isabel Myers와 함께 MBTI를 개발했다. 두 모녀는 사람들 간의 차이점과 갈등을 이해하기 위해 우선 자서전 연구를 통한 성격분류를 시작했다. 1921년 Jung의 심리유형(Psychological Type) 이론을 접하면서 인간 관찰에 대한 본격적인 연구가 시작되었다. 이후 MBTI Form A, B, C, D, E를 거쳐, 1962년 Form F가 미국 ETS(Educational Testing Service)에 의해 출판되었고, 1975년 Form G를 개발하여 미국 CPP(Consulting Psychologists Press)가 출판한 후, 현재에 이르러 Form K 와 Form M 등이 개발되어 있다.

한국의 MBTI 역사는 1988~1990년 심혜숙과 김정택에 의해 시작되었다. 미국 CPP와 MBTI 한국판

표준화에 대한 법적 계약을 맺은 후 표준화 작업이 완성되었고, 1990년 6월에 한국에 도입되었다. 한국MBTI연구소에서는 MBTI 사용자를 위한 '초급교육' '보수교육' '중급교육' '어린이 및 청소년용(MMTIC) 교육' '적용프로그램 교육' '일반강사교육' 등의 교육 프로그램을 개발하여 교육 수준에 기초한 자격 기준하에 MBTI를 활용할 수 있도록 규정하고 있다.

## 2) 구성

MBTI는 다양한 사람들의 성격유형을 표현하는 데 사용되는 Jung의 심리유형론에 기초한다. Jung의 심리유형론은 무작위로 보이는 인간행동이 사실은 질서정연하고 일관된 경향이 있다는 점에 기초하여 인간행동의 다양성을 개인의 인식과 판단에 대한 선호방식으로 설명하고자 한다.

MBTI는 4개의 양극단 영역을 제공하는 8개 척도(4쌍)로 채점된다. MBTI는 자기보고식 검사로 이러한 선호를 판별하고자 고안된 것이다. 4개 영역 중 첫 번째는 내향과 외향(I-E)에 대한 선호를 나타낸다. '외향'이란 개인이 에너지를 외부세계의 일과 사람에게 향하는 것을 선호하는 경향을 말하고, '내향'은 에너지를 내부세계의 아이디어에 집중하는 것을 선호하는 경향을 말한다.

두 번째 영역은 인식방법에 대한 개인의 선호를 측정하는데, 감각과 직관(S-N)으로 부른다. '감각'은 개인이 인식의 주된 방법으로 오감을 선호하는 경향을 말하며, '직관'은 내적 마음에 의한 간접적인 인식에 의존하는 경우를 말한다.

MBTI의 세 번째 영역은 감각 혹은 직관을 통해 얻어진 판단자료에 대한 개인의 사고 혹은 감정(T-F)의 선호를 측정하기 위한 것이다. '사고'지향은 객관적·비개인적·논리적 접근으로 결론을 이끌어 내는 선호를 보이고, '감각'지향은 타인의 주관적 감정을 고려하는 개인적 혹은 사회적 합리에 기초하여 결정하는 경향을 말한다.

네 번째 영역은 외부세계를 수용하는 데 있어 개인의 판단 혹은 인식 지향(J–P)에 대한 선호를 측정한다. 비록 개인이 일상에서 인식과 판단 양자를 사용하지만, 마치 오른손잡이가 오른손을 사용하는 것에 더 선호를 보이듯이 대부분은 이 선호 중 하나가 다른 것에 비해 더 편하고 더 자주 사용하게 된다는 것을 알게 된다. 판단지향적 사람은 가능한 한 빨리 결정하거나 결론에 이르기 위해 사고나 감정의 양식을 사용하고자 한다. 인식형 사람은 감각적 혹은 직관적 과정을 통해 지속적으로 자료를 수집하고 가능한 오랫동안 판단을 미루는 것에 편안함을 느낀다. 이 네 번째 영역은 Jung에 의해 정의된 것이 아니라 Briggs와 Myers가 Jung의 이론에 추가한 개념이다.

개인의 MBTI 성격유형은 4개의 문자로 요약되는데 이는 4개 영역에 대한 개인의 선호 방향을 가리킨다. 4쌍 척도의 모든 가능한 조합은 열여섯 가지의 성격유형으로 나타난다. 예를 들어 ENTJ는 일반적으로 외부세계로 향하는 판단적 태도를 보이는 사람으로 사고와 직관에 대한 선호를 갖는 외향적인 사람이다. ISFP 유형은 외부세계에 대한 인식적 지향을 보이며 감정과 감각에 대한 선호를 보이는 내향적 사람이다. MBTI 검사요강은 이러한 열여섯 가지 유형 각각의 특성을 요약하여 제시하고 있다.

## 3) 채점 및 해석

각 선호들에 대한 채점을 한 후 각 척도별 쌍에서 점수가 높은 것을 유형으로 잡는다. 즉, E가 20점이고 I가 13점인 경우 이 사람의 E–I척도에 대한 유형은 E가 되는 것이다. 그리고 각 척도의 점수를 계산하는데, 이 점수가 높을수록 해당하는 유형에 대한 선호가 뚜렷함을 의미한다. 반면에 낮은 점수는 그 유형에 대한 선호가 덜 강하거나 덜 명확한 것으로 간주한다. MBTI 점수 계산상, 비록 차이가 작더라도 둘 중 하나의 글자가 4개 문자

코드 유형에 속하게 된다. 바로 이렇게 평가된 변인이 반드시 이분적으로 되고, 이러한 이분법에 대한 이론적 배경은 없다는 점이 MBTI의 주된 한계라 할 수 있다.

## 4) 측정학적 특징

미국 MBTI에 대한 반분신뢰도 연구는 일반적으로 .80 이상의 상관계수를 제공하고 검사-재검사신뢰도는 .70에서 .85의 범위를 보인다. 4개 문자유형에 대한 신뢰도는 높지 않아 개인의 4척도 MBTI 유형은 재검사 시 일치할 가능성이 대략 50%일 뿐이었다. 평균적으로 검사를 받은 사람 중 75%의 사람이 재검사에서 4개의 이분유형선호 중 3개만을 유지하였다.

MBTI가 많은 사람들에게 매력적인 이유 중 하나는 좋고 나쁜 점수, 좋고 나쁜 유형이 없다는 점이다. 두 극단 모두 장점과 함께 단점을 갖기 때문에 내담자에게 결과를 해석해 줄 때 상담자가 중립적일 수 있다. 대개의 사람들이 자신의 유형과 반대되는 선호 경향 역시 활용할 수 있는 능력을 갖고 있지만 일반적으로 한 개인은 한 가지 유형으로 판별되어 그러한 성격유형이 나타내는 특정 기능 혹은 행동에 대한 선호로 성격특성이 기술된다. 각 선호는 강점, 즐거움, 긍정적인 특성을 포함하고 문제점과 맹점을 동시에 가지고 있다. 검사요강에서는 열여섯 가지 유형에 대한 강점, 약점, 능력, 욕구, 가치, 흥미, 직업적 특성과 같은 성격특성이 기술되어 있다.

## 5) 활용

MBTI는 다양한 상담 장면, 특히 대인관계문제, 부부와 가족상담에서 자주 활용된다. MBTI 검사를 통해 상담자는 부부 혹은 연인 간의 유형을 살펴보고 이들 간의 공통점과 차이점에 대한 통찰을 통해 서로를 이해할 수 있는 계기를 제공해 준다.

　Carl Jung에 따르면 MBTI에서 말하는 반대 기질의 사람들이 서로 끌릴 뿐만 아니라 매혹된다고 한다. 그것은 마치 잃어버린 나의 반쪽, 그림자를 찾아 필사적으로 노력하는 무의식적인 노력 때문에 언제나 반대편 쪽에 매력을 느끼게 된다는 것이다. 그렇다고 Jung의 이론에 따라 사람들은 반드시 자신과 반대되는 유형끼리 만나야 행복해지는가에 대해서는 만약 배우자를 변화시키려는 시도를 하지 않는다면 '그렇다'라고 대답하고 있고, 만약 배우자를 변화시키려 한다면 '아니다'라고 대답하고 있다. 즉, 같은 유형끼리 만나게 되었든 다른 유형끼리 만나게 되었든 자신의 성격특성을 옳다고 믿고 상대를 무조건 바꾸려고 한다면 서로 간에 문제가 발생할 수밖에 없다는 사실을 검사 결과를 통해 내담자에게 이해시켜야 한다.

　특히 MBTI를 이용한 부부상담에서는 MBTI의 네 가지 축에서의 차이가 서로에게 어떻게 영향을 미치고 어떤 문제가 벌어질 수 있는지 이해하도록 돕는 것을 중심으로 진행된다. 예컨대 외향적인 남편에게는 상당한 외적 자극이 필요한데 반해 내향적인 아내의 경우는 충분한 혼자만의 시간이 필요하다는 사실을 이해시킴으로써 서로의 차이를 수용하고 적응해 나갈 수 있도록 돕게 된다. 가족구성원 특히 자녀와의 관계에 있어 문제가 있는 내담자를 상담할 때 상담자는 MBTI를 이용하여 내담자가 가족구성원 혹은 자녀의 고유한 특성에 대해 이해하고, 수용할 수 있도록 조력함으로써 문제를 해결해 나가는 데 도움을 준다.

　한편 MBTI는 성격에 기초하여 진로를 탐색하거나 조직 내에서 의사소통의 효율성을 탐색할 때 주로 활용된다. 예컨대 내향성은 조용하고 집중할 수 있는 작업 상황을 선호하고 의사소통에 문제가 있을 수 있지만, 반면에 외향성은 행동의 다양성을 선호하고 자유롭게 의사소통할 수 있고 활동량이 적은 업무를 어려워한다. 강한 사고 경향을 지닌 사람들은 공정성과 논리에 흥미를 보이고 타인의 감정에 민감하지 못할 수 있다. 반면 감정유형은 타인의 감정을 매우 잘 알아서 타인이 싫어할 말을 하는 것을 어려워한다. 따라서 MBTI는 비록 직업능력과 직장에서의 사용에 대한 타당한 자료가 여전히 더 필요함에도 불구하고 이러한 조직내 상담 장면에서 자주 활용되고 있다.

검사요강에는 MBTI를 실시한 다양한 직업의 사람들에 대한 자료를 바탕으로 각 직업에서 발견되는 유형의 사람들을 목록화하여 제시하고 있다. 특정 MBTI 유형의 사람들은 특정 직업에서 높은 비율로 나타난다. 즉, 모든 유형이 모든 직업유형에서 확인되지만 특정 유형은 특정 직업에서 더 자주 발견된다는 것이다. 예컨대, 비록 모든 유형이 심리학자 집단에서 발견되지만 심리학자의 85%가 직관적 유형이며 단지 15%만이 감각적 유형이다. 이런 측면에서 MBTI는 진로상담에서 흥미검사 혹은 다른 심리검사 결과와 함께 활용되고 있다.

MBTI에 대한 연구를 살펴보면, 직관적(N)이고 감정적(F)이며 인식형(P)의 개인은 다른 MBTI 유형의 사람들보다 상담을 더 많이 찾는 것으로 나타났다(Mendelsohn & Kirk, 1962; Vilas, 1988). 상담 전에 MBTI를 실시하는 몇몇 상담자들은 특정 내담자에 대한 상담 과정의 구조화에서 상담자 자신의 유형에 관한 지식과 더불어 내담자의 검사 결과를 사용할 수도 있다. 다음 내용은 성격유형별로 효과적으로 의사소통할 수 있는 구체적인 방법(Dunning, 2001)에 대해 정리해 놓은 것이다. 상담 시 내담자의 유형을 알고 있다면 적극적으로 활용해 보는 것도 좋을 것이다.

### (1) 활동가(ESTP, ESFP)와의 효과적인 의사소통방법
• 즉각적인 피드백을 제공하라.
• 간단하게 핵심만 전달하라.
• 유머와 감각적인 자극, 장난스러움을 활용하라.
• 실제 생활의 사례나 상황과 관련시켜 의사전달 하라.

- 말하기보다는 보여 주거나 실행하라.
- 이론적이고 추상적인 설명을 피하라.
- 장기 계획보다 단기 계획을 강조하라.
- 비유, 은유 등의 과도한 사용을 피하라.
- 실제적인 정보와 지금, 여기에 초점을 두라.
- 유연성 있고 즉흥적인 기회를 함께 공유하라.

(2) 탐험가(ENTP, ENFP)와의 효과적인 의사소통방법
- 상상력을 발휘하여, 열정적이고 개방된 마음이 돼라.
- 관련성을 보여 주고 상호 연결 지으려고 하라.
- 그들의 호기심, 유연성, 사물을 변화시키려는 욕구에 호소하라.
- 새로운 아이디어, 가능성, 패턴을 강조하라.
- 기회나 도전을 제시하라.
- 규칙, 구조나 절차를 너무 강조하지 않도록 하라.
- 결론에 다다르지 않은 채, 아이디어를 탐구할 수 있는 여지를 허용하라.
- 이 정보가 전체 그림에 어떻게 연관되는지를 보여 주라.
- brainstorming의 기회를 제공하라.
- 단순히 사실과 세부 사항에만 초점을 맞추는 것을 피하라.

(3) 추진가(ESTJ, ENTJ)와의 효과적인 의사소통방법
- 직접적이고 간결하게 하라.
- 능력, 목적, 활동, 결과를 강조하라.
- 아이디어를 논리적으로 설명하라.
- 논리적이고 실제적인 방식으로 감정이나 가치에 대해 설명하라.
- 정보를 제시할 때 조직적이고 효율적으로 하라.
- 문제해결의 기회를 제시하라.

• 흐름을 설명하고, 찬반 양론을 열거하라. 그리고 성과를 분석하라.

• 분명한 규칙과 원리를 전달하라.

• 결정을 짓고, 결론 내릴 기회를 제공하라.


(4) 공헌자(ESFJ, ENFJ)와의 효과적인 의사소통방법

• 따뜻하고, 다정하고, 공감적이 되며, 인정해 주도록 하라.

• 관계와 신뢰를 개발하라.

• 보상을 주고 지지하라.

• 협조, 협력, 포괄성을 강조하라.

• 조화를 유지하라.

• 개인적 관계, 가치, 의견, 상호작용을 강조하라.

• 비평적인 피드백은 조심스레 제공하라.

• 조화를 이룰 수 있는 기회를 제공하라.

• 타인의 가치, 의견, 반응에 관한 정보도 제공하도록 하라.


(5) 보존가(ISFJ, ISTJ)와의 효과적인 의사소통방법

• 구체적이고 정확하고 정밀하게 하라.

• 사실과 실제 생활의 예, 그리고 이미 있는 기존의 것을 강조하라.

• 정보가 유용하고 적절하다는 것을 확인시켜 주라.

• 그들의 전문성과 경험에 주의를 기울이라.

• 추상적인 것, 비유, 상징을 피하고 실제적이 되도록 하라.

• 기존의 것과 새 것을 연결시켜라.

• 단계적이고 구조화된 설명을 제공하라.

• 이해를 잘 할 수 있도록 충분한 정보를 제공하라.

• 규칙, 표준절차를 이해하고 동의할 수 있는 시간을 먼저 제공하라.

• 놀랍거나 모호한 것을 피하라. 가능한 세밀한 정보를 제공하라.

### (6) 공상가(INTJ, INFJ)와의 효과적인 의사소통방법

- 어떤 모형을 사용하여 아이디어의 전체적인 틀을 보여 주라.
- 장기 계획과 전망을 강조하라.
- 사실과 세부사항보다는 복합적인 개념과 이론을 제공하라.
- 비유, 상징과 같은 언어적 표상을 사용하라.
- 그들에게 질문할 기회, 새로운 정보탐색을 위한 기회를 제공하라.
- 체계를 변화시키거나 과정을 개선하는 방법을 보여 주라.
- 경험을 이론이나 사고의 모형과 연결시켜라.
- 정밀한 언어를 사용하고, 언어의 다중적 의미에 대해 주의하라.

### (7) 분석가(ISTP, INTP)와의 효과적인 의사소통방법

- 조용하고 객관적이 돼라.
- 직접적이고, 솔직하고, 간결해지라.
- 논리적 이유와 설명에 초점을 맞추라.
- 세부적인 개념이나, 정보, 자료를 제공하라.
- 그들이 들은 것에 대해 비평할 시간을 주라.
- 아이디어를 제시하고 결론을 검증할 수 있는 도전이나 기회를 제공하라.
- 문제해결이나, 적용, 변화를 위한 조정의 기회를 제공하라.
- 상황 그 자체보다는 상황의 기초가 되는 논리적 원칙을 강조하라.
- 기존의 것과 논리적으로 가능한 것 사이의 관련성을 창출하라.
- 추론과 분석을 통해 그들을 확신시켜라.

### (8) 지지자(ISFP, INFP)와의 효과적인 의사소통방법

- 편안한 상태에서, 조용하게 일대일로 하라.
- 지지하며, 열정적이되 고요하며, 민감하라.

- 조화를 유지하고, 관계를 형성하는 것을 강조하라.
- 개인적이고, 격려하는 방식으로 상황에 접근하라.
- 지나치게 비평적이고, 분석적으로 되는 것을 피하라.
- 비판적인 피드백을 부드럽게 제공하기 위해 주의하고, 사려 깊고, 신중해지라.
- 정보가 개인적이고 인간적인 가치와 어떻게 연관되는지를 보여주라.
- 상황을 개인적, 인간적인 가치와 관련시켜서 접근하거나, 평가하라.
- 정보 자체보다 그것의 수준 높은 목적과 의미에 초점을 두라.
- 가능하면 그들의 개인적 가치를 인정해 주고, 도전하는 것은 피하라.

## 6) 유의점

　상담자들은 다양한 장면에서 MBTI를 사용하기 때문에 그 사용과 해석에 관한 지침을 이 책에서 모두 다루기 어렵다. 그러나 MBTI 검사의 대중성과 결과 해석의 단순성 때문에 종종 MBTI를 과신하는 사람들이 있고, 심리검사에 대한 전문적 지식이 부족한 사람들에 의해 MBTI가 실시되고 해석되는 경우가 있다. 일반적으로 성격검사를 사용하는 상담자는 검사의 장점뿐 아니라 제한점을 확실히 알고 있어야 한다. MBTI는 사람을 협소하게 범주화하거나 명명하기 위해 사용되어서는 안 된다. 또한 비록 대부분의 사람들이 그들의 장점을 사용하도록 격려받지만 때로는 반대성향의 성격양식을 표현하는 것도 배울 수 있도록 해야 한다. 즉, 상담자는 MBTI 해석을 통해 내담자가 다양한 상황에서 융통성 있게 행동할 수 있도록 가르칠 필요가 있다.

### 사례

## MMTIC을 활용한 상담사례

민주훈(가명, 12세, 남, ENTP형)

활발하고 행동반경이 크며 급한 편인 주훈이는 자신이 좋아하는 것, 먹고 싶은 것이 있으면 정신없이 달려드는데, 곧 그만 먹거나 다른 데로 관심을 옮기는 특징이 있다. 자신이 원하는 것을 요구할 때 그것이 이루어질 때까지 떼를 쓰는 편이고 어떤 일을 오래 신중하게 하지 못하며 공부 이외의 것에 관심이 많다. 학교에서도 항상 대장 노릇을 하려고 하고, 지는 것을 싫어하여 친구가 별로 없는 편이다. 이러한 주훈이를 엄마(ISTJ)는 감당하기 어려워하고 종종 큰소리를 내어 혼내게 된다고 한다.

상담자는 주훈이의 MMTIC 결과를 통해 주훈이를 제외한 모든 가족이 감각형(S)이었다는 점에 착안하여 감각형인 어른들이 보기에 직관형(N)인 주훈이가 문제아이로만 보일 수 있다는 점을 공감해 주었다. 주훈이와 가족들에게 주훈이의 특성을 설명해 주고 그 아이의 기본 특성을 각자의 틀에 맞추어 넣으려 하지 말고 있는 그대로 이해하고, 서로 다르다는 것을 이해하고 인정할 것을 설명하였다. 앞으로는 '모범생 누나' 처럼이 아니라 그 아이의 '직관적인(N)' 기질이 발휘될 수 있도록 도와주어야 할 것을 식구들 모두 알게 되었다. 그리고 아이에게도 끝마무리가 약한 점(인식형적 성향)을 좀 더 보완하도록 설명했는데 앞으로 노력이 필요할 것이다.

출처: 김정택, 심혜숙(1995). MMTIC와 어린이 및 청소년의 이해. 한국심리검사연구소. pp. 128-130.

# 3. 캘리포니아 성격검사

## 1) 개관

　캘리포니아 성격검사(California Psychological Inventory; CPI)는 적응적인 일반 성인을 대상으로 사용하기 위해 개발되었다(Gough & Bradley, 1995). 저자 Harrison Gough가 이 검사를 개발할 때 진단용 검사인 다면적 인성검사(MMPI, 이후 정신건강 관련 검사를 소개하는 장에서 자세히 다룬다)의 많은 문항들을 활용하여 개발했지만, 궁극적으로 CPI는 Harrison Gough가 '사회문화적 개념'이라고 부르는 사회성, 관용성, 책임성과 같은 일반적인 성격 특성들을 측정하기 위해 고안되었다. CPI는 전형적인 행동유형과 태도를 나타내는 문항으로 구성되어 정상적인 개인의 대인관계 행동을 이해하는 데 도움을 주는 검사다. 그래서 CPI는 때때로 '심리적으로 건강한 사람들을 위한 MMPI'로 불린다.

　한국판 캘리포니아 성격검사(KPI)는 CPI를 모델로 하여 한국행동과학연구소에서 개발한 검사로서 대학생 및 성인용과 중 · 고생용이 있다. 일반적으로 대학생 및 성인용이 많이 활용되지만 여기서는 중 · 고등학생용을 중심으로 설명하도록 하겠다. 중 · 고생용 KPI는 개개인의 성격을 객관적으로 파악하는 데 그 목적을 두고 있다. 따라서 KPI는 CPI와 마찬가지로 정신병리적 특성을 재는 검사나 적응기능 상태를 하위 특성별로 보는 검사라기보다는 프로파일 분석을 통한 포괄적 성격기술에 적합한 검사라고 볼 수 있다. 즉, 정상적인 청소년들을 대상으로 학습 및 생활 장면에서의 특징과 대인관계, 문제해결 양상을 파악하여 성격을 이해하고 예언하는 데 목적을 두고 있다. 따라서 KPI는 정상인의 객관적인 성격 이해가 가능하도록 경험적 방법에 의해 개발된 CPI를 비롯한 기존 성격검사들을 모델로 하되 우리나라 중·고등학교 학생들의 학업 및 진로지도에 적합한 형태의 성격검사로 재구성하여 표준화된 검사다. 흔히들 진로상담 및 교육에서 왜 성격요인을 고려해야 하는지에 대해 궁금함을 표현한다. 그 이유는 크게 두 가지를 들 수 있다. 첫째, 성격적으로 부적응 상태에 빠져 있으면 어떤 분야에 대해서도 충실히 준비할 수 없기 때문에 진로선택 이전에 부적응 여부를 파악하고 이에 대처해야 한다. 둘째, 성격적으로 건강한 학생들의 경우도 각자의 성격특성을 충분히 살리면서 보다 적합한 진로를 결정하기 위해서는 객관적인 성격검사 결과가 중요한 정보가 된다. 이러한 이유로 우리나라에서 중·고등학생용 KPI는 학생들의 진로지도에도 자주 활용된다.

## 2) 구성

CPI는 진위형의 434문항으로 구성된, 20개의 척도로 구성되어 있다. 이러한 20개의 척도는 해석이 용이하도록 4개의 군집으로 다시 분류되는데 각 군집별 하위 척도를 살펴보면 다음과 같다.

### (1) 제1군 척도(대인관계 적절성 측정 군집)
- 지배성(Dominance; Do): 안정감 및 자신감과 관련된 46개 문항
- 지위에 대한 능력(Capacity for Status; Cs): 사회문화적 지위를 높이려는 내적 포부와 자기확신을 측정하는 32개 문항
- 사교성(Sociability; Sy): 사회적 상호작용을 즐기는 정도, 타인과의 관계에 대한 자신감이나 안정감 등에 관한 36개 문항
- 사회적 자발성(Social Presence; Sp): 사회적 관계에서의 안정감, 자신감, 활력 및 자발성 등을 측정하는 56개 문항
- 자기수용성(Self-Acceptance; Sa): 자기가치감, 자기수용, 독립적 활동과 사고력을 측정하는 34개 문항

• 안녕감(Well-Being; Wb): 정상인, 신경증 및 정신병 환자들을 구분하기 위한 타당성 척도로 44개 문항

## (2) 제2군 척도(성격과 사회화, 책임감 측정 군집)

• 책임성(Responsibility; Re): 사회적 · 시민적 및 도덕적 의무감, 자기훈육, 불공평에 대한 저항, 충동성이나 반항에 대한 거부 등과 관련된 문항
• 사회성(Socialization; So): 사회적 성숙, 성실성, 정직성 등을 반영하며 일탈행동이나 비행 가능성을 예측할 수 있는 문항
• 자제성(Self-Control; Sc): 자기조절과 자기통제, 충동성이나 자기중심성을 자제할 수 있는 능력과 관련된 문항
• 관용성(Tolerance; To): 허용적, 수용적이고 조급한 판단을 피하려는 개인의 신념과 태도를 측정하는 문항
• 호감성(Good Impression; Gi): 다른 사람의 생각에도 관심을 기울이고 좋은 인상을 주려는 사람을 가려내려는 타당성 평가 척도 문항
• 임의성(Communality; Cm): MMPI의 F척도와 유사하게 수검자의 보수적인 태도나 무선반응을 찾아내려는 타당성 평가 척도 문항

## (3) 제3군 척도(인지적 · 학업적 특성 측정 군집)

• 순응적 성취(Achievement via Conformance; Ac): 조직에 순응하려는 강한 성취욕구를 반영하는 문항
• 독립적 성취(Achievement via Independence; Ai): 성취와 관련된 독립적 사고, 창의성 등을 포함하는 상황에서 성취를 예측하려는 문항
• 지적 효율성(Intellectual via Efficiency; Ie): 지적 조직성과 효율성을 측정하려는 문항

## (4) 제4군 척도(다른 세 군집의 척도와 무관한 척도의 혼합 군집)

- 심리지향성(Psychological Mindedness; Py): 타인의 내적 욕구, 동기, 경험 등에 관심을 갖고 반응하는 정도를 측정하는 문항
- 융통성(Flexibility; Fx): 개인의 사고, 행동, 적응성을 측정하기 위한 문항
- 여향성 및 남향성(Femininity-Masculinity; F/M): 여향성과 남향성을 측정하기 위한 문항

20개의 CPI 척도 중에서 13개는 준거집단방법에 의해 개발되었고, 4개 (Sp, Sa, Sc, Fx)는 문항내적 합치도 분석을 통해, 3개(Gi, Cm, Wb)는 이 두 방법을 혼용해서 개발하였다(Gough, 1987).

CPI에는 검사수행 태도를 판별하기 위한 3개의 타당도 척도가 있는데 Wb, Cm, Gi 척도에서 T점수가 35 이하인 경우에는 'Faking Bad(자신의 문제가 심각하여 다른 사람들로부터 도움을 구하고 있는 상태)'로 진단한다. 상담자가 'Faking Bad' 프로파일을 보이는 내담자를 만난다면 왜 자신의 문제를 남들에게 심각하게 보이고 있는지에 대해 이야기를 나누어야 한다. 물론 내담자가 실제로 매우 심각한 문제를 가지고 있을 수도 있고 아니면 몇 가지 이유에서 꾀병을 부리는 것일 수 있다.

이와는 반대로 Gi 척도는 'Faking Good(좋은 인상을 주는데 과도하게 신경을 쓰는 상태)'을 판별하기 위해 활용되는데, Gi의 T점수가 65점 이상이고 이 점수가 프로파일 중에서 가장 높을 때 'Faking Good'이라고 진단한다.

KPI가 미국의 CPI를 기초로 하여 개발되었으나 그 구성에 있어서는 차이를 보인다. 대부분의 타당도 척도들을 삭제하고, 네 가지 요인에 대한 총 10개의 하위 척도로 구성하였다.

⟨표 8-1⟩ KPI의 요인 및 하위 척도 구성

| 요인 | 척도 |
| --- | --- |
| 대인관계 | 주도성, 사교성, 자신감 |
| 사회적 성숙도 | 책임감, 자기통제성, 호감성, 동조성 |
| 성취 성향 | 성취욕구 |
| 흥미 상태 | 유연성, 여향성 |

## 3) 측정학적 특징

표준점수(T점수)는 평균 50, 표준편차 10인 프로파일로 나타나고, 높은 점수는 심리적 건강함을, 낮은 점수는 심리적 부적절성이나 어려움을 의미한다(F/M 척도는 제외). CPI 최근판은 고등학생, 대학생, 교사, 회사원, 감옥 간수, 정신병자, 죄수 등의 이질집단을 대표하는 3,000명의 남성과 3,000명의 여성에 기초하여 규준이 만들어졌다.

CPI의 신뢰도 계수는 일정하지 않은데, 몇몇 연구에서는 높게 나타나기도 하고 다른 연구에서는 보통 이상 정도로 나타나기도 한다. CPI에 대한 타당도 연구는 주로 예언타당도나 구인타당도를 살펴보는데 역시 일정하지 않고 낮게도, 높게도 산출되었다.

KPI의 경우, 신뢰도를 자세히 살펴보면 ⟨표 8-2⟩와 같다. 일반적으로 KPI의 소척도별 신뢰도는 .41~.78 사이에 분포한다. 이 중 주도성, 사교성, 자기통제성의 경우 신뢰도가 높은 편이고, 동조성이나 성취욕구의 경우는 신뢰도가 상대적으로 낮은 편이다.

⟨표 8-2⟩ KPI 검사의 소척도별 신뢰도

| 성격 요인 | 주도성 | 사교성 | 자신감 | 책임감 | 자기 통제성 | 호감성 | 동조성 | 성취 욕구 | 유연성 | 여향성 |
| --- | --- | --- | --- | --- | --- | --- | --- | --- | --- | --- |
| Cronbach α | .77 | .76 | .55 | .61 | .78 | .65 | .41 | .46 | .56 | .58 |

## 4) 벡터 척도

Gough(1987)는 CPI의 20개 척도들을 요인분석하여 성격구조를 이루고 있는 세 가지 벡터(vector) 척도를 발견하였다. 세 가지 벡터는 일반적으로 ① 내재성 대 외재성, ② 규준 선호 대 규준 회의, ③ 자기이해와 자기실현으로 기술된다. 특히 첫 번째와 두 번째 벡터는 개인의 성격적응 수준을 측정한다.

- 벡터 1: 높은 점수를 받은 사람들은 과묵하고, 신중하며, 부끄럼을 잘 타고, 수줍어하며, 온건하고, 대인관계행동을 시작하거나 결정하는 데 주저하는 경향이 있다. 낮은 점수를 받은 사람은 말이 많고, 외향적이며, 자신만만하고, 침착하다.
- 벡터 2: 높은 점수를 받는 사람은 체계적이고, 양심적이고, 전통적이며, 믿을 만하고, 조심스러운 면이 있다. 낮은 점수를 받는 사람은 반항적이고 불안해하며 자기탐닉적이며 쾌락추구형으로 보인다.
- 벡터 3: 높은 점수를 받는 사람은 낙관적이고 성숙하며 통찰력 있고 신경증적 경향이나 갈등이 없으며, 다양한 관심 분야를 가지고 있는 것으로 보인다. 낮은 점수를 받는 사람은 불만족스럽고 자신에 대한 확신이 없으며 불확실성과 복잡함에 대해 불편해 하고 제한된 흥미를 지니고 있다.

벡터 1과 2를 교차시켜 생긴 4사분면에 대한 그림이 [그림 8-1]에 제시되어 있다. 개인의 성격특성은 이러한 네 가지 범주 중 하나에 속하는 데, 이중 A 사분면에 속한 사람들은 야심적이고 생산적이며 대인관계에 있어 유능하며, B 사분면에 속한 사람들은 책임감 있고 말수가 적으며 순응적이다. C 사분면의 사람들은 불안하고 반항적이며 쾌락추구형이고, D 사분면

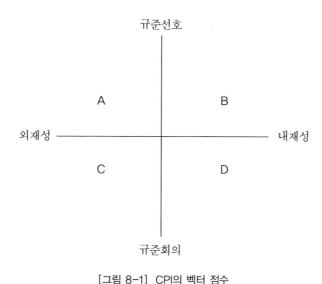

[그림 8-1] CPI의 벡터 점수

의 사람들은 반성적이며 고립되어 있다.


## 5) 해석 및 활용

CPI 결과를 해석하기 위해서는 타당도 척도에 대한 해석을 먼저하고 그 결과가 타당하다면 벡터 척도 결과를 확인한다. 그러고 나서 20개 개별 척도에 대한 프로파일을 분석한다.

CPI 프로파일을 분석하는 데 있어 상담자는 프로파일의 전체적인 높이를 우선 살펴야 한다. 일반적으로 높은 점수는 심리적으로 건강한 반응을 표현하는데, 이 점수는 내담자와 유사한 규준집단의 평균과 비교해 보아야 한다. 그다음 두 번째로 프로파일에서 가장 높은 점수와 가장 낮은 점수를 살핀 후, 세 번째로 4개 군집 각각에서 점수의 높이를 살펴야 한다. 점수가 가장 높게 나온 군집과 가장 낮게 나온 군집도 살펴보고 해석해야 한다. 마지막으로 프로파일에서 기술되거나 해석되지 않은 나머지 척도에 관심을 기울인다. 이런 순서로 분석을 함으로써 프로파일에서 가장 중요한 측면이 우선 논의되고 가장 강조될 수 있으며 다음에 따라오는 상세한 해석을 내담자가 놓치지 않을 수 있다.

CPI는 학업이나 직업 영역에서 성공을 예언하는 데 유용하게 사용된다. CPI 점수는 IQ 점수나 SAT 점수보다 학교에서의 수행을 더 잘 예언하는 것으로 보고되는데, 고등학교와 대학에서 성공한 사람들은 상대적으로 Ac, Ai, Re, So 척도에서 높은 점수를 얻는 경향이 있다. 또한 CPI는 임상적 평가를 목적으로 고안된 것이 아니므로 임상평가에는 비효과적이나 개인의 일반적인 적응 수준은 프로파일의 전체적인 수준에 의해 해석 가능하다. 청소년비행과 범죄는 Re와 So 척도에서의 낮은 점수와 관련 있는 것으로 보이고, 단독 비행은 Ie와 Fe 척도에서 낮은 점수를 얻는 경향이 있으며, 반면에 사회적 비행은 Sy, Sp, Sa에서 높은 점수를 얻는 경향이 있다. 마지막으로 CPI 척도는 많은 연구를 기초로 하여 경험적으로 구성되었고 척도 점수가 다른 규준집단과 비교될 수 있다. 상담자는 내담자의 다양한 성격특성의 장점을 비교하고 평가하는 데 이 검사를 사용할 수 있고, 내담자는 그들의 장점과 단점을 규준집단과 비교함으로써 자신에 대해 이해할 수 있다. CPI는 컴퓨터 활용 프로파일 해석 또한 가능하다는 장점이 있는 반면에 MMPI와는 달리 상승 척도쌍에 대한 연구가 적다는 제한점을 갖는다.

성격검사는 지능이나 적성검사처럼 지적 능력 특성을 측정하여 획일적으로 수량화시키는 것이 아니라 개인이 가지고 있는 심리적 특성을 밝히고 이해하는 것을 목적으로 하는 평가라고 할 수 있다. 그러므로 성격검사를 해석할 때에는 단순히 수치로만 이해해서는 안 되며 하위요인 간 상호 관련성에 기초한 전문가의 해석이 필요하다.

# 4. 16성격요인검사

열여섯 가지 성격 요인을 기초로 한 16성격요인검사(Sixteen Personality Factor Questionnnaire; 16PF, 16PF-5판)는 요인분석기법을 통해 Raymond B. Cattell과 동료들이 개발한 성격검사다(Cattell, Cattell, & Cattell, 1993; Russel & Karol, 1993). '만약 인간에게 특성이 존재한다면, 인간의 언어 속에 단어로서 표현되어 있을 것'이라는 가정에 기초하여 Cattell은 사전을 통해 인간에게 적용되는 모든 형용사의 목록을 살펴서 4,500개의 성격특성 목록을 제작했다. 그리고 나서 이 단어들 중 인간 특성을 잘 나타낸다고 생각하는 171개 단어 목록을 선정한 후, 대학생들에게 단어를 얼마나 알고 있는지 평정하게 하고, 이 단어들을 요인분석하여 16개의 요인을 발견했다.

성인용 16PF는 187개 문항으로 구성된 형태와 105문항으로 구성된 형태, 그리고 독해력이 낮은 사람들을 위해 128문항으로 구성된 형태가 있다. 각 척도에서 높고 낮은 점수는 대조적인 성격특성(예: '실용적 대 창의적' '신뢰 대 의심' '구체적 대 추상적' '수줍음 대 대담함' '편안 대 긴장' 등)을 나타낸다. 16PF는 3개의 타당도 척도가 포함되어 있는데, 하나는 무작위 반응을 잡아내고자 하는 것이며, 다른 하나는 'Faking Good'을 찾아내고자 하는 것(동기화 왜곡 척도)이고, 세 번째는 나쁜 인상을 주려는 시도를 예견하고자 하는 것('Faking Bad' 척도)이다.

검사는 성인, 대학생, 고등학생별로 9개 규준집단을 대상으로 표준화되어, 남성, 여성, 전체 집단 각각에 대해 활용 가능하도록 되어 있다. 또한 몇 가지 동형검사와 8~12세 아동을 위한 검사도 개발되어 다양화하고 있다. 16PF는 내담자의 전반적인 프로파일을 특정 집단의 전형적인 프로파일과 비교하는 방식으로 해석되고, 주로 부부상담, 진로상담, 직업 적절성,

관리자 평가 등에 사용되고 있다. 16PF의 검사-재검사신뢰도 계수는 .60~.85 사이에 분포하는 것으로 나타났다(Schuerger, 1992).

이러한 Cattell의 성격특성 이론을 근거로 제작된 16PF를 바탕으로 하여 한국에서 표준화된 다요인 인성검사(염태호, 김정규, 1990)는 중학생을 대상으로 하는 검사로서 Cattell이 주창한 근원 특성들을 중심으로 요인분석법을 통해 성격특성들을 추출한 것이다. 다요인 인성검사는 대부분의 성격 범주를 포괄하고 있어 일반인들의 성격 이해와 임상 장면에서 정신과 환자들의 문제를 진단하는 데 두루 활용되고 있다.

다요인 인성검사는 지필검사로 되어 있으며, 각 문항은 '아주 그렇다'에서 '전혀 아니다'까지 Likert 5점 척도로 응답하게 되어 있다. 소척도로는 타당도 척도인 무작위 반응 척도와 동기왜곡 척도가 있고, 16개의 성격 척도(온정성, 지능, 자아강도, 지배성, 정열성, 도덕성, 대담성, 민감성, 불신감, 공상성, 실리성, 자책성, 진보성, 자기결정성, 자기통제성, 불안감)로 구성되어 있다.

다요인 인성검사 척도들은 다면적 인성검사(MMPI) 척도들과 매우 높은 상관을 보인다. 온정성, 자아강도, 지배성, 정열성, 도덕성, 대담성, 실리성, 자기통제성 척도는 MMPI 임상 척도들과 부적으로 유의한 상관을 보였고 민감성, 공상성, 자책성, 불안감은 MMPI 임상 척도들과 정적으로 유의한 상관을 보였다. 나머지 진보성과 자기결정성 척도들은 MMPI 척도들과 상관을 보이지 않았는데, 이는 이 척도들이 MMPI와는 독립적인 차원들을 측정하는 것으로 볼 수 있다.

또한 다요인 인성검사 척도들로 일반인과 임상환자 집단을 변별할 수 있다고 보고되고 있다. 지배성, 정열성, 실리성, 진보성 등은 일반인이 환자 집단보다 더 높은 점수를 보이고, 민감성, 불안감 등은 환자 집단이 일반인보다 높은 점수를 얻었으며, 임상 집단 내에서도 정동장애 집단은 다른 집단보다 더 높은 온정성, 정열성, 도덕성, 대담성, 민감성 점수를 보인다고 한다. 그리고 정신분열증 집단은 다른 집단에 비해 낮은 온정성, 지배성,

정열성, 도덕성, 민감성, 실리성, 자책성, 진보성, 불안감을 보이며 불안장애 집단은 다른 집단에 비해 대담성은 낮고 자책성과 불안감은 높은 점수를 보인다고 한다.

다요인 인성검사의 활용 목적을 정리해 보면 다음과 같다.

- 성격 진단: 다요인 인성검사는 14개의 성격 척도에 대한 내담자의 성격을 파악할 수 있고 또한 내담자들이 자신의 성격을 파악함으로써 자신의 행동을 돌아볼 수 있게 해 주고, 만일 성격 변화를 원하는 경우 그 방향을 제시해 줄 수 있다.
- 임상 진단: 성격은 그 자체로는 좋은 것과 나쁜 것이 따로 없지만 다요인 인성검사 척도들에서 아주 높은 점수나 아주 낮은 점수가 나왔을 때는 대부분 정서적 · 행동적 문제가 있음을 시사한다. 그러므로 이런 경우에는 다요인 인성검사를 임상 진단용으로 활용할 수 있다.
- 직업적성 진단: 다요인 인성검사는 피검자의 성격적 문제뿐 아니라 진로적성에 대한 정보도 제공할 수 있는데, 각자의 성향에 맞는 진로나 적성을 찾아내어 진로 적성에 대한 자료를 제시해 주므로 진학 및 진로상담 그리고 직무배치 등에 도움을 줄 수 있다. 또한 열네 가지의 성격요인에 대해 각각 두 개씩의 다른 직업 적성군을 제시함으로써 총 16,384가지의 서로 다른 진로 · 직업 선택 가능성군 가운데서 본인의 적성에 가장 맞는 직업을 선택할 수 있도록 되어 있다.
- 연구 목적: 다양한 연구 목적에 사용될 수 있는데 예컨대, 비행청소년 집단, 알코올중독자 집단, 성폭력피해 집단, 정신분열증 환자집단, 우울증 환자집단 등 특정 집단의 성격적 특성을 파악한다든지, 정신분석 치료나 인지행동 혹은 게슈탈트 심리치료 등 특정 치료기법의 상대적 치료 효과에 대한 비교 연구를 한다든지, 성격 변인과 심리적 변인의 관련성을 연구한다든지, 특정 업무에 맞는 성격특성을 연구하는 것과

같은 성격 변인과 관련된 변인들을 탐색하고 상호관련성을 밝혀내는 연구들에 있어 성격을 측정하는 도구로 활용될 수 있다.

## 5. NEO 인성검사와 Big5 성격검사

성격특성론을 지지하는 연구자들은 개인차와 관련하여 특성(trait)을 측정하기 위해 많은 노력을 기울였는데 이러한 특성에 대한 오랜 연구 끝에 탄생한 검사가 바로 NEO 인성검사(NEO Personality Inventory; NEO-PI)다. NEO 인성검사는 Big5 성격요인을 평가하기 위해 개발되었다(Costa & McCrae, 1992). 48문항의 5개 소검사들이 '예-아니오'의 연속선상에서 5점 척도로 대답하도록 구성되어 있다. 5개 차원, 즉 ① 심리적 민감성(neuroticism), ② 외향성(extroversion), ③ 지적 개방성(openness), ④ 친화성(agreeableness), ⑤ 성실성(conscientiousness)에 대한 각각의 점수를 산출할 수 있고, 이러한 5개 차원은 각각 8개 문항으로 구성된 6개 하위 척도를 포함한다. 즉, '심리적 민감성' 차원은 불안, 분노 적개심, 우울, 자의식, 충동성, 스트레스 취약성의 여섯 가지 하위 척도를 포함하고, '외향성' 차원은 온정성, 군거성, 주장성, 활동성, 흥분 추구, 정적 정서를 포함하며, '지적 개방성' 차원은 환상, 심미성, 감정, 활동, 사고, 가치를 포함하고, '친화성' 차원은 신뢰성, 솔직성, 이타성, 순종성, 겸손, 공감을 포함하며, 마지막으로 '성실성' 차원은 유능성, 질서, 충실성, 성취 추구, 자제성, 신중성'과 같은 하위 척도를 포함한다.

검사의 신뢰도 계수는 .80～.90의 범

위에서 산출되고, 각 하위 척도의 신뢰도 계수도 .80~.90으로 보고되고 있으며, 다른 성격검사와의 공인타당도에 대한 연구 결과도 있다. 남성, 여성, 대학생에 대한 각각 다른 규준과 함께 분리된 프로파일지가 제공되며, 컴퓨터 채점과 해석도 가능하지만 손으로 하는 채점도 어렵지 않다.

우리나라의 경우 Costa와 McCrae(1992)가 제작한 검사를 바탕으로 안창규와 채준호(1997)가 표준화한 NEO 인성검사와 한국가이던스에서 개발한 NEO 성격검사(안현의, 김동일, 안창규, 2006)가 있다. 특히 후자는 초등학교 3~6학년을 대상으로 한 아동용과 중·고등학생을 대상으로 한 청소년용, 그리고 대학생과 성인을 대상으로 한 성인용으로 검사가 나누어져 사용되고 있다. 실시시간은 약 40~45분이 소요된다.

한편 마찬가지로 성격의 5요인(Big5) 모델에 기초하여 최근 아동·청소년을 대상으로 한 Big5 검사(Big Five Personality Test for children & Adolescents)가 개발되어 사용되고 있다. Big5 검사는 아동·청소년들이 인성 발달 과정에서 주로 경험하고 고민하고 있는 문제들을 그들 스스로가 진단해 봄으로써 자신의 현재 수준을 파악해 볼 수 있도록 조력하기 위한 목적에서 개발되었다(김동일, 2012). Big5 검사는 아동·청소년의 발달 단계를 고려하고 학업, 비행, 문제행동, 정신병리 등에 유용한 정보를 제공하기 위해 5요인의 하위요인들로 구성되었다. 아동용은 신경증 18문항과 나머지 외향성, 개방성, 성실성의 세 가지 요인의 각각 9문항과 친화성 10문항으로 총 55문항으로 이루어져 있고 청소년용은 신경증 30문항과 나머지 네 가지 요인 12문항씩 총 78문항으로 제작되었다(〈표 8-3〉 참조). 또한 검사의 반응 형식은 5점 Likert 척도로 피검자들은 각 문항의 내용에 대해 '매우 그렇다' 5점, '그렇다' 4점, '보통이다' 3점, '그렇지 않다' 2점, '전혀 그렇지 않다' 1점 중에서 하나를 선택하게 하였다. T점수가 높을수록 해당 척도에서 상위 점수를 받게 되고 대부분의 피검자들은 30~70점 사이에 위치하게 된다.

Big5 성격검사는 초등학생(5~6학년)부터 고등학생에 이르는 아동 및 청소년들을 대상으로 개별 및 집단 검사가 가능하며 약 20~30분 정도가 소요된다. 아동용 검사의 신경증 척도의 하위요인 각각의 신뢰도 계수를 보면 그 값이 .89~.90의 범위에 있고 청소년용 검사의 경우 .92~.93의 범위에 있으며 그 외 모든 요인들의 문항내적 합치도 신뢰도 계수는 .60보다 크므로 하위요인별 문항 간 내적 합치도가 높은 편이라고 할 수 있다.

〈표 8-3〉 성격의 5요인과 청소년용 Big5 검사 하위요인

| 성격의 5요인 | 하위요인 | 성격의 5요인 | 하위요인 |
|---|---|---|---|
| 신경증 (Neuroticism) | 불안* | 개방성 (Openness to Experience) | 창의성* |
| | 적대감* | | 정서성* |
| | 우울* | | 합리성* |
| | 소심증* | | 진취성 |
| | 충동성* | 친화성 (Agreeableness) | 온정* |
| | 심약성 | | 신뢰성* |
| | 정서적 충격* | | 이타성* |
| | 특이성 | | 관용성 |
| | 신체적 자아 | 성실성 (Conscientiousness) | 유능감* |
| | 부정적 자존감 | | |
| 외향성 (Extraversion) | 사교성* | | 조직성* |
| | 주장* | | 책임감 |
| | 활동성 | | 동조성* |
| | 자극 추구성* | | |

* 아동용 하위 소검사

## 6. 에니어그램

에니어그램은 중동 지방(현재 아프카니스탄)에서 발생한 고대의 지혜로 B.C. 2500년 또는 그 이전에 발생한 것으로 추측되며, 오늘날의 에니어그

램은 수피즘의 수도자들에 의해서 구전으로 전해져 온 것이라는 견해가 일반적이다(Riso, 1990). 에니어그램을 심리학과 접목시켜 여러 가지 분류와 이론을 정립한 사람은 스탠포드 대학교에서 에니어그램을 연구한 Don Richard Riso다. 그는 9개의 성격유형에 대한 체계적인 정의를 정교화하고 각 성격유형의 발달 수준을 밝히고, 성격의 포괄적인 이해와 각 유형의 통합 및 분열의 방향을 제시하고 있는 에니어그램의 역동성과 예언성을 제시하였으며, 정신의학적 진단 분류(DSM)와 MBTI 유형과의 연관성을 규명하였다(Riso, 1990).

에니어그램이란 '에니어(ennear, 9)'라는 단어와 '그라모스(grammos, 도형·선·점)'라는 단어의 합성어로 '원과 아홉 개의 점, 그리고 그 점들을 잇는 선으로 구성된 도형으로 인간의 성격적인 측면을 설명하고자 한다. 즉, 에니어그램은 아홉 가지 기본 세계관과 각기 다른 행동양식에 따른 개인의 심리적 특성과 장단점을 보여 준다. 에니어그램을 이해하기 위해서는 9개의 성격유형들이 작용하는 것, 즉 기본성격유형, 힘의 중심, 날개, 통합과 퇴화 방향, 기타 하위 유형 등을 이해해야 한다. 〈표 8-4〉는 에니어그램에서 설명하는 이러한 9개의 성격유형과 각 특성을 정리해 놓은 것이다.

〈표 8-4〉 에니어그램의 아홉 가지 성격유형과 특징(Riso & Hudson, 1999)

| | 유형 | 힘의 중심 | 두려움 | 정서 | 함정 | 날개 | 통합/퇴화 | 행동방식 |
|---|---|---|---|---|---|---|---|---|
| 2 | 조력가 | 감정 중심 | 필요 | 자랑 | 봉사 | 1,3 | 4/8 | 의존형 |
| 3 | 성취자 | | 실패 | 기만 | 능률 | 2,4 | 6/9 | 공격형 |
| 4 | 개인주의자 | | 평범 | 시기 | 진정성 | 3,5 | 1/2 | 움츠림형 |
| 5 | 탐구가 | 머리 중심 | 공허 | 인색 | 지식 | 4,6 | 8/7 | 움츠림형 |
| 6 | 충성가 | | 일탈 | 공포 | 안전 | 5,7 | 9/3 | 의존형 |
| 7 | 열정자 | | 고통 | 탐닉 | 이상주의 | 6,8 | 5/1 | 의존형 |
| 8 | 도전자 | 장 중심 | 약함 | 오만 | 정의 | 7,9 | 2/5 | 공격형 |
| 9 | 중재자 | | 갈등 | 나태 | 자기비하 | 8,1 | 3/6 | 움츠림형 |
| 1 | 개혁가 | | 분노 | 분노 | 완전 | 9,2 | 7/4 | 공격형 |

각각의 아홉 가지 성격유형별 특성을 자세히 살펴보면 다음과 같다.

- 1번 개혁가 유형: 원칙적이고 이상적인 유형. 윤리적이고 양심적이다. 상황을 개선시키기 위해 노력하며 실수를 두려워하는 사람들. 쉽게 비판적이 되고 완벽주의자가 된다.
- 2번 조력자 유형: 타인을 돌보면서 관계지향적인 유형. 타인과 감정적인 교류를 잘하고 진지하며 마음이 따듯한 사람들. 타인의 기분을 맞추고 필요로 하는 사람이 되기 위해 너무 노력하며 자신을 잘 돌볼 줄 모르게 된다.
- 3번 성취자 유형: 상황에 잘 적응하고 성공지향적인 유형. 자신감이 있고 매력적이며 야망이 있고 유능하고 에너지가 넘친다. 일중독에 빠지는 것과 지나친 경쟁의식을 조심해야 한다.
- 4번 개인주의자 유형: 낭만적이고 내향적인 유형. 자신에 대한 생각이 많고 민감하며, 신중하고 조용하다. 자의식이 지나치게 강하면 거만하고 방종해질 수 있다.
- 5번 탐구가 유형: 집중력이 강하며 지적인 유형. 기민하고 통찰력이 있으며 호기심이 많다. 독창적이고 독립적인 성격이 지나치게 강하면 고립되고 괴팍해질 수 있다.
- 6번 충성가 유형: 안전을 추구하는 유형. 신뢰할 수 있고 근면하며 책임감이 강하다. 조심성이 많고 우유부단하나 때로 당돌하고 반항적이 되기도 한다.
- 7번 열정자 유형: 바쁘고 생산적인 유형. 변덕스럽고 긍정적이며 즉흥적이다. 놀기를 좋아하고 유쾌하며 실질적이나 지나치면 피상적이고 충동적이 될 수 있다.
- 8번 도전자 유형: 성격이 강하며 사람들을 지배하는 유형. 자신감이 있고 성격이 강하며 자기주장을 잘한다. 자신을 보호할 줄 알고 임기

응변에 능하며 결단력이 있으나 지나치면 타인과의 친밀한 관계를 허용하지 않고 타인에게 위협적이 될 수 있다.
- 9번 중재자 유형: 느긋하고 잘 나서지 않는 유형. 남들을 잘 수용하며, 상대방에게 신뢰를 주는 안정적인 성격이고 다른 사람들과 잘 지낸다. 남들에게 잘 순응하고 갈등을 일으키지 않지만 지나치면 수동적이고 고집스러워질 수 있다.

현재 우리나라에는 다양한 종류의 에니어그램 검사들이 있다(손봉희, 2003). 우재현(2002)의 한국표준에니어그램 성격유형진단검사, 김영운(2001)의 에니어그램 성격유형검사, 윤운성(2001)의 한국형 에니어그램 성격유형검사 등이 있다. 각 검사마다 검사 구성방법과 문항의 수, 검사자에 대한 교육 등에 있어 차이가 있다.


# 7. 자아존중감검사

개인의 자아존중감, 즉 자기존중 정도와 자아승인 양상을 측정하는 검사로서 Rosenberg(1965)가 개발한 자아존중감 척도(Self-Esteem Scale)가 있다. 국내에서는 전병제(1974)가 이를 번안하였다.

자아존중감 척도는 긍정적 자아존중감 5문항(예: 나는 내가 다른 사람들처럼 가치 있는 사람이라고 생각한다.)과 부정적 자아존중감 5문항(예: 나는 대체적으로 실패한 사람이라는 느낌이 든다.) 등 모두 10문항으로 구성되어 있고, 이를 4점 Likert 척도로 응답하게 되어 있다. 부정적 문항에 대한 응답은 채점할 때 역으로 처리하며 점수 범위는 10점에서 40점까지고 점수가 높을수록 자아존중감이 높은 것을 의미한다. 문항내적 합치도 계수(Cronbach α)는 .79로 보고되어 있으나 표준화되지는 않았다.

아래의 문항들은 '여러분이 자신을 어떻게 보느냐' 하는 자신에 대한 생각을
나타내는 문항입니다. 여러분의 생각을 잘 나타내 주는 난에 표를 해 주시기 바랍니다.

|  |  |
|---|---|
| 대체로 그렇지 않다 | 1 |
| 보통이다 | 2 |
| 대체로 그렇다 | 3 |
| 항상 그렇다 | 4 |

| | | | | |
|---|---|---|---|---|
| 1. 나는 내가 다른 사람들처럼 가치 있는 사람이라고 생각한다. | 1 | 2 | 3 | 4 |
| 2. 나는 좋은 성품을 가졌다고 생각한다. | 1 | 2 | 3 | 4 |
| 3. 나는 대체적으로 실패한 사람이라는 느낌이 든다. | 1 | 2 | 3 | 4 |
| 4. 나는 대부분의 다른 사람들과 같이 일을 잘할 수가 있다. | 1 | 2 | 3 | 4 |
| 5. 나는 자랑할 것이 별로 없다. | 1 | 2 | 3 | 4 |
| 6. 나는 내 자신에 대하여 긍정적인 태도를 가지고 있다. | 1 | 2 | 3 | 4 |
| 7. 나는 내 자신에 대하여 대체로 만족한다. | 1 | 2 | 3 | 4 |
| 8. 나는 내 자신을 좀 더 존경할 수 있으면 좋겠다. | 1 | 2 | 3 | 4 |
| 9. 나는 가끔 내 자신이 쓸모 없는 사람이라는 느낌이 든다. | 1 | 2 | 3 | 4 |
| 10. 나는 때때로 내가 좋지 않은 사람이라고 생각한다. | 1 | 2 | 3 | 4 |

[그림 8-2] 자아존중감 척도 질문지

## 8. 자아개념검사

자아개념이란 한 개인이 자신을 어떻게 지각하고 있는가 하는 것이다.
즉, 자기 자신에 대한 긍정·부정적인 생각, 느낌, 기대 등을 의미하는 것
으로서, 자신에 대한 평가적 관념을 뜻한다. 이러한 자아개념을 통해 자신
의 행동 유형과 강도를 달리하게 되는데, 자신을 가치 있고 귀하게 보는 사
람은 그렇게 행동할 것이고, 자신이 천하다고 생각하는 사람은 그렇게 행
동할 것이다(고려대학교 행동연구소 편, 2000).

자아개념을 재는 검사는 대략 네 가지가 있다. 첫 번째는 Fitts식의 자아

개념검사가 있고, 둘째로는 Coopersmith의 자아존중감검사(SEI)가 있다. 세 번째 검사로는 Long, Ziller과 Henderson의 자아-사회상징과제검사 (SSST)가 있고, 넷째는 Combs과 Soper의 지각점수검사(PSS)가 있다.

우리나라에서는 정원식이 Fitts의 이론적 가정 위에 제작한 자아개념검사가 있고, 송인섭이 3차원적 위계 모형을 구성하고 이에 근거해서 제작한 자아개념검사가 있다.

송인섭(1990)의 자아개념진단검사는 중·고등학생을 대상으로 실시하며, 청소년들이 자신의 자아개념을 파악하여 이해하고, 부정적인 자아개념의 형성을 미연에 예방할 수 있는 교육적 개입을 조력하려는 목적에서 개발되었다. 검사는 크게 2개로 구성되며, 검사 1의 경우, 일반 자아개념 (18문항), 학문적 자아개념(50문항), 중요 타인 자아개념(41문항), 정의적 자아개념(30문항)으로 구성되어 있고, 검사 2의 경우 국어, 영어, 수학, 사회, 과학, 예체능과 관련된 자아개념 각각 18문항씩 측정하도록 구성되어 있다. 실시시간은 약 40~50분 정도가 소요된다. 자아개념진단검사의 각 하위 척도별 문항내적 합치도 계수 Cronbach $\alpha$는 .81~.94 사이에 분포한다.

다음 글을 하나하나 읽어 나가면서 자기 자신을 가장 잘 나타냈다고 생각되는 번호를 찾아 ○표 하십시오. 응답을 고치고 싶은 경우에는 X표 한 후에 다시 원하는 번호를 찾아 ○표 하면 됩니다.

1. 일반
1. 나는 나 자신을 믿는다.
2. 나는 별 어려움 없이 쉽게 결정하는 편이다.
3. 나는 행복한 사람이라고 생각한다. ㅡ〈중략〉ㅡ

2. 학급 및 학업
1. 나는 수업 시간에 이름이 불리는 것을 좋아한다.
2. 나는 수업 시간에 남들 앞에서 발표할 수 있는 나의 능력에 대해 만족한다.
3. 나는 수업 시간 중에 질문을 받으면 긴장한다. ㅡ〈중략〉ㅡ

3. 사회
1. 나는 친구를 잘 사귀는 편이다.
2. 나는 내가 아는 모든 사람을 좋아한다.
3. 나는 다른 사람을 대하는 나의 태도에 만족한다. ㅡ〈중략〉ㅡ

4. 가족
1. 나는 항상 나를 도와주는 가족이 있다고 느낀다.
2. 나는 행복한 가정의 한 사람이라고 생각한다.
3. 나는 가족들에게 사랑받는다고 생각한다. ㅡ〈중략〉ㅡ

5. 정서
1. 나는 정직한 사람이라고 생각한다.
2. 나는 명랑한 사람이라고 생각한다.
3. 나는 내가 도덕적인 사람이라고 생각한다. ㅡ〈중략〉ㅡ

6. 신체
1. 나는 매력적인 사람이라고 생각한다.
2. 나는 내가 원하는 만큼 잘 생겼다고 생각한다.
3. 나는 신체 모습 중 몇 군데를 바꾸고 싶다. ㅡ〈이하 생략〉ㅡ

[그림 8-3] 자아개념 측정질문지 문항 예시

# 참고문헌

고려대학교 행동과학연구소 편(2000). 심리척도 핸드북 I. 서울: 학지사.

김동일(2012). Big5 성격검사 전문가 지침서. 서울: 학지사.

김영운(2001). 에니어그램 워크샵 자료집. 서울: 공동체성서연구원.

김정택, 심혜숙(1995). MMTIC과 어린이 및 청소년의 이해. 서울: 한국심리검사연구소.

민병모, 이경임, 정재창(1997). NEO 인성검사(NEO PI-RS). 서울: PSI컨설팅.

박영숙(1994). 심리평가의 실제. 서울: 하나의학사.

손봉희(2003). 에니어그램 성격유형검사 RHETI 한글판의 신뢰도 및 타당도 조사. 이화여자대학교 석사학위논문.

송인섭(1990). 자아개념진단검사. 서울: 한국심리적성연구소.

안창규, 채준호(1997). NEO-PI-R의 한국표준화를 위한 연구. 한국심리학회지: 상담과 심리치료, 9(1), 443-473.

안현의, 김동일, 안창규(2006). NEO 아동 및 청소년 성격검사의 해석과 활용. 서울: 한국가이던스.

염태호, 김정규(1990). 성격요인검사: 실시요강과 해석방법. 서울: 한국심리적성연구소.

우재현(2002). 에니어그램 성격유형 검사. 서울: 정암서원.

윤운성(2001). 에니어그램 성격검사의 개발과 타당화. 교육심리연구, 15(3), 131-161.

전병제(1974). 자아 개념 측정 가능성에 관한 연구. 연세 논총, 11.

http://www.guidance.co.kr

Anastasi, A. (1988). *Psychological testing* (6th ed.). New York: Macmillan.

Cattell, R. B., Cattell, A. K., & Cattell, H. E. (1993). *The 16-PF test booklet*. Champaign, IL: Institute for Personality and Ability Testing.

Costa, P. T., & McCrae, R. (1992). *NEO-PI-R professional manual*. Odessa, FL: Psychological Assessment Resources.

Dunning, D. (2001). *What's your type of career?: Unlock the secrets of your personality to find your perfect career path*. CA: Davies-Black Publishing.

Gough, H. G. (1987). *California Psychological Inventory administrator's guide.* Palo Alto, CA: Consulting Psychologists.

Gough, H. G., & Bradley, P. (1995) *CPI Manual.* Palo Alto, CA: Consulting Psychologists.

Hood, A. B., & Johnson, R. W. (1997). *Assessment in counseling: A guide to the use of psychological assessment procedures* (2nd ed.). Alexandria, VA: American Counseling Association.

Mendelsohn, G. A., & Kirk, B. A. (1962). Personality differences not used. *Journal of Counseling Psychology, 9,* 341–346.

Myers, I. B., & McCaulley, M. H. (1985). *Manual: A guide to the development and use of the Myers–Briggs Type Indicator.* Palo Alto, CA: Consulting Psychologists.

Riso, D. R. (1990). *Understanding the Enneagram: The Practical guide to personality types.* New York: Houghton Mifflin Company.

Riso, D. R., & Hudson, R. (1999). *The Wisdom of the Enneagram: The Complete guide to psychological and spiritual growth for the nine personality types.* New York: Bantam Books.

Rosenberg, M. (1965). *Society and adolescent self–image,* Princeton. NJ: Princeton University Press.

Russell, M., & Karol, D. (1993). *16–PF, fifth edition, administrator's manual.* Champaign, IL: Institute for Personality and Ability Testing.

Schuerger, J. M. (1992). The sixteen personality factor questionnaire and its junior versions. *Journal of Counseling & Development, 71,* 231–244.

Vilas, R. C. (1988). Counseling outcome as related to MBTI client type, counselor type and counselor–client type similarity. Unpublished doctoral dissertation, The University of Iowa, Iowa City.

**제9장 부적응검사**

　상담 영역별로 자주 활용되는 검사에는 차이가 있다. 예를 들어 진로상담자들은 흥미검사나 적성검사를 자주 활용하고, 학업상담자들은 학습 관련 검사나 지능검사를 자주 활용한다. 개인의 적응문제를 다루는 상담자들은 성격검사를 비롯한 다양한 심리검사를 활용한다. 이 장에서는 개인의 적응에 있어 주요 장면이라고 판단되는 가정, 학교, 직장이라는 세 가지 생활 장면에서의 부적응을 상담하는 데 주로 사용되는 심리검사를 개관하고자 한다.

　일반적으로 개인의 적응문제를 다루는 상담에서 자주 사용되는 주요 검사는 성격검사일 것이다. 또한 대부분의 상담에서는 심리검사를 적극적으로 활용하지 않는 경우가 많다. 검사를 사용한다고 하여도 MMPI나 MBTI와 같이 다른 상담에서도 사용되는 검사가 대부분이다. 하지만 이 장에서는 상기한 세 가지 생활 장면에서의 부적응문제를 다루는 데 보다 유용할 수 있는 몇 가지 검사에 대해 간략히 소개해 보고자 한다.


# 1. 가정에서의 부적응

## 1) 한국판 결혼만족도검사

　한국판 결혼만족도검사(Korean Marital Satisfaction Inventory; K-MSI)는 미국의 임상심리학자인 Snyder 박사가 개발한 결혼만족도검사와 이 검사의 개정판을 기초로 한국 부부들의 결혼만족도를 평가하기 위해 권정혜와 채규만(2001)이 개발한 검사다. 결혼만족에 중요한 측면인 부부관계 내 공격행동 정도를 평가하는 척도를 추가하였으며, 우리나라의 결혼생활에 배우자 가족과의 관계가 중요한 영향을 미치는 점을 고려하여 배우자 가족과의 갈등척도를 추가하였다. 부부갈등으로 치료를 받으러 온 부부들의 전반적인 결혼 불만족 정도와 결혼생활의 11개 영역에 대한 세부적 결혼 불만족을 평가하기 위한 문항 160개로 구성되어 있으며, 제시된 문항이 자신과 일치하면 '예', 그렇지 않으면 '아니오'에 표기하도록 되어 있다. 초반 139개 문항은 모든 응답자가 반응하며, 나머지 21개 문항은 자녀를 둔 경우에만 응답한다. 초반 139개 문항 중 10% 이상 응답하지 않은 경우에는 채점이 불가능하다. 실시시간은 대략 15~20분이 소요된다.

　K-MSI의 결과는 부부치료 시 라포를 형성하는 좋은 자료가 되며, 치료 동기를 높여 줄 수 있고, 다면적 척도로 구성되어 부부치료에서 중점을 두어야

**〈표 9-1〉 한국판 결혼만족도검사의 구성**

| 척도 | 내용 | 척도 부호 | 문항 수 |
|---|---|---|---|
| 비일관적 반응 척도 | 얼마나 일관적인 방식으로 응답했는가를 평가 | INC | 20 |
| 관습적 반응 척도 | 부부관계를 사회적으로 바람직하게 제시하고 왜곡하려는 경향성 측정 | CNV | 10 |
| 전반적 불만족 척도 | 결혼생활에 대한 전반적인 불만족인 분위기를 말해 주는 지표 | GDS | 22 |
| 정서적 의사소통 불만족 척도 | 배우자에게 느끼는 애정, 정서적인 친밀성의 결여 정도 측정 | AFC | 13 |
| 문제해결 의사소통 불만족 척도 | 부부간의 의견 차이 해결을 위한 의사소통상의 문제나 비효율성 평가 | PSC | 19 |
| 공격행동 척도 | 배우자의 언어적 위협과 신체적인 공격행동 수준 평가 | AGG | 10 |
| 공유시간 갈등척도 | 배우자와 함께 시간을 보내는 정도 및 동지애의 정도 측정 | TTO | 10 |
| 경제적 갈등척도 | 가계관리와 관련된 부부간의 불일치 정도 평가 | FIN | 11 |
| 성적 불만족 척도 | 성관계나 관련된 성적 활동의 양과 질에 대한 불만족 평가 | SEX | 13 |
| 비관습적 성역할 태도척도 | 성역할, 가사활동, 자녀양육 등에 대한 비관습적·개방적 태도 평가 | ROR | 12 |
| 원가족 문제척도 | 불행한 어린 시절, 가족 또는 부모의 결혼생활 분열 등 원가족 내의 갈등 반영 | FAM | 9 |
| 배우자 가족과의 갈등척도 | 배우자 가족으로 인한 부부갈등 정도 평가 | CIL | 10 |
| 자녀 불만족 척도 | 자녀와의 관계에 대한 질 및 자녀의 정서, 행동적 상태에 대한 걱정 평가 | DSC | 11 |
| 자녀양육 갈등척도 | 실제 자녀를 양육하는 과정에서 부부간에 겪는 갈등 수준 평가 | CCR | 10 |

할 영역을 발견하고, 치료 성과를 평가하는 데 유용하다. 검사의 문항내적
합치도 계수(Cronbach $\alpha$)는 .70~.93으로 나타났다.

## 2) 결혼적응 척도

1976년도에 Spanier와 Cole에 의해 제작 발표된 결혼적응 척도(Dyadic Adjustment Scale; DAS)는 32개 문항으로 되어 있다. 수차례에 걸친 문항분석과 요인분석을 걸친 이 척도는 4개의 요인, 즉 부부간의 일치성(Dyadic Consensus, 관계 형성에 중요한 사안들에 대해서 부부간에 합의도가 높고 낮은 정도), 부부간의 결합력(Dyadic Cohesion, 부부가 함께 무엇을 하는 정도), 부부간의 만족도(Dyadic Satisfaction, 부부가 현재 관계에 만족하고 결혼관계를 지속하고자 하는 마음가짐의 정도), 애정표현(Affectional Expression, 부부가 상호 감정표현과 성관계에 만족하는 정도)으로 구성된다.

Spanier와 Cole(1976)은 당시의 문헌들을 개관하여 결혼생활적응을 ① 부부간 문제가 되는 차이의 정도, ② 개인의 불안과 부부간 긴장의 정도, ③ 결혼에 대한 만족도, ④ 부부 응집도, ⑤ 부부기능에 중요한 사안들에 대한 합의도로 정의하였다. 이러한 정의에 기초하여 다섯 가지 하위 영역을 측정하는 300개의 문항을 만들어서 최종적으로 32개 문항으로 이루어진 DAS를 제작했다. 제작자들이 제시한 4개 소척도의 문항내적 합치도 계수(Cronbach $\alpha$)는 .86~.96으로 나왔다. 이 검사는 내용타당도, 예언타당도, 변별타당도, 구인타당도 등 비교적 타당도에 대한 정보가 풍부하여 임상적으로 활용도가 높다.

DAS는 부부불화 정도의 진단, 부부관계의 잠재문제 발견, 치료 전후 측정을 통한 치료 성과의 평가를 위해 주로 활용된다. 검사의 실시는 반드시 부부가 따로 해야 하며 부부가 서로 상의하거나 상담자와 상의해서는 안 된다. 점수는 총점과 하위 척도 점수 두 가지가 있는데, 규준이 마련되어 있지 않아서 표준점수를 사용할 수는 없다. 불화가 있는 부부와 보통 부부를 나누는 구분점을 설정해 놓고 있지는 않지만 대체로 부부 중 어느 한 사람이라도 총점이 100점 이하인 경우 부부간 불화를 시사한다고 본다.

우리나라에서는 이민식과 김중술(1996)이나 김은정(2008) 등이 번역 및 타당화한 DAS가 다양한 관련 연구에서 활용되고 있다. 한국판 DAS는 미국판 DAS와 마찬가지로 부부간의 일치성(Dyadic Consensus) 13문항, 부부간의 만족도(Dyadic Satisfaction) 10문항, 부부간의 결합력(Dyadic Cohension) 5문항, 애정표현(Affectional Expression) 4문항의 총 32문항으로 구성되어 있으나 4~6점 Likert 사이의 다양한 척도방식을 취하고 있어 총점을 해석할 때 주의를 요한다. 우리나라의 결혼문화, 부부관계에 대한 인지, 행동, 정서는 미국인과 차이가 많을 것이므로, 이 척도의 번역본이 우리나라 사람들의 결혼적응도를 얼마나 타당하고 신뢰롭게 측정할 수 있을지는 아직 미지수다. 그러나 우리나라에서도 연구나 임상적으로 활용도가 기대되는 척도이므로 이 DAS를 참고로 하되 우리 문화를 고려한 새 척도가 제작될 필요가 있다.

## 3) 부모양육 스트레스 검사

부모의 역할을 수행하는 것은 자녀에 대한 부모로서의 책임과 부담을 동반할 뿐 아니라 경제적 부담, 신체적 피로감, 개인 여가생활을 제한하므로 모든 부모들은 어느 정도의 스트레스를 경험하게 된다. 이러한 부모양육

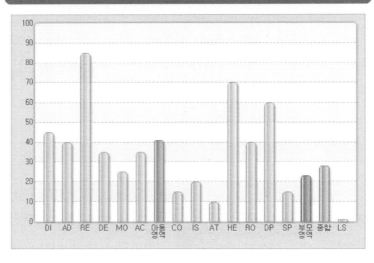

| 영역 | DI | AD | RE | DE | MO | AC | 아동영역 | CO | IS | AT | HE | RO | DP | SP | 부모영역 | 총스트레스 | LS |
|------|----|----|----|----|----|----|---------|----|----|----|----|----|----|----|---------|-----------|----|
| 원점수 | 21 | 23 | 13 | 16 | 7 | 13 | 93 | 27 | 10 | 9 | 15 | 17 | 23 | 12 | 113 | 206 | 0 |
| 백분위 | 45 | 40 | 85 | 35 | 25 | 35 | 41 | 15 | 20 | 10 | 70 | 40 | 60 | 15 | 23 | 28 | 1 |

| | | | | |
|---|---|---|---|---|
| DI 주의산만/과잉행동 | AD 적응 | RE 부모강화 | DE 요구 |
| MO 기분 | AC 수용 | CO 유능감 | IS 고립 |
| AT 애착 | HE 건강 | RO 역할제한 | DP 우울 |
| SP 배우자 | LS 일상스트레스 | | |

[그림 9-1] 부모양육 스트레스 검사 결과보고서(예시)

스트레스를 측정하기 위하여 Abidin(1995)은 부모양육 스트레스 척도 (Parenting Stress Index; PSI)를 개발하였다. 이 척도는 1976년에 개발되어 3번의 개정을 거치면서 현재까지 가장 빈번하게 쓰이는 신뢰롭고 타당한 검사이지만 아동 영역 여섯 가지 척도, 부모 영역 일곱 가지 척도와 생활스트레스 척도를 포함하여 총 120문항으로 구성된 부모 보고용 질문지이기 때문에 경제성의 측면에서 제한점이 있었다. 이후 Abidin(1995)은 부모역할을 하면서 겪는 부모의 고통(Parental Distress; PD), 부모-아동 역기능적 상호작용(Parent-Child Dysfuntional Interactionl; P-CDI), 부모가 다루기 어려운 아동의 행동을 측정하는 까다로운 아동(Difficult Child; DC)의 세 가지 하위 영역을 측정하는 총 36문항의 축약형 PSI를 개발하였다. 우리나라에서는 정경미, 이경숙과 박진아(2008)가 이 축약형 PSI를 기초로 한국판 부모양육 스트레스 척도-축약형을 개발하였다. 만 1~12세 아동의 부모가 경험하는 양육 스트레스를 측정하는 총 36개 문항에 대해 5점 Likert 척도 (1: 전혀 그렇지 않다~5: 매우 그렇다)로서 부모가 평정하도록 되어 있는데 제작자들이 제시한 문항내적 합치도 계수(Cronbach $\alpha$)는 .91, 검사-재검사신뢰도($r$)는 .77로 나왔고, 현재 『한국판 부모양육 스트레스 검사: Korean Parenting Stress Index(K-PSI) 전문가 지침서』가 출판되어 있어 채점 및 해석 시 지침서를 활용할 수 있다.

## 4) 부모-자녀 간 의사소통 질문지

부모-자녀 간 의사소통 질문지(Parent-Adolescent Communication Inventory; PACI)는 부모-자녀 간 의사소통의 질을 평가하는 도구로서, Barnes와 Olson(1982)이 개발한 것을 민하영(1991)이 번안하였다. 원래의 척도는 부모용 질문지와 청소년 자녀용 질문지로 구성되어 있으나, 민하영은 청소년 자녀용 질문지만을 번안하였다.

이 검사는 2개의 하위 차원으로 구성되어 있다. 첫 번째 개방적 의사소통(open family communication)은 부모-자녀 간의 의사소통에 문제가 없으며 보다 자유로운 감정하에서 자신의 의사를 표현할 수 있는 긍정적인 측면을 측정한다. 두 번째 역기능적 의사소통(problem in family communication)은 가족구성원들 간의 의사소통에 문제가 있는 경우로 상호작용이 부정적이고 의사소통이 원활히 이루어지지 않는 부정적인 측면을 측정한다.

측정학적 특성을 살펴보면, 민하영(1991)의 연구에서 문항내적 합치도 계수(Cronbach $\alpha$)는 아버지와의 의사소통에 대한 20문항에서 .86, 어머니와의 의사소통에 대한 20문항은 .85로 나타났다. 각 하위 척도별로 10문항씩 총 20문항으로 구성되어 있으며, 각 문항은 5점 Likert 척도로 평정하게 되어 있는데 문항의 예는 [그림 9-2]와 같다.

---

다음 질문들은 아버지와 자녀 간의 의사소통에 관한 질문입니다.
아버지와 여러분의 대화에 대해 잘 나타내 주는 번호에 ∨표 하세요.

1 전혀 그렇지 않다 2 대체로 그렇지 않다 3 보통이다 4 대체로 그렇다 5 항상 그렇다

1. 나는 주저함 없이 아버지께 내 주장을 이야기한다.
2. 나는 때때로 아버지께서 나에게 말씀하시는 모든 것을 믿지 못할 때가 있다.
3. 아버지는 항상 나의 말에 귀 기울여 주신다.                    〈중략〉

다음 질문들은 어머니와 자녀 간의 의사소통에 관한 질문입니다.
어머니와 여러분의 대화에 대해 잘 나타내 주는 번호에 ∨표 하세요.

1. 나는 주저함 없이 어머니께 내 주장을 이야기한다.
2. 나는 때때로 어머니께서 나에게 말씀하시는 모든 것을 믿지 못할 때가 있다.
3. 어머니는 항상 나의 말에 귀 기울여 주신다.                    〈이하 생략〉

---

[그림 9-2] 부모-자녀 간 의사소통 질문지 문항 예시

## 5) 모-자 상호작용평가 척도

모-자 상호작용평가 척도(Parent-Child Interaction; PCI)는 어머니의 자기보고를 통해 모-자 간의 상호작용을 평가하는 척도로서 Hetherington과 Clingempeel(1992)가 개발한 것을 우리나라에서 문경주와 오경자(1995)가 번안하였다.

훈육행동(Parent Discipline Behavior; PDB) 척도, 아동감찰(Child Monitoring; CM) 척도, 애정표현(Expression of Affection; EAF) 척도로 구성되어 있으며, 훈육행동 척도와 애정표현 척도는 7점 Likert 척도이고, 가능한 점수 범위는 훈육행동은 43~301점이며, 애정표현은 22~154점이다. 아동감찰 척도는 5점 Likert 척도로서 아동의 생활에 실제로 영향을 미친 정도로 나누어 평정하며, 가능한 점수 범위는 9~45점이다.

측정학적 특성을 살펴보면, 문항내적 합치도 계수(Cronbach $\alpha$)가 훈육행동 척도 .79, 아동감찰 척도 .88~.89, 애정표현 척도 .83 등이다.

---

**훈육행동 척도**

다음 질문들은 어머니와 아동이 상호작용하는 방식에 관한 것들입니다.

지난 한달 동안 어머니께서 각각의 문항에서 나타내는 방식으로 행동했었는지를 예/아니오로 표시해 주십시오. 만약 지난 한달 동안 각각의 문항에서 나타내는 방식대로 행동했다면, 얼마나 자주 그러한 행동을 했는지 두 번째 칸에 있는 적절한 번호에 표시해 주십시오. 예를 들어 하루에 두 번 이상 그렇게 행동했다면 1번에, 지난 일주일 동안 3~4번 정도 그렇게 행동했다면 4번에 표시하십시오. 그리고 나서, 그 밑의 1번부터 5번까지의 척도를 사용하여 어머니께서 아이와 함께 있을 때 그러한 방식으로 행동하는 것이 얼마나 보편적인지를 표시해 주십시오. 만약 지난 한달 동안 그러한 방식으로 행동한 적이 없다면, 다음 문항으로 넘어가 주십시오.

1. 아이의 잘못에 대해 아이에게 말했다.
2. 아이의 잘못에 대해 아이에게 소리를 질렀다.
3. 아이가 잘못했을 때, 하고 싶어 하는 일을 못하게 했다. 〈중략〉

아동감찰 척도

다음의 각 문항들은 어머니가 아동에게 관여하는 정도를 알아보는 것들입니다. 어머니의 아동에 대한 개입의 정도를 가장 잘 표현하고 있는 번호에 표시하여 주십시오. 첫 번째 칸에는 어머니께서 아이에 대해 알고 있는 정도를, 두 번째 칸에는 어머니께서 아이의 생활에 영향을 미치기 위해 노력하는 정도를, 세 번째 칸에는 어머니께서 실제로 아이의 생활에 얼마나 많은 영향을 미쳤는지를 표시하여 주십시오.

1. 아이가 사귀는 친구들이 누구이고 그들이 어떤 아이들인지에 대해
2. 아이의 지적 흥미에 대해(학교 내에서, 학교 밖의 과외활동에서)
3. 유치원 밖에서의 아이들의 활동(운동, 취미 등)에 대해   〈중략〉

애정표현 척도

다음의 각 문항들은 어머니와 아동의 애정표현에 관한 것들입니다. 각각의 문항에 대하여 지난 한달 동안 아동에게 그와 같은 행동을 했는지를 예/아니오로 표시해 주십시오. 만약 지난 한달 동안 그러한 방식으로 행동했다면 얼마나 자주 그렇게 행동했는지를 두 번째 칸에 있는 적절한 번호에 표시해 주십시오. 예를 들어 하루에 두 번 이상 그렇게 행동했다면 1번에, 지난주에 3~4번 정도 그렇게 행동했다 4번에 표시하십시오. 그러고 나서 그 밑의 1번부터 5번까지의 척도를 사용하여 어머니와 아이가 서로에게 이와 같은 행동을 하는 것이 얼마나 보편적인지를 표시해 주십시오. 만약 지난 한달 동안 그러한 방식으로 행동한 적이 없다면 다음 문항으로 넘어가 주십시오.

1. 함께 시간을 보냈다.
2. 안아 주기, 뽀뽀해 주기
3. 게임이나 운동을 함께했다.   〈이하생략〉

[그림 9-3]  모-자 상호작용 평가 척도 질문지 문항 예시

## 6) 가계도

가계도(genogram)는 3세대 이상에 걸친 가족성원에 관한 정보와 그들 간의 관계를 도표로 기록하는 작성 방법을 말한다. 가계도에서는 가족에 관한 정보가 도식화되어 있기 때문에 복잡한 가족유형의 형태를 한눈에 볼 수 있다. 그렇기 때문에 어떤 임상적 문제가 어떻게 가족 맥락과 관련되어 있으며, 그 문제와 상황이 시간이 경과되면서 어떻게 발전되어 가는가를 여러 가지 면에서 추측해 볼 수 있게 된다. 가계도에는 가족원의 나이 혹은 생년월일, 사망일, 결혼 혹은 이혼, 입양 등 주요 가족사를 적게 된다. 이런 식으로 정보가 수집되기 때문에 가족 전체의 발달 과정 맥락에서 가족관계가 제시된다.

가족구성, 형제관계, 가족형태와 같은 관계 구조를 조사해 볼 수 있기 때문에 상담자는 가족 내 역할과 관계를 가족도를 통해 체크해 볼 수 있다. 또한 가계도를 그리면서 상담자는 가계구조에 대한 기본적인 정보를 얻을 수 있는데 각 개인, 그들 간의 관계, 세대 간의 관계와 같은 정보를 탐색한다.

가계도 작성은 상담자와 내담자 간에 협력을 필요로 한다. 내담자가 가계도 작성에 관심을 보이고 몰두하게 되면 자신과 관련된 다양한 주요 상담자에게 정보를 제공할 수 있게 된다. 상담자는 이러한 가계도 작성을 통해 내담자의 대인관계와 가족관계를 체계(system)의 관점에서 통찰할 수 있게 된다. 가계도를 그리는 간략한 방법을 알아보면 [그림 9-4]부터 [그림 9-7]과 같다.

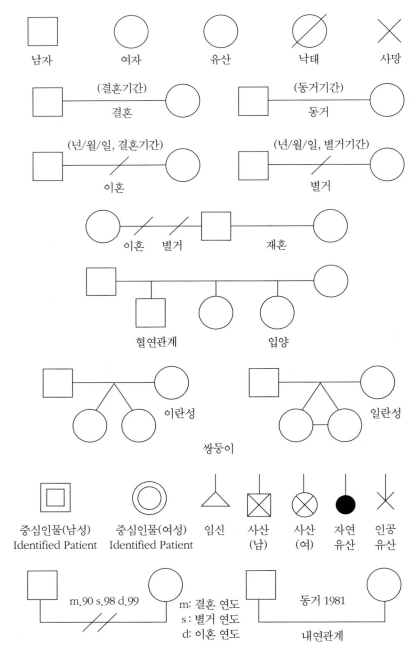

[그림 9-4] 가계도의 기본 기호

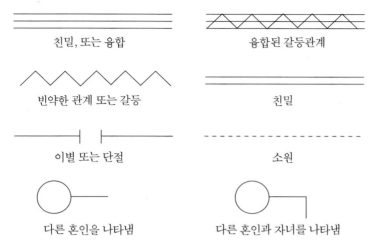

[그림 9-5] 가족 상호작용의 유형

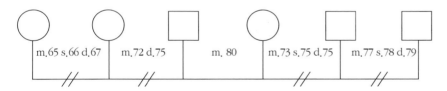

[그림 9-6] 여러 번 결혼 경험이 있는 부부의 가계도

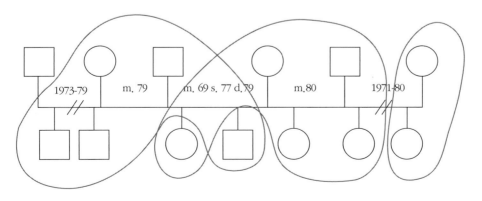

[그림 9-7] 재혼가족의 동거양상

## 2. 학교부적응

### 1) 행동 및 습관 문제

#### (1) 청소년행동평가척도

청소년기에는 학업이나 진로, 비행, 학교폭력과 같은 다양한 부적응문제가 급격히 증가하는 시기다. 이러한 청소년문제는 사회 전반으로 확대되어 있고 관심이 필요하지만, 이에 대한 개입이 쉽게 잘 이루어지지 못하고 있는 실정이다. 청소년기 부적응문제를 이해하고 개입하는 데 있어서 필요한 것은 이들 문제를 사전에 선별할 수 있는 평가도구다(이해경, 신현숙, 이경성, 2008). 이러한 목적에서 개발되어 최근 우리나라 청소년들의 주요 문제행동인 인터넷 중독, 청소년 성매매, 집단괴롭힘 등과 청소년기 다양한 부적응문제를 평가할 수 있도록 개발된 검사가 청소년행동평가척도 (Adolescent Behavior Assessment Scales; ABAS)다.

이 검사의 가장 큰 특징은 청소년문제에 대해 청소년 본인뿐만 아니라 부모, 교사의 평가 결과를 다각도로 수집할 수 있는 평가도구라는 점이다.

즉, ABAS는 청소년용(Adolescent Behavior Assessment Scales for Self Report; ABAS-S), 교사용(Adolescent Behavior Assessment Scales for Teacher Report; ABAS-T), 부모용(Adolescent Behavior Assessment Scales for Parent Report; ABAS-P)으로 구성되어 있어 있다. 교사용인 ABAS-T(이해경, 2010)는 일반 청소년들의 부적응행동을 평가하기 위한 교사(상담자)용 사전선별(screening)검사로서 교사(상담자)가 청소년문제를 평가하여 예방교육을 받아야 할 청소년들을 선별하려는 목적으로 활용할 수 있다. 한편 부모용 ABAS-P(이해경, 2011)는 청소년의 심리장애에 대한 부적응행동을 평가하기 위한 부모용 사전선별검사로서 청소년 자신이나 교사 등이 알기 어려운 일상생활 전반에 걸친 청소년문제를 부모가 관찰하여 보다 다각적인 정보를 제공할 수 있다.

자기보고용 청소년행동평가척도(ABAS-S)는 중학생 및 고등학생들을 대상으로 개별검사 혹은 집단검사의 형태로 실시할 수 있으며, 소요시간 약 20~30분 정도다. ABAS-S는 총 151개 문항으로 4점 Likert 척도로 되어 있으며 피검자의 응답이 타당한지를 평가하는 타당도 척도(Validity Scales)와 피검자가 일상생활에서 겪는 행동문제를 평가하는 문제척도(Problem Scales)로 구성되어 있다. 구체적인 검사의 구성은 〈표 9-2〉에 나타나있다. ABAS-S의 특징 중 하나라고 볼 수 있는 중요 문항은 조기개입과 위기상담을 필요로 하는 청소년을 발견하는 데 활용할 수 있다. 타당도 척도(비일관성 척도 제외)와 문제 척도들의 문항내적 합치도 계수(Cronbach $\alpha$)는 .71~.91로 나타났다. 다른 타당도 척도와 달리 비일관성 척도는 유사한 두 문항 간 상관계수로 신뢰도를 살펴보았는데 .66~.75의 범위(평균 $\gamma$=.70)로 비교적 높은 편이며, 전체 검사-재검사신뢰도는 $\gamma$= .74로 안정적이다.

〈표 9-2〉 ABAS-S 검사의 구성

| 척도명 | 하위 척도 | 설명 | 단축명 | 문항 수 |
|---|---|---|---|---|
| 타당도 척도 | 비일관성 | 수검자가 내용이 유사한 문항 쌍에 대하여 비일관적이거나 모순된 방식으로 또는 무분별하게 응답하는 경향을 측정 | I | 16 |
| | 긍정반응경향 | 자신을 좋게 보이려는 시도나 방어적인 반응 태도를 탐지하기 위한 척도 | P | 12 |
| | 부정반응경향 | 자신을 부정적으로 보이도록 반응하는 경향성을 탐지하기 위한 척도 | N | 13 |
| 문제 척도 | 인터넷 중독문제 | 인터넷 사용에 대해 강박적으로 집착하거나 인터넷을 사용하지 않을 때 불안과 우울 등의 금단증상, 대인관계에서의 심각한 부적응 정도 등을 측정 | Int | 14 |
| | 섭식문제 | 섭식문제와 관련하여 스트레스를 느끼거나 무리한 체중조절을 시도하거나 집착하는 정도를 측정 | Eat | 12 |
| | 가족관계 문제 | 부모님과의 갈등, 부모님에 대한 반항적 행동 등, 가족 안에서 불편이나 문제를 겪는 정도를 측정 | FamR | 15 |
| | 또래관계 문제 | 또래와의 관계에서 어울리지 못하고 위축, 소외되거나 따돌림, 이성 또래와의 관계 등을 측정 | PeeR | 15 |
| | 교사관계 문제 | 학교 선생님과 갈등 및 불만이 있거나 반항적 행동 또는 선생님을 무서워하는 행동 등을 측정 | TeaR | 11 |
| | 학업/주의 문제 | 수업에 대한 이해가 낮거나 학업성적 저조, 주의가 산만한 정도를 측정 | LeAt | 12 |
| | 진로문제 | 진로의식의 미성숙, 진로준비의 부족, 진로에 대한 비합리적인 의사결정 등을 측정 | Car | 10 |
| | 공격행동 | 일상생활에서 공격적인 말이나 행동을 하거나 또래를 따돌리고 괴롭히는 가해행동을 하는 정도를 측정 | Agg | 13 |
| | 지위비행 | 음주나 흡연, 가출, 무단결석과 등교거부, 일탈된 행동 등을 측정 | SDel | 11 |
| | 범죄성비행 | 폭력, 절도, 강도, 약물사용, 청소년 성매매, 인터넷을 통한 비행 등을 측정 | CDel | 13 |
| | 충동/과다행동 | 말이나 행동을 충동적으로 하거나 과다하게 하는 정도를 측정 | ImHy | 6 |
| 중요 문항 | - | 한국 문화에서 독특하게 나타나는 청소년 문제나 사회적 이슈가 되는 문제 등을 측정(집단괴롭힘 피해, 학교 중퇴, 청소년 성매매, 가출 등) | Cr | 11 |
| 총 문항 수 | | | | 151 |

## (2) 한국판 청소년 인터넷 중독 척도

우리나라 인터넷 이용 인구가 3,700여만 명으로 전 국민의 78.0%가 인터넷을 사용하고 있으며, 10대 청소년의 인터넷 이용률은 99.9%로 조사되었다(한국인터넷진흥원, 2010). 이와 같이 인터넷 사용자 수가 많아지면서 인터넷과 관련된 문제 특히 인터넷 중독, 게임 중독의 문제가 사회적으로 이슈화되고 있고 최근에는 스마트폰 등 전자기기의 발전 및 확산 보급에 따라 스마트폰 중독이라는 용어까지 등장하고 있다. 인터넷 중독을 학술적으로 정의하거나 엄밀한 진단기준을 제시하기에는 아직 연구의 축적이 부족하나, 다른 중독과 마찬가지로 인터넷 중독자들도 금단과 내성 증상을 보이며 자신의 일을 제대로 수행하지 못하고 때로는 타인에게 폭력을 휘두르는 등의 문제행동을 보이기도 한다.

일반적으로 인터넷 중독 청소년들은 다음과 같은 공통적인 특성을 보인다.

1. 가상공간과 현실 간의 구분이 모호해진다.
2. 한 번 시작한 인터넷은 그만두지 못한다.
3. 더 많은 시간을 인터넷을 하면서 보내고 싶어진다.
4. 인터넷으로 인해 가족과 친구 및 전반적 대인관계에 갈등이 생긴다.
5. 인터넷을 하지 못하면 우울하거나 초조해지며 공허감을 느낀다.
6. 인터넷을 하기 위해 가족이나 다른 사람에게 거짓말을 하게 된다.
7. 직업 및 학업 등 전반적인 사회생활의 역할수행이 저하된다.
8. 인터넷 이외에 다른 활동은 눈에 띄게 줄어든다.
9. 하루 종일 인터넷 생각만 한다.
10. 인터넷을 하느라 수면 시간이 줄어든다.
11. 인터넷 사용에 대해 과도하게 긍정적인 기대를 한다.

최근까지 가장 일반적으로 활용된 인터넷 중독 척도는 Young(1998)의 인터넷 중독검사다. 인터넷이나 통신 이용과 관련된 강박적 행동, 학업부진, 가정에서의 소홀, 대인관계의 문제, 행동상의 문제, 정서적 변화 등을 나타내는 5점 Likert 척도의 총 20문항으로 구성되어 있는 검사인데 다양한 연구에서 활용되고 있다.

김은정, 이세용과 오승근(2003)은 Young의 인터넷 중독 척도를 기초로 한국판 청소년 인터넷 중독척도를 제작하였다. 이 척도는 세 가지 요인(의존성 및 금단 증상, 부정적 결과, 내성) 총 20문항으로 구성되는데, 예컨대 '처음에 마음먹었던 것보다 더 오래 인터넷을 하게 된다.' '인터넷으로 많은 시간을 보내는 것에 대해 가까운 사람들이 불평한다.' '다시 인터넷 하기를 기대하는 자신을 발견한다.' '밤늦게까지 인터넷을 하느라 잠을 못 잔다.' '인터넷 때문에 학습능률이 떨어진다.'와 같은 문항으로 구성되어 있다. 각 문항은 0점에서 5점까지의 6점 Likert 척도로 평정하도록 되어 있으며 각 문항에서 반응한 점수를 합산하여 총점을 구하는데 총점의 범위는 0~100점까지 분포한다. Young(1998)이 제시한 기준에 따르면, 20~49점은 평균 이용자이며 50~79점일 경우 인터넷으로 인해 여러 문제가 있는 중독 성향자이고 80점 이상이 중독군이다. 제작자들이 제시한 문항내적 합치도 계수(Cronbach $\alpha$)는 .91이다.

한편 점차 증가되고 있는 인터넷 중독문제에 접근하기 위한 국가적인 차원의 노력도 시도되고 있는데, 국가정보화기본법에 의해 한국정보화진흥원(인터넷중독대응센터)이라는 기관이 설립되었고, 현재 인터넷 중독 예방 및 치료의 역할을 수행하고 있다. 한국정보화진흥원의 홈페이지(www.iapc.or.kr)를 통해 온라인 검사로 인터넷 중독 진단 척도, 온라인게임 중독 진단 척도, 스마트폰 중독 진단 척도, 인터넷 이용습관 진단검사를 받아 볼 수 있다. 자가보고용 또는 관찰자보고용의 간단한 문항으로 구성되어 있다. 진단 결과는 고위험, 잠재적 위험, 일반 사용자군으로 분류된다. 인터넷 중독 진단 척도와 스마트폰 중독 진단 척도는 두 진단 척도 모두 신광우, 김동일과 정여주(2011)가 한국정보화진흥원의 연구과제로 개발한 검사로서, 하위 척도는 일상생활장애, 금단, 내성, 가상세계지향의 4개 척도로 구성된다. 인터넷 중독 진단 척도는 유 · 아동, 청소년, 성인 등 각 대상별 검사들의 신뢰도 Cronbach $\alpha$=.71~.92 수준이며, 스마트폰 중독 진단 척도는 청소년 및 성인의 대상별 검사신뢰도가 Cronbach $\alpha$=.81~.88 수준으로 양호하였다.

## 2) 대인관계문제

### (1) 아동용 교우관계문제검사

아동은 교우관계 경험을 통해 친밀한 관계유지와 갈등해결 등과 같은 여러 가지 사회적 능력을 발달시키게 된다. 또래와의 긍정적인 대인관계 경험은 아동을 성장시키기도 하지만 한편 미움, 증오, 배척 같은 부정적인 관계경험은 우울, 불안, 폭력, 낮은 학업성취, 학업중단과 같은 아동의 사회적 부적응을 초래할 수 있다.

홍상황 등(2009)은 초등학교 4~6학년 학생들이 또래나 교우관계에서 경험하는 여러 가지 문제를 종합적으로 평가하기 위해 8요인(통제지배, 자기중심성, 냉담, 사회적 억제, 비주장성, 과순응성, 자기희생, 과관여) 총 64문항으로 구성된 아동용 교우관계문제검사를 개발하였다. 검사는 각 문항에 대해 4점 Likert 척도(0: 전혀 그렇지 않다~3: 매우 그렇다)로 평정하도록 되어 있고 각 문항에서 반응한 점수를 합산하여 총점을 구하며 총점의

<표 9-3> 아동용 교우관계문제검사의 하위 척도별 내용

| 척도 | 약호 | 내용 |
|---|---|---|
| 지배통제 | C1 | 타인을 지나치게 통제하거나 조종하려는 경향 |
| 자기중심성 | C2 | 적대적 지배성, 즉 타인에게 쉽게 화를 내고 타인에 대한 불신과 의심을 갖는 경향 |
| 냉담 | C3 | 타인에 대한 정서적 경험과 표현, 친밀성이 어려운 냉담성 |
| 사회적 억제 | C4 | 여러 사람 앞에서 불안해하고 당황하며 매사에 소심한 경향 |
| 비주장성 | C5 | 타인과의 관계에서 자신감 결여, 욕구 및 의사표현의 어려움 |
| 과순응성 | C6 | 타인과의 관계에서 독립성 유지에 어려움, 쉽게 설득당하며 지나치게 순종적인 정도 |
| 자기희생 | C7 | 타인의 욕구에만 지나치게 민감하고 자신의 처지는 아랑곳하지 않는 경향 |
| 과관여 | C8 | 타인과의 관계에서 강한 결속력을 요구하고 자신에게 항상 관심을 기울여 주기를 바라는 성향 |

범위는 0~192점까지 분포한다. 제작자들이 제시한 문항내적 합치도 계수(Cronbach $\alpha$)는 .94, 검사−재검사신뢰도($r$)는 .88이며 각 하위요인별 문항을 살펴보면 <표 9-3>과 같다.

### (2) 한국형 대인관계문제검사

대인관계문제는 심리적 적응문제로 심리치료를 받으러 오는 사람들이 가장 많이 호소하게 되는 핵심적 문제 중 하나다. 이러한 대인관계문제를 전반적, 종합적으로 평가하기 위해 개발된 대인관계문제검사는 Horowitz, Alden, Wiggins와 Pincus가 개발한 것을 우리나라의 김영환 등(2002)이 번역하여 표준화하였다.

한국형 대인관계문제검사(Korean Inventory of Interpersonal Problems; K-IIP)는 대인관계 원형 이론에 근거하여 대인관계문제를 종합적으로 평가·진단하고 성격장애군을 변별하려는 목적에서 개발된 것으로, 고등학생부터 성인까지 사용 가능하고, 검사실시시간은 대략 20~30분이 소요된다.

신뢰도를 살펴보면, KIIP-C(원형
척도)와 KIIP-PD(성격장애 척도)의 문
항내적 합치도 계수(Cronbach $\alpha$)는
각각 .69~.93, .68~.85의 범위였고,
KIIP-C의 표준 T점수와 편차 T점수
의 검사-재검사신뢰도는 각각 .59~
.84, .61~.80의 범위였으며, KIIP-
PD의 검사-재검사신뢰도는 .69~
.85였다.

한국형 대인관계문제검사의 타당도를 확인하기 위해, 대인관계문제 전
체 점수와 BDI-II, STAI-KYZ, SCL-90-R을 통해 측정한 불안, 우울 등의
부정적 정서지표와의 상관을 내어 본 결과가 .37~.62였고, STAXI를 통해
측정한 상태분노와 특성분노와의 상관이 .22~.36, 분노표현 억제와는
.33~.63의 상관을 보였다.

한국형 대인관계문제검사는 〈표 9-4〉와 같은 하위 척도로 구성되어 있다.

〈표 9-4〉 한국형 대인관계문제검사의 하위 척도 구성

| 구분 | 척도 | 약호 | 측정 내용 | 문항 수 | 비고 |
|---|---|---|---|---|---|
| 원형 척도<br>KIIP-C | 통제/지배 | C1 | 타인을 지나치게 통제하거나 조정하려는 경향성 | 10 | 원형<br>척도와<br>성격장애<br>척도 간<br>중복 문항:<br>28개 |
| | 자기중심성 | C2 | 적대적 지배성, 즉 타인에게 쉽게 화를 내고 타인에 대한 불신과 의심을 갖는 경향성 | 10 | |
| | 냉담<br>사회적 | C3 | 타인에 대한 정서적 경험과 표현, 친밀성이 어려운 냉담성 | 10 | |
| | 억제 | C4 | 여러 사람 앞에서 불안해하고 당황하며 매사에 소심한 경향성 | 10 | |
| | 비주장성 | C5 | 타인과의 관계에서 자신감이 결여되고 자신의 욕구, 의사를 표현하지 못하는 경향성 | 10 | |
| | 과순응성 | C6 | 타인과의 관계에서 독립성 유지가 어렵고 쉽사리 설득당하며 지나치게 순정적인 정도 | 10 | |

| | | | | | |
|---|---|---|---|---|---|
| 원형 척도 KIIP-C | 자기희생 | C7 | 타인의 욕구에만 지나치게 민감하여 자신의 처지를 아랑곳하지 않는 경향 | 10 | |
| | 과관여 | C8 | 타인과의 관계에서 강한 결속을 요구하고 자신에게 항상 관심을 기울여 주기를 바라는 성향 | 10 | |
| 성격 장애 척도 KIIP-PD | 대인적 과민성 | PD1 | 대인관계에서 경계의 부족, 타인의 비판에 대한 민감성 | 8 | |
| | 대인적 비수용성 | PD2 | 타인의 입장을 수용하고 공감하는 태도 | 11 | |
| | 공격성 | PD3 | 현재 타인에 대한 분노나 복수심, 적대감 등 | 9 | |
| | 사회적 인정욕구 | PD4 | 타인에 대한 지난친 관심과 인정욕구 | 7 | |
| | 사회성 부족 | PD5 | 타인과의 어울림에 대한 불편, 자기 표현 능력의 부족 | 12 | |

## 3) 집단따돌림 및 사회적 지지 관련 척도

청소년들 사이에 조화로운 인간관계를 위협하는 '집단따돌림(일명 왕따)' 현상이 지속적인 사회적 문제로 대두되고 있다. '집단따돌림'이란 두명 이상이 집단을 이루어 특정인을 그가 속한 집단 속에서 소외시켜 구성원으로서의 역할 수행에 제약을 가하거나 인격적으로 무시 혹은 음해하는 언어적·신체적 일체의 행위를 지칭한다(구본용, 1997). 이러한 집단따돌림의 문제가 점차 심각해짐에 따라 집단따돌림의 피해자 및 가해자에 대한 연구, 이들을 조력하기 위한 다양한 상담 프로그램 등이 활발히 연구·개발 중이나 집단따돌림의 대상이 되는 피해자 혹은 집단따돌림의 행위자인 가해자, 집단따돌림 현상 등을 확인할 수 있는 실질적인 검사도구들은 많이 부족하다. 여기서는 집단따돌림 혹은 청소년들의 사회적 지지와 관련된 현상을 상담 현장에서 직간접적으로 확인해 볼 수 있는 유용한 척도를 몇가지 소개하고자 한다.

**(1) 집단따돌림 체크리스트**

집단따돌림과 관련된 상담에서는 실제로 집단따돌림을 해결하기 위해서 도움을 줄 수 있는 주변 자원(부모, 교사, 학교 관계자 등)들을 활용하여 상담하는 것이 필수적인 절차인데, 사실상 피해자건 가해자건 이러한 문제를 공공연히 노출하지 않는다는 사실 때문에 문제해결이 더 어려워진다. 따라서 학생들 스스로가 문제를 노출하기 이전에 이들의 생활 혹은 행동상의 변화를 통해 주변 조력자들이 이를 알아차려서 적극적으로 문제해결을 조력할 필요가 있다. 이를 위해서는 집단따돌림의 피해자와 가해자의 특성에 대한 연구를 기초로 한 체크리스트가 도움이 될 수 있는데, 다음과 같은 내용이 포함되어 있다.

① 부모가 발견할 수 있는 폭력 피해 징후

- 비싼 옷이나 운동화, 안경 등을 자주 잃어버리거나 망가뜨린다.
- 몸에 다친 상처나 멍 자국을 자주 발견하게 된다. 물어보면 그냥 넘어졌다거나 운동하다 다쳤다고 대답하는 경우가 많다.
- 교과서나 가방, 공책 등에 '죽어라' '죽고 싶다'와 같은 낙서가 쓰여 있다.
- 용돈이 모자란다고 하거나 말도 없이 집에서 돈을 집어 간다.
- 풀이 죽어서 돌아와 맥 없이 풀썩 주저앉거나 자기 방에 틀어박혀 나오려고 하지 않는다.
- 입맛이 없다며 평소에 잘 먹던 음식에도 손을 대지 않는다.
- 두통이나 복통 등 몸이 좋지 않다고 호소하며 학교 가기를 싫어한다. 따라서 지각이 잦아지고 등교거부로 발전한다.
- 친구에게서 전화 오는 것조차 싫어한다.
- 갑자기 전학을 보내 달라고 한다.
- 갑자기 성적이 떨어진다.

• 잘 때 식은땀을 흘리면서 잠꼬대나 앓는 소리를 한다.

② 교사가 발견할 수 있는 폭력 피해 징후
• 수업시간에 특정 학생에게 야유나 험담이 많이 나돈다.
• 잘못했을 때 놀리거나 비웃거나 한다.
• 학급 집단 속에 몇 개의 폐쇄적인 소집단이 생긴다.
• 체육 시간이나 점심 시간, 야외활동 시간에 집단에서 떨어져 따로 행동하는 학생이 있다.
• 학급에 무력감이 느껴진다.
• 옷이 지저분하거나 단추가 떨어지고 구겨져 있다.
• 안색이 안 좋고 평소보다 기운이 없다.
• 흠칫거린다.
• 친구가 시키는 대로 그대로 따른다.
• 항상 완력 겨루기의 상대가 된다.
• 친구의 심부름을 한다.
• 혼자서만 하는 행동이 두드러진다.
• 주변 학생들한테 험담을 들어도 반발하지 않는다.
• 성적이 갑자기 떨어진다.
• 청소당번을 돌아가면서 하지 않고 항상 동일 학생이 한다.
• 특정 학생을 향해 다수가 눈치를 보는 것 같은 낌새가 있다.
• 자주 지각을 하거나 몸이 아프다는 이유로 결석하는 학생이 있다.
• 평소보다 어두운 얼굴 표정으로 수심이 있고 수업에 열중하지 못한다.
• 상담실을 서성거리거나 양호실을 찾아오는 횟수가 잦아진다.

필자들이 상담을 통해 만난 대학생들 중에는 "고등학교 영어 선생님이 너무 좋아서 영문과에 오게 되었어요." "그때 그 선생님만 아니었다면 제가 이 모양으로 살지는 않았겠죠."와 같이 자신의 인생에 있어서 '교사'를 매우 중요한 존재로 생각하는 학생들이 많았다. 우리나라 아동 및 청소년들의 대부분은 학교에 다니는 '학생'으로서의 신분을 동시에 갖는다. 이는 우리나라의 아동 및 청소년에게 있어 중요한 유의미타자로 '부모'와 '또래'뿐만 아니라 '교사'가 포함되어야 함을 의미한다.

그러나 불행히도 아직까지 학생-교사 간의 관계를 정확히 평가하여 상담에 활용할 수 있는 적절한 검사가 개발되어 있지 못하다. 학생은 교사를 어떻게 생각하고, 느끼고, 평가하고 있는지, 교사는 그러한 학생에 대해 어떻게 생각하고, 느끼고, 평가하는지에 근거하여 이들 간의 상호작용 혹은 의사소통을 평가함으로써 교사를 학생상담에 적극적으로 끌어들이거나, 훌륭한 자원으로 활용할 수 있도록 도움을 줄 수 있는 검사도구가 필요하다. 이는 이전까지 연구된 단순한 교사의 유형('권위주의적' '권위적' '민주적' '방임적')에서 보다 발전되어 상담을 조력할 수 있는 연구와 검사개발이 필요하다는 것을 의미한다.

## (2) 외톨이 질문지

친구들과 잘 어울리지 못하고 친구관계에서 어려움을 경험하는 아이들을 분류하는 사회측정학적인 분류방법은 '거부 집단' 대 '무시 집단' 분류다. '거부 집단'은 친구들에 의하여 보다 직접적이고 적극적인 방식으로 따돌림을 당하는 아이들이고, '무시 집단'은 친구가 별로 없지만 따돌림을 받지 않고 친구들이 특별히 싫어하지 않는 아이들이라고 할 수 있다(김은정, 2001). 비록 무시 집단의 아이들이 친구들에 의해 지속적이고 적극적으로 거부를 당하지는 않지만 이들 역시 자연스럽게 또래관계에 합류하지 못하고 어울릴 친구가 없어 외로운 학교생활을 하면서 여러 가지 부적응문제를 보일 수 있고 또한 내적인 심각한 문제로 인해 이러한 관계적 특성을 보이는 것일 수 있으므로 이러한 아동들에 대한 상담적 개입을 위해 선별 검사가 필요하다.

김은정(2001)은 우리나라 중·고등학교 학생들을 대상으로 친구가 없어서 혼자 지내는 청소년(외톨이)을 선별해 낼 수 있는 질문지를 개발하였는데 세 가지 요인(친구관계에서의 소외와 외로움, 사회적 유능감, 친구들과의 교류 부재) 총 16문항으로 구성하였다. '친구를 집으로 데리고 오지 않는다.' '나는 다른 아이들과 잘 어울린다.' '점심 시간에 혼자서 점심을 먹는다.'와 같은 각 문항에 4점 Likert 척도(1: 전혀 그렇지 않다~4: 많이 그렇다)로 평정하도록 되어 있으며 각 문항에서 반응한 점수(사회적 유능감 점수는 역채점)를 합산하여 총점을 구하는데 일반 청소년 집단의 경우 평균 24.8점을 나타낸 데 반해 외톨이 집단의 경우 평균 36.9점을 나타냈다. 제작자가 제시한 문항내적 합치도 계수(Cronbach $\alpha$)는 .83이었다.

### (3) 사회적 지지 척도

사회적 지지 척도(Harter's Social Support Scale)란 아동이 주변에 있는 중요한 다른 사람들한테서 받는 정서적 지지와 긍정적 존중을 어느 정도 지각하고 있는지를 측정하는 검사도구로, Harter가 개발한 것을 이명숙(1994)이 번안했다. 자기존중감과 사회적 지지는 개념적으로 평행하다는 관점을 토대로 하여 본 검사의 내용이 구성되었는데, 사회적 지지의 영역으로는 친구지지(13문항), 급우지지(11문항), 부모지지(6문항)와 같은 3개의 하위 지지 척도가 있고 총 30문항으로 구성되어 있다. 각 문항에 대한 응답은 '구조화된 대안'을 따르는데, 먼저 각 문항별로 대비적으로 제시하는 A·B 두 유형의 학생들 중에서 '어느 형'의 응답자가 자신과 더 유사한지를 선택한 다음에, 또 자기와 '얼마나' 유사한지도 고르게 한다. 4점 Likert 척도이고, 1점은 사회적 지지도가 낮음을 의미하고 4점은 높음을 의미한다.

<table>
<tr><td colspan="6">친구의 지지</td></tr>
</table>

| 나와<br>정말<br>똑같다 | 나와<br>비슷한<br>편이다 | A | B | 나와<br>정말<br>똑같다 | 나와<br>비슷한<br>편이다 |
|---|---|---|---|---|---|
| ___ | ___ | A는 자기 집에 데리고<br>와서 같이 식사를 할<br>만한 친구가 없다. | B는 자기 집에 데리고<br>와서 같이 식사를 할<br>만한 친구가 있다. | ___ | ___ |
| ___ | ___ | 있는 그대로의 A를 좋<br>아하는 친구가 있다. | B가 달라졌으면 하고<br>바라는 친구가 있다. | ___ | ___ |
| ___ | ___ | A가 언짢았거나 문제<br>가 생겼을 때 A를 도<br>와주는 친구가 있다. | B가 언짢았거나 문제<br>가 생겼을 때 B를 도<br>와주는 친구가 없다. | ___ | ___ |

－〈중략〉－

<table>
<tr><td colspan="6">급우의 지지</td></tr>
</table>

| 나와<br>정말<br>똑같다 | 나와<br>비슷한<br>편이다 | A | B | 나와<br>정말<br>똑같다 | 나와<br>비슷한<br>편이다 |
|---|---|---|---|---|---|
| ___ | ___ | A네 반에는 정말로 A<br>를 이해하지 못하는<br>반 아이들이 있다. | B네 반에는 정말로 B<br>를 이해해 주는 반 아<br>이들이 있다. | ___ | ___ |
| ___ | ___ | A의 고민거리를 듣고<br>싶어하지 않는 반 아<br>이들이 있다. | B의 고민거리를 듣고<br>싶어하는 반 아이들<br>이 있다. | ___ | ___ |
| ___ | ___ | A와 친구가 될 만한<br>반 아이들이 있다. | B와 친구가 될 만한<br>반 아이들이 없다. | ___ | ___ |

－〈중략〉－

┌─────────────────────────────────────────────────────────────┐
│  ⬭ 부모의 지지                                                │
│                                                               │
│  나와     나와                                    나와   나와 │
│  정말     비슷한        Ⓐ          Ⓑ            정말   비슷한│
│  똑같다   편이다                                  똑같다  편이다│
│                                                               │
│  ───   ───   A의 부모님은 A를 진정   B의 부모님은 B를 진    ───   ───│
│              으로 이해하지 못하신   정으로 이해해 주신다.    │
│              다.                                             │
│  ───   ───   A의 부모님은 A의 문제   B의 부모님은 B의 문    ───   ───│
│              에 대해 듣고 싶어 하시   제에 대해 듣고 싶어     │
│              지 않는 것 같다.       하신다.                  │
│                                                               │
│  ───   ───   A의 부모님은 A의 감정   B의 부모님은 B의 감    ───   ───│
│              에 신경을 써 주신다.   정에 그다지 신경을 쓰    │
│                                      시는 것 같지 않다.      │
│                        -〈이하 생략〉-                        │
└─────────────────────────────────────────────────────────────┘

[그림 9-8] 사회적 지지척도 질문지 문항 예시

　문항내적 합치도 계수(Cronbach $\alpha$) 및 안정성 지수의 평균치는 다음과 같다. 친구지지 척도(13문항)는 각각 .77과 .55, 급우지지 척도(11문항)는 각각 .73과 .52이었다. 마지막으로 부모지지 척도(6문항)는 각각 .64와 .57의 문항내적 합치도와 안정성을 보였다.

## 3. 직장부적응

　일은 개인이 일생 동안 해내야 하는 주요한 생애역할 중 하나다. 즉, 개인이 하는 일은 개인의 정체감, 자존감, 그리고 심리적 행복감에 매우 중요한 역할을 한다. 따라서 직장에서의 부적응은 개인의 정신건강에 있어 큰 어려움으로 초래하기도 하고 개인의 다른 삶의 영역과의 조화를 어렵게 하기도 한다. 1997년 IMF 관리 체제 이후 사회경제적인 변화를 거치면서, 기업들이 직원들의 정신건강을 조력함으로써 생산성 향상을 도모하기 위해 비용을 지불하고 전문적인 상담서비스를 활용하는 '기업상담'이라는 새로운 상담 영역이 관심을 받고 있다. 기업상담 영역에서도 직원들의 직장내 적응을 용이하도록 조력하기 위해 다양한 심리검사를 사용하는데, 대부분의 기업체에서 심리검사는 주요 운영 프로그램이며, 기업체 현장의 특성상 개인상담보다는 다수를 대상으로 한 검사를 활용한 프로그램이 정기적으로 운영되는 경우에는 심리검사의 활용 빈도가 매우 높은 편이다(류희영, 2008). 〈표 9-5〉는 국내 주요 기업상담실에서 보유하고 있는 심리검사와 그 빈도를 정리한 것이다. 기업상담에서 활용되는 검사 역시 성격, 진로, 대인관계 등과 관련된 일반적인 심리검사가 다양하게 활용되는 것을 알 수 있다. 여기에서는 직장에서 업무 및 적응, 경력 개발과 관련되어 특화된 몇 가지 검사를 중심으로 살펴보고자 한다.

〈표 9-5〉 국내 17개 기업상담실에서 사용되는 심리검사의 사용빈도(류희영, 2008)

| 검사 영역 | 검사명 | 보유 빈도 |
| --- | --- | --- |
| 성격 | MBTI | 17 |
| | MMTIC | 13 |
| | 16PF(다요인 인성검사) | 3 |
| | KPDI(성격진단검사) | 1 |
| | 다요인 인성검사(아동용) | 1 |
| | NEO-PI | 1 |
| 진로 및 적성 | Holland검사 | 14 |
| | 워크넷심리검사(진로적성 온라인검사) | 5 |
| | DiSC | 3 |
| | STRONG | 2 |
| | U&I 진로탐색검사 | 2 |
| | 일반적성검사 | 2 |
| | 직무적성종합검사 | 1 |

318

| | | |
|---|---|---|
| 지능 | K-WAIS | 6 |
| | K-WISC | 1 |
| | K-ABC | 1 |
| | 학습효율성검사 | 1 |
| | U&I 학습유형검사 | 1 |
| 기타 정의적 특성 | 자아개념검사 | 1 |
| | 자아존중감검사 | 1 |
| 적응 및 임상 | MMPI | 17 |
| | 스트레스검사 | 11 |
| | 우울증검사 | 7 |
| | 대인관계문제검사 | 6 |
| | 상태-특성불안검사 | 2 |
| | KPI-C(아동인성검사) | 2 |
| | KPRC(아동인성평정척도) | 1 |
| | SCL-90-R(간이정신진단검사) | 1 |
| 가정 관련 | 결혼만족도검사 | 9 |
| | 자녀지도스타일(간편검사) | 1 |
| | 자녀가 지각한 부모의 양육스타일(간편검사) | 1 |
| 투사검사 | SCT | 14 |
| | HTP | 4 |
| | 로샤검사 | 2 |
| | BGT | 1 |
| 기타 검사 | 스트레스 및 생체 측정기 | 2 |

## 1) 직무스트레스 척도

직무는 일반적으로 스트레스를 동반한다. 직무스트레스는 1960년대 처음으로 학문적 관심을 갖고 연구되었는데 초기 연구자들은 직무스트레스를 직무와 관련되어 잠재적으로 긴장상태를 유발하는 직장 내 스트레스 요인이라고 정의하였고, 직무스트레스가 조직원의 신체적·심리적·행동적 측면에 부정적인 영향을 미친다고 보았다(김수영, 2003). 하지만 최근에는 스트레스의 긍정적인 측면과 스트레스 대처방식에 대한 관심이 높아지면서 상담 현장에서도 스트레스 그 자체보다는 스트레스가 개인에게 미치는 영향 수준과 그 영향에 대해 개인이 어떻게 반응하지에 관심을 두고 스트레스 관리법을 조력하는 방향으로 상담이 이루어지고 있다.

직무스트레스를 측정하는 방법에는 생화학적 측정법, 면접과 상담을 통한 개인의 성격과 행동양식을 측정하는 법, 설문지를 통한 스트레스 측정법이 있다. 최근까지 직무스트레스를 측정할 수 있는 다양한 검사도구가 연구 목적으로 개발되어 사용되었는데 현재 기업상담에서 자주 활용되는 직무스트레스검사는 Osipow와 Spokane(1992)에 의해 개발되었고, 이동수 등(1999)에 의해 우리나라 직장인들을 대상으로 개발·표준화한 한국판 직무스트레스검사(Korean version of Occupational Stress Inventory; K-OSI)다. K-OSI의 세 가지 영역과 14개 하위 척도를 살펴보면 〈표 9-6〉과 같다.

〈표 9-6〉 한국판 직무스트레스검사의 영역 및 하위 척도(이동수 외, 1999)

| 영역 | 하위 척도 | 내용 |
|---|---|---|
| 직무역할 (Occupational role questionnaire) | ① 역할 과부하 | 직무상 요구가 개인의 역량이나 환경적 여건을 초과하는 정도 |
| | ② 역할 불충분 | 기술훈련, 교육, 경험 정도가 직무 역할에 적합한 정도 |
| | ③ 역할 모호성 | 업무의 우선순위, 업무에 대한 기대, 평가 기준이 개인에게 명확한 정도 |
| | ④ 역할 경계 | 직무 상황에서 상충되는 역할 요구 및 충성심을 경험하는 정도 |
| | ⑤ 책임감 | 자신의 업무 수행과 다른 사람의 복지에 대해 느끼는 과도한 책임감의 정도 |
| | ⑥ 물리적 환경 | 유해한 물리적 직무 환경에 노출되는 정도 |

| 개인적 긴장 (Personal strain questionnaire) | ⑦ 직무긴장 | 직무의 특성과 관련되어 느끼는 고충 및 직무 태도 |
| | ⑧ 심리적 긴장 | 심리적·정서적 어려움을 겪는 정도 |
| | ⑨ 대인관계 긴장 | 대인관계에서 느끼는 갈등과 어려움의 정도 |
| | ⑩ 신체적 긴장 | 신체적 질병이나 건강에 좋지 않은 자기관리 습관 |
| 개인적 자원 (Personal resource questionnaire) | ⑪ 여가활동 | 규칙적인 여가활동을 통해서 기쁨을 얻고 이완하는 정도 |
| | ⑫ 자기관리 | 만성적인 스트레스를 해소하기 위해 규칙적인 자기관리 활동을 하는 정도 |
| | ⑬ 사회적 지지 | 주변 사람들에게서 지지와 도움을 받는다고 느끼는 정도 |
| | ⑭ 합리적/인지적 대처 | 직무와 관련된 스트레스에 대해 합리적·인지적 대처 기술을 사용하는 정도 |

## 2) 경력장애 척도

　권성욱과 탁진국(2002)은 과거와 달리 개인이 자신의 경력에 대한 책임감을 갖고 스스로 경력을 개발해야 하는 필요성이 점차 증가되고 있지만 실제 조직에서 경력을 개발해 나가는 과정에는 다양한 장애 요인들이 존재한다는 점에 착안하여, 기업 현장에 근무하는 조직구성원들이 자신의 경력을 쌓아 나가는 데 있어서 경험하는 장애를 측정하기 위한 척도로서 '경력장애 척도'를 개발하였다.

　Swanson과 Tokar(1991)는 대학생들을 대상으로 경력장애 요인을 파악하는 양적 연구를 실시하여 13개 하위요인, 총 70문항을 개발하여 진로장벽 척도(Career Barrier Inventory)를 구성하였다. 이들의 척도를 기초로 하여 권성욱과 탁진국은 19개의 다양한 조직에 근무하는 직장인들을 대상으로 개방형 설문지를 통해 다양한 문항을 추출하고, 전문가들의 분류 작업과 요인분석을 통해 9요인, 총 45문항의 경력장애 척도(Career Barrier Scale)

를 개발하였다.

경력장애 척도의 9개 요인은 ① 업무적합성 부족, ② 배경문제, ③ 경력 계획 부족, ④ 성차별, ⑤ 상사문제, ⑥ 업무과다, ⑦ 경력제도 미비, ⑧ 연령 문제, ⑨ 가정문제로서 각 문항은 5점 Likert 척도(1: 매우 적음~5: 매우 많음)로 평정되고 각 요인별 점수는 각 요인에 해당하는 문항의 점수를 합산한 총점을 문항 수로 나누면 된다. 문항의 예를 살펴보면, '담당하는 업무가 적성과 맞지 않다.' '혈연, 지연, 학연으로 인해 승진 기회가 부족하다.' '업무에 대한 전문성이 부족하다.' '상사의 부하 육성 의지가 부족하다.' '나이가 많아서 승진 시 문제가 된다.' 등의 문항으로 구성되어 있다. 제작자들이 제시한 하위 영역별 문항내적 합치도 계수(Cronbach $\alpha$)는 .47~89다.

## 참고문헌

권성욱, 탁진국(2002). 경력장애척도 개발 및 타당도 분석. 한국심리학회지; 산업 및 조직, 15(1), 1-18.

권정혜, 채규만(2002). 결혼만족도 검사. 서울: 학지사.

구본용(1997). 따돌리는 아이들 따돌림 당하는 아이들. 서울: 청소년대화의광장.

김수영(2003). 한 사업장 근로자들의 스트레스, 대처기술 및 건강수준간의 구조분석. 충남대학교 박사학위논문.

김영환, 진유경, 조용래, 권정혜, 홍상황, 박은영(2002). 한국형 대인관계문제검사 매뉴얼. 서울: 학지사.

김은정(2001). 친구없는 청소년에 대한 평가: 외톨이 질문지의 개발 및 타당화. 한국심리학회지: 임상, 20(3), 535-549.

김은정(2008). 정서조절, 의사소통 그리고 결혼만족도의 관계. 이화여자대학교 석사학위논문.

김은정, 이세용, 오승근(2003). 한국판 청소년 인터넷 중독 척도의 타당화. 한국심리

학회지: 임상, 22(1), 125-139.

류희영(2008). 우리나라 기업상담의 실태 및 활성화 과제: 기업상담자의 인식을 기반으로. 서울대학교 석사학위논문.

문경주, 오경자 (1995). 어머니의 우울과 아동의 부적응간의 관계: 모·자 상호 행동 관찰 연구. 한국심리학회지: 임상, 14(1), 41-55.

민하영(1991). 청소년 비행 정도와 부모-자녀간 의사소통, 가족의 응집 및 적응과의 관계. 서울대학교 석사학위논문.

신광우, 김동일, 정여주(2011). 인터넷중독 진단척도 고도화(3차) 연구 보고서. 한국정보화진흥원.

이경숙, 정경미, 박진아, 김혜진(2008). 한국판 부모양육 스트레스 검사-축약형 (Korean version of Parenting Stress Index-Short Form: K-PSI-SF)의 신뢰도 및 타당도 연구. 한국심리학회지: 여성, 13(3), 363-377.

이민식, 김중술(1996). 부부관계 적응척도(Dyadic Adjustment Scale)의 표준화 예비연구. 한국심리학회지: 임상, 15(1), 129-140.

이해경, 신현숙, 이경성(2008). 청소년행동평가척도-청소년용: 상담을 위한 활용. 서울: 학지사.

이해경(2010). 청소년행동평가척도-교사용: 상담을 위한 활용. 서울: 학지사.

이해경(2011). 청소년행동평가척도-부모용: 상담을 위한 활용. 서울: 학지사.

정경미, 이경숙, 박진아(2008). 한국판 부모양육스트레스 검사: Korean Parenting Stress Index(K-PSI) 전문가지침서. 서울: 학지사.

이동수, 김지혜, 한우상, 우종민, 강동우, 고영건, 연병길, 김이영(1999). 직무스트레스 평가를 위한 측정도구 개발 및 표준화 연구(1). 신경정신의학, 28(5), 1026-1037.

이명숙(1994). 기질 및 또래 지지가 청소년의 자기평가에 미치는 영향: 단기 종단적 패널연구. 연세대학교 박사학위논문.

한국인터넷진흥원(2010). 2010년 인터넷이용실태조사.

홍상황, 김종미, 안이환, 황순택, 유현실, 정혜원(2009). 아동·청소년 교우관계문제 검사. 서울: 학지사.

http://www.kops.co.kr
http://www.guidance.co.kr

Abidin, R. R. (1995). *Parenting Stress Index(PSI) manual* (3rd ed.). Odessa, FL: Psychological Assessment Resources, Inc.

Barnes, H. L., & Olson, D. H. (1982). Parent-adolescent communication scale In D. H. Olson, H. L. McCubbin, H. Barnes, A. Larson, M. Muxen, & M. Wilson (Eds.), *Family inventories*(pp. 33–45). St. Paul, MN: Family social science, University of Minnesota.

Hetherington, M., & Clingempeel, W. G. (1992). Coping with marital transition. *Monograghs of the Society for Research in Child Development, 57,* 1–14.

Osipow, S. H., & Spokane, A. R. (1992). *Occupational Stess Inventory: Manual-research version.* Odessa, FL: Psychological Assessment Resources, Inc.

Spanier, G. B., & Cole, C. L. (1976). Toward clarification and investigation of marital adjustment. *Interpersonal Journal of Sociology of the Family, 6,* 121–146.

Swanson, . L., & Tokar, D. M. (1991). Development and initial validation of the career barriers inventory. *Journal of Vocational behavior, 39,* 344–361.

Young, K. S. (1998). *Caught in the Net: How to recognize the signs of Internet Addiction and a winning strategy for recovery.* New York.

제10장  정신건강검사

 

상담을 하다 보면 정신건강문제를 가진 내담자들을 만나는 경우가 종종 있다. 보건복지부에서 실시한 우리나라의 「정신질환실태 역학조사」에 따르면, 우리나라의 정신질환 평생유병률이 전체 인구의 27.6% 정도로 높게 나타났다(보건복지부, 2011).

정신질환의 유병률 및 발병률은 나라들 간에 큰 차이가 없다고 알려져 있는데, 미국의 정신질환 발병률 및 유병률 조사(Kessler et al., 1994) 결과에서도 1년 동안 정신건강문제로 고통을 경험한 사람이 약 30%인 것으로 보고되었다. 미국의 경우 이 시기에 발생한 가장 흔한 정신장애는 불안장애(17%), 약물오남용(11%), 정서장애(11%)였다. 조사 대상의 50% 정도는 평생 한 번 이상 정신장애의 진단기준에 해당되게 되는데, 이는 전염병 발병률보다도 높은 수치다(Regier et al., 1988; Robins et al., 1984).

미국의 다른 조사 연구에서도, 대학상담실이나 정신보건센터에 오는 내담자의 상당수가 정신건강의 문제를 안고 있으며, 대학상담실 내담자의 25~30%가량이 정신과적 장애 징후를 보이는 것으로 나타났다(Johnson, Ellison, & Heikkinen, 1989).

이러한 연구 결과는 상담자들이 정신건강 평가에 익숙해져야 할 필요성을 느끼게 한다. 상담에서 내담자가 우울이나 불안 등 정신적인 문제를 호소하는 경우가 아니더라도, 상담자들은 내담자의 정신장애 징후를 인식할 수 있는 전문성을 갖추고 있어야 한다. 또한 위기개입이나 정신과적 자문, 장기간의 상담과 치료가 필요한 경우 이에 대해 결정할 수 있어야 한다. 그러기 위해서는 상담자들이 정신건강을 평가하는 표준화된 검사나 투사검사, 면담법을 이용하여 내담자를 진단할 수 있어야 할 것이다.

## 1. 정신장애 진단 및 통계편람

정신장애 진단 및 통계편람(DSM)은 1952년 1판(DSM-I)이 출판된 이래, 전 세계적으로 정신건강 관련 교육, 임상, 연구에 널리 사용되어 온 정신의학 지침서다. 그동안 여러 차례의 개정을 거쳐 DSM-IV(1994)와 축약판인 DSM-IV-TR(2000)이 사용되고 있고, 2013년에 DSM-V로 개정될 예정이다. DSM-IV-TR(2000)은 체계 면에서 큰 차이가 있는 것이 아니므로, 여기에서는 DSM-IV(1994)를 중심으로 정신장애 진단 체계에 대해 소개하도록 하겠다.

DSM-IV는 정신과적 장애를 분류하는 틀이며, 다축 분류 체계로 되어 있다. 각 축은 다음과 같다.

- 축I: 임상적 장애 및 임상적 처치에 초점을 맞춘 조건들
- 축II: 성격장애(인격장애)와 정신적 발달지체

- 축III: 일반적인 의학적 조건들
- 축IV: 심리사회적·환경적 문제들
- 축V: 전반적인 기능 평가

축I의 임상적 장애는 성격장애와 정신발달지체를 제외한 모든 정신장애를 포괄한다. 축I의 장애는 기분장애, 불안장애, 조절장애 등 15개의 폭넓은 유목으로 구분되고 이는 다시 세부 유목으로 구분된다. 예를 들어 기분장애의 세부 유목으로는 주요우울(대우울), 기분부전, 양극성장애 I·II, 순환성장애 등이 있다. 임상적 장애에 덧붙여서, 임상적 처치를 요하는 비정신과적 조건들도 축I에 포함되는데 대인관계문제, 가족의 죽음, 정체감문제, 인생문제, 학업문제, 진로문제, 그 밖의 문제들이 이에 해당된다.

각각의 장애는 세부 기준에 따라 정의된다. 예를 들어 기분부전장애(DSM-IV 코드넘버 300.4, 가벼운 수준의 우울의 만성화 상태)에 대한 진단 기준은 다음과 같다(미국정신의학회, 1995; APA, 1994).

- 2년 이상 동안 하루의 대부분, 그리고 거의 매일 지속되는 우울한 기분(아동과 청소년은 1년 기간)
- 우울한 기간 동안 아래 6개 증상 중 적어도 2개 이상이 나타남—소화불량이나 과식, 불면이나 과수면, 낮은 에너지, 낮은 자기존중감, 주의집중 결여나 의사결정 어려움, 무력감
- 사회적, 직업적, 기타 중요한 기능 영역에서 임상적으로 심각한 고통이나 손상을 주는 증상

이와 더불어 2년의 기간 중 2개월 이상 이 증상이 없었던 적이 없고(아동과 청소년은 1년 동안) 이 기간 동안 주요우울장애의 기준에 부합되지 않아야, 기분부전장애에 해당된다. 그리고 다른 장애(순환장애, 만성적 정신장애,

약물오남용, 갑상선기능저하 등)와 이 장애를 구분하는 것이 또한 중요하다. 기준에 기술되어 있는 증상행동의 빈도, 기간, 심한 정도를 보아 이러한 모든 기준에 부합되는 사람만이 기분부전장애로 분류된다.

축II는 발현한 문제에 잠재되어 있는 성격장애와 정신발달지체에 초점을 맞춘다는 면에서 축I과 다르다. 예전에 축II에 분류되었던 학습장애, 동작기술장애, 의사소통장애 등의 발달장애는 현재 축I로 분류된다.

성격장애는 인생의 구체적인 사건들로부터 유발되는, 생애 전반의 부적응적 행동 패턴을 의미한다. DSM-IV는 다음 3개 유목에 속하는 총 10개의 성격장애를 정의하고 있다.

- 군집 A: 정서적 철회 및 기이한 행동. 편집성 성격장애, 분열형 성격장애, 분열성 성격장애가 이에 속함
- 군집 B: 과장되고 극적인 감정상태. 반사회적 성격장애, 경계선적 성격장애, 히스테리성 성격장애, 자기애적 성격장애가 이에 속함
- 군집 C: 불안하고 소극적 반항 상태. 회피적 성격장애, 의존적 성격장애, 강박적 성격장애가 이에 속함

이 밖에 '기타 성격장애(Personality Disorder Not Otherwise Specified; NOS)'는 전반적인 정의에는 부합하나 이 10개 유목에는 적합하지 않은 경우에 대한 진단유목이다.

성격장애는 사람을 역기능적으로 만드는 성격 특질(행동에 지속적으로 스며 있는 패턴)의 극단적인 형태라고 볼 수 있다. 이러한 특질(trait)은 사람의 조절력을 방해하여 거칠거나 부적절한 방법으로 표출된다. 성격장애를 가진 사람은 흔히 자신이 왜 어려움에 처하게 되었는지 알아차리지 못한다. 내담자는 흔히 성격장애 자체 때문이 아니라 장애와 관련된 어려움 때문에 상담을 요청한다. 예를 들어 의존형 성격장애인 사람은 자신의 의존성 때

문이 아니라 외로움과 우유부단함 때문에 상담실을 찾는다. 상담자는 증상 뒤에 숨겨진 성격장애를 찾아내야 한다.

Fong(1995)에 따르면, 다음 징후 중 하나가 있을 때 성격장애를 가진 내담자일 가능성이 있다.

- 초기에 상담이 잘 되다가 발전 상태가 갑작스럽게 멈춤
- 내담자가 그들의 행동이 타인에게 어떤 영향을 미칠지 인식하지 못함
- 내담자가 상담에 대해 반응이 없거나 불응함
- 내담자가 자신이 속한 조직에서 심한 갈등적 관계에 놓임

Fong은 성격장애 여부를 확인하기 위해 성격장애 면담-IV(Widiger et al., 1995)와 같은 반구조화된 면담을 사용할 것을 추천한다.

DSM-IV의 세 번째 축은 개인의 현재 신체적 질병이나 상황에 관한 것이다. 어떤 경우에는 신체적 질병이 정신적인 병인 것처럼 위장될 수 있다. 상담자는 내담자의 정신상태에 영향을 미칠 수 있는 신체적 장애에 대해 알아차릴 수 있어야 한다.

전반부의 세 가지 축은 내담자의 정신건강 문제를 공식적으로 분류하는 것이 주된 목적이다. 하지만 후반부의 두 가지 축을 통해 상담자가 내담자를 전체적으로 이해하는 데 도움을 받을 수 있다. 네 번째 축은 내담자가 접하게 되는 심리사회적 스트레스원—예를 들어 가족, 친구, 동료 등 1차 지지집단과의 문제나, 직업적 문제 등—을 가리킨다. 다섯 번째 축은 내담자의 전반적인 기능 수준을 100점 만점 평가 척도로 평정한다. 5개의 축을 함께 봄으로써 생리적, 심리적, 사회적으로 내담자의 문제에 대한 통합적 관점을 갖게 된다.

상담에서 정신건강문제를 보이는 내담자에게는 DSM-IV 분류 체계를 활용함으로써 신뢰롭고 타당한 정신장애 평가를 할 수 있다. 선별과 진단

과정을 보고하기 위해 이후에 소개될 표준화 검사나 투사적 검사 등을 사용하되, 이와 함께 구조화된 면담을 병행하는 것이 좋다(예: the Primary Care Evaluation of Mental Disorder; PRIME-MD; Spitzer et al., 1994). 내담자의 정신건강과 관련하여 정신과의사나 전문가들과 의사소통할 때에는 DSM-IV 분류 체계를 사용하여 내담자의 진단 내용을 작성하는 것이 유용하다. 하지만 이것으로 내담자를 낙인찍지 않도록 주의하여야 한다. 예를 들어 어떤 내담자는 정신분열증 환자처럼 보이지만 몇 가지 행동이 그러했을 뿐이고 실제로는 아닐 수도 있다. 낙인은 자기충족적 예언력을 가질 수 있기 때문에 특히 주의가 필요하다. 또 유목화의 특성상 특정 상황의 심각도를 적절히 지적하지 못하고 같은 유목으로 분류되는 개인들 간의 차이를 구분하지 못하는 등 DSM-IV가 갖고 있는 한계가 있으므로 이러한 한계에 대해 명심할 필요가 있다(Clark, Watson, & Reynolds, 1995).

## 2. 자살위험평가

안타깝게도 최근 자신의 어려움을 이기지 못하고 자살을 선택하는 사람들에 대한 소식을 종종 접하게 된다. 미국의 한 대학교 상담실에서 1년간 내담자들을 조사한 결과, 그들 중 30%(1,589명 중 474명)가 상담을 시작한 시기로부터 일주일 이전 사이에 자살을 생각해 본 적이 있다고 응답하였다(Johnson, Heikkinen, & Ellison, 1988). 우리나라의 경우 보건복지부(2011) 조사에 따르면 성인의 15.6%가 평생 한 번 이상 심각하게 자살을 생각한다.

상담 장면에서 내담자가 자살 생각을 언급하거나 자살 가능성을 내비치면 상담자는 언제든지 내담자의 자살위험에 대해 평가할 수 있어야 한다. 이 책 제2장에서 보듯이, 아예 내담자에게 '최근 자살에 대해 생각한 적이 있는지'를 관례처럼 묻는 것이 좋다.

상담 과정에서 내담자가 자살에 대해 생각하는 것 같은 어떤 단서를 발견하면, 직접적으로 자살생각에 대해 질문한다. 내담자에게 "요즘 어떠세요?" "무슨 안 좋은 일이 있나요?" "너무나 상황이 나빠서 죽고 싶을 때도 있나요?" "자살에 대해 생각한 적이 있나요?"와 같이 물어봄으로써 이 주제에 접근할 수 있다. 만약 내담자가 자살에 대해 생각한 적이 있다고 하면 상담자는 이러한 생각이 얼마나 진지한지, 오래 지속되었는지, 구체적인지를 확인해야 한다.

어떤 상담자는 내담자와 자살에 대해 이야기하는 것이, 오히려 내담자에게 자살을 하나의 방법으로 생각하도록 조장할 수 있다는 면에서 우려하기도 한다. 하지만 실제로 자살에 대해 생각하는 내담자에게는 이러한 생각에 대해 말할 수 있는 기회가 필요하다. 이러한 면에서 자살위험 평가는 상담의 중요한 한 부분이다. 자살에 대한 생각을 말하는 것은, 내담자의 경험을 확인하는 데 도움이 되고 안도감을 주며, 내담자가 문제를 솔직하게 털어놓아도 되겠다는 희망을 갖게 한다. 반면 자살에 대해 생각해 본 적이 없는 내담자는 이 문제를 걱정하지 않아도 된다고 상담자를 안심시킬 것이다. 실제로 어떤 경우에는 내담자가 자기 문제에 대하여 "비록 내가 어려움에 처해 있지만, 죽을 만큼 나쁜 일은 아니구나." 하는 통찰과 안도감을 갖게 되기도 한다.

자살위험을 평가할 때, 상담자는 차분하면서도 직접적이어야 한다. 내담자가 자살을 포함하여 아무리 큰 문제를 말하더라도 수용될 수 있다는 느낌을 받도록 차분해야 한다. 그리고 자살위험을 평가할 때, '자살' 또는 '죽음'이라는 단어를 직접적으로 사용하고 자살준비행동에 대해서도 구체적이고 직접적으로 다루는 것이 좋다.

## 1) 자살위험평가에서의 중요한 요인

자살위험에 대해 평가할 때는, 다음의 6개 주요 고려 요인을 다룬다 (Cesnik & Nixon, 1977; Stelmachers, 1995).

### (1) 위험에 대한 자기보고

내담자가 자살에 대한 생각을 하고 있으면, 상담자가 이에 대해 질문할 때 자연스럽게 그들의 위험 수준에 대해 대답한다. 평가 과정에서 "얼마나 자주 자살을 시도할 생각을 하나요?" 또는 "그러한 상황에서 얼마나 오랫동안 (자살하지 않고) 견딜 수 있나요?"와 같은 질문을 한다. 내담자의 자기보고 위험수위가 높다면 이 문제에 대해 심각하게 다루어야 한다.

### (2) 자살계획

내담자가 자살에 대해 언급한다면, 이에 대해 계획을 세우고 있는지를 물어 봐야 한다. 계획에 대한 정보는 내담자의 자살 잠재력을 평가하는 데에 아주 결정적이다. 상담자는 자살계획을 ① 치명성, ② 도구의 유용성, ③ 과정의 상세성 측면에서 평가해야 한다.

첫째, 어떤 계획은 아주 치명적이고 성공률이 높을 수 있다. 투신, 목매는 것 등은 매우 치명적이다. 숨을 참는다든지 굶는다는 등의 계획은 비교적 성공률이 낮다.

둘째, 내담자가 자살하려는 방법과 도구에 대해 평가해야 한다. 예를 들면 수면제나 농약 등을 가지고 있는지 물어보라. 상담자는 이러한 질문을 구체적이고 명확하게 해야 한다. 경우에 따라서는 이에 대해 알고 있는 친구나 가족들과 면담을 할 필요가 있다.

끝으로 내담자의 계획이 얼마나 상세하고 구체적인지를 파악해야 한다. 자살위험은 계획이 상세하고 구체적일수록 더 높아진다. 예를 들어, 내담

자가 자기 물건을 사람들에게 나눠 줄 계획을 갖고 있는가? 유서에 뭐라고
쓸지에 대해 생각하고 있는가? 언제 어디서 자살하려고 하는가? 등을 확인
해야 한다. 내담자가 높은 성공 확률과 구체적인 자살계획을 갖고 있다면
즉각적인 개입이 필요하다. 자살계획을 행동에 곧 옮기려는 내담자, 예를
들어 유서를 써 놓았다든지 애완견을 친구에게 맡겼다든지 한 경우에는 더
욱 그러하다. 이러한 사람들에게는 심리학적 · 정신과적 평가와 처치가 즉
시 이루어져야 한다.

### (3) 이전의 자살시도(자살력)

자살한 사람의 30~40%가 이전에도 자살시도를 한 사람들이고(Maris,
1992), 과거에 자살시도를 했던 사람의 약 10%는 결국 자살에 성공한다
(Murphy, 1985). 만약 이전에 자살에 대해 심각하게 생각해 봤거나 시도해
본 적이 있다면, 그 사람의 자살위험률은 유의미하게 증가한다.

또한 상담자는 가족이나 친구들 중에 자살한 사람이 있는지 확인해 봐야
한다. 가족이나 친구들 중에 자살했거나 자살을 시도한 사람이 있는가? 있
다면, 그 사람과 내담자의 관계는 어떠했는가? 그 사람이 내담자에게 중요
한 모델이었는가? 내담자는 그 사건에 대해 어떻게 느끼는가? 언제 자살했
거나 자살시도를 했는가? 종종 그 사람의 기일(忌日)이 돌아오면 자살충동
을 더 느낄 수 있다.

### (4) 심리적 증상

정신장애나 심리적 고통을 가진 내담자는 그렇지 않은 사람보다 자살할
가능성이 더 높다(Klerman, 1987). 모든 내담자의 증상들을 검토해 보아야
한다. 접수면접에서 SCL-90-R을 이러한 목적에 사용할 수 있다.

내담자에게 과거 1년간의 증상 및 우울에 대한 다음의 네 가지 질문을 함
으로써 자살에 대한 생각을 예측해 볼 수도 있다.

- 2주 이상 불면증이나 과다수면 또는 자다가 종종 깨거나 너무 일찍 일어나는 등의 문제가 지속되었는가?
- 2주 이상 슬프고 우울하거나, 예전에 즐거웠던 일들에 대한 흥미를 잃었는가?
- 2주 이상 무력감, 죄책감을 느끼는가?
- 상당 기간 동안 삶에 대한 절망감을 느끼고 있는가?

이 항목에 대해 내담자가 '그렇다'고 응답하면, 자살에 대해 생각하는지 물어보라. 자살전문가들은 절망감이 자살에 대한 '가장 분명한 예언'이라고 한다(Stelmachers, 1995). 앞의 항목 증상과 관계되어 안절부절못하거나 동요가 있는 경우에도 자살위험이 높다고 볼 수 있다.

종종 증상이 개선되는 과정에서 자살위험이 높아지기도 한다. 깊은 우울에서 벗어나기 시작하면서 더 적극적으로 자살을 시도하는 내담자들이 있다. 즉, 자살생각을 행동에 옮길 만한 충분한 힘(에너지)을 갖게 되는 것이다. 마찬가지 이유에서, 자살을 결정하게 된 양가감정이 해결되면서 문제가 상당히 개선되는 내담자들도 있다.

정신분열이나 양극성 우울증, 기타 정신장애 등 심각한 정신질환에서 나타나는 증상들이 발견되면 즉각적인 조치가 필요하다. 정신질환자가 자살을 생각하는 경우에는, 그들을 보호하기 위해 즉각적인 입원치료가 필요하다. 자살한 사람들 중 상당수는 심각하고 지속적인 정신장애를 겪고 있었다.

알코올중독이나 약물중독 역시 내담자의 자살위험을 증가시킨다. 알코올중독자의 약 15~25%가 결국 자살했다(Klerman, 1987). 약물치료도 자살과 관계가 있다. 많은 약물의 부작용으로 우울을 수반한다. 상담자는 내담자가 어떤 약을 복용하고 있는지, 그리고 약을 먹으면서 최근에 어떤 변화가 있었는지를 확인해야 한다. 약물은 또한 자살수단으로 사용되기도 한다. 자살 가능성이 높은 사람에게 항우울제를 처방하는 것은 피해야 한다.

### (5) 환경적 스트레스

스트레스 상황은 종종 자살생각을 촉진하는 원인이 된다. 내담자의 환경이 어떠한가? 왜 내담자가 특정 시기에 자살충동을 느끼는가? 자살충동을 촉진하는 요인이 무엇인가? 내담자가 자살함으로써 얻는 이점이 무엇인가? 등을 확인한다. 스트레스 상황을 피하기 위해 자살을 생각하는 내담자는 자살을 환경을 조정하는 수단으로 바라보는 내담자보다 더 위험률이 높다.

내담자가 당면한 스트레스에 어느 정도 대처능력을 갖고 있는가? 예를 들어, 내담자가 문제의 해결 가능성을 판단할 줄 아는가? 죽고 싶다는 것과 문제를 피하고 싶다는 것을 구분할 줄 아는가? 내담자 중에는 '터널관점(그 속에만 빠져 있고 그것밖에 보지 못하는 사람을 의미함)'을 가지고 있어서, 스트레스 상황을 처리하는 방법은 자살밖에 없다고 생각하는 사람이 있다. 상담자가 내담자에게 도움을 주려고 함으로써 그 사람이 얻게 되는 이익이 있는가? 그렇다면, 내담자의 자살위험을 줄이도록 도울 수 있다.

내담자가 인생에서의 중요한 변화를 겪고 있는가?(예를 들어 이혼, 가족의 죽음, 질병, 실직, 진학실패나 성적부진, 감당할 수 없는 일을 맡음 등) 어떤 변화든지, 설령 그 변화가 승진, 불행한 관계의 마감 등 긍정적인 것이더라도 변화라는 것 자체가 스트레스로 작용할 수 있다. 변화에는 상실도 포함된다. 인간관계의 상실, 중요한 역할의 상실, 꿈의 상실, 재정적 손실 등이 이에 속한다. 내담자의 스트레스는 Life Events Scale(Sarason, Johnson, & Siegel, 1978)을 번안한 생활경험조사 질문지(이영호, 1993) 등을 통해 평가할 수 있다.

종종 스트레스는 이전 수년 동안 일어났던 사건들과 관계될 수 있다. 성(性) 장애, 신체적 장애, 부모형제의 자살, 다른 외상적 사건 등도 이에 포함된다. 내담자에게 말하기 어려운 어떤 일들이 과거에 있었는지 물어본다. 만약 그렇다고 하면, 내담자가 이러한 경험들을 재해석할 수 있도록 지지적인 분위기에서 내담자를 도와주어야 한다. 이러한 주제들은 대부분 장기간의 상담을 요한다.

### (6) 유용한 자원

상담자는 내담자에게 도움이 되는 유용한 자원들이 있는지를 알아볼 필요가 있다. 유용한 자원에는, ① 내담자 자신, ② 가족, 가까운 친구와 이웃, 동료 등 내담자가 만나는 사람들, ③ 전문가가 있다.

우선 내담자가 갖고 있는 내적 자원을 알아보기 위해, 과거 비슷한 상황에서 내담자에게 도움이 된 것이 무엇이었는지를 물어본다. 무엇이 내담자를 자살하지 않도록 해 주었는가? 내담자는 상담자와의 상호작용에 어떻게 반응하는가? 내담자가 미래에 대한 계획을 가지고 있는가?

둘째, 내담자가 가지고 있는 사회적 지지 체계가 무엇인지 알아본다. 만약 현재 내담자와 관계를 맺고 있는 사람이 아무도 없다면, 옛날에 누가 도와주었는지 물어본다. 내담자가 정기적으로 만나는 사람이 있는가? 내담자에게 절친한 친구가 있는가? 내담자는 가족이나 친구들에게 그의 문제를 이야기하는가? 일부에서는 자살이 정신학적 현상이라기보다 사회적 현상이라고 보기도 하는데, 이러한 관점에서 내담자의 사회적 지지 체계에 대한 평가는 매우 중요하다. 미국의 경우 사회적 지지 체계를 체계적으로 평가할 수 있는 검사로 Multidimensional Scale of Perceived Social Support (Zimet, Dahlem, Zimet, & Farley, 1988), Life Stressors and Social Resources Inventory(성인용, 청소년용)(Moos & Moos, 1994a, 1994b) 등이 있다. 우리나라의 경우 사회적 지지 척도(이영자, 1996), House와 Wells의 사회적 지지 척도(김정인 번안, 1997) 등의 검사와 가계도 등을 이용할 수 있다.

내담자에게 유용한 전문가 자원에는 무엇이 있는가? 24시간 위기전화상담, 긴급상담센터 또는 내담자가 믿고 찾아갈 수 있는 전문가가 있는지 알아본다. 내담자가 위기 상황에서 이러한 자원을 사용할 수 있는가? 내담자가 만나고 있는 상담자나 상담센터 전문가 등에게 자살을 시도하기 전에 알리거나 도움을 요청할 수 있는가?

이러한 모든 질문들을 모든 내담자에게 할 필요는 없다. 일반적인 질문에서부터 시작하여 필요한 경우에 구체적이고 세부적인 것으로 질문해 나가면 된다. 상담자가 문제를 감지하면 그 시점에서 더 상세하게 질문한다. 위에 열거된 요인 각각에 대한 검토는, 상담자가 내담자의 자살 위험을 평가하는 데 도움이 될 것이다. 또한 내담자가 심각하게 여겼던 것에 대해 안도감을 줄 수도 있다. 많은 경우에, 자살에 대해 얘기하는 것은 자살시도를 예방할 수 있다. 자살은 의사소통의 절망적인 수단으로 볼 수 있다. 상담에서 이러한 절망 수준을 솔직하게 직면하는 것은 내담자에게 큰 안도감을 주게 된다.

만약 상담자가 내담자의 자살위험을 평가하는 데 어려움이 있다면 다른 전문가의 도움을 받기 바란다. 자살위험이 있는 내담자는 종종 정신과적 진단을 의뢰할 필요가 있다. 정신과 의사들은 내담자에게 약물치료, 입원치료, 장기간의 임상치료가 필요한지 여부를 평가할 수 있다. 내담자의 자살충동을 평가하고 처치하는 데에는 팀 접근(team approach)이 필요한 경우가 많다.

## 2) 자살 척도

Beck의 자살 척도(Scale for Suicide Ideation; SSI)는 상담자가 내담자의 자살 관련 생각과 행동을 측정하도록 고안되었고, 우리나라에서는 1993년 신민섭 등이 자기보고형 질문지로 변형시켰다. 3점 척도, 19문항으로 되어 있으며 총점 범위는 0~38점이다. 한국판의 경우 신뢰도는 Cronbach

$\alpha$ =.92로 높고, 타당도는 자기도피 척도, Beck의 우울 척도, Beck의 절망 척도, Reynolds의 자살생각 척도와의 상관관계를 통한 수렴타당도를 구하였는데 .45~.69 사이였다(고려대학교 행동과학연구소 편, 1998). 검사 문항은 [그림 10-1]과 같다.

---

이 질문지는 여러분이 일상생활에서 경험할 수 있는 내용들로 구성되어 있습니다. 다음의 문항들을 자세히 읽어 보시고 당신이 일상생활에서 느끼고 있는 바를 가장 잘 나타내 주는 문항의 해당 번호를 기입해 주십시오.

1. 살고 싶은 소망은? (       )
   0. 보통 혹은 많이 있다.    1. 약간 있다.    2. 전혀 없다.

2. 죽고 싶은 소망은? (       )
   0. 전혀 없다.    1. 약간 있다.    2. 보통 혹은 많이 있다.

3. 살고 싶은 이유/죽고 싶은 이유는? (       )
   0. 사는 것이 죽는 것보다 낫기 때문에
   1. 사는 것이나 죽는 것이나 마찬가지다.
   2. 죽는 것이 사는 것보다 낫기 때문에

4. 실제로 자살시도를 하려는 욕구가 있는가? (       )
   0. 전혀 없다.    1. 약간 있다.    2. 보통 혹은 많이 있다.

5. 별로 적극적이지는 않고 수동적인 자살 욕구가 생길 때는? (       )
   0. 생명을 건지기 위해 필요한 조치를 미리 할 것이다.
   1. 삶과 죽음을 운명에 맡기겠다.
   2. 살기 위한 노력을 하지 않겠다.

6. 자살하고 싶은 생각이나 소망이 얼마나 오랫동안 지속되는가? (       )
   0. 잠깐 그런 생각이 들다가 곧 사라진다.
   1. 한동안 그런 생각이 계속된다.
   2. 계속, 거의 항상 그런 생각이 지속된다.

7. 얼마나 자주 자살하고 싶은 생각이 드나? (       )
   0. 거의 그런 생각이 들지 않는다.
   1. 거의 그런 생각이 든다.
   2. 그런 생각이 계속 지속된다.

8. 자살생각이나 소망에 대한 당신의 태도는? (　　)

　　0. 절대로 받아들이지 않는다.

　　1. 양가적이나 크게 개의치 않는다.

　　2. 그런 생각을 받아들인다.

9. 자살하고 싶은 충동을 통제할 수 있는가? (　　)

　　0. 충분히 통제할 수 있다.

　　1. 통제할 수 있을지 확신할 수 없다.

　　2. 전혀 통제할 수 없을 것 같다.

10. 실제로 자살시도를 하는 것에 대한 방해물이 있다면? (　　)

　　(예: 가족, 종교, 다시 살 수 없다는 생각 등)

　　0. 방해물 때문에 자살시도를 하지 않을 것이다.

　　1. 방해물 때문에 조금은 마음이 쓰인다.

　　2. 방해물에 개의치 않는다.

11. 자살에 대하여 깊게 생각해 본 이유는? (　　)

　　0a. 자살에 대해 생각해 본 적이 없다.

　　0b. 주변 사람들을 조종하기 위해서: 관심을 끌거나 보복하기 위해서

　　1. 주변 사람들의 관심을 끌고 보복하거나, 현실도피의 방법으로

　　2. 현실 도피적인 문제해결방법으로

12. 자살에 대해 깊게 생각했을 때 구체적인 방법까지 계획했는가? (　　)

　　0. 자살에 대해 생각해 본 적이 없다.

　　1. 자살생각을 했으나 구체적인 방법까지는 생각하지 않았다.

　　2. 구체적인 방법을 자세하고 치밀하게 생각해 놓았다.

13. 자살 방법을 깊게 생각했다면 그것이 얼마나 실현 가능하며, 또한 시도할 기회가 있다고 생각하나? (　　)

　　0. 방법도 현실적으로 실현 가능하지 않고 기회도 없을 것이다.

　　1. 방법에 시간과 노력이 필요하며, 기회가 쉽게 오지 않을 것이다.

　　2a. 생각한 방법이 현실적으로 실현 가능하며, 기회도 있을 것이다.

　　2b. 앞으로 기회나 방법이 생길 것 같다.

14. 실제로 자살을 할 수 있는 능력이 있다고 생각하나? (　　)

　　0. 용기가 없고 너무 약하고 두렵고 능력이 없어서 자살을 할 수 없다.

　　1. 자살할 용기와 능력이 있는지 확실할 수 없다.

　　2. 자살할 용기와 자신이 있다.

15. 정말로 자살시도를 할 것이라고 확신하나? (      )

  0. 전혀 그렇지 않다.        1. 잘 모르겠다.        2. 그렇다.

16. 자살에 대한 생각을 실행하기 위해 실제로 준비한 것이 있나? (      )

  0. 없다.

  1. 부분적으로 했다(예: 약을 사 모으기 시작했다).

  2. 완전하게 준비했다(예: 약을 사 모았다).

17. 자살하려는 글(유서)을 쓴 적이 있는가? (      )

  0. 없다.

  1. 쓰기 시작했으나 다 쓰지 못했다. 단지 쓰려고 생각했다.

  2. 다 써 놓았다.

18. 죽음을 예상하고 마지막으로 한 일은(예: 보험, 유언 등)? (      )

  0. 없다.

  1. 생각만 해 보았거나 약간의 정리를 했다.

  2. 확실한 계획을 세웠거나 다 정리를 해 놓았다.

19. 자살에 대한 생각을 다른 사람들에게 이야기한 적이 있습니까? 혹은 속이거나 숨겼습니까? (      )

  0a. 자살에 대해 생각해 본 적이 없다.

  0b. 다른 사람에게 터놓고 이야기하였다.

  1. 드러내는 것을 주저하다가 숨겼다.

  2. 그런 생각을 속이고 숨겼다.

출처: 신민섭(1993). 자살 기재에 대한 실증적 연구: 자기도피 척도의 타당화. 연세대학교 박사학위논문.

[그림 10-1] Beck의 자살 척도(SSI-Beck)

Beck의 자살 척도(SSI)와 함께 Reynolds의 자살생각 척도(SIQ) 역시 신민섭(1993)의 논문에 번안되어 있다. 이 검사는 얼마나 자주 문항의 생각이나 행동을 하였는지를 묻는 30개 문항으로 되어 있고 6점 척도다. 이 검사들은 자살과 관련하여 확인해야 할 여러 요소 중에서 내담자의 자살생각과 준비도를 묻는 문항으로 구성되어 있으므로, 검사 결과 자살에 대해 좀 더 알아볼 필요가 있다면 앞서 제시한 심리적 증상과 환경적 요소 등을 질문하는 것이 좋겠다.

# 3. 전반적인 임상평가를 위한 표준화 검사

## 1) 미네소타 다면적 인성검사-2

미네소타 다면적 인성검사(Minnesota Multiphasic Personality Inventory; MMPI)는 성인과 청소년 모두에 걸쳐 전반적인 정신건강을 평가할 목적으로 가장 많이 활용되는 검사이며(김영빈, 김계현, 2000; Archer, Maruish, Imhof, & Piotrowski, 1991; Watkins, Campbell, Nieberding, & Hallmark, 1995), 최근에는 정신건강 진단뿐만 아니라 인사 선발, 법적 자문, 연구 등 여러 분야에서 광범위하게 사용되고 있다. MMPI는 1943년 미국 미네소타 대학교에서 개발되었고 1982년 MMPI-2라는 이름으로 개정되었다. 국내에서는 1963년 정범모, 이정균과 진위교가 미국의 MMPI를 한국판으로 표준화하였고 이후 1989년 김영환 등이 재표준화한 개정판 다면적 인성검사를 출판하였다. 그리고 2006년 한경희 등이 MMPI-2를 한국판으로 표준화하여 현재는 한국판 MMPI-2가 사용되고 있다.

MMPI-2는 원판 MMPI에서 적절하지 않은 문항(성차별적 문구, 시대에 뒤떨어진 표현, 종교적 문구 등) 및 임상진단에 별 효과가 없는 문항을 제기하였으며, 가족관계, 섭식장애, 약물남용 등에 대한 새로운 문항을 추가하는 등 그간 축적된 연구와 임상 결과를 토대로 검사를 개선하였다. 그러나 원판 MMPI를 통해 수집된 연구들이 개정되는 MMPI-2에도 적용 가능하도록 원판 검사의 형식과 척도 등을 동일하게 유지하였고, 타당도 척도와 내용 척도, 보충 척도 등을 추가적으로 개발하였다. MMPI-2의 타당도 및 기본 임상 척도는 〈표 10-1〉과 같고, 총 문항 수는 567문항이다.

MMPI-2 표준화 척도에서 얻은 점수는 원판 MMPI와 높은 상관관계(.66~.92)를 보이며(Ben-Porath & Butcher, 1989), 문항 순서는 내담자가

◌ 〈표 10-1〉 MMPI-2의 타당도 척도 및 기본 임상 척도

| 척도명 | 약어 | 문항 수 |
|---|---|---|
| 타당도 척도 | | |
| 무응답 | ? | |
| 무선반응 비일관성 | VRIN | 98 |
| 고정반응 비일관성 | TRIN | 40 |
| 비전형 | F | 60 |
| 비전형(후반부) | F(B) | 40 |
| 비전형(정신병리) | F(P) | 27 |
| 증상타당도 | FBS | 43 |
| 부인 | L | 15 |
| 교정 | K | 30 |
| 과장된 자기제시 | S | 50 |
| 기본 임상 척도 | | |
| 건강염려증 | 1 Hs | 32 |
| 우울증 | 2 D | 57 |
| 히스테리 | 3 Hy | 60 |
| 반사회성 | 4 Pd | 50 |
| 남성성–여성성 | 5 Mf | 56 |
| 편집증 | 6 Pa | 40 |
| 강박증 | 7 Pt | 48 |
| 정신분열증 | 8 Sc | 78 |
| 경조증 | 9 Ma | 46 |
| 내향성 | 0 Si | 69 |

MMPI-2의 앞부분 370문항에만 응답하여도 모든 표준화 척도의 점수를 얻을 수 있도록 조정하였다.

원판 MMPI의 표준화 과정과 달리, 미국의 경우 MMPI-2의 정상인 표집 (여자 1,462명, 남자 1,138명)을 연령, 결혼여부, 민족, 지리학적 인구통계를 대표하도록 구성하였다. 개정판의 몇 개 질문은 정상인 집단의 교육 수준을 고려하여 제시되었다(Adler, 1990). 새로운 정상인 집단에서 대학졸업자

의 비율이 원래 검사의 샘플 및 미국 센서스 결과와 비교하여 매우 높다. 그러나 Butcher(1990a)는 정상 집단의 교육 정도의 변화가 MMPI-2 점수 해석에 큰 영향을 미치지 않을 것이라고 하였다.

MMPI-2에는 MMPI의 L(부인 척도), F(비전형 척도), K(교정척도)에 더해 6개의 타당도 척도가 추가되었다. 추가된 타당도 척도를 통해 상담자는 내담자가 검사에 대해 보인 수검태도(비일관성 여부, 긍정적/부정적 응답 정도, 검사 전반부/후반부에 대한 비전형적 수검태도 등)를 파악할 수 있다. 또한 이러한 타당도 결과를 바탕으로 임상 척도 및 다른 척도들에 대한 해석 여부를 결정하게 된다.

새로운 규준과 함께, 심리적 문제를 감지해 내는 cut-off 점수가 MMPI의 70점에서 MMPI-2는 65점으로 낮아졌다. 연구 결과 임상집단과 정상집단을 적정하게 구별짓는 T점수가 65점인 것으로 밝혀졌기 때문이다 (Butcher et al., 1989). MMPI-2 점수는 또한 정신병리를 진단하는 8개의 임상 척도(척도 5와 0 제외)에 대한 프로파일 점수가 같도록 조정하였다. 예를 들어 척도 점수가 각각 T점수=65이면, 모두 (표준화집단을 기준으로) 92퍼센타일(백분위)에 해당된다. 경험적 방식을 통해 개발된 임상 척도는 각각 해당 임상 척도가 상승할 경우 내담자가 보일 수 있는 임상적 특성과 성격적 특성에 대한 정보를 제공한다. 임상 척도를 해석할 때에는 해당 임상 척도의 소척도를 통해 어떤 요인이 임상 척도 상승에 영향을 끼쳤는지를 함께 고려해야 한다.

MMPI-2 검사 결과는 개별 임상 척도 외에 2개 이상의 척도들을 연결하여 프로파일로서 해석될 수 있다. 흔히 나타나는 MMPI-2 프로파일 패턴들은 MMPI-2 관련 참고도서에 열거되어 있으므로 MMPI 검사 결과를 해석할 때 참고하기 바란다. 상담자가 정신질환을 가진 내담자와 상담을 하려면, MMPI-2 및 이상심리, 성격병리에 대하여 잘 알고 있어야 하며 많은 훈련과 임상 경험이 필요할 것이다.

MMPI-2에는 기본 임상 척도 외에 새로이 추가된 몇 가지 척도가 있는데 그중 한 가지는 재구성 임상 척도(Restuctured Clinical Scales)다. 재구성 임상 척도는 Tellegen(2003) 등에 의해 개발되었는데, MMPI의 임상 척도 간 상관이 높게 나타나며, 각 임상 척도 문항에 타당성이 의심스러운 모호한 문항이 포함되어 있다는 문제에 대한 대안으로 개발되었다. 재구성 임상 척도는 MMPI-2의 임상 척도가 가지는 중요한 특징을 유지하면서도 각 척도 간의 상관이 높지 않도록 차별성 있는 문항을 추출하여 개발되었다. 5번(Mf), 0번(Si)척도를 제외한 8개의 임상 척도와 의기소침(RCd) 척도를 합해 총 9개의 척도로 구성되어 있다.

이 밖에도 성격병리 5요인 척도(PSY-T Scales), 내용 척도(Content Scale), 보충 척도(Supplementary Scale) 등이 추가되었다. 성격병리 5요인 척도는 AGGR(공격성), PSYC(정신증), DISC(통제결여), NEGE(부정적 정서성/신경증), INTR(내향성/낮은 긍정적 정서성)으로 구성되어 있으며, 내담자가 가진 성격 특성에 대한 개념화를 도와준다.

Butcher, Graham, Williams와 Ben-Porath(1989)는 15개의 내용 척도를 개발하였으며, 이것은 MMPI-2 프로파일 점수의 의미를 설명하는 데 사용될 수 있다. 경험적 방법에 의해 개발된 임상 척도와는 달리, 내용 척도는 문항 내용의 논리적 분석에 의해 만들어졌고, 통계적 절차를 거쳐서 동질성이 확보되도록 개선되었다. 이렇게 개발된 척도들은 경험적 척도들보다 해석이 더 쉽다. 내용 척도는 또한 표준화 점수로는 측정되지 않는 인성(성격)의 측면들을 평가해 낸다. 예를 들면 타입A 행동, 가족문제, 부정적인 처치 지표(치료방법이 적절치 않음을 발견할 수 있는 지표) 등이 그것이다.

이 밖에도 MMPI 전체 문항 중 특수한 목적에 적합한 일부 문항들을 선별하여 여러 개의 추가적 척도들을 만들 수 있다. 많이 사용되는 추가적 척도로서 A(분노), R(억압), Es(자아강도) 등이 있다. A와 R은 임상 척도들의 요인분석으로부터 도출된 2개의 주요 요인이다. 따라서 A와 R은 MMPI-2

의 결과를 빨리 요약하고 개관할 수 있게 해 준다. 척도A(분노)는 분노의 정도와 전반적인 부적응을 알려 주며, 척도R(억압)은 내담자가 심리적 곤란(어려움)을 부정하거나 억압하는 경향이 어느 정도인지를 알려 준다. 척도Es(자아강도)는 심리적 문제를 안고 있는 내담자 중에서 치료에 응할 사람과 그렇지 않을 사람을 구별짓는 문항들로 되어 있다.

특히 MMPI-2에는 몇 가지 위기질문(결정적 문항, critical items) 목록이 개발되어 있다. 위기질문을 통해 정상집단과 정신질환 집단을 뚜렷이 구별지을 수 있다. Lachar와 Wrobel(1979)은 13개의 정신병리를 파악하는 111개의 문항을 제시하였다. 이 문항 중 4개를 제외한 전체 문항이 MMPI-2의 문항들이다. Koss-Butcher의 위기질문 개정판이 MMPI-2의 시작이 되었다(Butcher et al., 1989). 이 목록에는 6개의 위기 영역과 관련된 78개 문항이 포함되어 있다. 컴퓨터용 MMPI의 경우에는 위기질문에 대한 내담자의 응답을 별도로 표시해 주는 경우가 많이 있다(Butcher, 1989a; 1989b). 물론 이러한 정보는 수기채점을 하는 경우에도 확인할 수 있다. 위기질문 목록은 상담자가 내담자와 MMPI 결과에 대해 얘기를 나눌 때 또는 상담에서 다룰 주제를 결정할 때 간단하면서도 직접적인 자료가 될 수 있다.

상담자는 척도 점수와 함께 내담자를 파악하는 데에 위기질문을 사용하는 것이 좋겠다. 예를 들어, 내담자가 506번 문항 '나는 최근에 자살에 대해 고려해 보았다.' 또는 524번 문항 '아무도 모르지만, 나는 자살을 시도한 적이 있다.'에 '예'라고 답했다면, 상담자는 내담자와 이 문항에 대해 재확인을 해 보는 것이 필요하다. 내담자는 자살문제에 대해 상담에서 먼저 말을 꺼내지 않지만, MMPI에 답변했기 때문에 상담자가 이미 안다고 생각할 수도 있다.

한국판 MMPI-2는 19세 이상의 성인 남녀를 대상으로 하며, 초등학교 졸업 이상의 읽기 이해 수준을 갖고 있는 대상에게 실시 가능하다. 검사시간은 60～90분 정도이며, 총 567개 문항에 대하여 예/아니요 중 하나로 응

홍길동 20110512

# MMPI-2™
## 다면적 인성검사 II 결과표

개인고유번호:     이름: 홍길동     나이: 30          성별: 남자

소속기관1:             소속기관2:

### 1. MMPI-2 타당도 척도와 임상 척도 프로파일

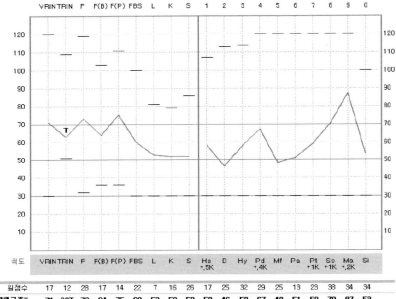

| 척도 | VRIN | TRIN | F | F(B) | F(P) | FBS | L | K | S | Hs +.5K | D | Hy | Pd +.4K | Mf | Pa | Pt +1K | Sc +1K | Ma +.2K | Si |
|---|---|---|---|---|---|---|---|---|---|---|---|---|---|---|---|---|---|---|---|
| 원점수 | 17 | 12 | 28 | 17 | 14 | 22 | 7 | 16 | 26 | 17 | 25 | 32 | 29 | 25 | 13 | 23 | 38 | 34 | 34 |
| 전체규준T | 71 | 63T | 73 | 64 | 75 | 60 | 53 | 52 | 52 | 58 | 46 | 58 | 67 | 48 | 51 | 59 | 70 | 87 | 53 |

주) 5번(Mf) 척도의 T점수는 성별규준에 의한 것임.

### 2. MMPI-2 재구성 임상 척도와 성격병리 5요인 척도 점수

| 척도 | RCd | RC1 | RC2 | RC3 | RC4 | RC6 | RC7 | RC8 | RC9 | | AGGR | PSYC | DISC | NEGE | INTR |
|---|---|---|---|---|---|---|---|---|---|---|---|---|---|---|---|
| 원점수 | 12 | 16 | 7 | 7 | 17 | 4 | 15 | 10 | 17 | | 8 | 9 | 25 | 16 | 15 |
| 전체규준T | 54 | 66 | 48 | 48 | 91 | 55 | 66 | 69 | 58 | | 49 | 57 | 97 | 52 | 47 |

### 3. MMPI-2 내용 척도 점수

| 척도 | ANX | FRS | OBS | DEP | HEA | BIZ | ANG | CYN | ASP | TPA | LSE | SOD | FAM | WRK | TRT |
|---|---|---|---|---|---|---|---|---|---|---|---|---|---|---|---|
| 원점수 | 12 | 7 | 8 | 17 | 16 | 8 | 11 | 12 | 11 | 9 | 11 | 10 | 13 | 16 | 13 |
| 전체규준T | 55 | 44 | 51 | 61 | 56 | 59 | 64 | 51 | 52 | 49 | 56 | 48 | 64 | 54 | 58 |

### 4. MMPI-2 보충 척도 점수

| 척도 | A | R | Es | Do | Re | Mt | PK | MDS | Ho | O-H | MAC-R | AAS | APS | GM | GF |
|---|---|---|---|---|---|---|---|---|---|---|---|---|---|---|---|
| 원점수 | 16 | 19 | 24 | 12 | 13 | 19 | 27 | 8 | 24 | 15 | 30 | 9 | 21 | 22 | 18 |
| 전체규준T | 49 | 50 | 38 | 44 | 35 | 53 | 66 | 62 | 55 | 55 | 71 | 76 | 51 | 42 | 30 |

마음사랑
Tasis Psychological Service

[그림 10-2] MMPI-2 검사 결과지 일부 예시

답하는 형식이다. 지필검사와 컴퓨터를 이용한 온라인 검사가 가능하며, 컴퓨터 채점 프로그램을 활용하여 채점하고 그 결과를 결과지로 제공받을 수 있다. 결과지에는 타당도 척도와 임상 척도 프로파일, 재구성 임상 척도와 성격병리 5요인 척도 프로파일, 내용 척도 프로파일, 보충 척도 프로파일, 임상 및 내용 소척도, 각 문항별 반응, 무응답 문항, 결정적 문항 등이 포함된다. 단 검사결과의 수치와 프로파일이 제시되나 결과 해석이 제공되지는 않기 때문에 상담자가 개별적으로 해석을 하여야 한다. 이때 유의해야 할 점은 검사지에서 제공하는 타당도 척도를 통해 타당도 여부를 판가름 한 뒤, 임상 척도와 프로파일의 코드 타입을 해석해야 하며, 앞서 언급한 내용 척도, 내용 소척도, 보충 척도 점수들은 임상 척도를 고려해야 하며, 각기 개별 소척도 점수의 상승여부로 내담자에 대해 해석을 해서는 안 된다는 것이다.

또한 MMPI의 개발의 초기 목적은 정신병리를 진단하기 위함이었으나, 실제 검사 개발 이후 수십 년간에 걸친 연구 결과를 통해 연구자들은 MMPI-2의 각 임상 척도가 상승했다고 해서 내담자를 해당 정신병리로 진단할 수 없다고 이야기 한다. 상담자는 많은 임상 경험과 연구 결과를 고려해 검사 결과를 바탕으로 내담자의 검사 프로파일을 해석할 때, 특정 척도가 상승하거나 코드 타입을 보일 경우에 내담자가 해당 정신병리의 임상적 특성을 보일 수 있다는 점에 초점을 두되 쉽게 진단을 내려서는 안 된다.

이 밖에 MMPI-2의 문항을 338문항으로 적게 구성하여 실시 시간을 35분 내외로 단축한 MMPI-2-RF검사도 개발되어 있으며, 만 13~18세 청소년을 대상으로 하는 MMPI-A도 개발이 되었다. 이전에는 성인 대상의 MMPI를 청소년에게까지 사용하였으나, 청소년들에게 특징적으로 나타날 수 있는 가족, 학교에서의 문제, 또래집단과의 문제 등을 다루는 내용을 포함하고 있고, 청소년들이 자신의 증상을 성인에 비해 더 극단적이고 과장되게 표현하는 반응 특성을 고려하여 규준을 별도로 마련하였다. MMPI-A는 총

478문항으로 검사시간은 40~90분 정도 소요된다.

## 2) 성격평가질문지

성격평가질문지(Personality Assessment Inventory; PAI)는 성인의 정신 병리를 포괄적으로 측정할 뿐 아니라 정상인의 성격까지도 비교적 타당성 있게 측정할 목적으로 개발된 검사다. 현재 우리나라 임상 현장에서는 MMPI가 가장 널리 쓰이고 있으나 환자들에게 실시하기에는 문항 수가 너무 많은 면이 있다. 또한 DSM-III-R과 DSM-IV에서도 잘 알 수 있듯이 1980년 이후 정신의학적 진단 체계의 큰 변화로 임상적 증후군들에 대한 비중이 크게 바뀜에 따라 정신의학적 진단 체계에 더 적합하고 임상 실제에 더 효율적인 검사의 필요성이 대두되게 되었다.

이에 1991년 Morey는 진단 체계의 변화와 심리검사에 관한 이론의 발전 및 임상적 문제의 중요성 등을 고려하여 MMPI와 같은 초기의 성격검사들이 가지고 있는 문제점들을 보완하여 성격평가질문지를 개발하였다. 그리고 우리나라에서는 김영환 등(2001)에 의해 한국판 PAI가 개발되어 보급

되고 있다.

PAI는 성인의 다양한 정신병리적 질환을 측정하기 위해 구성된 성격검사도구로 임상적인 진단, 치료계획 및 정신병리 환자를 변별하는 데 정보를 제공해 줄 수 있는 검사이며 정신장애를 측정하는 데 가장 타당하다고 보는 22개 척도의 344개 문항을 선별하여 구성했다. 여기에는 4개의 타당성 척도와 11개의 임상 척도, 5개의 치료 고려 척도와 2개의 대인관계 척도로 이루어져 있다(〈표 10-2〉 참조).

성인을 대상으로 하는 PAI와 별도로 청소년을 대상으로 하는 PAI-A도 개발되어 있는데, 중학생용 규준, 고등학생용 규준과 별도로 비행청소년을 대상으로 하는 규준도 제시되어 있다. 전체 검사를 실시할 경우 소요 시간은 50~60분, 문항수는 344문항이며, 단시간에 단축형으로 검사를 실시하고자 할 경우에는 앞의 168문항만 응답하여도 전체 22개 척도의 점수를 추정할 수 있도록 구성되어 있다.

〈표 10-2〉 PAI 척도 구성 내용

| 척도 | 내용 |
|---|---|
| 타당성 척도 | 비일관성(ICN), 저빈도(INF), 부정적 인상(NIM), 긍정적 인상(PIM) |
| 임상 척도 | 신체적 호소(SOM), 불안(ANX), 불안관련 장애(ARD), 우울(DEP), 조증(MAN), 망상(PAR), 정신분열병(SCZ), 경계선적 특징(BOR), 반사회적 특징(ANT), 알코올문제(ALC), 약물사용(DRG) |
| 치료 고려 척도 | 공격성(AGG), 자살관념(SUI), 스트레스(STR), 비지지(NON), 치료거부(RXR) |
| 대인관계 척도 | 지배성(DOM), 온정성(WRM) |

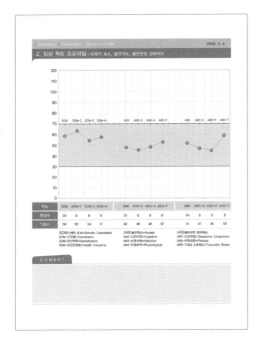
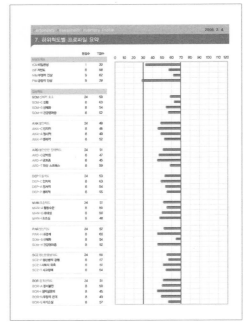

[그림 10-3]  PAI 검사 결과지 일부 예시

### 3) 한국판 아동 · 청소년 행동평가척도

　Achenbach(1983; 1991)은 아동 · 청소년기에 흔히 관찰되는 문제행동을 정리하여 Child Behavior Checklist(CBCL)를 제작하였고, 우리나라에서는 1997년 오경자, 이혜련, 홍강희와 하은혜가 이를 번역하고 아동 및 청소년을 대상으로 표준화 과정을 거쳐 Korea-Child Behavior Checklist(K-CBCL)를 만들었다.

　이후 2000년대에 들어서 미국에서 아동행동척도의 대상을 보다 세분화 및 확대하여 연령대별, 응답자별로 구분된 검사지를 개발하였고, 국내에도 2008~2010년 사이에 한국판 CBCL이 각각 출시되었다. 검사 종류는 총 7개다. 만 18개월~5세의 영유아를 대상으로 부모가 응답하는 CBCL

1.5-5(Child Behavior Checklist for Ages 1.5-5), 이들을 대상으로 교사가 응답하는 C-TRF(Carefiver-Teacher Report Form)가 있다. 그리고, 만 6~18세의 아동 및 청소년을 대상으로 부모가 응답하는 CBCL 6-18(Child Behavior Checklist for Ages 6-18), 교사가 응답하는 TRF(Teacher's Refort Form), 자기보고용인 YSR(Youth Self Report)이 있다. 또 만 19~59세 성인을 대상으로 하는 자기보고용 척도 ASR(Adult Self Report)와 타인보고용 ABCL(Adult Behavior Checklist)가 있다.

　대표적으로 만 6~18세 아동 및 청소년을 대상으로 부모가 응답하도록 되어 있는 CBCL 6-18은 아동 및 청소년의 주양육자가 자녀의 적응 상태 및 문제행동을 평가하는 표준화된 검사도구다. 척도는 문제행동 척도와 적응 척도로 크게 나뉘며, 문제행동 척도 중 증후군 척도에는 내재화 문제(불안/우울, 위축/우울, 신체증상), 외현화 문제(규칙위반, 공격행동), 사회적미성숙, 사고문제, 주의집중문제, 기타 문제에 대한 척도가 있고, DSM 진단척도에는 DSM상의 정서문제, 불안문제, 신체화문제, ADHD, 반항행동문제, 품행문제 등에 대한 척도가 있다. 또 문제행동 특수 척도로 강박증상, 외상후스트레스문제, 인지속도부진 등을 측정하며, 적응 척도에는 사회성, 학업 수행이 포함된다. 검사 결과지는 [그림 10-4]와 같이 제시된다.

이름 : 김휴노    나이 : 10세    성별 : 남    3학년 1반 1번    기록자 : 어머니    기록일 : 2011-12-07

## ■ 문제행동척도 프로파일

> 문제행동증후군 척도

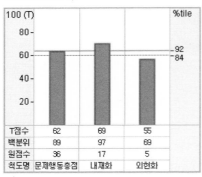

| 척도명 | 문제행동총점 | 내재화 | 외현화 |
|---|---|---|---|
| T점수 | 62 | 69 | 55 |
| 백분위 | 89 | 97 | 69 |
| 원점수 | 36 | 17 | 5 |

### 결과해석

문제행동 총점은 T점수=62으로 준임상범위이며, 내재화 척도는 T점수=69으로 **임상범위**, 외현화 척도는 T점수=55으로 **정상범위**입니다. 현재 임상범위에 해당하는 것으로 보이는 문제행동 증후군은 〈신체증상〉이며 준임상범위에 해당하는 문제행동 증후군은 〈불안/우울,사고문제〉으로 나타나고 있습니다.

**＊ 무응답문항수 : 3개 (8개 이상이면 재검사권고)**

* 임상범위 기준 : T점수 64(백분위 92)이상, 준임상범위 기준 : T점수 60(백분위 84)이상, T점수 64미만

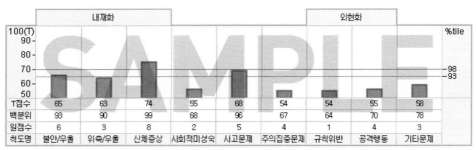

| 척도명 | 불안/우울 | 위축/우울 | 신체증상 | 사회적미성숙 | 사고문제 | 주의집중문제 | 규칙위반 | 공격행동 | 기타문제 |
|---|---|---|---|---|---|---|---|---|---|
| T점수 | 65 | 63 | 74 | 55 | 68 | 54 | 54 | 55 | 58 |
| 백분위 | 93 | 90 | 99 | 68 | 96 | 67 | 64 | 70 | 78 |
| 원점수 | 6 | 3 | 8 | 2 | 5 | 4 | 1 | 4 | 3 |

* 증후군 소척도 임상범위기준 : T점수 70(백분위 98)이상, 준임상범위기준 : T점수 65(백분위 93)이상, T점수 70미만

> DSM 진단척도

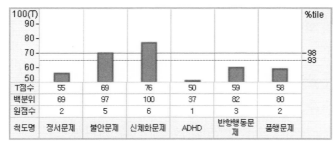

| 척도명 | 정서문제 | 불안문제 | 신체화문제 | ADHD | 반항행동문제 | 품행문제 |
|---|---|---|---|---|---|---|
| T점수 | 55 | 69 | 76 | 50 | 59 | 58 |
| 백분위 | 69 | 97 | 100 | 37 | 82 | 80 |
| 원점수 | 2 | 5 | 6 | 1 | 3 | 2 |

### 결과해석

현재 임상범위에 해당하는 것으로 보이는 DSM진단기준 문제행동은〈신체화 문제〉이며 준임상범위에 해당하는 DSM진단기준 문제행동은〈불안문제〉으로 나타나고 있습니다.

* 임상범위 기준 : T점수 70(백분위 98)이상, 준임상범위 기준: T점수 65(백분위93)이상, T점수 70미만

**[그림 10-4] CBCL 6-18의 검사 결과지 일부 예시**

검사소요시간은 15~20분 정도다. 검사 결과의 해석은 검사 목적에 따라 달라질 수 있지만, 대체로 표준점수 70 이하는 정상, 70 이상은 임상적으로 유의미한 수준이라고 해석된다. CBCL은 상담 장면과 학교에서 유용하게 활용될 수 있고 역학조사나 치료 효과 검증 등의 연구 목적으로도 활용 가능하다. 현재 아동의 행동 전반을 평가할 목적으로 많이 사용되고 있는 검사 중 하나다.

## 4. 투사적 검사

심리검사는 측정되는 내용과 검사 제작방법에 따라 투사적 검사(Projective tests)와 객관적 검사(Objective tests)로 구별된다. 투사적 검사는 비구조화된 과제를 피검자에게 제시하여 그들의 욕구, 경험, 내적 상태, 사고과정 등이 이러한 과제를 통해 나타나도록 하는 것이다. 따라서 투사적 검사는 무제한으로 개인들의 다양한 반응을 허용해 주기 위해 검사 지시방법이 간단하고 일반적인 방식으로 주어지며 또한 검사 자극이 불분명하고 모호한 특징을 지니고 있다. 투사적 검사에 대한 내담자의 반응은 주로 문장완성, 연상, 이야기 반응 등으로 나타난다(Anastasi, 1988).

모호한 자극에 대한 반응의 종류는 다양하기 때문에 검사자는 하나의 반응에서 특정 이론을 도출하지 않고, 반응을 분류하여 개인의 성격과 관련된 일반적인 인상이나 추론을 이끌어 낸다. 따라서 투사검사를 실시하고 해석하기 위해서는 많은 훈련과 경험이 필요하다. 채점 과정은 매우 복잡하고 주관적인 측면이 있어 경험 있는 검사자들 간에도 해석과 추론이 엇갈리는 경우가 있다. 이러한 결과의 주관성과 복잡성은 투사적 검사의 신뢰도 및 타당도를 낮추고 비판의 대상이 되고 있다. 그러나 이러한 비판에도 불구하고 투사적 검사는 실제 상담 장면에 의미 있는 자료를 효과적으로 제공하기 때문에 자주 활용되고 있다.

## 1) 로샤 잉크반점검사

잉크반점기법은 15세기에 레오나르도 다 빈치가 시각이나 상상을 자극하는 데 추상적인 도형을 사용하면서부터 그 기원을 찾을 수 있으며 1895년에 비네 지능검사를 고안하는 과정에서도 이용되었다. 하지만 가장 널리 사용되는 잉크반점검사로는 1921년 스위스 정신과 의사인 Herman Rorschach가 개발한 로샤 잉크반점검사(Rorschach Ink Blots)가 있다(Goldfried, Stricker, & Weiner, 1971). Rorschach는 체계적으로 정신분열증 환자군의 잉크반점 자극에 대한 반응 자료를 수집하기 시작하였고, 1921년 117명의 정상인을 포함하여 전체 405명 피험자에 대한 반응을 분석하여 이러한 잉크반점기법이 특히 정신분열증 진단에 상당히 유용한 도구가 될 수 있다는 논문을 발표하였다. 또한 그는 특정 반응(주로 움직임이나 색채 반응)이 특정 심리행동적 특징과 관련이 있기 때문에 이러한 잉크반점검사가 임상진단 도구로서 뿐만 아니라 개인의 성격이나 습관, 반응 스타일을 알려 주는 도구가 될 수 있고 따라서 계속적인 연구가 필요하다고 주장했다. 1950년대 이후 로샤검사는 가장 자주 사용되는 투사검사로 발전하였고, 오늘날에는 심리학, 교육학, 정신의학 및 인류학 등 여러 분야에서 인간행동을 이해하기 위해 사용되고 있다.

로샤검사는 종이의 한 면에 잉크를 놓고 반으로 접어 잉크반점을 만든 것을 검사 자료로 제시하고, 피검자가 그 잉크반점을 무엇이라고 생각하는지 이야기하도록 하여 그의 성격을 평가하는 방법이다. 따라서 검사도구는 잉크반점이 찍힌 10장의 카드(약 24.2cm×16.9cm)로 구성되며, 일부는 흑백이고 일부는 컬러다. 즉, 10개의 대칭된 잉크반점 카드 중 I, IV, V, VI, VII 카드는 무채색카드이며, II, III 카드는 검정색과 붉은색이 혼합되어 있

**⟨표 10-3⟩ 로샤 잉크반점검사 카드의 구성**

| | |
|---|---|
| 카드 I: | 날개가 달린 산 짐승(박쥐, 나비), 인간상으로 볼 때는 중앙부의 여성상, 골반 또는 다른 해부적 개념, 손, 새 새끼 |
| 카드 II: | 인간 및 그 운동, 동물 및 그 운동, 곰, 개 등 |
| 카드 III: | 인간, 이인의 인간, 인간의 운동, 인간의 성 |
| 카드 IV: | Sex Card(Father Card), 모피류, 동물의 머리, 괴물, 거인, 고릴라 |
| 카드 V: | 나비, 박쥐 및 운동동물의 머리, 인족 |
| 카드 VI: | 동물의 피질, 남근, 모피 |
| 카드 VII: | Sex Card(Mother Card), 인간 및 그 운동, 지도, 동물 및 그 운동 |
| 카드 VIII: | 동물, 색칠한 나비, 해부도 |
| 카드 IX: | 마녀, 인두, 원자폭탄의 폭발(카드를 거꾸로 볼 때), 무궁화 |
| 카드 X: | 화가의 파렛트, 해저경치, 가슴, 거미, 뱀 |

고, Ⅷ, Ⅸ, Ⅹ은 여러 가지 색으로 구성되어 있다. 각 카드의 특징은 체계화되어 있지 않으며 불분명하고 정형화된 의미가 없는 것이 특징이다. 〈표 10-3〉은 잉크반점 카드의 내용을 구체적으로 적어 놓은 것이다.

검사를 실시할 때 상담자는 자유스러운 분위기를 조성하고 내담자의 성격을 보다 객관적으로 깊이 있게 이해하기 위해 가능한 많은 반응을 얻어 내야 한다. 검사의 실시는 다음과 같은 지시어로 시작된다.

"지금부터 10장의 카드를 보여 드리겠습니다. 이것은 잉크를 떨어뜨려 우연히 생겨난 모양이므로 무엇으로 보아도 상관없습니다. 이것이 무엇으로 보이는지, 무엇과 같이 생각되는지 말씀해 주십시오. 한 장 한 장 보여 드릴 테니 가능한 두 손으로 잡고 자유롭게 보십시오. 무엇으로 보이더라도 상관이 없으니까 보이는 대로 주저하지 말고 말씀하세요."

로샤검사의 채점방법은 매우 다양하게 개발되어 있는데 반응의 위치, 반응 특징, 반응 내용 등의 준거에 따라 반응을 분류한다. 이 중 신뢰도가 비

356

교적 높은 것으로 알려진 Exner(1986) 채점 체계가 가장 보편적으로 사용된다. 비록 Exner 체계가 인지적 자발성, 복잡성, 경직성, 손상, 관습성, 비범성 등의 특정 성격특성을 확인하는 데 있어 타당도가 확보되었다고 해도 일반적인 로샤 해석에 대한 신뢰도와 타당도는 높지 않은 편이다. 로샤검사는 주로 우울이나 정신분열증, 강박증 등의 정신건강을 진단하거나, 사고의 융통성, 생각의 특이성과 같은 인지사고기능을 검사하기 위해 사용되지만 특히 다른 진단용 검사들의 보충 검사로서 유용하게 활용된다. 또한 감정조절방식, 애정욕구와 같은 정서 상태와 대인관계 및 자아상을 확인하고자 할 때도 로샤검사를 실시할 수 있다. 로샤 실시와 해석에 관련해서는 다양한 책자들이 출판되어 있으니, 깊이 있는 이해를 위해서는 보다 전문적인 책자를 활용하기 바란다.

### 사례

## 로샤검사 결과 해석 사례

함영숙(가명, 20세, 여, 대학생) – 몸으로 하는 마음의 호소

초등학교 때부터 별다른 이유 없이 배가 아픈 적이 많은 함영숙은 특히 부모님에게 혼날 때 자주 그랬으며, 최근에는 학과 동기들과의 갈등 속에서 심화되었다. 적어도 일주일에 한 번은 배를 콕콕 찌르는 것 같기도 하고 뭉근하게 누르는 것 같기도 한 증상이 나타난다. 내과적인 검사를 받았지만 별다른 이상 소견이 없고, 함영숙은 이러한 자신의 증상에 대해 '애정결핍' 때문인 것 같다고 이야기한다.

다양하게 실시한 심리검사 중 로샤검사 결과를 보면, 함영숙은 반응 수가 56개로 매우 많았는데, 이는 모호한 자극에 과도하게 자신의 감정과 욕구를 투사하는 경향, 지나치게 공상을 많이 하는 경향을 나타낸다. 또한 지각적인 왜곡이나 자의적인 해석, 과도한 M-반응, 무생물이나 동물들에 인격을 부여하고 감정을 느끼는 것처럼 지각하는 경향을 볼 때, 함영숙의 자아기능은 내면의 감정과 내적 갈등에 의해 쉽게 혼란되고 적절한 중심을 유지하기 어려

울 뿐 아니라 감정과 충동을 인지적으로 통제하고 조절할 수 있는 힘이 부족한 것으로 보였다. 특히 '나는 슬프고 힘없는 희생자' 라는 자기연민적인 공상을 많이 하며, 내면의 심한 불행감이 투사적 동일시를 통해 광범위하게 나타났다.

　함명숙의 핵심 문제 중 하나는 '자기혐오' '자기사랑의 결여' 및 이로 인한 '자기연민' 이다. 필사적으로 친밀한 관계를 원하면서도, '나는 사랑받을 만하지 못하다' '사람들은 나를 싫어하거나 거절하거나 공격할 것이다' 와 같은 믿음 때문에 심한 양가감정을 느끼는 것으로 보인다(AG=7). 때문에 지나친 자기공개와 같은 자기패배적 행동을 하여 타인과 너무 빨리 가까워지려고 하거나, 사소한 단서도 금세 거절의 의미로 받아들이고 배신감을 느끼고 위축되는 등 극단적이고 피상적인 관계양상을 보일 수 있음을 알게 되었다.

　따라서 함영숙의 경우, 타인에 대한 불신감과 자기가 수용될지에 대한 자신감 부족이라는 핵심 믿음에 도전하는 것을 시작으로 해서 함영숙의 적개심을 가장 증폭시키고 있는 동기들과의 관계에서 자신이 기여하는 바가 무엇인지, 애인과의 관계에서 자신이 진정으로 원하는 것이 무엇인지, 더 나아가 불쌍하다는 연민, 잘 해드려야 한다는 강박적 책임감, 원망과 미움 등이 복합되어 있는 어머니와의 관계가 지금 자신에게 어떤 영향을 미치고 있는지 등을 깨달을 수 있는 것이 중요한 치료 목표가 되었다.

출처: 김중술, 이한주, 한수정(2003). 사례로 읽는 임상심리학. 서울: 서울대학교출판부.

## 2) 주제통각검사

TAT로 잘 알려진 주제통각검사(Thematic Apperception Test: TAT)는 내담자의 주된 동기, 정서, 감정, 콤플렉스, 성격의 갈등을 살펴보기 위해 Murray의 욕구 이론에 기초하여 Morgan과 Murray(1935)가 개발한 검사다. TAT는 약 23.5cm×28cm 크기의 31개 흑백사진 카드들로 구성되어 있고, 대부분의 카드에는 1명 이상의 등장인물이 있으며 1장은 완전히 백

☼: 〈표 10-4〉 적용 대상별 TAT 도판

| 도판 | 적용 대상 | 도판 번호 |
|---|---|---|
| 공용도판(11매) | 모든 내담자에게 공통적으로 적용되는 도판 | 1, 2, 4, 5, 10, 11, 14, 15, 16, 19, 20 |
| 남자도판(7매) | 성인 남자(M)와 소년(B) 내담자에 한해서 적용되는 도판 | 3BM, 6BM, 7BM, 8BM, 9BM, 17BM, 18BM |
| 여자도판(7매) | 성인 여자(F)와 소녀(G) 내담자에 한해서 적용되는 도판 | 3GF, 6GF, 7GF, 8GF, 9GF, 17GF, 18GF |
| 성인도판(1매) | 성인 남자(M)와 성인 여자(F) 내담자에 한해서 적용되는 도판 | 13MF |
| 비성인도판(1매) | 소년(B)과 소녀(G) 내담자에 한해서 적용되는 도판 | 12BG |
| 성인남자도판(1매) | 성인 남자(M) 내담자에게만 적용되는 도판 | 12M |
| 성인여자도판(1매) | 성인 여자(F) 내담자에게만 적용되는 도판 | 12F |
| 소년도판(1매) | 소년(B) 내담자에게만 적용되는 도판 | 13B |
| 소녀도판(1매) | 소녀(G) 내담자에게만 적용되는 도판 | 13G |

지(도판 16)로 구성되어 있다. 30장의 카드 중 피검자의 성별과 연령에 따라 20장의 카드를 선택하여 제시하는데, 그 적용 대상별로 나누어 보면 〈표 10-4〉와 같다.

TAT는 이와 같이 각각 20매의 그림을 2회로 나누어 실시하도록 되어 있으나, 경우에 따라서는 그림의 매수를 줄여서 간편하게 9~12매의 그림으로도 실시되고 있다. Hartman(1970)은 TAT 전체 도판 중 가장 유용한 도판으로서, 성인용으로는 도판 1, 2, 3BM, 4, 6BM, 7BM, 8BM, 10, 12M, 13MF, 18GF의 11매를, 전체적으로 1, 2, 3BM, 4, 6BM, 7BM, 8BM, 13MF의 8매를 제안하였다.

피검자는 각 그림을 보고 '그림에서 현재 어떤 일이 일어났으며, 앞으로 일이 어떻게 진행될지, 그림 속 사람들의 감정은 어떤지, 이야기의 끝은 어떻게 되는지' 등에 대한 이야기를 만들게 되는데, 교육 수준이나 지능이 낮은 성인 혹은 아동을 위해 추천되는 구체적인 지시 내용은 다음과 같다.

### (1) 1회 검사

"이 검사는 이야기를 만드는 검사입니다. 여기 몇 장의 그림이 있는데 지금부터 당신에게 한 번에 한 장씩 보여 주겠습니다. 각 그림을 보고 이야기를 꾸며 보세요. 그림을 보면서 과거에 무슨 일이 일어났었는지, 그리고 현재는 어떤 일이 일어나고 있는지 말해 보세요. 이 사람들이 무엇을 느끼고 있고 무슨 생각을 하고 있으며 이야기가 앞으로 어떻게 될 것인지 말해 주세요. 어떤 이야기든지 자유롭게 만들어 보세요. 어떻게 하는지 이해되었나요? 자, 여기 첫 번째 그림이 있습니다. 그림 한 장에 5분 정도 이야기할 수 있습니다. 얼마나 잘할 수 있는지 볼까요?"

### (2) 2회 검사

"오늘은 몇 장의 그림을 더 보여 줄 것입니다. 더 재미있고 흥미로운 그림들로 구성되어 있어요. 지난번에 아주 훌륭한 이야기를 만들어 주셨는데 이번에는 지난번보다도 더 흥미롭게 만들어 보세요. 꿈이나 동화처럼 말이에요. 여기 첫 번째 그림이 있습니다."

(16번 백지카드의 경우) "이 백지카드에서 무엇을 볼 수 있습니까? 이 백지에서 어떤 그림을 상상한 후, 자세하게 설명해 주세요. 그리고 나서 그것에 관해서 이야기를 만들어 주세요."

TAT는 피검자가 이야기의 주인공과 동일시한다는 가정하에 결과 해석에 있어서도 피검자의 갈등, 경험, 욕구 등이 이야기 반응에 투사된다고 가정한다. 따라서 TAT는 보통 객관적인 방식으로 채점하기보다는 다양한 주제에 대한 빈도, 이야기 길이, 결과 등을 고려하여 평가하게 된다. TAT를 해석하는 몇 가지 방식에 대해 살펴보면 다음과 같다(Schneidman, 1951).

- 표준화법: TAT 해석을 수량화하려는 입장이며, 평면적이고 통계적으로 분석을 시도하는데 각 개인의 검사기록에서 뽑아 낸 반응상의 특징을 항목별로 분류하여, 유사 혹은 이질의 피검자군에서 작성된 표준화 자료와 비교하여 분석한다.
- 주인공 중심의 해석법: 이야기에 나오는 주요 인물, 주인공을 중심으로 분석하는 방법으로, 주인공 중심법, 요구-압력 분석법, 이야기 속의 인물 분석법 등이 있다.
- 직관적 방법: 정신분석 이론에 기초한 가장 비조직적인 분석방법으로서 해석자의 통찰적인 감정이입 능력을 바탕으로 해석이 이뤄진다.
- 대인관계법: 인물들의 대인관계 사태분석법(Arnold, 1949), 이야기 중 인물 간 및 인물들에 대한 피검자의 역할에 비추어 공격, 친화 및 도피 감정을 중심으로 분석하는 방법(Joel & Shapiro, 1951), 이야기에 나오는 여러 인물의 사회적 지각 및 인물들의 상호관계 분석법(White, 1944) 등이 있다.
- 지각법: 피검자의 이야기 내용의 형식을 분석하는 것으로 도판의 시각 자극의 왜곡, 언어의 이색적 사용, 사고나 논리의 특성, 또는 이야기 자체의 기묘한 왜곡 등을 포착하는 방법

임상 장면에서 종종 TAT가 사용되기는 하지만 검사자의 주관이 상당히 개입되어 검사자들 간에도 의견 차이가 많기 때문에 심리측정학적 근거가 명확하지 않다. 따라서 상담자가 TAT를 사용할 경우 전체 카드를 사용하기보다 초기면접에서 몇몇 카드를 선택하여 사용하는 경우가 많고, 주로 초기 라포형성과 내담자에게 상담 시간 중 이야기할 기회를 제공하는 정도로 사용되거나 다른 성격검사의 보완적인 검사로서 활용되고 있다.

**사례**

## TAT 검사 결과 보고서의 예

한진욱(가명, 27세, 남, 대학생)

실시 일자: 2012. 8. 1

실시자 및 해석자: 홍길동

**분석 결과**

1. 내담자의 특성은 타인의 감정에 예민하고 타인의 정서에 불편한 영향을 주지 않고자 하는 노력이 전반에 깔려 있다. 따라서 그의 문제는 과도하고 부적절한 '인내와 배려'에서 비롯되어 스스로는 해결책에 대해 무력감을 느낀다. 그래서 내담자의 주된 문제해결방식은 '회피, 도피'다. 〈중략〉

2. 가족관계에서 나타난 내담자의 반응을 보면, 가족 내에서 영향력이 없고 힘없이 늙어 가고 죽어 가는 아버지에 대한 묘사와 이 아버지에 대한 분노가 서려 있다. 이는 남편으로서, 아버지로서 제 역할을 하지 못하는 아버지로 인해 고생하는 어머니에 대한 연민으로 이어지고 있다. 그러나 이러한 아버지도 자식에 대해 특히 내담자에 대해서는 자부심과 뿌듯함을 느끼고 있을 것이라고 내담자는 지각하고 있다.

3. 형에 대한 언급이 나오는데 형은 가족 내에서 문제를 일으켰던 과거가 있을 가능성이 높고 이에 대해 가족들이 희생을 했을 가능성이 있다. 내담자는 크게 관여하지는 않지만 이러한 형에 대한 정서적 애착이 없으며 무관한 타인으로 인식하려고 노력하지만, 기본적인 형제로서의 도리는 해야겠다고 생각하고 있다. 형이나 아버지 중 술에 관한 문제가 있었을 가능성이 높다. 〈이하 생략〉

출처: S대학교 학생상담센터 상담사례 기록지 중 발췌함.

## 3) 한국판 아동용 회화통각검사

TAT의 도판들의 자극 장면은 성인에게 알맞게 그려져 있기 때문에 성인의 성격을 진단하는 데는 유용하지만 아동들에게는 적합하지 않다. 그래서 Bellak(1976)은 3~10세 사이의 어린이들에게 실시할 수 있는 아동용 회화통각검사(Children Apperception Test; CAT)를 개발하였다. Bellak은 도판의 자극 장면들을 아동들에게 맞는 그림들, 즉 유아기와 아동기에 주로 나타나는 여러 가지 심리적 문제들이 쉽게 투사될 수 있는 그림들로 바꾸고, 도판에 등장하는 주인공도 동물로 바꾸어서 아동이 그림자극에 더 잘 동일시되도록 하였다. Bellak에 의하면 CAT를 통해 상담자는 어린이가 주요한 인물이나 충동에 대응해 나가는 방식을 이해할 수 있다(Bellak, 1976). 즉, 음식을 먹는 문제를 포함하는 구강기적 문제, 형제간의 경쟁, 부모에 대한 태도, 부모의 부부로서의 상호관계, 혹은 부모가 한 이불 속에 들어 있는 것을 보는 데 대한 환상 같은 것이 아동의 반응 내용에서 추출될 수 있다.

로샤검사에서는 보다 기본적인 성격 구조에 대한 정보를 얻을 수 있는 데 반해, CAT에서는 TAT와 마찬가지로 대인관계, 사회적 상호작용, 동일시 양식 등과 같은 아동의 보다 구체적인 문제들을 반영하는 반응들이 나타난다. 또한 반응 내용에서 공포, 공격성, 애정의 원천이나 그 대상, 반응 기제에 관한 단서도 얻을 수 있다.

CAT는 아동의 성장 과정에 관계되는 문제라든지 일상생활에 관련되는 문제들을 투사시켜 아동들의 심리적 특성을 이해할 수 있게 하는 검사로서, 우리나라에서도 1976년 김태련, 서봉연, 이은화, 홍숙기에 의해 한국 아동에게 적용 가능한 한국판 아동용 회화통각검사(Korean Children Apperception Test; K-CAT)를 만들었다. K-CAT는 우리 문화에 적합하도록 수정된 CAT 표준판 9매와 CAT 보충판 9개의 총 18개 도판으로 구성되어 있고, 한국 아동의 반응을 토대로 반응분석표를 개정시켰는데, 이는 임상 장면에서 종종 유용하게 사용되고 있다.

## 4) 문장완성검사

　문장완성검사(Sentence Completion Test; SCT)는 실시하는 기관, 실시 대상 등에 따라 여러 가지 종류가 있으나 일반적으로 '내담자가 자신의 갈등 혹은 정서와 관련된 문장의 일부를 완성하는 검사'다. 문장완성검사는 로샤검사, TAT 검사에 비해 검사자극이 보다 분명하며 응답자가 검사 자극 내용을 지각할 수 있도록 구성되어 있어 다른 투사적 검사들에 비하면 보다 의식된 수준의 심리적 현상들이 반응되는 경향이 있다.

　미국에서 문장완성검사로서 가장 보편적으로 사용되는 것은 'Rotter의 문장완성검사(40문항)'이고, 우리나라에서는 실시하는 기관의 특성, 내담자의 연령, 문제의 특성 등에 따라 다양하게 변형된 문장완성검사가 실시되고 있다. 즉, 범죄를 저지른 비행청소년들을 대상으로 소년분류심사원에서 실시하는 문장완성검사와 일반적인 대학교 학생상담센터에서 실시하는 문장완성검사, 병원 임상 현장에서 실시되는 문장완성검사의 구체적인 문항과 해석 요령은 조금씩 차이가 있다.

　그러나 대부분의 문장완성검사는 일반적으로 다음과 같은 반응 영역을 측정하는 30~50문항으로 구성된다.

- 가족관계: 가족에 대한 태도, 자기를 대하는 가족의 태도, 가정의 분위기 등
- 교우관계: 사교성, 교우에 대한 태도 등
- 신체관계: 자기의 외모, 신체조직 및 기능에 관한 생각, 열등감, 편견 등
- 직장관계: 근로의욕, 직장에서의 인간관계, 일에 대한 태도 등
- 일반적인 대인관계: 이성이나 동성에 관한 태도, 성역할, 권위자나 성

인에 대한 태도, 대인관계에서 위기 장면에 놓였을 경우의 태도, 이웃 관계 등

- 학교관계: 학교에서의 문제나 인간관계 등
- 감정: 불안이나 행복감의 존재와 대상, 좋아하거나 싫어하는 대상, 심리적 외상 등
- 일상생활태도: 유년기, 소년기와 현재의 생활, 습관 등
- 자기상: 자기 자신을 어떻게 보고 있는가, 현재의 자기와 이상상, 자존심, 욕구불만이나 갈등 시의 행동 등
- 기타: 사물이나 현상에 관한 느낌 등

문장완성검사는 집단으로 실시할 수 있는데 이때는 지시를 이해하고 문항을 읽어 짧은 글을 만들어 글로 표현할 정도의 지능이 필요하다. 따라서 '보통 하' 이상의 지능을 가질 것을 요한다. 다만 개인검사로 활용할 경우에는 지능이 낮은 사람에게도 실시할 수가 있다. 즉, 상담자가 문항을 읽어 주고 내담자가 답을 쓴다든지, 내담자가 말로 응답하면 상담자가 그 응답을 기록하는 방법도 가능하다.

일반적으로 문장완성검사는 다음과 같은 장점이 있다.

- 피검자는 '예' '아니오' '모릅니다' 식의 단정적 답이 아니라 자기가 원하는 대로 답할 수 있다.
- 검사 목적을 피검자가 의식하기 어려워 비교적 솔직한 답을 얻을 수 있다.
- 다른 투사검사에 비해 검사의 실시 및 해석에 있어 특별한 훈련을 필요로 하지 않는다.
- 검사를 집단으로 실시할 수 있고 시간과 비용 면에서 경제적이다.

이에 반해, 문장완성검사의 단점은 다음과 같다.

- 표준화 검사에 비해 객관적으로 채점할 수가 없다.
- 피검자가 언어 표현력이 부족하거나 검사에 비협조적일 때 검사 결과는 사실과 다르게 왜곡될 수 있다.

검사 문항을 구안하는 것이 어렵지 않기 때문에 종종 상담자들은 내담자에게 적합하도록 갈등과 문제를 표현할 수 있는 검사를 직접 개발하기도 한다. 특히 교육 및 진로상담, 가족갈등상담, 대인관계문제, 학업 수행에 대한 상담 등에 상담자가 개발한 문장완성검사가 자주 사용된다.

## 5) 집-나무-사람검사

어떤 목적을 가지고 피검자에게 연필이나 크레용 등을 주어 종이 위에 무엇인가를 표현하도록 하는 심리검사를 그림검사라고 한다. 그림검사는 그림을 통해서 성격을 진단하며, 심리치료의 보조 수단으로 사용되는 것으로 무엇을 어떻게 표현시키는가에 따라 여러 가지로 분류된다. 그러나 가장 많이 사용되는 그림검사는 피검자에게 일정한 과제를 부여하고 거기에 대하여 그림을 그리게 하는 과제그림검사다(김동연, 1998).

집-나무-사람검사(House-Tree-Person Test; HTP)는 House, Tree, Person, 즉 집, 나무, 인물에 대한 그림을 통해 성격을 진단하는 투사적 검사법이며, 과제그림검사다. HTP 검사 실시를 위해서는 16절지(B5) 4매, 4B연필 2자루, 지우개 1개의 준비물이 필요하다. 집, 나무, 인물, 자유화를 차례로 그리도록 하되 인물화에 있어 다른 성(이성)을 그리면 용지를 한 장 더 주어 같은 성(동성)을 그리도록 한다. 그림이 현저하게 만화적이거나 막대형이거나 추상적이라면 다시 한 번 그리게 하고 집단으로 실시할 경우에는 옆 사람의 그림을 보지 않도록 하는 것이 좋다. 보통 개별 그림당 10분 정도 소요되는데, 검사자는 피검자의 소요시간을 기록해 둔다.

HTP와 같은 과제그림검사는 피검자가 그림을 그린 후에 그가 표현한 독특한 의미와 문제를 알기 위해 다음과 같은 질문을 할 수 있다.

### (1) 집
- 누구의 집인가?
- 이 집은 무엇으로 만들어졌나?
- 이 집을 어떻게 생각하는가?
- 이 집에는 어떤 사람들이 사는가?
- 이 집에 사는 사람들은 행복한가?

### (2) 나무
- 몇 년이나 된 나무인가?
- 나무가 죽었는가, 살았는가? 죽었다면 언제 죽었는가?
- 나무는 건강한가? 혹은 강한가?
- 이 나무에게 가장 필요한 것은 무엇인가?

### (3) 인물화
- 남자인가? 여자인가?
- 몇 살인가? 누구인가?
- 무엇을 하고 있는가? 무엇을 생각하고 있는가?
- 어떤 인상을 주는가?

HTP 검사의 해석은 다른 투사검사와 같이 함께 사용한 다른 심리검사의 결과와 그림을 그린 후 질문에 대한 피검자의 답을 참작하는 동시에, 피검자의 면접 외 행동 관찰과 검사시의 태도 등에서 얻을 수 있는 임상소견을 고려해야 한다. 즉, 그림만 가지고 성격의 단면을 추론하는 맹분석(blind analysis)에 의한 해석만을 하는 것이 아니다(김동연, 1998). HTP 해석은 그림의 전체적인 인상, 조화여부, 구조 등을 평가하는 전체적 평가와 그림을 그려 나가는 순서, 종이상의 그림 위치, 크기, 음영, 생략 등을 통해 성격을 이해해 나가는 형식적(구조적) 분석, 무엇을 그렸는가를 중심으로 그림에서 이상한 부분, 강조된 부분의 의미를 분석하는 내용 분석의 접근법이 있다. 이러한 분석법들에 대한 구체적인 내용은 관련 전문서적을 통해 확인해 볼 수 있을 것이다.

## 6) 초기아동기억

투사적 검사를 처음 사용한 예로 Alfred Adler의 '초기아동기억'을 이야기하는 사람들이 있다(Aiken, 1996). '초기아동기억'이란 성격형성에 있어 초기 경험의 중요성을 강조하면서 내담자가 기억하고 있는 최초의 사건을 회상하도록 하는 기법으로, 특히 개인의 여덟 번째 생일 이전에 일어난 단일 사건의 회상을 기술한 것이다(Bruhn, 1990). 보통 하나의 초기 아동기억은 정확한 시작과 끝이 있고, 영화 장면처럼 시각적으로 장면을 떠올릴 수 있다. 단일 사건, 즉 단 한 번만 발생한 것으로 기억되는 초기 아동기억과 구별되는 회상은 '보고'라고 한다.

초기아동기억은 어느 누구든 겨우 몇 개 정도만 회상하지만 그 투사적 가치가 크기 때문에 초기아동기억은 지금 우리가 추구하는 목표, 회피하는 일들 등 우리가 삶을 영위하는 원리를 설명할 수 있다. 다만 초기아동기억은 회상한 사건이 자신의 것이어야 하고, 다른 사람들이 알게 해 준 사건의 회상이어서는 안 된다.

초기아동기억검사는 다음과 같은 순서로 비교적 간단하게 실시된다. 보통 다수의 초기아동기억이 필요하기 때문에 내담자에게 처음부터 몇 개의 기억이 필요하다고 미리 말하는 것이 좋다.

- 몇 분 동안 피검자(내담자)의 긴장을 풀어서 몸과 마음이 이완되게 한다.
- 다음의 지시문을 읽는다.

"자, 이제 당신의 어린 시절로 돌아가십시오. 8세(혹은 9세) 이전으로 돌아가십시오. 가능한 한 어린 시절로 돌아가기 바랍니다. 그렇게 어릴 때 있었던 일들을 가능한 한 자세하게 말해 주십시오(혹은 기록해 주십시오). 그런데 어느 일을 기억하든지 그것은 당신의 일상에서 단 한 번만 일어난 일이어야 합니다. 그리고 당신 스스로 기억할 수 있는 일들만 해당됩니다. 다른 사람이 말해 주어서 알게 된 일은 우리에게 필요한 것이 아닙니다. 말씀해 주실 때(기록을 하실 때) 다음의 사항을 포함시켜 주십시오."

- 어떤 일이 일어났나요?(누가 무엇을 누구에게 했으며, 그 사건이 어떻게 진행되었나요? 자세하게 말하시는 것이 중요합니다.)
- 그 기억 속에서 당신의 감정은 어떠했나요?(감정적으로 어떤 반응이 일어났나요?)
- 왜 그렇게 느꼈다고 생각하나요?
- 그 일이 언제 일어났나요?

초기아동기억은 상담실에서 내담자들의 문제를 진단하거나 분류할 때, 아주 경제적이고 유용한 도구가 될 수 있다. 즉, 다른 검사방법에 의존하기 전에 대략적인 문제에 대한 이해나 분류가 필요할 때, 다른 검사와 병행해서 진단이나 분류를 할 때, 초기아동기억을 통해 검사에 대한 시간과 노력, 경비 등을 줄일 수 있다. 또한 초기아동기억은 상담 실제에도 활용할 수 있다. 초기아동기억을 이용하여 접수면접의 중반 이후에 면접 중에 관찰되거나 가정될 수 있었던 내담자의 문제 유형을 검증하는 자료를 찾거나 더 풍부하게 자료를 얻는 데 활용할 수 있다. 또한 우리는 초기아동기억의 정보를 통해 내담자 문제의 역사와 심각성을 짐작할 수 있을 뿐 아니라 상담의 목표 설정과 기법 선택의 기준을 제공받을 수도 있다. 상담 목표 중에는 내담자의 바람직하지 않은 생활양식을 바꾸는 것이 포함된다. Adler는 이러한 내담자의 생활양식 교정을 위해 초기아동기억을 치료기법의 하나로 이용했고, Adler에 따르면 일반적으로 치료가 진행됨에 따라 초기아동기억과 생활양식이 변화되는 경향이 있다고 한다(김병석, 1996).

## 5. 구체적인 임상 평가

지금부터는 특정 영역의 심리적 문제를 평가하기 위해 개발된 검사에 대해 다루겠다. 이러한 영역으로는 우울, 불안, 분노 등의 정서적 상태가 있고, 알코올중독, 섭식장애 등의 심리적 장애가 있다. 개인의 신체적 건강을 평가하기 위해 심장박동수나 혈압 등 신체적 주요징후를 지표로 사용하듯이, 개인의 심리상태의 건강을 평가하는 데에 '정서적 주요징후(vital sign)'를 사용할 수 있다(Spielberger et al., 1995). 특정 심리적 장애를 측정함으로써 내담자가 그 문제 때문에 얼마나 힘들어하는지를 파악할 수 있다.

이 장에 제시한 대부분의 검사는 비교적 짧고 실시와 채점이 쉽기 때문에, 상담 과정에서 내담자의 심리장애에 대한 진전도를 모니터링하기 위해 쉽게 재실시할 수 있다.

### 1) 우울

우울은 우리나라뿐만 아니라 세계적으로도 가장 흔한 정신질환 중 하나다. Kessler 등(1994)의 National Comorbidity 조사에 따르면, 응답자의 17% 이상이 일생 동안 주요우울 에피소드를 경험한 바 있고, 응답자의 10% 이상은 지난 한해 동안 이러한 에피소드를 경험했다고 보고하였다.

상담에서 사용하는 자기평정척도의 상당수가 우울을 별도로 평가한다. Ponterotto, Pace와 Kavan(1989)은 정신건강 전문가들이 연구나 상담 목적으로 사용하는 우울 자기평정검사지 73개를 제시하였는데, 그중에서 Beck의 우울검사가 가장 많이 사용된다고 하였다.

### (1) Beck의 우울검사

Beck의 우울검사(Beck's Depression Inventory; BDI)는 Beck과 그의 동료들이 1961년에, 성인과 청소년을 대상으로 우울증의 심한 정도를 평가하기 위해 처음 개발하였다. 초판은 1971년에 개정되어 문항의 일부가 수정되었고, 훈련받은 검사자가 구두로 실시하는 방법 대신에 자기 스스로 검사할 수 있도록 검사 소개 부분이 변경되었다. BDI 한국판은 1993년 이영호가 번안하여 사용하였다. BDI는 5학년 이상의 읽기 수준을 요구하며 정서적 · 인지적 · 행동적 · 생리적 측면에서 우울증상을 설명하는 21개 문항으로 구성된다. 각 문항은 심한 정도를 0~3점 범위에서 응답하도록 하는 4점 척도로 되어 있다. 내담자는 '오늘을 포함한 지난 한 주 동안' 자신이 어떻게 느꼈는지를 묘사하는 각 증상들에 대해 심한 정도를 표시한다. BDI의 문항의 예는 다음과 같다.

- 나는 슬프지 않다(0점)
- 나는 슬프다(1점)
- 나는 언제나 슬픔에 젖어 헤어날 수가 없다(2점)
- 나는 너무나 슬프고 불행해서 도저히 견딜 수 없다(3점)

- 나는 앞날에 대해서 별로 비관적이지 않다(0점)
- 나는 앞날에 대해서 비관적이다(1점)
- 나는 앞날에 대한 기대가 아무것도 없다(2점)
- 나의 앞날은 아주 절망적이고 나아질 가망도 없다(3점)

- 나는 벌을 받고 있다고 생각하지 않는다(0점)
- 나는 벌을 받을지도 모르겠다(1점)
- 나는 벌을 받아야 한다고 생각한다(2점)
- 나는 지금 벌을 받고 있다고 생각한다(3점)

대체로 BDI 검사소요시간은 5~10분 정도이며, 채점도 1분 내에 가능하다. 이러한 이유 때문에 이 검사는 상담 시간 내에 잠깐 동안 쉽게 실시하고 채점하고 해석할 수 있다.

Ponterotto 등(1989)은 우울에 대한 자기보고식 검사 중에서 BDI를 전반적인 효율성 측면에서 가장 높게 평가하였다. 또한 그들은 상담자와 내담자가 검사를 쉽게 사용할 수 있다는 측면에서도 이 검사를 높게 평가하였다. 또한 신뢰도와 타당도 역시 가장 좋게 평가되었다. 그들의 분석에 따르면, 상담자는 내담자의 우울에 대해 평가하고자 할 때 우선 BDI를 사용하는 것이 좋다.

Beck과 Steer(1993a)는 BDI 점수를 다음과 같이 해석하라고 추천한다.

- 10~9 = 낮은 우울 수준
- 10~16 = 경미한 우울 수준
- 17~29 = 중간 정도의 우울 수준
- 30~63 = 심한 우울 수준

이 cut-off 점수는 전반적인 가이드라인으로 볼 수 있다. 상담자는 내담자의 우울 정도를 판단하기 위해 더 많은 정보를 확인해야 한다. 증상의 기간과 원인(예: 사귀던 이성과 헤어짐)을 고려해 봐야 한다. 만약 증상의 기간이 짧거나(2주 이내) 슬플 만한 원인 때문에 생긴 것이라면 정신병리일 가능성이 적다. 일반적으로 일주일 이상의 간격을 두고 두 번 실시한 점수가 모두 25점 이상인 경우에는, 내담자에게 정신질환평가를 실시하거나 의뢰하는 것이 좋겠다. Beck과 Steer(1993b)는 BDI의 문항 내용을 인지적-정서적 유목(문항1~13)과 신체-수행 유목(문항14~21)의 2개 유목으로 구분하였다. 검사 앞부분의 반응은 상담에서 다룰 수 있는 역기능적 사고에 대한 단서를 제공한다(Burns, 1989). BDI의 뒷부분의 문항에서 높은 점수가 나오는 경우에는 내담자에게 우울이나 신체적 건강 문제가 있는 것일 수 있다. 즉, 생리적인 요인에 기인한 우울일 수 있는데, 이 경우에는 종종 항우울제 약물을 복용함으로써 효과를 볼 수 있다.

　BDI의 문항 내용은 증상에 대한 추가 정보를 얻기 위해 내담자에게 쉽게 검토해 볼 수 있다. 내담자에게 가장 관심 있는 문항이 어떤 것이냐고 묻는 것이 도움이 된다. 내담자가 무기력증상(문항2)과 자살생각(문항9)에 관심을 보이는 경우에는 자살위험에 대해 반드시 평가해야 한다(Beck & Steer, 1993b).

　BDI 점수는 일관적이지만, 시간이 지남에 따라 주제에는 변화가 있을 수 있다. BDI는 짧은 기간 동안의 기분 변화에도 민감한 검사다. 만약 사람들이 그들의 생활에서 의미 있는 변화를 경험하거나 상담 프로그램에 대해 긍정적으로 반응한다면, 그들의 BDI 점수는 이러한 사건들을 반영할 수 있다.

　Hammen(1980)은 대학생들의 BDI 점수가 아무런 처치가 없었는데도 재검사 시 크게 낮아지는 경우가 종종 있다고 보고하였다. 이러한 학생들의 우울은 아마도 시험이나 대인관계 갈등 등 비교적 상황적 요인에 기인한 것이었을 것이다. 따라서 상담 과정 동안 정기적으로 BDI를 재실시하면서, 일어나는 변화들을 모니터링해 보는 것도 좋은 방법이다. BDI의 재실시로부터 얻어진 정보는 종종 내담자에게 추가적인 검사나 치료방법을 의뢰할지의 여부 또는 내담자가 상담을 통해 성공적으로 변화되고 있는지 여부를 파악할 수 있게 해 준다.

일반적으로 내담자들의 BDI 기초선 점수로부터 50% 이상 점수가 낮아진다면, 상담 효과가 충분히 있다고 생각할 수 있겠다. 25~50% 정도의 점수가 낮아졌다면 부분적으로 개선된 것이고, 반면 내담자의 점수가 25%보다 적게 낮아졌다면 별 효과가 없었다고 볼 수 있을 것이다(Ambrosini, Bianchi, Metz, & Rabinovich, 1994).

### (2) 아동용 우울검사

아동용 우울검사(Children's Depression Inventory; CDI)는 8~17세의 아동 및 청소년을 대상으로 우울을 측정하는 자기보고식 검사다(Kovacs, 1992). BDI를 아동 및 청소년에게 실시할 수 있도록 개발된 검사로, 3학년 수준의 읽기능력을 요구하며 27개의 자기보고식 문항으로 구성되어 있다. 우리나라에서는 조수철과 이영식(1990)이 처음 번안하였다.

각 문항마다 아동 또는 청소년이 주어진 3개의 진술문 중에서 지난 2주간의 자신의 생각이나 느낌, 행동에 가장 가까운 내용을 고르도록 되어 있다. CDI는 총점과 5개 요인 점수로 제시된다―부정적 기분, 대인관계의 문제, 무능감, 무쾌감(어떤 행동에 대해서도 즐거움이 느껴지지 않음), 부정적 자기효능감. 검사요강에는 아동용(7~12세)과 청소년용(13~17세)을 남녀를 구분하여 규준을 제시하였다. Kovacs는 또한 제한된 시간 내에 집단검사를 실시할 수 있도록 10문항으로 된 CDI도 제작하였다.

CDI는 아동용 우울검사 중에서 가장 철저하게 연구가 된 검사 중 하나다. 초기에는 연구 목적으로 개발되었지만, 이 영역에서 효과적인 검사가 없었기 때문에 급속도로 임상 목적으로 사용하게 되었다. Kovacs는 T점수

374

65점이면 선별적인 상황에서 우울의 가능성이 있다고 말한다. 내담자가 두 번의 검사 실시에서 65점 이상의 T점수를 보이면, 진단적 면담법으로 평가를 해 볼 필요가 있다.

최근 연구에 따르면, CDI 총점과 요인 점수는 주요우울로 진단되는 청소년환자와 다른 정신장애로 진단되는 청소년환자를 뚜렷이 구별해 준다 (Craighead, Curry, & Ilardi, 1995). 그러나 매뉴얼에 제시된 연구에 따르면, CDI의 신뢰도와 타당도가 다소 제한적이기 때문에 우울에 대한 정신병리적 진단을 예언하는 데 일관적이지 않은 결과를 보이기도 한다(Kovacs, 1992). 이런 점에서, CDI는 임상적 면담법 등의 다른 진단도구의 보조 수단으로 사용하는 것이 좋을 것이다. 부모평정용 검사를 함께 사용하는 것도 한 방법이다.

### (3) 해밀턴 우울검사

해밀턴 우울검사(Hamilton Depression Inventory; HDI)는 임상적 면담법에 근거한 성인의 우울측정검사인 Hamilton Depression Rating Scale(HDRS)의 새로운 지필용 검사다. BDI와는 달리, 이것은 우울증상의 심각 정도와 빈도를 동시에 평가한다. 23개 문항 중 일부는 세부 질문을 포함하고 있어서 총 문항 수는 38개다. 총점과 함께, HDI는 내성적인 우울에 대한 평가도 포함한다. HDI 점수는 임상적으로 우울증으로 진단받은 사람들과 그렇지 않은 사람들을 구별짓는 데 매우 효과적임이 입증되었다 (Reynolds & Kobak, 1995).

## 2) 불안과 공포

보건복지부(2011) 조사에 따르면, 우리나라 인구의 약 6.8%가 최근 1년 동안 불안장애를 경험하였다고 한다. 대인공포증, 공황장애, 광장공포증,

단순공포증, 일반적인 불안장애, 만성적인 불안 등이 모두 불안장애에 속한다.

불안이란, '두려움, 걱정, 재난이 임박하는 것 같은 느낌'을 의미한다 (Goldenson, 1984). '불안'은 대상이나 원인을 잘 알 수 없는 반면 '공포'는 뱀이나 광장처럼 외부에 두려움을 야기하는 대상이 있을 경우에 사용된다.

### (1) 상태-특성 불안검사

상태-특성 불안검사(State-Trait Anxiety Inventory; STAI)는 모든 종류의 불안을 측정하는 데 가장 많이 사용되고 가장 잘 연구된 검사다. Charles Spielberger와 그의 동료들이 1970년에 처음 소개하였고, 1983년에 Form Y가 출판되었다(Spielberger, Gorsuch, Lushene, Vagg, & Jacobs, 1983). 한덕웅, 이장호, 전겸구가 미국판 From Y를 우리나라에 맞게 표준화하였다. 그 과정에서 긍정문항과 부정문항을 균형 있게 포함시키는 것이 바람직하다는 데 원저자 Spielberger와 국내 연구진들의 의견이 일치하여 From Y에서 좀 더 발전된 형태인 Form YZ형을 개발하였다. 따라서 한국판으로 개발된 상태-특성 불안검사의 이름은 STAI-KYZ다.

STAI는 2개의 척도로 구성되어 있는데, 하나는 상태불안 척도(S불안 척도)이고 하나는 특성불안 척도(T불안 척도)다. 두 척도 각각 20개의 문항으로 되어 있고, 4점 척도로 응답하게 되어 있다.

S불안 척도는 내담자가 '지금' 느끼는 우려, 긴장, 신경과민, 걱정 등의 느낌을 표시하게 한다. T불안 척도는 내담자가 일상생활에서 '전반적으로 느끼는' 불안 정도에 대해 측정한다. 내담자에게 즐거움, 신경질, 들뜸, 자기만족감 등을 어느 정도로 느끼는지(전혀, 약간, 종종, 거의 항상) 표시하게 한다. S불안 척도 점수는 측정 시점에서 개인의 불안반응의 강도를 보여

준다. T불안 척도 점수는 특정 불안반응의 빈도를 보여 준다.

STAI는 시간제한이 없지만 대체로 10분 이내에 검사를 할 수 있으며 채점하기도 쉽다. 하지만 문항의 반은 '불안 없음'을 측정하고, 나머지 반은 '불안 있음'을 측정하기 때문에 불안 없음을 측정하는 문항들은 역채점을 해야 하므로 채점 시 주의를 요한다.

S불안 척도는 내적 일관성이 있지만 시간이 지나면서 개인의 환경에 따라 변화될 수 있다. 예를 들어 S불안 척도는 개인이 시험이나 수술 등 두려운 상황에 직면해 있을 때 뚜렷이 증가할 것이다. S불안 척도에서 높은 점수를 보인 개인은 대개 심장박동 증가, 땀, 숨가쁨, 쇼크 등의 자율신경계 증상을 주로 경험한다.

T불안 척도는 내적 일관성이 있고 시간 흐름에 따라 비교적 안정적이다. T불안 척도에서 높은 점수를 보인 개인은 낮은 점수를 보인 사람들에 비해, S불안 척도의 점수도 대체로 높은 경향이 있다. T불안 척도는 불안 경향과 함께 다른 심리적 문제에 대해서도 정보를 줄 수 있다. Chaplin(1985)에 따르면, T불안 척도는 자신의 삶에 대한 전반적인 불만족을 측정해 준다고 한다.

STAI 아동용 버전은 The State-Trait Anxiety Inventory for Children (STAIC)이다. STAIC는 4, 5, 6학년에 대한 규준을 제시한다. STAIC의 읽기 수준이 비교적 높기 때문에(6학년 수준), STAIC는 평균 이상의 읽기능력을 가진 초등학생에게만 사용할 수 있다(Walker & Kaufman, 1984).

### (2) Beck의 불안검사

Beck의 불안검사(Beck's Anxiety Inventory; BAI)는 우울과 관련 없는 불안증상을 측정하도록 고안되었다(Beck & Steer, 1993b). BAI는 구성 및 해석 면에서 Beck의 우울검사와 비슷하다. BDI와 마찬가지로 21개 문항으로 되어 있고, 각 문항 Likert 4점 척도로 되어 있다. 각 문항은 불안의 각 증상을 다룬다. BAI의 원점수는 4개의 유목으로 해석된다(거의 없음, 약간, 중간 수준, 심한 불안). BDI와 마찬가지로 BAI는 내담자의 진전도를 모니터링하기 위해 상담 과정 중에 쉽게 실시할 수 있다. 검사 결과는 4개의 범주로 나누어 분석될 수 있고(신경생리적, 주관적, 공황, 자동화된), 불안장애의 여러 유형을 구별하는 데 유용하다.

## 3) 분노

분노는 적대적인 태도와 공격적인 행동 저변에 깔려 있는 보편적인 정서 상태다. 분노의 평가는 위기개입에 도움이 될 수 있다. 개인의 분노는 상태-특성 분노검사(State-Trait Anger Expression Inventory; STAXI)(Speilberger, 1988)로 평가할 수 있다. STAXI는 상태-특성 불안검사와 마찬가지로 상태분노(어떤 한 순간의 분노)와 특성분노(분노 잠재성) 각각에 대한 측정이 가능하다. 요인분석에 기초하여 특성분노(T분노)는 다시 2개의 하위 척도로 구별되는데, 기질분노와 반응적 분노다. 기질분노에서 높은 점수를 보인 사람은 다양한 상황에서 쉽게 화를 낸다. 반응적 분노에서 높은 점수를 보인 사람은 그를 화나게 하는 특정 상황에서만 화를 낸다. 반응적 분노에서 높은 점수를 보인 사람들은 기질분노에서 높은 점수를 보인 사람보다 가벼운 신체 증상을 가진 경우가 더 많다.

STAXI에는 상태·특성분노 척도 외에도 분노를 겉으로 표현하는 방법에 대한 3개의 척도가 포함되어 있다. 분노-In 척도는 분노를 안으로 삭이고 바깥으로 표현하지 않는 경향을 측정한다. 이 척도에서 높은 점수를 보인 사람들은 심신질환을 갖기 쉽다. 반면 분노-Out 척도는 행동을 통해 분노를 표현하는 정도를 측정한다. 끝으로 분노-조절 척도는 무조건 마음속에 담아 두는 것이 아니라 자신의 분노를 조절하려고 하는 정도를 나타낸다. 이 척도에서 높은 점수를 보이는 사람들은 분노-Out 척도에서 높은 점수를 받은 사람에 비해, 자신의 분노를 사회적으로 바람직한 방법으로 표현하려고 한다.

STAXI는 비교적 단시간에 개인의 분노를 평가하는 데 유용한 검사다. 상담 과정에서 내담자와 분노, 적대감, 공격성 등의 주제를 다루면서 이 검사를 사용하는 것도 유용하다.

## 4) 알코올남용

우리나라 문화에서는 알코올남용 및 술과 관련된 문제가 보편화되어 있기 때문에, 이 장에서 알코올남용 평가에 대한 부분을 포함하고자 한다. 보건복지부(2011)가 수행한 역학조사 연구에 따르면, 우리나라에서 알코올남용과 알코올의존을 합한 수를 알코올중독으로 볼 때 알코올중독의 평생 유병률이 남성에서 20.7%라고 한다. 즉 우리나라 남성은 일생 동안 다섯 명 중 한 명이 술문제를 일으킨다고 볼 수 있다.

사람들은 대개 술이나 약물남용의 핵심적인 내용을 부인하기 때문에 상담자들이 내담자와 이 문제에 대하여 체계적으로 검토하지 않는다면, 이 문제에 대해 알아차리지 못할 수도 있다. 알코올남용을 평가하는 데는 다양한 평가 절차가 사용될 수 있는데 그중에서도 면담법이 술문제의 특성과 심각성을 파악하는 데 가장 많이 사용되며, 보완적으로 자기점검방법과 생리적 지표(혈중알코올농도 등)를 활용할 수 있다. 이와 함께 내담자가 술을 먹게 되는 환경을 평가하는 것도 필요하다.

### (1) 알코올의존 및 알코올남용의 진단적 기준

이 장에서는 알코올남용 평가에 초점을 맞추고 있지만, 향정신성 물질의 의존 및 남용 여부를 판단하는 유사 진단규준이 DSM-IV에 나와 있다. 향정신성 물질에는 중추신경체계에 영향을 주어 사람의 기분이나 사고과정을 바꾸는 모든 약물이 포함된다. DSM-IV는 의존하기 쉬운 향정신성 약물을 10등급으로 제시한다(알코올, 암페타민(중추신경을 자극하는 각성제), 대마초, 니코틴, 코카인, PCP 또는 펜시클리딘(동물마취제), 흡입제, 환각제, 오피오이드(아편과 유사한 작용을 하는 합성진통마취제), 진정제). 이 약물들은 DSM-IV에 언급된 바와 같이 내성과 금단증상이 있다는 면에서 다른 의약품들과 다르다.

알코올이나 기타 물질 의존여부를 진단하는 세부적인 규준을 요약하면 다음과 같다(APA, 1994).

- 내성, 즉 시간이 지남에 따라 흥분이나 원하는 효과를 얻기 위해 필요로 하는 물질의 양이 현저히 증가함. 또는 같은 양의 물질을 사용하여 얻을 수 있는 효과가 현저히 감소함
- 금단증상, 즉 약물을 사용하지 않으면 일상생활의 기능에 상당히 지장이 있음. 알코올 금단증상에는 부들부들 떠는 것, 순간적인 환각, 불안, 우울감, 두통, 불면증, 심장박동이 빨라짐, 식은땀 등이 있음
- 물질의 강박적 사용
- 물질 사용을 끊는 데에 별로 성공적이지 못한 시도들
- 물질을 섭취하거나 사용하거나 그 영향하에 있는 기간이 상당히 오래됨
- 중요한 사회적·직업적·여가적 행동들이 물질 사용으로 인해 감소 또는 중지됨
- 물질로 인한 신체적·심리적 문제가 발생함에도 불구하고 계속 사용함

이 7개 항목 중 3개 이상이 12개월 이상 지속되면, 알코올의존(물질의존)으로 진단한다.

알코올남용은 의존규준에는 미치지 않는 술과 관련된 문제행동을 가리킨다. 이에 해당되는 사람들은 직장이나 가정에서 자신의 역할책임을 못하거

나, 위험한 상황에서 반복적으로 술을 마시거나(예를 들어, 환각 상태에서 음주), 계속해서 법적 문제나 사회적·대인관계적 문제를 일으키는 등 심각한 문제가 있음에도 불구하고, 12개월 이내로 음주를 지속하는 경우다.

상담자들은 종종 술로 인해 직무수행이 저하되거나, 다른 사람과 갈등이 있거나, 우울 또는 건강을 망치는 등 술과 관계된 문제 때문에 찾아오는 내담자들을 만나게 된다. 상담자는 문제의 원인일 수도 있는 술(또는 다른 물질) 남용을 주의 깊게 평가할 필요가 있다. 일반적으로 상담자들은 내담자의 음주통제 능력 및 생활에서 술이 야기하는 문제의 정도 등을 평가한다.

### (2) 면담절차

알코올사용 평가를 위해 여러 가지 면담법이 개발되었다(Miller, 1976). CAGE 질문지가 알코올사용과 관계된 내담자의 문제를 선별하는 데에 사용될 수 있다(Ewing, 1984; Kitchens, 1994). 이것은 다음 4개의 질문으로 구성되는데, 각 질문마다 알코올중독자와 그렇지 않은 사람을 뚜렷이 구분한다.

- C(cut down, 금주): 술을 끊을 필요가 있다고 느낍니까?
- A(annoyed, 불편감): 술 마시는 것에 대한 비난을 들어서 성가시다고 느낀 적이 있습니까?
- G(guilty, 죄책감): 술 마시는 것에 대한 죄책감이 듭니까?
- E(eye-opener, 해장술): 해장술을 마십니까? (또는 일어나자마자 술을 찾습니까?)

내담자가 이 질문 중 어느 것에 그렇다고 대답하면 추가 질문을 해 보아야 한다.

Heck(1991)에 따르면, CAGE 질문지로 음주문제 여부를 확인할 때, 그들의 사회생활에서의 음주습관, 운전습관, 술을 마시기 시작한 연령 등에 대해 질문하는 것이 도움이 된다. 음주문제를 가진 사람들은 모임에서 무알코올 음료를 시키는 경우가 거의 없으며, 종종 술을 마신 상태에서 운전을 한다. 그리고 고등학생 때부터 정기적으로 술을 마시기 시작했다.

### (3) 자기점검방법

자기점검(Self Monitoring)은 면담 절차에서 얻은 평가를 다양한 측면에서 보완한다. 자기점검이 계획된 관찰에 기초하기 때문에, 이러한 방법으로 얻은 데이터는 회상을 통해 얻어진 데이터보다 더 완벽하고 정확할 수 있다. 자기점검은 또한 내담자가 자신의 음주행동과 다른 사건들 간의 관계를 보다 명확하게 바라볼 수 있도록 돕는다는 장점이 있다. 결과적으로, 자기점검은 내담자가 음주행동을 잘 조절하도록 하는 수단이 되기도 한다.

전형적인 자기점검 문항에는, 주어진 기간 동안 소비한 음주량, 어떤 상황에서 술을 마시는지, 다른 사람들과 함께 마시는지 혼자 마시는지 등에 대한 기록이 포함된다(Vuchinich, Tucker, & Harllee, 1988). 또한 이 시기의 생각과 느낌들에 대해서도 기록한다. 실제 음주행동뿐만 아니라 음주유혹에 대해서도 파악할 수 있다.

### (4) 상황적 요인

개인적 요인에 대한 평가와 함께, 상담자는 내담자가 알코올남용(중독)이 되도록 자극하는 환경적 요인들을 찾아볼 수 있도록 도와야 한다. Miller와 Munoz(1982)는 상황에 대한 10개의 체크리스트를 개발하였다.

- 일한 후, 특히 힘든 하루를 마감하면서 술을 마신다.
- 스트레스를 받거나 감정이 격해지면(기분이 상하면) 술을 마신다.
- 배럴이나 피처로 맥주를 마신다.

- 병째로 술을 마신다(맥주 제외).
- 운전이나 지루한 활동을 하면서 술을 마신다.
- 보상행동으로 술을 마신다.
- 술을 많이 마시는 사람들과 어울려서 술을 마신다.
- 갈증이나 배고픔을 느낄 때 술을 마신다.
- 서로 더 빨리 더 많이 마시도록 부추기는 사람들과 함께 술을 마신다.
- 일상적인 장소에서 일상적으로 술을 마신다.

### (5) 알코올 관련 검사 사용지침

알코올이나 그 밖의 물질과 관련된 문제를 평가하는 데 관련된 몇 가지 지침은 아래와 같다.

1. 상담 초기에 알코올이나 그 밖의 물질남용 여부에 대해 반드시 질문하라.
2. 술문제에 대해 질문하라. 알코올남용이 문제의 원인일 수 있다. 다른 사람들이 내담자의 음주행동에 대해 뭐라고 하는지 물어보라. 선별 과정에서 CAGE 질문지를 사용하라.
3. 알코올의존이나 남용에 대해 평가할 때 DSM-IV를 염두에 두라. 관련 증상이 나타나는 빈도, 지속 기간, 심각도 등을 살펴보라. 다른 종류의 정신활동 물질에 대한 의존 및 남용을 평가할 때도 이와 같은 규준을 사용할 수 있다.
4. 만약 알코올이나 약물문제가 의심되면, 문제를 더 잘 이해하기 위해 보다 철저한 평가를 하고, 필요한 경우 전문가에게 의뢰하라.
5. 내담자에게 자기점검을 하도록 권하라. 음주행동에 대한 자기점검은 문제를 정의할 뿐만 아니라 상담 효과를 높이는 데 유용하다.
6. 내담자가 어떤 상황에서 음주행동을 더 많이 하는지 알게 하라. 또한

내담자가 술과 관련된 문제를 인식할 수 있도록 도와라. 이를 위해 체크리스트가 유용하게 활용될 수 있는데, 우리나라에도 CAGE, AUDIT, NAST 등의 자가진단 체크리스트가 번역되어 사용되고 있으며, 술문제 관련 인터넷 사이트를 통해 온라인으로 체크리스트를 사용할 수 있다.

7. 내담자에게 음주문제에 관한 혈중알코올농도(BAC) 표를 만들도록 해서, 내담자가 자신의 알코올소비량에 따라 판단 및 반응 시간에 어떤 차이가 있는지를 평가하도록 하라(Kishline, 1994). 내담자가 이 표를 가지고 알코올소비량의 상한선을 설정하도록 해 보라.

8. 내담자가 자신의 음주행동의 문제에 대해 인정하지 않을 때에는, 3개월 동안만 일정량 이상의 음주를 하지 말아 보라고 하라(예를 들어 세 잔 이상 마시지 말기). 때로는 이것이 내담자의 음주행동 조절 능력에 대한 검증이 될 수 있다.

9. 만약 문제에 대해 부인하면, 그의 음주행동에 대한 정보를 얻기 위해 다른 가족과 얘기를 나누어도 되겠냐고 내담자에게 묻고, 내담자와 함께 한자리에서 다른 가족들을 면담하라.

10. 지속적인 음주문제가 있는 내담자는, 평가와 치료를 위해 전문가에게 의뢰하라. 입원치료 또는 집중적인 외래치료가 필요할 수도 있다.

## (6) 미시간 알코올중독선별검사

미시간 알코올중독선별검사(Michigan Alcoholism Screening Test; MAST)는 질문으로 실시하게 고안되었지만, 내담자가 직접 작성하도록 할 수도 있다(Selzer, 1971). 검사가 짧아서 몇 분 내에 실시할 수 있다. 과도한 음주, 술에 따른 문제(사회생활, 가족, 업무, 법 관련, 건강 등), 내담자의 음주에 대해 타인이 받는 인상, 술문제의 조절노력 등에 대한 문항이다. 문항 및 채점방법은 [그림 10-5]와 같다.

## 미시간 알코올중독선별검사

지시문: 다음 각 문항이 당신에게 해당되는지 여부를 '예' '아니오'로 답하시오.

| 배점 | 문항<br>번호 | 내용 |
|---|---|---|
| (2) | *1. | 당신의 음주는 정상적이라고 생각하는가? |
| (2) | 2. | 술 먹은 다음날, 술 먹은 날의 기억이 나지 않는 경우가 있는가? |
| (1) | 3. | 배우자나 부모가 당신의 음주에 대해 걱정하거나 꾸중하는가? |
| (2) | *4. | 술을 한두 잔 마신 후에 갈등 없이 그만 마실 수 있는가? |
| (1) | 5. | 당신의 음주에 대하여 기분이 나빴던 적이 있는가? |
| (2) | *6. | 친구나 이웃들이 당신의 음주에 대해 정상적이라고 생각하는가? |
| (0) | 7. | 특정 시간대나 특정 장소에서는 술을 그만 마시려고 시도해 본 적이 있는가? |
| (2) | *8. | 당신이 원할 때에 항상 술을 그만 마실 수 있는가? |
| (5) | 9. | 자조모임(AA)에 참여한 적이 있는가? |
| (1) | 10. | 술 먹고 싸운 적이 있는가? |
| (2) | 11. | 당신과 배우자 사이에 술로 인해 생기는 문제가 있는가? |
| (2) | 12. | 배우자나 가족이 당신의 음주에 대해 다른 사람에게 도와 달라고 한 적이 있는가? |
| (2) | 13. | 술로 인해 친구나 애인을 잃은 적이 있는가? |
| (2) | 14. | 술 때문에 직장에서 문제를 일으킨 적이 있는가? |
| (2) | 15. | 술 때문에 일자리를 잃은 적이 있는가? |
| (2) | 16. | 술 때문에 가족이나 직장일을 소홀히 한 적이 2일 이상 있는가? |
| (1) | 17. | 오전에 술을 마신 적이 있는가? |
| (2) | 18. | 간에 문제가 있는가? |
| (5) | 19. | 심하게 술을 마신 후에 심하게 떨리거나 목소리가 쉬거나 헛것이 보인 적이 있는가? |
| (5) | 20. | 당신의 음주에 대해 누군가에게 도움을 요청한 적이 있는가? |
| (5) | 21. | 술 때문에 병원에 간 적이 있는가? |
| (2) | 22. | 부모님이 정신병원이나 술과 관계된 문제로 병원에 간 적이 있는가? |
| (2) | 23. | 당신은 술로 인한 정서적 문제 때문에 정신병원이나 상담소, 사회복지관 등을 방문한 적이 있는가? |
| (2) | 24. | 음주행동으로 인해 잠깐이라도 경찰서에 간 적이 있는가? |
| (2) | 25. | 음주운전으로 체포된 적이 있는가? |

* 표시된 문항은 알코올중독을 진단하는 부정문항이고, 나머지 문항은 모두 긍정문항임

[그림 10-5] MAST 문항 및 채점 체계

연구 결과 MAST는 알코올중독자와 그렇지 않은 사람들을 구별하는 데 매우 유용하며 적절하다(Selzer, 1971). 술문제 가능성 여부를 평가하기 위해 모든 내담자에게 사용할 수 있다. 미국의 한 연구에 따르면, 대학상담센터에 방문한 내담자 중 22%가 MAST 검사 결과 알코올중독의 가능성이 있다고 보이는 높은 점수를 받았다고 한다.

### 사례

혜정(가명) 씨는 지역상담센터를 찾아온 내담자이고, MAST에서 16점을 받았다. 그녀는 문항 1, 2, 5, 6, 8, 10, 11, 12, 23에서 점수를 받았다. 혜정 씨의 술문제 때문에 친구가 상담을 권유하였다. MAST에서 16점이란, 알코올중독 징후를 보이는 cut-off 점수인 5점을 훨씬 넘어서는 높은 점수다.

MAST 점수가 높기 때문에 상담에서 그녀의 술문제를 강조해서 다루게 되었다. MAST 결과 얻은 정보들은 혜정의 음주습관에 대한 다른 정보들을 재확인시켜 주는 것이었다. 그녀의 음주량은 술을 마시는 성인들의 82%를 넘어서는 수준이었다(Miller & Munoz, 1982). 혜정씨와 상담을 하면서, 그녀가 가족 간의 문제를 안고 있고 집에 있는 동안 자주 어머니와 싸운다는 것을 알게 되었다. 혜정 씨는 낮은 자존감과 완벽주의적 성격 때문에 힘들어했다. 그녀의 인간관계는 소모적이고 의존적이었다.

상담자는 그녀와 가족문제, 대인관계문제 등에 대해 다루었다. 혜정 씨는 상담 과정 동안 자존감이 점차 높아졌고, 다른 사람과의 관계에 대해 보다 자신을 갖게 되었다. 그녀는 술문제를 포함한 개인적인 문제들을 내놓기 시작했다. 숨어 있던 문제들을 드러내고, 자기점검 기술을 사용하면서, 혜정 씨는 상담 과정 동안 음주량을 점차 줄일 수 있었다.

### (7) 알코올 사용검사

알코올 사용검사(Alcohol Use Inventory; AUI)는 술문제와 관련된 행동 패턴, 태도, 증상 등을 평가하는 자기보고식 검사이며, 16세 이상의 개인

에게 사용할 수 있다(Horn, Wanberg, & Foster, 1986). 6학년 정도의 읽기
수준을 가진 대부분의 사람들이 35~60분 정도면 AUI 검사를 실시할 수
있다. 24개의 척도(17개의 기초 척도, 6개의 2단계 척도, 1개의 전반적 음주 척
도), 228개 문항으로 되어 있다. 알코올의존 또는 남용 결과에 따라 치료
여부를 결정하는 것이 가장 좋다. 술문제를 가진 내담자의 치료계획을 세
우는 데에 유용하다.

## 5) 섭식장애

최근 섭식장애 또는 섭식 관련 문제를 겪고 있는 사람들(특히 여성)이 부
쩍 늘고 있다. 가장 주요한 섭식장애로는 거식증과 폭식증이 있다. 비만의
경우에는 특수 심리증후군과 관련되지 않기 때문에, DSM-IV에 포함되지
않는다.

DSM-IV에 따르면, 거식증의 주요 특징으로는 체중유지 거부(예를 들어,
어떤 사람은 몸무게가 적정체중의 85% 이하인 경우도 있다), 체중증가에 대한
과도한 공포, 왜곡된 신체상, 생리불순 등이 있다. 식사를 거부하고 때로는
전혀 먹지 않는 경우도 있다. 반면 폭식증은 짧은 시간 동안 엄청난 양을
먹고는 먹는 동안의 자기행동을 조절하지 못했다는 느낌을 받고 체중이 늘
지 않도록 격한 시도를 하거나(예를 들어 구토, 설사약 복용, 과도한 다이어트
와 격한 운동 등), 신체 모양과 체중에 대해 과도하게 신경을 쓴다(APA,
1994). 폭식증으로 분류되는 사람들 중에는 두 가지 장애 증상을 모두 보이
는 경우도 있다.

섭식장애로 의심되는 내담자는 섭식장애 클리닉으로 의뢰하거나, 의사,
간호사, 다이어트 전문가, 정신건강 전문가 등의 팀워크를 갖춘 건강센터
에 의뢰하는 것이 좋다. 어떤 사람에게는 건강검진과 영양상태검사, 심리
검사가 함께 필요할 수도 있다. 치료 역시 협력하여 의학적 처방과 바람직

한 식습관 형성, 사회적 기술이나 자기상 등의 심리적 문제 완화 등이 필요하다.

섭식장애를 보이는 사람들은 주로 치료를 받기 전에 장애가 수년 동안 지속된 경우가 많다. 섭식장애의 조기평가를 통해 이러한 방치 기간을 줄일 수 있을 것이다. 상담자들은 다음의 검사를 활용하여, 내담자를 섭식장애 클리닉에 의뢰할지 여부를 결정하는 것이 좋겠다.

섭식장애를 평가하기 위해서는 면담법과 관찰, 검사, 체지방 비율추정 등의 방법이 종합적으로 사용된다. 섭식장애 평가에 많이 사용되는 표준화 검사로는 섭식태도검사(Eating Attitudes Test; EAT)와 섭식장애검사(Eating Disorders Inventory; EDI)가 있다(Rosen, Silberg, & Gross, 1988).

## (1) 섭식태도검사

섭식태도검사(Eating Attitude Test; EAT)는 거식증과 기타 섭식장애와 관련된 증상 및 행동을 평가하는 40개 문항으로 구성되어 있다(Garner & Garfinkel, 1979). EAT의 총점은 거식증으로 진단받은 환자들과 정상인들을 뚜렷이 구별지어 준다. 검사점수는 치료에 민감한 편이어서, 치료를 통해 거식증이 회복되고 나면 검사점수도 정상인과 유사해진다.

EAT는 3개의 하위 척도로 점수화되며(식사, 폭식, 음식조절), 섭식장애의 특징을 파악하는 데에 유용하다. Rosen, Silberg와 Gross(1988)에 따르면, 3개의 하위 척도 각각의 점수가 억제 척도(식사 억제 정도를 측정하는 검사) 및 식이행동에 대한 자기보고(식사 거르기, 빨리 먹기, 다이어트약 복용, 구토, 설사약 사용 등)와 매우 높은 상관을 보였다고 한다. 우리나라에서는 1993년 이상선이 EAT-26을 번안하여 사용하였다.

**사례**

민숙(가명) 씨의 상담자는 그녀의 식습관을 검토하고 섭식장애 클리닉에 의뢰여부를 결정하기 위해 EAT 검사를 실시하였다. 민숙은 대인관계문제, 가족 갈등, 섭식 문제 등 때문에 지역정신보건센터에 왔다. 그녀는 주 1회 정도 빵과 단 음식을 폭식하고는 설사약을 사용하여 먹은 음식을 배설하곤 했다.

민숙 씨는 EAT에서 36점을 받았는데, 이것은 성인여성 규준과 비교하여 평균에서 2표준편차나 위에 있는 점수다. 30점 이상인 경우에는 심각한 섭식장애가 있다고 볼 수 있다. 그녀는 "체중이 많이 나가는 것에 대해 걱정한다." "좀 더 날씬해지고 싶다는 마음이 간절하다." "음식이 내 인생을 좌지우지하는 느낌이다." 항목에 '항상' 또는 '매우 자주' 라고 답했다. 그녀의 점수로 볼때 그녀의 신체적 · 정신적 건강 정도와 식습관, 영양상태 등을 보다 철저하게 평가하기 위해 다양한 분야의 전문가들로 구성된 섭식장애 클리닉에 의뢰하는 것이 좋겠다고 판단하였다.

### (2) 섭식장애검사

섭식장애검사(Eating Disorder Inventory-2; EDI-2)는 91개 문항으로 구성되어 있고, 거식증과 폭식증 저변의 심리적, 행동적 특징들을 평가하는 검사다(Garner, 1991). 행동이나 증상에 대한 문제뿐만 아니라 성격에 관한 문제도 포함되어 있다는 면에서 EAT와 차이가 있다. EDI-2는 EDI의 8개 척도를 그대로 유지하는데, 그중 5개는 심리적 특성(무능감, 완벽주의, 대인관계 불신, 감각인지, 성숙에 대한 공포)을 측정하며, 3개는 행동과 태도 요인(날씬하기를 갈망함, 폭식, 본인의 신체에 대한 불만족)을 측정한다. 이 밖에 금욕주의, 충동조절, 사회적 불안정의 3개 척도가 있는데 섭식장애의 진단과 치료에 중요한 구인으로 평가된다.

검사는 4쪽 분량의 체크리스트이며, 섭식장애와 관련되어 경험할 만한 증상으로 구성되어 있다. 식사, 운동, 폭식, 구토, 설사, 다이어트약, 이뇨

각 질문을 읽고 자신과 가장 가깝다고 생각되는 정도를 선택하여 해당 번호에 표시하십시오.

| (1) | (2) | (3) | (4) | (5) | (6) |
|---|---|---|---|---|---|
| 전혀 | 대부분 | 가끔 | 자주 | 대부분 | 항상 |
| 그렇지 않다 | 그렇지 않다 | 그렇다 | 그렇다 | 그렇다 | 그렇다 |

1. 별로 신경 쓰지 않고 단 음식과 탄수화물을 먹는다.
2. 내 위가 너무 크다고 생각한다.
3. 기분이 상하고 언짢을 때 먹는다.
4. 과식을 하는 편이다.
5. 다이어트(섭식조절)에 대해서 생각한다.
6. 내 허벅지가 너무 굵다고 생각한다.
7. 과식 후에는 심한 죄책감을 느낀다.
8. 내 위는 적당한 크기라고 생각한다.
9. 체중이 느는 것이 두렵다.
10. 내 몸매에 만족한다.
11. 체중에 대해 지나치게 신경을 많이 쓰게 된다.
12. 멈출 수 없을 것이라고 느낄 때까지 폭식을 한 적이 있다.
13. 내 엉덩이 모양에 만족한다.
14. 날씬해지고 싶은 욕구에 사로잡혀 있다.
15. 과식(폭식)에 대해서 생각한다.
16. (당신이 여자인 경우) 내 허리가 너무 굵다고 생각한다.
    (당신이 남자인 경우) 내 어깨가 너무 빈약하다고 생각한다.
17. 남 앞에서는 적당히 먹지만 그들이 가면 잔뜩 먹는다.
18. 체중이 0.5Kg만 늘어도 계속 체중이 증가하지 않을까 걱정이 된다.
19. 체중을 줄이기 위해 토하려고 생각한 적이 있다.
20. 내 허벅지 굵기는 적당하다고 생각한다.
21. 내 엉덩이는 너무 크다고 생각한다.
22. 몰래 먹거나 마신다.
23. (당신이 여자인 경우) 내 허리는 적당한 크기라고 생각한다.
    (당신이 남자인 경우) 내 어깨는 적당한 크기라고 생각한다.

출처: 이임순(1998). 섭식 절제가 식이행동에 미치는 영향. 고려대학교 박사학위논문.

[그림 10-6] 섭식장애검사(EDI-2) 문항 예시

제, 생리주기에 대한 내용들을 파악할 수 있어서 유용하다.

미국의 EDI-2 매뉴얼에는 섭식장애 전체와 함께 거식증 환자, 폭식증 환자의 표를 별도로 제시하고 있다. 여자대학생과 남자대학생, 여자고교생과 남자고교생 규준이 각각 있다. 고등학생을 대상으로 한 연구 결과, 섭식장애 증상을 직접적으로 보이는 3개 척도 중에서 2개 척도에서 여학생들이 특히 높은 점수를 보였다(날씬함에 대한 갈망과 신체불만족, Rosen et al., 1988). 성별에 따른 규준은 필요하겠지만, 연령이나 사회경제적 지위, 인종에 따른 규준을 구별해 놓을 필요는 없어 보인다.

EDI-2 척도는 섭식장애를 갖는 사람들에게 어느 정도 신뢰성이 있지만(내적일치도 높음), 비환자 집단의 경우에는 그리 신뢰롭지 않았다. 우리나라에서는 1997년 이임순이 EDI-2를 번안하였다.

## 6) 주의력결핍 및 과잉행동장애

아동·청소년 상담에서 흔히 발견되는 문제 중 하나가 주의력결핍 및 과잉행동장애(ADHD)다. 학교에서 규칙을 어기고 말썽을 피우거나, 어른의 지시를 잘 따르지 않고 충동성이 강하고 또래관계에서 문제를 보이는 등의 이유로 의뢰된다. 언론 보도 및 ADHD에 대한 사회적 인식의 증가로 인해 앞서 언급한 행동적 특성을 보이는 경우 모두 ADHD로 오인되기 쉽다. ADHD 아동은 주의력결핍으로 인해 지시한 내용을 충분히 이해하지 못하거나 과도한 충동성으로 인해 한 가지 활동에 주의를 집중하지 못하고 제자리에 있기 어려워하며 사회적 관계에서도 적절하게 행동하지 못하므로, 교실 내에서 문제를 일으키거나 또래관계를 잘 하지 못하는 등의 특징을 보인다. 이로 인해 학업 및 또래관계, 부모 및 교사와의 관계가 악화되고 적절하게 개입이 제공되지 않을 경우, 품행장애, 우울 등 2차적 문제로 발전하기도 한다. DSM-IV에 제시된 진단기준은 〈표 10-5〉와 같다.

⠿ 〈표 10-5〉 주의력결핍 및 과잉행동장애의 진단기준(DSM-IV)

A. 1 또는 2 중 한 가지에 해당하는 경우

1. 부주의에 관한 다음 증상 가운데 여섯 가지 이상의 증상이 부적응적이고 발달수준에 맞지 않는 정도로 6개월 동안 지속될 때

- 세부적인 것에 면밀한 주의를 기울이지 못하거나 학업, 작업, 기타 활동에서 부주의한 실수를 저지른다.
- 일하거나 놀이할 때 지속적으로 주의를 집중할 수 없다.
- 다른 사람이 말을 할 때 경청하지 않는다.
- 지시를 완수하지 못하고 학업, 잡일, 작업장에서의 임무를 수행하지 못한다 (반항하기 위해서이거나 지시를 이해하지 못해서가 아님).
- 과업과 활동을 체계화하지 못한다.
- 지속적인 정신적 노력을 요구하는 과업(학업, 숙제)에 참여하기를 피하고 싫어하며 저항한다.
- 활동이나 숙제에 필요한 물건들(장난감, 학습과제, 연필, 책, 도구 등)을 잃어버린다.
- 외부의 자극에 의해 쉽게 산만해진다.
- 일상적인 활동을 잊어버린다.

2. 과잉행동과 충동성에 관한 다음 증상 가운데 여섯 가지 이상의 증상이 부적응적이고 발달 수준에 맞지 않는 정도로 6개월 동안 지속될 때

- 손발을 가만두지 못하거나 의자에 앉아서도 몸을 움지락거린다.
- 앉아 있도록 요구되는 교실이나 다른 상황에서 자리를 이탈한다.
- 부적절한 상황에서 지나치게 뛰어다니거나 기어오른다(청소년 또는 성인에서는 좌불안석으로 나타날 수 있다).
- 조용히 여가활동에 참여하거나 놀지 못한다.
- '끊임없이 활동하거나' 마치 '무언가에 쫓기는 것처럼' 행동한다.
- 지나치게 수다스럽다.
- 질문이 채 끝나기도 전에 성급하게 대답한다.
- 차례를 기다리지 못한다.
- 다른 사람의 활동을 방해하고 간섭한다(예: 대화나 게임에 참견한다).

B. 장해를 일으키는 과잉행동-충동 또는 부주의 증상이 7세 이전에 있었다.

C. 증상으로 인한 장해가 두 가지 또는 그 이상의 장면에서 존재한다(예: 학교, 작업
장, 가정).
D. 사회적, 학업적, 직업적 기능에 이상적으로 심각한 장해가 초래된다.
E. 증상이 광범위성 발달장애, 정신분열증, 또는 기타 정신증적 장애의 경과 중에만
발생하지 않으며, 다른 정신장애(예: 기분장애, 불안장애, 해리성장애, 인격장애)에
의해 잘 설명되지 않는다.

출처: 신현균, 김진숙(2000). **주의력결핍 및 과잉행동장애**. 서울: 학지사.

일반적인 주의력결핍 및 과잉행동장애, ADHD의 진단 과정은 아동의
놀이관찰과 면담을 통해 증상 및 역할수행 정도를 평가하고, 부모와의 면
담을 통해 병력 및 행동을 평가하고, 여러 심리검사를 이용하여 아동의 심
리상태 및 주의력을 평가하게 된다.

주의력 장애 검사는, 컴퓨터를 이용하여 제시된 자극에 대한 아동의 반
응을 반응 오류나 반응 시간 등을 측정하여 문제여부를 감별하도록 되어
있다. 부모행동 평정척도는, 아동의 문제행동에 관한 발달적 이상 여부를
결정하고 여러 상황에서 문제가 어느 정도 만연되어 있는지를 알기 위한
부모용 체크리스트다. 주로 사용되는 질문지로는 CBCL의 ADHD 관련 문
항을 활용하거나, NICHQ 반데르빌트 평정척도, Conners 평정척도 등이
있다. 이 중 [그림 10-7]에 제시한 단축형 Conners 평정척도가 ADHD를
판단하기 위해 가장 자주 사용되는 평정척도인데, Conners가 1970년 93
문항으로 처음 개발한 것을 이후 Goyetts 등(1978)이 48문항 개정판, 10문항
단축형으로 제작한 것이다. 해당 증상이 전혀 없으면 0, 아주 심하면 3의 4
점 척도로 응답하며, 16점을 잠정적인 cut-off 점수로 간주하여 16점 이상
이면 전문가와의 상담 그리고 보다 정밀한 검사를 권한다. 이 밖에 그림검
사, 지능검사 등을 통하여 아동의 지능과 잠재능력, 학습능력, 인지적 장단
점에 대해 평가하고, 현재의 학업성취 수준과 특별한 학습장애 여부를 감
별하는 것도 필요하다.

여러분의 자녀나 학생이 다음의 행동을 어느 정도 보이는지 해당 점수에 표시하십시오.

| (0)<br>전혀 없음 | (1)<br>약간 | (2)<br>상당히 | (3)<br>아주 심함 |
| --- | --- | --- | --- |

1. 차분하지 못하고 지나치게 활동적이다.
2. 쉽게 흥분하고 충동적이다.
3. 다른 아이들에게 방해가 된다.
4. 한 번 시작한 일을 끝내지 못하고, 주의집중시간이 짧다.
5. 늘 안절부절못한다.
6. 주의력이 없고 쉽게 주의가 분산된다.
7. 요구하는 것은 금방 들어주어야 한다. 그렇지 않으면 쉽게 좌절한다.
8. 자주 또 쉽게 울어 버린다.
9. 금방 기분이 확 변한다.
10. 화를 터뜨리거나 감정이 격하기 쉽고, 행동을 예측하기 어렵다.

* 평정한 열 문항의 점수를 모두 더해 16점을 넘으면 주의력결핍 및 과잉행동장애일 가능성이 있다. 이 경우 전문가와 상담하고 더 정밀한 심리검사를 받아 보아야 한다.

[그림 10-7] Conners 부모 평정척도

## 참고문헌

고려대학교 부설 행동과학연구소 편(1998). 심리척도핸드북. 서울: 학지사.

곽금주(2002). 아동 심리평가와 검사. 서울: 학지사.

김동연(1998). 인물화 및 집 나무 사람 그림에 의한 심리진단법. 대구: 한국미술치료학회.

김병석(1996). 초기 아동기억의 상담에의 활용. 청소년상담연구, 4. 서울: 청소년대화의광장.

김성곤(2000). 심리검사의 이론과 실제. 서울: 한국가이던스.

김영빈, 김계현(2000). 청소년상담에서의 심리검사 활용. 서울대학교 석사학위논문.

김정욱(2000). 섭식장애. 서울: 학지사.

김정인(1997). 부적 정동과 사회적 기대가 직무 스트레스와 그 결과에 미치는 영향. 중앙대학교 박사학위논문.

김중술(1998). 다면적 인성검사: MMPI의 임상적 해석. 서울: 서울대학교출판부.

김중술, 이한주, 한수정(2003). 사례로 읽는 임상심리학. 서울: 서울대학교출판부.

김태련, 서봉연, 이은화, 홍숙기(1976). 한국판 아동용 회화통각검사. 서울: 이화여자 대학교출판부.

미국정신의학회, 강진령 편역(2008). 간편 정신장애진단통계편람, DSM-IV-TR. 서울: 학지사.

미국정신의학회, 이근후 외 역(1995). 정신장애의 진단 및 통계편람 제4판. 서울: 하나 의학사.

박경, 최순영(2002). 심리검사의 이론과 활용. 서울: 학지사.

보건복지부(2002). 정신질환실태 역학조사. 보건복지부.

신민섭(1993). 자살 기재에 대한 실증적 연구: 자기도피 척도의 타당화. 연세대학교 박사학위논문.

신현균, 김진숙(2000). 주의력결핍 및 과잉행동장애. 서울: 학지사.

오경자, 이혜련, 홍강희, 하은혜(1997). K-CBCL 아동청소년 행동평가척도. 서울: 중 앙적성출판사.

원호택(1999). 이상심리학. 서울: 법문사.

이상선(1994). 여대생의 식사행동과 심리적 요인들의 관계. 연세대학교 석사학위논 문.

이영자(1996). 스트레스, 사회적 지지, 자아존중감과 우울 및 불안과의 관계. 서울여 자대학교 박사학위논문.

이영호(1993). 귀인양식, 생활사건, 사건귀인 및 무망감과 우울의 관계: 공변량 구조 모형을 통한 분석. 서울대학교 박사학위논문.

이임순(1998). 섭식절제가 식이행동에 미치는 영향. 고려대학교 박사학위논문.

이정균(1988). 한국 정신장애의 역학적 조사 연구: 알코올 중독의 유병률, 서울의대 정신의학, 13(1), 15–26.

임상심리학회(1989). 다면적 인성검사 실시요강. 서울: 한국가이던스.

정남운, 박현주(2000). 알코올 중독. 서울: 학지사.

조수철, 이영식(1990). 한국형 소아우울척도의 개발. 신경정신의학, 29(4), 943–956.

한경희, 임지영, 민병배, 이정흠, 문경주, 김중술(2006). 한국판 MMPI-2의 개발 연구. 한국심리학회지: 임상, 25(2), 533–564.

한국정보화진흥원(2011a). 스마트폰중독 진단척도 개발 연구 보고서. 서울: 한국정보화진흥원.

한국정보화진흥원(2011b). 인터넷중독 진단척도 고도화(3차) 연구 보고서. 서울: 한국정보화진흥원.

한덕웅, 이장호, 전경구(1996). Spielberger의 상태–특성 불안검사 Y형의 개발. 한국심리학회지 : 건강, 1(1), 1–14.

Adler, T. (1990, April). Does the "new" MMPI best the "classic"? *APA Monitor*, pp. 18–19.

Aiken, L. R. (1996). *Personality assessment methods and practices*. Seattle: Hogrefe & Huber.

Ambrosini, P. J., Bianchi, M. D., Metz, C., & Rabinovich, H. (1994). Evaluating clinical response of open nortriptyline pharmacotherapy in adolescent major depression. *Journal of Child and Adolescent Psychopharmacology, 4*, 233–244.

American Psychiatric Association (1994). *Diagnostic and statistical manual of mental disorders* (4th ed.). Washington, D.C: Author.

Anastasi, A. (1988). *Psychological testing* (6th ed.). New York: Macmillan.

Archer, R. P., Maruish, M., Imhof, E. A., & Piotrowski, C. (1991). Psychological test usage with adolescent clients: 1990 survey findings. *Professional Psychology: Research and Practice, 22*, 247–252.

Arnold, M. B. (1949). A demonstration analysis of the TAT in clinical setting. *Journal of Abnormal and Social Psychology, 44*, 97–111.

Beck, A. T., & Steer, R. A. (1993a). *Beck Anxiety Inventory manual*. San Antonio, TX: Psychological Corporation.

Beck, A. T., & Steer, R. A. (1993b). *Beck Depression Inventory manual*. San Antonio, TX: Psychological Corporation.

Bellak, L. (1976). *The TAT and CAT: Clinical use*. New York: Grune & Stratton inc.

Ben-Porath, Y. S., & Butcher, J. N. (1989) The comparability of MMPI and MMPI-2 scales and profiles. *Psychological Assessment, 1*, 345–347.

Bruhn, A. (1990). *Earliest childhood memories (vol. 1): Theory and application to clinical practice*. New York.

Burns, D. D. (1989). *The feeling good handbook*. New York: Morrow.

Butcher, J. N. (1989a). *User's guide for the Minnesota report: Adult clinical system*. Minneapolis: National Computer System.

Butcher, J. N. (1989b). *User's guide for the Minnesota report: Personnel selection system*. Minneapolis: National Computer System.

Butcher, J. N. (1990a, August). Education level and MMPI-2 measured psychopathology: A case of negligible influence. *News and profiles: A newsletter of the MMPI-2 workshops and symposia*, p. 3.

Butcher, J. N. (1990b). *MMPI-2 in psychological treatment*. New York: Oxford University.

Butcher, J. N., Dahlstrom, W. G., Graham, J. R., Tellegen, A., & Kaemmer, B. (1989). *Minnesota Multiphasic Personality Inventory-2: Manual for administration and scoring*. Minneapolis: University of Minnesota.

Butcher, J. N., Graham, J. R., Williams, C. L., & Ben-Porath, Y. (1989). *Development and use of the MMPI-2 content scales*. Minneapolis: University of Minnesota.

Butcher, J. N., & Williams, C. L. (1992). *Essentials of MMPI-2 and MMPI-A interpretation.* Minneapolis: University of Minnesota.

Butcher, J. N., Williams, C. L., Graham, J. R., Archer, R. P., Tellegen, A., Ben-Porath, Y. S., & Kaemmer, B. (1992). *Minnesota Multiphasic Personality Inventory-Adolescent (MMPI-A): Manual for administration, scoring, and interpretation.* Minneapolis: University of Minnesota.

Cesnik, B. I., & Nixon, S. K. (1977). Counseling suicidal persons. In C. Zastrow & D. H. Chang (Eds.), *Personal problem solver* (pp. 275-289). Englewood Cliffs, NJ: Prentice-Hall.

Chaplin, W. F. (1985). Review of State-Trait Anxiety Inventory. In D. J. Keyser & R. C. Sweetland (Eds.), *Test critiques: Volume 2* (pp. 626-632). Kansas City, MO: Test Corporation of America.

Clark, L. A., Watson, D., & Reynolds, S. (1995). Diagnosis and classificiation of psychopathology: Challenges to the current system and future directions. *Annual Review of Psychology, 46,* 121-153.

Craighead, W. E., Curry, J. F., & Ilardi, S. S.(1995). Relationship of Children's Depression Inventory factors to major depression among adolescents. *Psychological Assessment, 7,* 171-176.

Duckworth, J. C., & Anderson, W. P. (1995). *MMPI & MMPI-2: Interpretation manual for counselors and clinicians* (4th ed.). Bristol, PA: Accelerated Development.

Ewing, J. A. (1984). Detecting alcoholism: The CAGE Questionnaire. *Journal of American Medical Association, 252,* 1905-1907.

Exner, J. E. (1986). *The Rorschach: A comprehensive system: Volume 1. Basic foundations* (2nd ed.). New York: Wiley.

Fong, M. L. (1995). Assessment and DSM-IV diagnosis of personality disorders: A primer for counselors. *Journal of Counseling & Development, 73,* 635-639.

Garner, D. M. (1991). *Eating Disorder Inventory-2: Professional manual.* Odessa, FL: Psychological Assessment Resources.

Garner, D. M., & Garfinkel, P. E. (1979). The Eating Attitudes Test: An index of the symptoms of anorexia nervosa. *Psychological Medicine, 9*, 273-279.

Goldenson, R. M. (Ed.). (1984). *Longman dictionary of psychology and psychiatry.* New York: Longman.

Goldfried, M. R., Stricker, G., & Weiner, I. R. (1971). *Rorschach handbook of clinical and research applications.* Englewood Cliffs, NJ: Prentice-Hall.

Graham, J. R. (1993). *MMPI-2: Assessing personality and psychopathology* (2nd ed.). New York: Oxford.

Greene, R. L. (1991). *The MMPI-2/MMPI: An interpretive manual.* Boston: Allyn & Bacon.

Hammen, C. L. (1980). Depression in college student: Beyond the Beck Depression Inventory. *Journal of Consulting and Clinical Psychology, 45*, 126-128.

Heck, E. J. (1991). Developing a screening questionnaire for problem drinking in college students. *Journal of American College Health, 39*, 227-234.

Hersh, J. B., Nazario, N. S., & Backus, B. A. (1983). DSM-III and the college mental health setting: The University of Massachusetts experience. *Journal of American College Health, 31*, 247-252.

Hood, A. B., & Johnson, R. W.(1997). *Assessment in counseling.* American Counseling Association.

Horn, J. L., Wanberg, K. W., & Foster, F. M. (1986). *Alcohol Use Inventory.* Minneapolis: National Computer System.

Joel, W., & Shapiro, D. (1950). In Shneideman E. S. (Ed.), *Thematic test analysis.* New York: Grune & Stratton.

Johnson, R. W., Ellison, R. A., & Heikkinen, C. A. (1989). Psychological symptoms of counseling center clients. *Journal of Counseling Psychology,*

*36*, 110-114.

Johnson, R. W., Heikkinen, C. A., & Ellison, R. A. (1988). Frequency of symptoms indicating depression among counseling service clients. Unpublished raw data.

Kessler, R. C., McGonagle, K. A., Zhao, S., Nelson, C. B., Hughes, M., Eshleman, S., Wittchen, H., & Kendler, K. S. (1994). Lifetime and 12-month prevalence of DSM-III-R psychiatric disorders in the United States. *Archives of General Psychiatry, 51*, 8-19.

Kishline, A. (1994). *Moderate drinking: The moderate management guide for people who want to reduce their drinking.* New York: Crown Trade.

Kitchens, J. M. (1994). Does this patient have an alcohol problem? *Journal of American Medical Association, 272*, 1782-1787.

Klerman, G. (1987). Clinical epidemiology of suicide. *Journal of Clinical Psychiatry, 48*, 33-38.

Kovacs, M. (1992). *Children's Depression Inventory manual.* North Tonawanda, NY: Multi-Health Systems.

LaBruzza, A. L., & Mendez-Villarrubia, J. M. (1994). *Using DSM-IV: A clinician's guide to psychiatric diagnosis.* Northvale, NJ: Jason Aronson.

Lachar, D., & Wrobel, T. A. (1979). Validating clinicians' hunches: Construction of a new MMPI critical item set. *Journal of Consulting and Clinical Psychology, 47*, 277-284.

Lewak, R. W., Marks, P. A., & Nelson, G. E. (1990). *Therapist guide to the MMPI & MMPI-2: Providing feedback and treatment.* Muncie, IN: Accelerated Development.

Maris, R. W. (1992). The relationship of nonfatal suicide attempts to completed suicides. In R. W. Maris, A. L. Berman, J. T. Maltsberger, & R. I. Yufit (Eds), *Assessment and prediction of suicide* (pp. 362-380). New York: Guilford.

Miller, W. R. (1976). Alcoholism scales and objective assessment methods: A review. *Psychological Bulletin, 83*, 649–674.

Miller, W. R., & Munoz, R. F. (1982). *How to control your drinking: A practical guide to responsible drinking* (Rev. ed.). Albuquerque, NM: University of New Mexico.

Mintz, L. B., & Betz, N. E. (1988). Prevalence and correlates of eating disordered behaviors among undergraduate women. *Journal of Counseling Psychology, 35*, 463–471.

Moos, R. H., & Moos, B. S. (1994a). *Life Stressors and Social Resources Inventory–Adult Form*. Odessa, FL: Psychological Assessment Resources.

Moos, R. H., & Moos, B. S. (1994b). *Life Stressors and Social Resources Inventory–Youth Form*. Odessa, FL: Psychological Assessment Resources.

Morrison, J. (1995a). *DSM-IV made easy: The clinician's guide to diagnosis*. New York: Guilford.

Morrison, J. (1995b). *The first interview: Revised for DSM-IV*. New York: Guilford.

Murphy, G. (1985). Suicide and attempted suicide. In R. Michels (Ed.), *Psychiatry* (pp. 1–17). Philadelphia: Lippincott.

Murphy, L. L., Conoley, J. C., & Impara, J. C. (Eds.). (1994). *Tests in Print IV* (Vols. 1–2). Lincoln, NE: Buros Institute of Mental Measurements.

Patterson, W. M., Dohn, H. H., Bird, J., & Patterson, G. A. (1983). Evaluation of suicidal patients: The SAD PERSONS Scale. *Psychosomatics, 24*, 343–349.

Ponterotto, J. G., Pace, T. M., & Kavan, M. G. (1989). A counselor's guide to the assessment of depression. *Journal of Counseling and Development, 67*, 301–309.

Regier, D. A., Boyd, J. H., Burke, J. D., Rae, D. S., Myers, J. K., Kramer, M.,

Robins, L. N., George, L. K., Karno, M., & Locke, B. Z. (1988). One-month prevalence of mental disorders in the United States. *Archives of General Psychiatry, 45*, 977-986.

Reynold, W. M., & Kobak, K. A. (1995). *Professional manual for Hamilton Depression Inventory: A self-report version of the Hamilton Depression Rating Scale*. Odessa, FL: Psychological Assessment Resources.

Robins, L. N., Heizer, J. E., Weissman, M. M., Orvaschel, H., Gruenberg, E., Burke, J. D., & Regier, D. A. (1984). Lifetime prevalence of specific psychiatric disorders in three sites. *Archives of General Psychiatry, 41*, 949-958.

Rosen, J. C., Silberg, N. T., & Gross, J. (1988). Eating Attitudes Test and Eating Disorders Inventory: Norms for adolescent girls and boys. *Journal of Consulting and Clinical Psychology, 56*, 305-308.

Sarason, I. G., Johnson, J. H., & Siegel, J. M. (1978). Assessing the impact of life changes: Development of the Life Experiences Survey. *Journal of Consulting and Clinical Psychology, 46*, 932-946.

Schneidman, E. S. (1951). *Thematic test analysis*. New York: Grune & Stratton.

Selzer, M. L. (1971). The Michigan Alcoholism Screening Test: The quest for a new diagnostic instrument. *American Journal of Psychiatry, 127*, 1653-1658.

Spielberger, C. D. (1988). *Manual for the State-Trait Anger Expression Inventory (STAXI)*. Odessa, FL: Psychological Assessment Resources.

Spielberger, C. D., Gorsuch, R. L., Lushene, R., Vagg, P. R., & Jacobs, G. A. (1983). *Manual for State-Trait Anxiety Inventory*. Palo Alto, CA: Consulting Psychologists.

Spielberger, C. D., Sydeman, S. J., Ritterband, L. M., Reheiser, E. C., & Unger, K. K. (1995). Assessment of emotional states and personality traits: Measuring psychological vital signs. In J. N. Butcher (Ed.), *Clinical personality assessment: Practical approaches* (pp. 42–58). New York: Oxford.

Spitzer, R. L., Gibbon, M., Skodol, A. E., Williams, J. B. W., & First, M. B. (Eds.). (1994). *DSM–IV casebook: A learning companion to the Diagnostic and Statistical Manual of Mental Disorders* (4th ed.). Washington, DC: American Psychiatric.

Stelmachers, Z. T. (1995). Assessing suicidal clients. In J. N. Butcher (Ed.), *Clinical personality assessment: Practical approaches* (pp. 367–379). New York: Oxford.

Vuchinich, R. E., Tucker, J. A., & Harllee, L. N. (1988). Behavioral assessment. In D. M. Dononvan & G. A. Marlart (Eds.), *Assessment of addictive behaviors* (pp. 51–83). New York: Guilford.

Walker, C. E., & Kaufman, K. (1984). Review of State–Trait Anxiety Inventory for Children. In D. J. Keyser & R. C. Sweetland (Eds.), *Test critiques: Volume 2* (pp. 633–640). Kansas City, MO: Test Corporation of America.

Watkins, C. E., Jr., Campbell, V. L., Nieberding, R., & Hallmark, R. (1995). Contemporary practice of psychological assessment by clinical psychologists. *Professional Psychology: Research and Practice, 26,* 54–60.

White, R. W. (1944). Interpretation of imaginative productions. In Hunt J. M. (Ed.), *Personality and behavior disorders* (pp. 235–239). New York: Ronald Press.

Widiger, T. A., Mangine, S., Corbitt, E. M., Ellis, C. G., & Thomas, G. V. (1995). *Personality Disorder interview–IV.* Odessa, FL: Psychological Assessment Resources.

Williams, C. L., Butcher, J. N., Ben-Porath, Y. S., & Graham, J. R., (1992). *MMPI–A content scales: Assessing psychopathology in adolescents.* Minneapolis: University of Minnesota.

Winters, K. C. (1991). *Personal Experience Screening Questionnaire (PESQ) manual.* Los Angeles: Western Psychological Services.

Winters, K. C., & Henley, G. A. (1989). *The Personal Experience Inventory.* Los Angeles: Western Psychological Services.

Wisconsin Clearinghouse. (1996). *Alcohol and other drugs Self test: A guide to help you examine how and why you use chemicals.* Madison, WI: Author.

Zimet, G. D., Dahlem, N. W., Zimet, S. G., & Farley, G. K. (1988). The Multidimensional Scale of Perceived Social Support. *Journal of Personality Assessment, 52,* 30–41.

# 찾아보기

no

## 저자 소개

■ 김계현
  서울대학교 교육학과 졸업(학사, 석사)
  오레곤대학교 상담심리학과 졸업(박사)
  오레곤대학교 대학상담소 카운슬러
  위스콘신대학교 상담심리학과 교수
  서울대학교 대학생활문화원 원장
  한국상담학회 제2대 회장
  현재 서울대학교 교육학과 교수

  주요 저서
  상담심리학(학지사, 1997)
  상담심리학 연구: 주제론과 방법론(학지사, 2000)
  카운슬링의 실제(학지사, 2002)
  학교상담과 생활지도(2판)(공저, 학지사, 2009)
  상담학개론(공저, 학지사, 2011)


■ 황매향
  서울대학교 교육학과 졸업(학사, 석사, 박사)
  서울대학교 학생생활연구소 상담연구원
  University of Missouri Career Center 초빙연구원
  한국기술교육대학교 교수
  현재 경인교육대학교 교수

  주요 저서
  학업상담(학지사, 2008)
  진로탐색과 생애설계(2판)(공저, 학지사, 2011)
  상담학개론(공저, 학지사, 2011)

■ 선혜연

　서울대학교 교육학과 졸업(학사, 석사, 박사)
　한국기술교육대학교 학생생활연구소 전임상담원
　서울대학교 대학생활문화원 학생상담센터 상담연구원
　한국기술교육대학교 HRD전문대학원 대우교수
　현재 건양대학교 심리상담치료학과 교수

　주요 저서
　초심상담자를 위한 집단상담기법(공저, 학지사, 2000)
　청소년 진로선택과 부모의 영향(한국학술정보, 2009)
　청소년 진로상담(공저, 한국청소년상담원, 2010)


■ 김영빈

　서울대학교 교육학과 졸업(학사, 석사, 박사)
　서울대학교, 고려대학교 입학사정관
　한국교육과정평가원 부연구위원
　현재 한국방송통신대학교 교수

　주요 저서
　초심상담자를 위한 집단상담기법(공저, 학지사, 2000)
　학습부진학생을 위한 학습부진유형검사 개발(공동, 한국교육과정평가원, 2010)

상담과 심리검사

2004년  2월 28일  1판  1쇄 발행
2011년  8월 20일  1판 10쇄 발행
2012년  8월 20일  2판  1쇄 발행
2019년 10월 10일  2판  8쇄 발행

지은이 • 김계현 · 황매향 · 선혜연 · 김영빈

펴낸이 • 김 진 환

펴낸곳 • (주) 학지사

　　　　　04031 서울특별시 마포구 양화로 15길 20 마인드월드빌딩 5층

대표전화 • 02) 330-5114　　　팩스 • 02) 324-2345

등록번호 • 제313-2006-000265호

홈페이지 • http://www.hakjisa.co.kr
페이스북 • https://www.facebook.com/hakjisabook

ISBN 978-89-6330-413-7  93180

정가 20,000원

출판 · 교육 · 미디어기업 학지사

간호보건의학출판 학지사메디컬 www.hakjisamd.co.kr
심리검사연구소 인싸이트 www.inpsyt.co.kr
학술논문서비스 뉴논문 www.newnonmun.com
원격교육연수원 카운피아 www.counpia.com